DINOSAUR-
MANNENS
ANDAKTSBOK

Lars Haukeland

Himmelbok.no

Dinosaurmannens andaktsbok
Copyright © Lars Haukeland
Alle rettigheter reservert.
Forsidefoto og baksidefoto: Lars Haukeland
Bibelsitatene i denne boken er delvis hentet fra Bibel 2011 ©
   Bibelselskapet, og fra Norsk Bibels oversettelse av 1988.
Trykk: IngramSpark
1. utgave på papir, juli 2018
Utgitt av Himmelbok.no
ISBN: 978-91-984172-4-1

INNHOLD

JANUAR – MARS

Den delen av Bibelen som blir mest satt i tvil, er 1. Mosebok 1-11. Derfor har jeg startet denne andaktsamlingen med en gjennomgang av disse kapitlene. Dette fyller de første tre månedene av året. Selv om ikke alle skriftstedene har med vitenskapelige ting å gjøre, er de en del av begynnelsen på vår planets historie. Jesus selv pekte ofte tilbake til 1. Mosebok når han sa ting som: «I begynnelsen var det ikke slik …» Slev om mange teologer i dag forsøker å bortforklare mange av de tingene vi leser om i 1. Mosebok 1-11, så er det åpenbart at Jesus og disiplene trodde på det, og det burde vi også gjøre. Dersom vi forsøker å bortforklare 1. Mosebok 1:1, vil vi også forsøke å bortforklare mirakler og andre ting som det kan være vanskelig å tro på senere i Bibelen. 1. Mosebok er opprinnelsens bok. Grunnen til at jeg har viet så mye tid og plass til tiden fra skapelsen og opp til Abraham, er at det er viktig å starte på riktig sted. Dersom du ønsker å finne fram til et sted, et mål, så må du også vite hvor du skal starte.

APRIL

Jobs bok er antagelig den eldste boken i Bibelen. Job bodde på Abrahams tid, like etter istiden. Mosebøkene ble ikke skrevet før på Moses' tid, selv om han kan ha bygget bøkene sine på tidligere skrifter samt muntlig videreføring. Dette gjør Jobs bok til den eldste bibelske skriften. Her finner man overraskende beskrivelser av vitenskapelig interesse, som har vært ukjente for menneskene som levde på den tiden. Vi finner også to beskrivelser i Jobs bok av noen skapninger som vi dag bare kan beskrive som dinosaurer. Disse dyrene levde på Jobs tid.

MAI

Det finnes mye visdom i Salmenes bok. Ikke bare finnes det viktige profetier der men også mange visdomsord som har med skapelsen å gjøre. Noen av salmene er messianske – det vil si at de omhandler Kristus. Denne boken er et rikt skattkammer med verdifulle vers som både er poesi og opplæring.

JUNI

Davids sønn, kong Salomo, blir i Bibelen fremstilt som den viseste mannen på jorden. Denne måneden går jeg igjennom Salomos ordspråk hvor mange av Salomos gullkorn er nedskrevet. Ved å definere og oversette de hebraiske ordene, får vi en bedre forståelse for mye av Salomos visdom.

JULI

Bibelen er full av profetier som beviser at den ikke bare er menneskers ord men Guds ord. I juli presenterer jeg flere av Jesajas profetier og fortellinger.

Dette blir bare smakebiter av en fantastisk, profetisk bok som fremdeles har profetier som er viktige for oss. Noen er til og med fremtidige.

AUGUST

Denne måneden går jeg raskt igjennom Bibelens små profeter. Dette er de 12 siste bøkene i Det gamle testamente, bøker som ofte blir glemt i vår moderne verden. Det at de er små profeter, betyr ikke at de er uviktige. Men disse profetene skrev ikke like lange bøker som Jesaja, Jeremia og Esekiel. Daniel var bare 12 kapitler men regnes likevel som en av de største profetene.

SEPTEMBER

Matteus' evangelium er en av de mest kjente bøkene i Bibelen. Flere filmer bygger på evangeliet som tolleren Matteus skrev. En toller på Jesu tid var en skatteoppkrever, og de var mektig upopulære. Matteus ble imidlertid født på nytt, og han skrev denne fantastiske boken om Jesu liv. I september går jeg raskt igjennom denne boken.

OKTOBER

Johannes' evangelium går for å være et evangelium som er mer opptatt av åndelige sannheter enn Matteus, som skulle vise at Jesus var jødenes konge. Johannes' evangelium er blant annet kjent for Jesu «Jeg er-uttalelser». I oktober går jeg igjennom Johannes' evangelium til åndelig oppbyggelse for leseren.

NOVEMBER

I årets nest siste måned vil jeg se på Johannes sine brev. Med kjærligheten som det største emnet, blir den kristne opplært i hva det virkelig betyr å være kristen. Kjærligheten er beviset på at vi tilhører Gud. Uten kjærlighet er vi ubrukelige for Gud. Johannes sine brev bringer oss også uttrykket «Antikrist».

DESEMBER

Helt til slutt får leseren et utdrag fra Johannes' åpenbaring, med alle de allegorier og billedlige uttrykk som finnes der. Dette blir selvsagt ikke en grundig opplæring i Bibelens siste bok, men en smakebit på hva som finnes der. Det finnes mange forskjellige syn på Johannes' åpenbaring, og i desember bringer jeg mitt syn. Av og til blir bare forskjellige teorier framsatt uten noen konklusjon.

FORORD

När noen venner begynte å kalle meg «dinosaurmannen på Askøy», tok jeg det nesten som et kompliment. Jeg ser riktignok ikke ut som en dinosaur, og jeg har heller ikke en oppførsel som minner om våre store prehistoriske dyr. Jeg går ut ifra at jeg er blitt kalt «dinosaurmann» fordi folk flest ikke vet hva en kreasjonist er. Folk blir forskrekket når de hører om noen som faktisk ikke tror på all hjernevaskingen som foregår om evolusjon og hvordan universet ble til.

Selv om jeg bygger min tro på at Gud skapte verden både på Bibelen, vitenskaplige skrifter og bøker m.m., og selv om jeg tror at det er flere vitenskaplige bevis som støtter skapelseslæren enn evolusjonslæren, så er denne boken ment som en innførsel i hva skriftene sier om emnet.

Du kan tro hva du vil, men Bibelen påstår at Gud skapte jorden og alt livet på den. Dette er ikke til å komme utenom. Og det er ikke bare skapelseshistorien som sier dette, men hele Bibelen er gjennomsyret med denne forståelsen.

I denne andaktboken er skapelsen et prominent tema men også kjærlighet og profetier. Ideen til denne boken kom for 10 år siden, og det har tatt nesten fem år å få den ferdigstilt. Jeg håper den kan bli til velsignelse for noen og at den kan bli en tankevekker for andre.

Skråmestø, februar 2018
Lars Haukeland

JANUAR
–
VERDEN FØR SYNDFLODEN

1. JANUAR

«I begynnelsen skapte Gud himmelen og jorden.»
1. Mosebok 1:1

ALT HAR EN BEGYNNELSE

Min far sa alltid at alt har en ende, men pølsen har to. Jeg har lurt litt på om den har to begynnelser eller to ender. Man kan jo aldri vite! I mattetimene lærte jeg at om jeg multipliserer med aldri så mange millioner eller trillioner, så blir svaret fremdeles null om det er hva du starter med.

Hvor kom alle byggematerialene til universet fra? Hvor kom energien fra? Vitenskapen har ingen svar som tilfredsstiller meg. Bibelens første vers sier at Gud skapte himmelen (bokstavelig talt «himlene») og jorden, og dette var begynnelsen på alt. Tid og rom startet i **1. Mosebok 1:1**.

Det er interessant å se at det første verset vi finner i Bibelen, tester troen vår mer enn noe annet vers. Tror du på **1. Mosebok 1:1**, så vil du ikke ha problemer med å tro noe annet skriftsted i Bibelen. Ofte ser jeg at de som ikke tror på dagens vers, også har problemer med å tro på jomfrufødselen eller da Gud delte Rødehavet i Moses' dager.

Tror du at Gud har skapt himmelen og jorden? Da har du et godt grunnlag til å gå videre i Bibelen. Alt må ha en begynnelse.

2. JANUAR

«Og jorden var øde og tom, det var mørke over
det store dyp, og Guds Ånd svevde over vannene.»
1. Mosebok 1:2

MØRKE OG TOMHET

Selv om Gud skapte himmelen og jorden i **1. Mosebok 1:1**, så var det ikke en jord slik vi ser i dag. Dessverre så var det heller ikke noen vitenskapsmenn tilstede som spilte inn en videofilm om hvordan det hele skjedde, slik at vi kunne få empiriske, vitenskaplige bevis på hvordan alt skjedde.

Selv om vi kunne skape noe levende fra noe som var dødt i et laboratorium i dag (noe vi ikke kan), så ville det ikke bevise at det skjedde i fortiden. Du kan ikke bevise vitenskapelig noe som allerede har skjedd i fortiden. Vitenskapen kan bare teste teorier, og vitenskapelige beviser må kunne testes og observeres.

Den primære jorden var først øde og tom. Det minner om livene våre før vi kom til Kristus. Vi var øde og tomme også. Men vi ser at det er grunn til håp. Guds Ånd svevde over vannene.

Jeg snakket om energien i går. Hvor kom den fra? Det er ingen tvil hos meg at Den Hellige Ånd var kraften som satte i gang alt det nydelige som Gud skapte. Snart skulle jorden gå fra øde og tomhet til et yrende liv, med mange vakre vekster og mange levende skapninger.

3. JANUAR

«Da sa Gud: Bli lys! Og det ble lys»
1. Mosebok 1:3

GUD SKAPTE LYSET

D et er helt utrolig, men Bibelen sier faktisk at Gud skapte bare ved å uttale ordene (se **Salme 33:6, 9**). Og hva var det første Han skapte? Jo, lyset! Skriftene forteller oss at «Gud er lys, og det er ikke noe mørke i Ham» (**1. Johannes 1:5**). Det er vanskelig å forstå hva dette lyset var, ettersom solen, månen og stjernene ikke ble skapt før fjerde dagen (**vers 14-19**). Dette lyset var imidlertid et lys som ble skilt fra mørket, slik at der var både natt og dag (**vers 4 og 5**). Det er ingenting som tilsier at dette ikke skulle være vanlige 24 timers dager. Det står at det ble aften og morgen, noe som gir det en naturlig beskrivelse. Hvordan kunne en tidsperiode ha en aften og en morgen?

Når man stiller seg spørsmålet om dette var vanlige 24 timers dager, så er det tre andre poeng jeg vil nevne: For det første er det grammatisk riktig. For det andre er det logisk riktig. I hebraisk skjedde det aldri at en brukte et ord i en allegorisk eller billedlig betydning før man først hadde brukt ordet i sin normale betydning, noe som selvsagt gjelder her. For det tredje sier Gud at Han skapte verden på seks dager som et bilde for oss at vi skal jobbe i seks dager, og så ha en hviledag (**2. Mosebok 20:8-11**). Skulle dette bety at vi må jobbe i seks milliarder år og så hvile i en milliard år? Selvsagt ikke! Fagbevegelsene ville aldri ha godtatt den første delen.

Det er godt å se at skriftsteder i Bibelen forklarer andre skriftsteder i Bibelen.

11

4. JANUAR

«Og Gud sa: La det bli en hvelving midt i vannene,
den skal skille vann fra vann.»
1. Mosebok 1:6

JORDENS BESKYTTENDE DRIVHUS

Denne hvelvingen vi leser om i **vers 6,** er forklart som å være himmelen i vers 8. Hvordan kan det da ha seg at det var vann over og under hvelvingen (**vers 7**)? Vitenskapsmenn fra Institute for Creation Research (ICR) har jobbet iherdig med dette. De har funnet at vannet over himmelen (atmosfæren) har vært et tynt vanndampteppe som har vært der som beskyttelse til jorden vår. Dette kan til dels forklare hvorfor menneskene levde så lenge og hvor alt vannet kom fra under flommen i Noahs dager. Dette teppet av vann skal ha spart jorden for farlige ultrafiolette stråler samt skapt en drivhuseffekt på jorden som gjorde at hele jorden var begrodd av frodig vegetasjon.

Da vi fant frosne mammuter med gress i munnen oppe ved Sibir, og bevis på at jorden før har hatt frodig, grønn vegetasjon også ved Nordpolen, så støttes teorien om at jorden før har vært grønn over det hele. Men hva skjedde så? Hva fikk mammutene til å bli nedfrosset i løpet av sekunder? Hva utryddet dinosaurene? Kanskje en verdensomfattende katastrofe? Bibelen kaller denne katastrofen for «syndfloden». Dinosaurer kan vi komme tilbake senere, men vannet over himmelhvelvingen er definitiv borte nå. Hvor ble det av? Var det «himmelens sluser» i 1. Mosebok 7:10?

5. JANUAR

«Og Gud sa: Jorden skal la gress spire fram,
og planter som sår seg, og frukttrær som bærer
frukt med frø i, hvert etter sitt slag.
Og Gud så at det var godt.»
1. Mosebok 1:11

DU SKAL HØSTE DET DU SÅR

När vi går videre i skapelseshistorien i **1. Mosebok 1**, så finner vi at trær, blomster og dyr ble skapt «hvert etter sitt slag». Dette er en av naturens lover som evolusjonen ikke har klart å motbevise. Hvordan vet jeg hva som er et plommetre, epletre eller pæretre? Vel, jeg ser på frukten som vokser ut. Jeg vet også at trærne har forskjellige blader, men jeg er ikke avansert nok til å skjelne mellom trærne bare på grunn av bladene. Hvordan ble plommene utviklet ved evolusjon? Var det et epletre som ble lei av å produsere epler, slik at det sa til seg selv: «Nei, vet du hva! Nå vil jeg produsere plommer istedenfor.» Nei, selvsagt ikke!

Da Gud skapte verden, så gjorde Han det slik at epletrærne produserte epler, plommetrærne produserte plommer og pæretrærne produserte pærer. Det er sant at denne loven gjelder på åndelig og mellommenneskelig plan også. Som du sår skal du også høste. Se **Galaterne 6:7**. Disse ordene går igjen i **1. Mosebok 1** i versene **11, 12, 21, 24 og 25**.

Dersom vi er snille mot andre, er de vanligvis snille med oss. Hvis vi investerer tid og krefter med Gud, investerer Han tid og krefter med oss.

6. JANUAR

«Og Gud skapte de store sjødyrene og alt levende
som rører seg, som vrimler i vannet, hvert etter
sitt slag. Og Gud så at det var godt.»
1. Mosebok 1:21

DE STORE SJØDYRENE

M ange har sagt at det ikke har fantes dinosaurer på jorden i millioner av år. Dette er ikke nødvendigvis sant. Vi må huske på at ordet «dinosaur» er et nytt ord, oppfunnet av sir Richard Owen (1804-1892). Det betyr «fryktelig øgle» og finnes ikke i litteratur eller skrifter før Owen fant det opp. Før dette ble dinosaurene kalt «drager», og det er mange av dem både i Bibelen og i mange lands folklore. Bare tenk på Kina og Wales som har rike dragetradisjoner.

Hva står det da om drager i **1. Mosebok 1:21**, vil du kanskje spørre. Vel, det hebraiske ordet for «sjødyrene» i vers 21, er ordet «tannyin» eller «tannyim». Det betyr «monster» og kan brukes om sjø-monstre, sjø-slanger og hvaler (som det står i den engelske King James). Har du noensinne tenkt på at Midgardsormen, Nessie eller Ogo Pogo (for å nevne noen få) kan ha sin opprinnelse i en virkelig sjø-skapning? Midt på 80-tallet observerte over 40 mennesker en skapning i havet utenfor Australia (uavhengig av hverandre), en skapning som minnet om et sjø-moster. Hva om de hadde rett?

Jeg vet at folk flest er enige om at dinosaurer i dag er utdødd, men i millioner av år? Det kan ikke bevises vitenskapelig.

7. JANUAR

«Da sa Gud: La oss gjøre mennesker i vårt bilde,
etter vår liknelse. De skal råde over havets fisker
og over himmelens fugler, over feet og over all
jorden, og over hvert kryp som rører seg på jorden.»
1. Mosebok 1:26

TREENIGHETENS GUD

M ange har lurt på hvorfor Gud sier «oss» og «vårt» når Han skulle skape menneskene. Er ikke Gud en? Sier ikke et av de ti bud at det bare er en Gud, og Ham skal du tilbe? Når **1. Mosebok kapittel 1** bruker navnet «Gud», så er det det hebraiske ordet «Elohim» som er brukt. Jeg lærte for lenge siden av en bibellærer at alle hebraiske ord som slutter med -im, er en flertallsform som betyr «minst tre».

Vi finner ved å studere Bibelen at Gud har tre forskjellige sider, som ofte blir kalt for «personligheter». Først har vi Gud Faderen, så har vi Gud Sønnen og til slutt Gud Den Hellige Ånd. Alle disse delene er like viktige selv om de har forskjellige funksjoner. Alle skulle tas i betraktning i våre kristne liv, men om vi fokuserer for mye eller for lite på en av personlighetene, så blir det feil forhold til dem. Selve ordet «treenighet» finnes ikke i Bibelen, men de tre personlighetene og deres funksjoner kan lett studeres.

Men hva betyr det at vi er skapt i Guds bilde? De fleste jeg kjenner tror at dette betyr at vi, akkurat som Gud, består av tre deler. Alle mennesker består av kropp, sjel og ånd, og dette er noe vi også finner i Bibelen (**1. Tessalonikerne 5:23**). Ellers så tror jeg også som vernepleier at menneskene fungerer på tre plan: det fysiske, det psykososiale og det åndelige plan, og alle disse må fungere for at vi skal ha god helse.

8. JANUAR

«Og Gud så alt det Han hadde gjort, og se,
det var overmåte godt. Og det ble aften
og det ble morgen, sjette dagen.»
1. Mosebok 1:31

GUDS PERFEKTE SKAPERVERK

Gud skapte hele jorden og alt som lever på den, og da Han skapte, så står det: «Og Gud så at det var godt.» Dette nevnes flere ganger i **1. kapittel** (se **vers 4, 10, 12, 18, 21 og 25**). Så, da alt var ferdig, sa Gud at «det var overmåte godt» og understreket at på dette tidspunkt var alt perfekt. Dette betydde at det ikke fantes synd på jorden, at det ikke fantes lidelse på jorden, at det ikke fantes død på jorden, at djevelen ikke hadde gjort opprør mot Gud ennå og at Adam og Eva var uskyldige på dette tidspunktet. Det betyr til og med at det ikke fantes tistler og torner engang. Bare les **1. Mosebok 3:18**.

Når vi leser om Edens hage i 1. Mosebok og sammenlikner den med himmelen, som bl.a. er beskrevet i Johannes' åpenbaring, så ser vi mange likheter. Jeg tror personlig at himmelen vil bli som Edens hage, hvor løven og lammet skal ligge side ved side, og det skal ikke finnes sykdom, gråt (lidelse) eller død. Kanskje vi vil være nakne igjen, akkurat som Adam og Eva?

Bibelen lærer oss at døden kom inn til verden ved synden under syndefallet (**Romerbrevet 5:12, 1. Mosebok 3:3 og 19**), så vi må anta at menneskene opprinnelig ikke var skapt til å dø men til å leve evig. Det er ufattelig å tenke på, men det må også være vanskelig å forstå «evig liv-konseptet». Men vi må ikke forstå det for å tro på det.

9. JANUAR

«For vi vet at hele skapningen til denne stund
sukker sammen og stønner sammen som i veer.»
Romerbrevet 8:22

SKAPERVERKET I OPPLØSNING

Dette verset i Romerbrevet står i sterk kontrast til gårsdagens tekst. Skaperverket er ikke lenger perfekt, det er i oppløsning. Hva har skjedd? Selvsagt er det synden som har skjedd. Når folk er født med et handikap, mangler kroppsdeler eller har store hjerneskader eller alvorlige sykdommer, så er det viktig å vite at dette aldri er eller har vært Guds vilje. Det er syndens effekt på alt levende på jorden. Til og med jorden er dødsdømt. Den er i ferd med å gå opp i limingen.

For å forstå at utviklingslæren er helt umulig, kan vi bare se på de termodynamiske lovene, vitenskapens egne naturlover. Den første termodynamiske loven sier at selv om energi kan forandre form, så kan den ikke bli skapt eller bli ødelagt, og derfor forblir summen konstant. Den andre termodynamiske loven sier at når energi blir omformet fra en form til en annen, så blir litt av den omformet til varmeenergi som ikke kan gjenvinnes eller brukes om igjen. Med andre ord: Hele universet er en opptrukket klokke som går saktere og saktere.

Å tro på utviklingslæren er å tro at dersom du kastet en påtent dynamittkubbe inn i en haug med trær, så ville det bli stablet opp et perfekt tømmerhus. Dersom du tror dette er umulig, så prøv å forklare meg en ting: Hvordan får du noe som er dødt til å bli levende? Ved å lage en eksplosjon? Jeg mener at en som tror på evolusjonslæren må ha mer tro enn meg som tror på en Gud.

10. JANUAR

«Gud velsignet den sjuende dag og helliget den,
for på den hvilte Han fra alt sitt verk,
det som Gud hadde skapt og gjort.»
1. Mosebok 2:3

SABBATEN

R ent grammatisk og logisk så hevder Bibelen at Gud skapte alt på jorden i løpet av sju vanlige 24-timers dager. For det første så var dette vanlige dager ettersom det ble aften og morgen, en vanlig og logisk syklus. For det andre er det, som sagt, grammatisk riktig. For det tredje ville en alltid på hebraisk bruke et ord i sin opprinnelige og bokstavelige forstand før en ville bruke det billedlig (om en ubestemt tidsperiode). Alle eksperter i hebraisk tilstår at Bibelen påstår at jorden ble skapt på sju dager, men det betyr ikke nødvendigvis at folk tror på det.

Når Gud helliget den dagen, så betyr det at den dagen skulle være en bestemt tid i uken da vi mennesker kunne takke Gud for alt Han har gjort for oss og tilbringe litt tid med Ham. Jødene gjorde dette på sabbaten, på den sjuende dagen i uken, som tilsvarer vår lørdag. Vi i dag tilber Gud på den første dagen i uken slik som de gjorde i Det nye testamente, som et tegn på at Gud skulle komme først, det vil si søndag. Mange kalendere har fremdeles søndag som første dag i uken, men handelsstanden har fått de fleste av oss til å tro at lørdag er sjette dag i uken og søndag den sjuende. En forståelse for den opprinnelige kalenderen er imidlertid viktig når en studerer Bibelen. Først da kan en for eksempel finne ut at Jesus ble korsfestet på en onsdag, ikke en fredag,

La oss holde hviledagen hellig, hvile oss, og gi tid til Gud.

11. JANUAR

«Men en tåke steg opp av jorden
og vannet hele jordens overflate.»
1. Mosebok 2:6

EN VERDEN UTEN REGN

Jeg hørte for mange år siden vitsen om en liten gutt fra Bergen som flyttet til hovedstaden sammen med sine foreldre. Da han startet på skolen, hadde de kristendomsundervisning på skolen, og læreren fortalte dramatisk om syndfloden i Noahs dager. Hun fortalte så dramatisk hun kunne: «Og det regnet i 40 dager og 40 netter.» Da var det gutten fra Bergen utbrøt: «E det nåkke då?»

Jeg minnes også gutten på Torgalmenningen som ble spurt av en østlending: «Si meg, regner det alltid sånn her i Bergen?» Hvorpå gutten svarte: «Eg vet'kje, eg e bare fire år.»

I **vers 5** står det at det hadde ennå ikke regnet på jorden. Dette høres himmelsk ut for en bergenser! Det er viktig å vite at den verden som eksisterte før syndfloden, var vidt forskjellig fra den verden vi lever i i dag. Det var ingen høye fjell, hele jorden var ganske flat, og det var frodig vegetasjon rundt hele jorden. Det fantes ikke is i nord og sør, ja, enkelte vitenskapsmenn mener at det ikke var magnetiske poler ennå og ingen sterke vinder eller stormer. (Ikke rart at folk ikke trodde på Noah da han sa at det skulle regne. De hadde aldri sett regn før.) Denne fantastiske verden ville ikke vare lenge, og på grunn av den totale forandringen av jordens overflate under den nevnte flommen, så er det helt umulig for oss i ettertid å si hvor Edens hage har vært.

Mer om flommen senere.

12. JANUAR

«Gud Herren formet mennesket av jordens støv,
og blåste livets ånde i hans nese,
og mennesket ble en levende sjel.»
1. Mosebok 2:7

GUD SKAPER ADAM

Det står at Herren formet mennesket. Ordet Adam betyr menneske, og det hebraiske ordet for jordens støv er «**adamah**». Vi ser at vi er ikke bare laget av jordens støv, men etter at vi dør, blir vi igjen til støv (**Predikanten 12:7**), selv om dette selvsagt bare gjelder vårt fysiske legeme. Gud blåste liv i Adam, og han ble en levende sjel. Det kan være artig å vite at ordet for «ånd» i Den Hellige Ånd, kan bety «vind». Da kan det se ut som om vi har både kropp, sjel og ånd tilstede her i dette verset.

Vi vet at etter døden, så blir kroppen vår omdannet til støv, og dersom Gud ikke hadde blåst liv i oss, så ville vi bare være en haug med jord eller støv. Dette tatt i betraktning er det absolutt på sin plass å si noe jeg har sagt både privat og på talerstolen i flere år: Hvert åndedrag er en gave fra Gud. Det at vi kan puste, er ingen tilfeldighet. Vi burde takke Gud for hvert et åndedrag hver eneste dag. Livet vårt er en gave fra Gud, og det er opp til hver enkelt av oss hva vi gjør med det.

En gammel mann jeg kjente i forrige århundre, var en vis mann. Da jeg spurte ham hvordan det gikk med ham, svarte han: «Alt er bra. Gud lever, og landet står.» La oss si: «Alt er bra. Gud lever, og jeg puster.» Så er det opp til oss hva vi vil gjøre med dagen som Gud har gitt oss. Forøvrig kan vi registrere at Adam ikke ble født på vanlig måte men formet av Gud fra jorden. Jeg har sagt til barna mine at når vi kommer til himmelen, så er det lett å gjenkjenne Adam og Eva der. De er de eneste menneskene der uten navle.

13. JANUAR

«Så plantet Gud Herren en hage i Eden, i Østen.
Der satte han mennesket som han hadde formet.»
1. Mosebok 2:8

HVOR ER EDENS HAGE?

Det har vært mange arkeologiske funn som er ganske gamle, og det er to forskjellige funn som er meget populære som «sivilisasjonens vugge». En av dem er det gamle Mesopotamia, området som er mellom og rundt elvene Eufrat og Tigris. Dette stammer nok fra noen av versene etter dagens tekst i vers 10-14 hvor vi finner en del stedsnavn nevnt i forbindelse med Edens hage. Det finnes også flere arkeologiske funn, som for eksempel fødestedet til Abraham, en by kalt Ur.

Jeg må dessverre slå fast at selv om dette er området Noah og hans sønner spredde seg ut fra, så vet vi ikke om dette er hvor Edens hage var. Sant å si så kan ingen si sikkert hvor Edens hage var. Hvorfor det? Vel, i Noahs dager var det en stor vannflom som dekket hele jorden. Dette var en stor naturkatastrofe som ødela hele verden. Vulkaner skjøt opp, fontener med både ild, lava og vann, pluss et forferdelig uvær denne verden aldri har sett verken før eller senere. Jordens overflate ble helt forandret, og de fire elvene som rant gjennom Edens hage, forsvant. Noah må ha likt disse navnene og brukt dem om igjen da de ga navn på dagens Eufrat og Tigris.

Hvordan vet vi dette? Fordi Bibelen forteller i detalj om vannflommen på Noahs tid, og i dag finnes det ikke fire store elver i Mesopotamia-området. Vi vil komme tilbake til Noahs flom eller «syndfloden» neste måned.

14. JANUAR

«Så sa Gud Herren: Det er ikke godt for
mennesket å være alene. Jeg vil gjøre
ham en medhjelp som er hans like.»
1. Mosebok 2:18

SKAPELSEN AV KVINNEN

Doktor Kent Hovind er en vitenskapsmann som har dratt jorden rundt i flere år for å fortelle folk om Bibelen, skapelseslæren og dinosaurer. Jeg traff ham for noen år siden i Wales. Han sier ofte: «Jeg tror at Gud skapte mannen før kvinnen fordi Han ikke ville ha noen råd om hvordan Han skulle gjøre det.» Faktum er at Gud skapte mannen, og Han visste at menneskene er sosiale skapninger. Han skapte oss slik. Vi trenger venner og familie rundt oss. Adam var alene. Det er greit å ha husdyr eller kjæledyr, men ingenting kan erstatte en livsledsager som følger oss gjennom livet.

Det er viktig å notere seg at Gud tok et ribben fra Adams side for å lage kvinnen. Eva skulle være Adams like, en likeverdig skapning. Hun ble ikke laget av et bein i Adams fot slik at hun kunne bli trampet på, og hun ble ikke tatt fra Adams hode for at hun skulle stå over ham. De skulle være like, og det er viktig å innse at for at et partnerskap skal virke, så må begge være likeverdige. Selvsagt står det i Bibelen at kvinnen skal underordne seg mannen, men dette er en diskusjon for et annet forum. De som bruker Paulus' ord for å undertrykke kvinnen, har totalt misforstått hva Paulus har sagt både til kvinner og menn. Bestill et veiledningskurs for ekteskap dersom du har vanskeligheter med dette.

Hvor kjedelig hadde denne verden vært dersom Gud ikke hadde skapt kvinnen? Vi hadde kanskje fremdeles vært i Edens hage, men selskapet ville ikke ha vært så sjarmerende. (Dette var en vits, altså!)

15. JANUAR

«Men slangen var listigere enn alle andre dyr
på marken som Gud Herren hadde gjort,
og den sa til kvinnen: Har Gud virkelig sagt;
Dere skal ikke ete av noe tre i hagen?»
1. Mosebok 3:1

SLANGEN: LØGNENS FAR

Slangen, eller djevelen i slangeform, er et stort mysterium her i Bibelen. Hvorfor reagerte ikke Eva på at slangen snakket til henne? Det finnes noen som tror at alle dyrene snakket før syndefallet, akkurat som i «Heksen, løven og garderobeskapet» av C.S. Lewis. Vi har ingenting som beviser eller motbeviser dette; det er bare teorier.

Og kunne slangen gå? I dommen fra Gud ble slangen senere i kapittelet dømt til å krype i støvet. Det finnes faktisk noen gamle sagn som omhandler både to- og firbente slanger, selv om dette ikke er noe bevis i seg selv. Vi vet derimot at ting ble forandret etter syndefallet. Torner vokste frem på rosebuskene, og lidelse og død kom inn i verden. Det er ikke umulig at noen av dyrene ble fysisk forvandlet da flere av dem ble omgjort til kjøttetere.

Det er nok viktigere å se hva løgnens far (**Johannes 8:44**) sa for å lure Eva, metoder han fremdeles bruker i dag. Han setter spørsmålstegn ved hva Gud hadde sagt. «Har Gud virkelig sagt...?» Vi kan høre det i dag også: «Sier Bibelen virkelig...» og menneskene begynner å tvile på Guds ord. Senere sa han: «Dere kommer slett ikke til å dø», som er den første løgnen som er nedskrevet i Bibelen. I **vers 5** fortsetter han med å si at vi skal bli som Gud (eller guder), en løgn som ligger som basis for mange andre religioner som tror at vi kan utvikle oss til å bli guder gjennom evolusjon.

Stol på Gud og Hans ord! Bare der kan vi få sannheten!

16. JANUAR

«Da ble begges øyne åpnet, og de skjønte
at de var nakne. Så flettet de sammen
fikenblad og bandt dem om livet.»
1. Mosebok 3:7

ÅPNINGEN AV ØYNENE

Det virket så enkelt. Adam og Eva kunne spise av alle trær i hele hagen – unntatt et. Dette er snakk om menneskenatur. Dersom du sier til barna dine: «Ikke rør», så er det klart at de vil røre det. Det er slik vi er!

I filmen «Ronja røverdatter» ser vi hvordan det er med denne uimotståelige trangen. Hun oppsøkte farene slik at hun kunne forsøke å unngå dem. Også i «Ringenes herre» måtte folk som Aragorn og Faramir bli fristet av ringen for å se om de kunne motstå den. Det krever utrolig styrke å kunne motstå fristelse, men med Gud er ingenting umulig. Han kan styrke sine.

At Adam og Evas øyne ble åpnet, betyr at de ble oppmerksomme på og fikk forståelse for hva de hadde gjort. Det spiller ingen rolle hva de gjorde; de adlød ikke Gud, og all synd har konsekvenser. De var ulydige mot Gud, og så snart de hadde tatt en bit av frukten, så innså de hva de hadde gjort. (For øvrig: Det står ikke hvilken frukt dette var snakk om. Det står ikke eple eller banan. Mest trolig er det en frukt vi verken har sett før eller siden.) Til slutt ser vi at Adam og Eva forsøkte å dekke over synden sin. Vi må ikke glemme at Gud er allvitende, og det er ikke noe vi kan gjøre for å skjule oss fra Ham. Han vet hvor mange hårstrå vi har (**Lukas 12:7**), og Han kjenner oss fra topp til tå. Dersom vi synder, nytter det ikke å gjemme oss fra Ham. Vi må tilstå og be om forlatelse for våre synder, så vil Han tilgi oss (**1. Johannes 1:9**).

17. JANUAR

*«Adam sa: Kvinnen som du ga meg til å være
hos meg, hun ga meg av treet, og jeg åt.»*
1. Mosebok 3:12

«DET ER IKKE MIN SKYLD!»

Vi mennesker er flinke til å skylde på andre. Dersom noen blir mordere, så sier vi: «Det er ikke hans skyld, han hadde en vanskelig barndom!» Når noen vokser opp ned en homofil livsstil, så sier vi: «Det er ikke hans skyld, han ble født sånn!» Selv om vi har hatt vanskelige liv, så er det helt på det rene at vi er underlagt Guds lover. Vi har ikke på noen måte lov til å ta livet av noen selv om vi har vært misbrukte som barn. Det vil kanskje gi oss en bedre forståelse av hva som skjedde, men det unnskylder det på ingen måte. Adam skyldte på Eva. Eva skyldte på slangen. Slangen var djevelen selv, og det ville ikke ha gjort den noe godt å forsøke å skylde på noen andre.

Se på dagens tekst igjen. *«Kvinnen som du ga meg...»* Ser vi her en pekefinger mot Gud? «Hadde ikke du gitt meg dette kvinnemennesket, så hadde jeg ikke syndet!» Ofte gir vi Gud skylden for alle våre problemer. Det at Gud tillater enkelte ting, betyr ikke at det er Hans vilje. Ofte er det synden i seg selv som har skylden. Dersom vi ikke hadde syndet, så ville vi fremdeles ha gått rundt i hagen med Gud. Men menneskets natur er å tilfredsstille seg selv. Vi synder ikke fordi Adam gjorde det, eller fordi Gud har fått oss til å gjøre det. Vi synder fordi vi er syndere, og det er hva syndere gjør.

18. JANUAR

«Og jeg vil sette fiendskap mellom deg og kvinnen,
mellom din ætt og hennes ætt. Han skal
knuse ditt hode, og du skal knuse hans hæl.»
1. Mosebok 3:15

FØRSTE PROFETI OM JESUS

O rdet «fiendskap» kan også bety «hat». Hva er dette hatet mellom slangen og kvinnen? Hvordan kan vi vite at dette handler om Jesus? Ordet «**zeta**» er i den norske Bibelen oversatt «ætt». I den engelske King James-Bibelen er det oversatt «seed» (frø). Ordet betyr et frø fra en plante eller en frukt som kan brukes til å så nye planter eller trær. Her er det et problem. Kvinnen er ikke den som har frøet i forplantingslæren. Mannen har frøet, mens kvinnene har egget som frøet skal plantes i. Hva menes det da med «kvinnenes frø»? Ikke glem at Jesus ikke hadde en jordisk far. Josef var bare Jesu stefar. Det vil si at Josef ikke ga sitt frø for at Jesus skulle bli født, men Gud planet et frø inne i Maria på en fantastisk måte ved å utføre et av Bibelens største mirakler.

Det er på det rene at Gud mener Satan eller djevelen her når Han snakker om slangen. Han, d.v.s. Jesus, som er Marias barn, skal knuse hodet på djevelen, d.v.s. ødelegge Satans kraft og herredømme over menneskeheten. Det er også interessant å notere seg at giften som slangen spyr ut, er lokalisert i hodet. Vi finner likevel at djevelen skal knuse Jesu hæl. Det var nødvendig for den store frelsesplanen at Jesus måtte lide og dø, og dette kan være implisert her. Satan har også gjort livet surt for menighetene opp gjennom tiden, og dette kan også være et moment å ta med. Dette er et utrolig skriftsted som en kunne skrevet mange bøker om.

19. JANUAR

«Til kvinnen sa Han: Jeg vil gjøre din møye stor
i ditt svangerskap. Med smerte skal du føde dine barn.
Til din mann skal din attrå stå, og han skal råde over deg.»
1. Mosebok 3:16

KVINNENS FORBANNELSE

I vers 14 og 15 leste vi om straffen eller dommen, kanskje forbannelsen, over slangen etter syndefallet. I dagens vers leser vi om kvinnens konsekvenser som fulgte like etterpå. Først finner vi at kvinnen skal ha «stor møye» i svangerskapet. «Møye» er ordet «**istsabown**», som betyr arbeid eller smerte. Her er det muligens ment en kombinasjon av begge. Av dette kan vi se at det opprinnelig ikke var ment at svangerskapet skulle være vanskelig eller smertefullt. Dette er et resultat av synden som kom inn. «Med smerte skal du føde dine barn.» Igjen bare poengterer dette hva vi allerede har slått fast.

Den andre delen er kanskje litt verre. «Til din mann skal din attrå stå.» Hva betyr nå dette? «Attrå» betyr «lyst» eller «hunger/sult». Ofte har kvinner en uforståelig lyst til å bli gift i sitt voksne liv. Likevel må denne setningen sees i reaksjon til den siste delen av verset hvor det står at mannen skal «råde over» kvinnen. Dette er ting som Paulus har nevnt flere ganger, f.eks. i **Efeserbrevet 5:22-24**. Jeg er klar over at mange kvinner hater Paulus for hva han sier her og andre steder, men dette var en straff som ble satt over kvinnen på lik linje med fødselsveer. Dersom ingen hadde syndet, hadde det ikke vært nødvendig med dette. Dessverre kan vi ikke forandre fortiden. Men ettersom mennene er befalt å elske sine hustruer (**Efeserne 5:25**), så kan ikke dette brukes til å undertrykke kvinner. En vis mann vil opphøye sin kone og være stolt av henne. Bare les **Salomos ordspråk 31:10ff**.

20. JANUAR

«Og til Adam sa Han: Fordi du lød din hustrus røst
og åt av treet som jeg forbød deg å ete av, skal jorden
være forbannet for din skyld. Med møye skal du nære deg
av den alle dine levedager. Torner og tistler skal den
bære for deg, og du skal ete av markens vekster.»
1. Mosebok 3:17-18

JORDENS FORBANNELSE

Da Gud skapte hele jorden, var alt «overmåte godt» (**1:31**). Det var ingen nød, ingen død, ingen lidelse, ja, ingenting «ondt». Da synden kom, ble alt forvandlet som ved et trylleslag. Torner og tistler kom frem. Dette hadde ikke eksistert på jorden før. De vakre rosene kunne nå bringe smerte dersom man ikke var forsiktig. Alt dette fordi jorden ble forbannet på grunn av Adams synd. Død og lidelse skulle bli en dagligdags ting i verden etter at uskyldighetens tidsperiode på jorden var over. Menneskene hadde blitt klar over hva synd er, og de måtte betale dyrt for det.

På denne dagen døde mennesket åndelig. Etter denne dagen ville alle som ble født på jorden, bli født som syndere. Da Gud Herren sa at de ville dø dersom de spiste av eplet, så hadde Gud rett. Adam og Eva falt ikke døde om, men cellene i kroppene deres begynte å dø. Det var ikke meningen at de skulle dø i det hele tatt, så det tok flere århundrer før de døde, men de begynte å dø. Åndelig døde de med en gang. De kunne ikke lenger gå med Gud i hagen, ettersom Gud, som riktignok elsket Adam og Eva, ikke kunne tåle synd. De måtte sendes bort, og de måtte jobbe hardt. Den samme «møye» er nevnt her for mannen som for kvinnen. Alle som blir født på nytt, får gjenopprettet den åndelige delen inne i seg og er på nytt i stand til å ha fellesskap med Gud og kan kommunisere med Ham.

21. JANUAR

«I ditt ansikts sved (svette) skal du ete ditt brød,
inntil du vender tilbake til jorden,
for av den er du tatt av.
Støv er du, og til støv skal du vende tilbake.»
1. Mosebok 3:19

HARDT ARBEID SOM STRAFF

Fra dagens Bibelord kan vi se at det er mannens ansvar å gå ut og arbeide for å forsørge familien. Det lette arbeidet som Adam hadde i hagen som Guds gartner, ble byttet ut med en svett bonde som jobber hele dagen.

Gud ga ikke menneskene lov til å spise kjøtt enda. Det kom først etter syndfloden under regnbuepakten. De skulle spise frukt og grønnsaker, noe som ville gi dem nok næring før farlige ultrafiolette stråler og slikt kom til jorden. Dette var selvsagt etter Noah og arken. Adam, som gikk med Gud Herren i Edens hage, virket som en storslått og viktig figur. Etter syndefallet ser vi ham som en neve jord. *«Støv er du, og til støv skal du vende tilbake.»*

Selv om mennesker er fantastiske skapninger som Gud elsker, så er det viktig å vite at dersom Gud ikke får helbredet den åndelige delen av oss (noe som skjer når vi blir frelst), så er vi bare støv – skitt – en neve jord. Ikke så spesielt, hva? La oss alle gi oss selv til Gud slik at han kan gjenopprette den ødelagte delen som finnes inne i alle mennesker, den åndelige delen av menneskene som gjør at vi kan være i kontakt med Gud. Dette tomrommet er det bare Han som kan fylle. «Sex and drugs and rock-and-roll» kan ikke fylle det.

22. JANUAR

*«Og Gud Herren gjorde klær av skinn til
Adam og hans hustru, og kledde dem.»*
1. Mosebok 3:21

VERDENS FØRSTE KLÆR

Vi går ut ifra at hele jorden like etter skapelsen hadde et mildt klima over det hele, og det var derfor intet behov for klær. Siden synden ikke var tilstede originalt i skaperverket, så var det ingen seksuelle lyster som preget menneskene. Nå som synden var kommet inn, ble Adam og Eva oppmerksomme på at de var nakne. Siden de var mann og kone, var det vel ikke så galt, men dersom de fortsatte å gå rundt uten klær, ville alle etterfølgerne også gjøre det. Ettersom flere barn ble født, kunne dette bli et problem for barnebarn og barnebarns barn. Den første synden, hvor uviktig den enn måtte synes for enkelte, resulterte i at et eller flere dyr måtte dø slik at Adam og Eva kunne få klær på kroppene sine.

Akkurat som Kristus ikler oss frelsens drakt, så ikledde Gud Adam og Eva klær som skulle skjule synden deres. Det er viktig å se at fikenbladene som de hadde laget til selv, ikke kunne hindre at Gud så dem, like lite som våre gode gjerninger kan skjule våre syndige liv. Det måtte et perfekt offer til for å oppnå det. Gud måtte gjøre det selv.

Nå ser vi fremover mot himmelen hvor klesdrakten vår også er beskrevet I Bibelen. I Johannes' åpenbaring leser vi at vi skal ikles hvite kjortler i himmelen, hvitfargen som et bilde på renhet og hellighet. Det er Jesu blod som vasker oss hvit som sne (**1. Johannes 1:7** og **Jesaja 1:18**). Når Gud Faderen ser at vi er ikledd Jesus Kristus, kan Han ikke finne noe galt med oss.

23. JANUAR

«Han drev mennesket ut, og øst for Edens hage
satte Han kjerubene og det luende sverd
som svingte hit og dit for å vokte veien til livets tre.»
1. Mosebok 3:24

ØST FOR EDEN

«Øst for Eden» er mer enn en fengede filmtittel. Det er også stedet Gud satte noen engler kalt kjeruber for å vokte Edens hage etter at Adam og Eva ble kastet ut fra Guds nærvær. Kjeruber («cherubim» på engelsk) er en av flere typer engler. Disse hadde et hode med fire ansikter. Noen tror at disse var bilder på hvert av evangeliene, og de hadde vinger også. Det ser ut til at de har en jobb – å vokte og beskytte. Disse ble satt til å beskytte livets tre, som ville få Adam og Eva til å leve evig dersom de spiste av det.

Vi må si at fordi døden kom på grunn av synden, så er det logisk at Adam og Eva ikke ble skapt til å dø, men de startet å dø fysisk da de falt i synd og spiste av frukten. De levde fremdeles lenge, men de måtte likevel dø en dag. Det kan virke slemt for noen av oss at Gud ville hindre Adam og Eva å leve evig, men det var ikke Guds plan for oss. Han tåler ikke synd, og synd kan ikke leve med Gud i himmelen. Evig liv er oppnåelig for oss alle, men da gjennom Jesus Kristus, Frelseren.

I syndfloden ble Edens hage ødelagt, og det er ingen engler der nå som beskytter livets tre lengre. Det er viktig at det var menneskets synd som skilte oss fra Gud, ikke en hevngjerrig gud som bare ville hevne seg på oss. «Uten tro er det umulig å være til behag for Gud.» (**Hebreerne 11:6.**) Tro på Gud betyr å følge Ham.

24. JANUAR

«Kain talte til Abel, sin bror. Og da de
engang var ute på marken, for Kain
løs på sin bror Abel og slo ham i hjel.»
1. Mosebok 4:8

VERDENS FØRSTE DRAP

Vi går ut ifra at de første menneskene som ble født på jorden, het Kain og Abel. Disse to var vidt forskjellige. Abel var sauegjeter, og Kain var jordbruker (4:2). Det var likevel ikke dette som var problemet. Mange predikanter sier at Abels offer til Gud ble godtatt fordi det var et blodoffer, og uten blod kan det ikke bli noen tilgivelse for synd (jfr. **Hebreerne 9:22**), men at Kains offer ikke ble tilgodesett av samme grunn. Det er selvsagt mulig at Gud har sagt til Adam, Kain og Abel at de måtte ofre en sau eller et levende dyr, men dette kan ikke bevises fra Bibelen. Det er også et senere prinsipp at folk ofret av førstegrøden fra og med Moses' dager, om det så var sauer, duer eller mel. Det må også sies at disse offerlovene først kom ved Moses, og selv om prinsippet er riktig, så må en være forsiktig med å slå fast som fakta ting som ikke er nedskrevet i Bibelen.

Hebreerne 11:4 slår imidlertid fast at det var **ved tro** at Abel ga et bedre offer enn Kain. Abel trodde på Gud og fulgte Ham, mens Kain ikke hadde tiltro til Gud. For å si det kort og brutalt: Kain var et ondt menneske mens Abel var snill og god. Kain hadde ondskap i hjertet sitt, noe som førte til at han drepte sin egen bror. «Hvorfor er du så forbitret», spurte Gud ham. Kain var sinna, sjalu og ondskapsfull, og det er mye som taler for at han planla å drepe broren sin – overlagt drap kaller vi det. Han drepte ikke Abel med en gang men ventet til de var alene ute på markene hvor ingen kunne se hva som skjedde. Det tok ikke lang tid før menneskeheten sank så lavt som det bare kunne gå an.

25. JANUAR

«Men Han sa: Hva har du gjort? Røsten av
din brors blod roper til meg fra jorden.»
1. Mosebok 4:10

ABELS ROPENDE BLOD

K ain benekter først at han vet hvor Abel er når Gud spør ham om det. Gud, som er allvitende, vet selvsagt hva som har skjedd. Han er allestedsnærværende og merker hver en spurv som faller til jorden, ja, Han vet til og med hvor mange hårstrå vi har på hodet. Gud vet at Kain har drept Abel, og Han spør et retorisk spørsmål som Kain ikke trenger å svare på, men så sier Han: «Røsten av din brors blod roper på meg fra jorden.» Dette kan ha flere mulige forklaringer. Det kan bety at selve gjerningen skriker ut til Gud selv om den drepte ikke gjør det. Det kan bety at Abel hadde barn som skriker om at urett er blitt begått. Det kan bety at en «blodhevner» er kommet på scenen. Det kan bety at Kain har begravet Abel for å skjule hva han har gjort.

Det er ikke umulig at Abel på dette tidspunkt hadde barn som var etterlatt etter ham. Bibelen nevner bare Sets barn i kapittel 5 hvor etterkommerne er nevnt. Siden Abel var en fårehyrde, er det meget mulig at han hadde en familie å forsørge. Dersom en av disse var gammel nok, så er det mulig at familien kunne ha en «blodhevner», noe som var vanlig senere i Det gamle testamente. Det var derfor at man på Moses' dager opprettet tilfluktsbyer hvor en drapsmann kunne flykte dersom et drap hadde skjedd uten overlegg. I en av disse seks byene kunne drapsmannen gjemme seg til «blodhevneren» hadde kjølt seg ned og en kunne se på saken rolig og avbalansert.

26. JANUAR

*«Se, du har i dag drevet meg ut av landet, og jeg må
skjule meg for ditt åsyn. Jeg blir en flyktning og en
vandrer på jorden, og det vil gå slik at hvem som helst
som finner meg, kommer til å slå meg i hjel.»*
1. Mosebok 4:14

VERDENS FØRSTE FLYKTNING

Kain, verdens første morder, ble også verdens første flyktning. Selv om Adam og Eva ikke lenger var i Edens hage, så er det noe spesielt med å leve og bo hos familien sin. Likevel var det Kains største frykt at han skulle bli drept av «hvem som helst som finner meg». Hvem er så «hvem som helst»? Det er viktig å forstå at Adam hadde mange sønner og døtre (**5:4**), og det var nødvendig at brødre og søstre giftet seg for å føre slekten videre. Det var først da Moseloven kom, at dette ble forbudt, antakeligvis på grunn av skadelige genetiske mutasjoner ved såkalt «innavl».

Dersom Adam levde så lenge som Bibelen sier (**5:5**), så kunne befolkningseksplosjonen ha vært enorm på denne tiden og Kains frykt ha vært ganske reell. Siden Kain var «på rømmen» som en utstøtt, ville han neppe ha kunnet produsere sin egen mat. Dersom han var avhengig av å kjøpe mat av andre, så var det en annen grunn til frykt. Kain var verdens første flyktning. Han hadde nok mye til felles med dagens flyktninger, selv om Kains utvisning fra landet han kom fra, varte mye, mye lenger.

27. JANUAR

«Men Herren sa til ham: Dersom noen slår
Kain i hjel, skal det hevnes sjufold.
Og Herren satte et merke på Kain for at
ingen som møtte ham, skulle slå ham i hjel.»
1. Mosebok 4:15

KAINS MERKE

Det står i dagens tekst at Gud satte sitt merke på Kain slik at ingen skulle ta livet hans. Ordet «**oth**», som er oversatt «*merke*», kan også bli oversatt som «*tegn*». Vi vet ingenting om hvordan dette tegnet eller merket så ut, men det må ha vært mulig for folk å se dette tegnet slik at de ikke skulle ta livet av Kain. I åndelig betydning er det interessant med dette tegnet eller merket. Når noen tar imot Kristus som Herre og blir en kristen, får vi også et merke eller et segl. I **Efeserbrevet 1:13** står det: «*I Ham har også dere, da dere fikk høre sannhetens ord, evangeliet om deres frelse, ja, i Ham har også dere, da dere kom til troen, fått til innsegl Den Hellige Ånd, som var lovt.*»

På grunn av dette skriftstedet i NT, er det noen som mener at Kain ble frelst, og at han derfor fikk satt Guds merke på seg. Om dette er riktig, er vanskelig å si. I alle Guds tidshusholdninger er det troen som frelser folk, og den eneste synden som kan gjøre at man ikke kan bli frelst, det er å si nei til Jesus Kristus. Kain *kunne* ha blitt frelst. Ingen kan si at han ikke angret på hva han hadde gjort og ba om tilgivelse og ble frelst av Herren Gud. På den andre siden kan vi ikke bevise det heller.

28. JANUAR

«Så dro Kain bort fra Herrens åsyn
og bosatte seg i landet Nod, øst for Eden.»
1. Mosebok 4:16

LANDET NOD

Vi erklærer over spørsmålet allerede før det har kommet ut fra kritikernes lepper. Hvor var Nod? Og hvor fant Kain sin kone (**4:17**)? Tatt i betraktning Adams lange levetid og at han fikk mange sønner og døtre, så har vi allerede svart på hvor Kain fikk sin kone. Det var sannsynligvis en av søstrene hans. Men hva med landet Nod? Hvor var det? Bibelen har svaret: Det var et land lokalisert sør for Eden. Dersom en legger til grunn at folk levde lenger i denne tidsperioden (som Bibelen hevder), så kan befolkningseksplosjonen ha vært enorm. Landene fikk vanligvis navnene til familiens overhode (eller den som var det da de bosatte seg der – for eksempel Israels tolv stammer).

En annen forklaring finner en når en studerer ordet Nod, som betyr «vandring». Dette kan være en figurativ betydning som samstemmer med Kains vandrende livsstil. Det hører også med til historien at Kain bygde (grunnla) en by. Navnet Nod kan ha vært hele dette området hvor han vandret rundt i, og hvor etterkommerne hans bosatte seg.

29. JANUAR

«Lamek sa til sine hustruer: Ada og Silla,
hør min røst, Lameks hustruer, lytt til min tale!
En gutt dreper jeg for hvert sår jeg får,
en gutt for hver skramme jeg får.»
1. Mosebok 4:23

DRAPSTRUSLER OG FRAFALL

D et synes å være litt forskjell på norske og engelske oversettelser av teksten her. Mens den norske teksten synes å antyde at Lamek har drept mange mennesker, ser det ut som om han bare har drept to mennesker i den engelske Bibelen. Kommentatorene er også veldig sprikende i sine fortolkninger av denne teksten. Det virker som om Lamek var en voldelig mann som skrøt av dem han hadde tatt livet av. Navnet Lamek betyr «erobreren». Gud hadde sagt at det skulle være en mann og en kvinne som giftet seg (**2:24**), og Lamek brøt Guds bilde av ekteskap ved å ta seg to koner.

En kilde sier at Lamek var fryktet av andre på sin tid og at han skrøt til konene sine om hvor mange han hadde drept. Han så seg selv som uskadelig, selv om han innrømmer i denne talen at han har fått både sår og skrammer. En jødisk tradisjon mener til og med at Lamek drepte Kain. Det er viktig å poengtere at det ikke har blitt funnet noen bevis for dette, men det nevnes som en kuriositet. En ting er sikkert: Lamek var «bad news», og det var en type du ikke ville komme i klammeri med. Lamek opprettet sin egen lov og sa at dersom noen tok livet av ham, skulle det hevnes, ikke bare sjufold som Kain, men syttisju ganger, noe som gjør hån av Guds tidligere ord. Det minner litt om **Matteus 18:22** der Jesus sa at vi skal tilgi ikke bare sju ganger, men sytti ganger sju.

30. JANUAR

«Alle Adams levedager ble ni hundre
og tretti år. Så døde han.»
1. Mosebok 5:5

ADAMS LANGE LEVETID

Det kan synes uvirkelig at Adam skal ha levd i 930 år. Den lengste levetiden vi finner hos menneskene før Noahs flod (syndfloden), er Metusalah, som levde i 969 år ifølge Bibelen. Kan dette være virkelig? Finnes det andre kilder som antyder at folk har levd så lenge? Eusebius siterte den greske historikeren Herodotius og nevnte 10 pre-historiske konger i Babylon som levde i tusenvis av år. Selv om dette neppe medfører riktighet (det kan være en feilaktig oversettelse), så viser det at andre kulturer også har historier om folk som levde lenge.

Fra et kristent vitenskapelig ståsted kan det nevnes at da Adam og Eva ble skapt, så var det ikke meningen at de skule dø. Først da de bet i frukten fra det forbudte treet, startet dødsprosessen i menneskene. Menneskenes levetid kan således betraktes som en opptrukket klokke som går saktere og saktere, noe som en kan se gjenspeilt gjennom Bibelens historie (med få unntak). En annen forklaring er at verden før syndfloden var mye sunnere, og folk levde lengre da de ble beskyttet av denne drivhuseffekten som jeg har skrevet om tidligere. Det er en teori at menneskene levde kortere etter syndfloden fordi mange viktige næringsstoffer forsvant fra jorden, og dette førte bl.a. til at dinosaurene døde ut. Det er ikke umulig at en kombinasjon av disse elementene kan ha forårsaket at menneskene levde kortere og kortere.

31. JANUAR

«Og Enok vandret med Gud, så ble han borte,
for Gud tok ham til seg.»
1. Mosebok 5:24

ENOK VANDRET MED GUD

E noks navn betyr «dedikasjon», som når en helt og fullt dedikerer seg for noe. Når det står at Enok vandret med Gud, så betyr det nok ikke at han gikk med Gud slik som Adam gjorde i Edens hage, men at han *«vandret med tro»* og fulgte det som Gud sa. Det kan virke rart at en som *«gikk med Gud»* (å gå i Bibelen er ofte brukt om en måte å leve på), levde kortere enn de andre på hans tid. I **5:23** står det at *«alle Enoks dager ble tre hundre og sekstifem år»*. Etter dette ble Enok borte. Gud tok ham til seg. Betyr det at han døde?

Hebreerne 11:5 sier: *«Ved tro ble Enok bortrykket, så han ikke skulle se døden.»* Enok døde ikke, han ble tatt opp til himmelen fordi han var full av tro og elsket Gud. Elias hadde en liknende opplevelse i **2. Kongebok 2:11**. Derfor sies det at Enok og Elias, som ikke har dødd her på jorden, trolig er de to vitnene i **Johannes' åpenbaring (11:3-12)**, som profeterer om Guds kommende dom over hele verden. **Judas' brev (vers 14 og 15)** sier at Enok profeterte til folkene før syndfloden om at Herren ville komme og holde dom over alle og straffe de ugudelige. Dette gjaldt da Herren skulle komme med sine ti tusener hellige, og gjelder derfor ikke syndfloden, men Kristi retur til jorden etter trengselstiden, en 7-års periode på jorden med sorg og lidelse.

Tenk om Gud vil ta oss til seg fordi vi vandrer med Ham!

39

FEBRUAR

—

FRA NOAH TIL SYNDFLODEN

1. FEBRUAR

«Da nå menneskene begynte å bli mange
på jorden, og de fikk døtre, da så Guds sønner
at menneskenes døtre var vakre,
og de tok seg hustruer, hvem de hadde lyst til.»
1. Mosebok 6:1-2

GUDS SØNNER

Når **kapittel 6** av 1. Mosebok starter, leser vi om ondskapen som spredde seg på jorden, noe som førte til det vi kaller syndfloden eller Noahs flom. Vi leser at menneskene ble mange, og de fikk døtre. Hvem er så disse Guds sønner som giftet seg med disse døtrene i **vers 2**? Noen tror det var menn som fulgte Gud. Noen tror det var etterkommere av Set. Noen tror det var engler

Vanligvis når vi leser om Guds sønner andre steder i Bibelen, går vi ut ifra at de er engler (eller ånder jfr. **Hebreerne 1:13-14**). I denne sammenhengen må det i så fall være falne engler, eller onde ånder om du vil. I den sammenheng kan det nevnes at alle engler som vi leser om i Bibelen, er en mann, ikke en dame eller jente (som de gamle glansbildene fra barndommen tilsier). Også ifølge jødisk tradisjon er alle engler maskuline. Dersom dette var snakk om menn som fulgte Gud eller etterkommere av Set, så er det ingen naturlig forklaring på hvorfor avkommet deres ble kjempestore.

I **2 Peter 2:4-5** og **Judas 6** leser vi om at Gud styrtet noen engler ned i avgrunnen etter at de forlot sin stilling, og der holder Han dem fanget til dommens dag. Dette blir satt i sammenheng med Noahs flom i 2. Peter. Dette ville virke logisk dersom Guds sønner i dagens tekst var falne engler.

43

2. FEBRUAR

«Da sa Herren: Min Ånd skal ikke til evig tid gå
i rette med menneskene. I sin villfarelse er de kjød,
og deres dager skal være et hundre og tjue år.»
1. Mosebok 6:3

VILLFARELSE FRA ÅNDEN

Gud er hellig, og Gud er ånd. Til sammenlikning er menneskene kjød med kjødelige lyster, og disse to er ikke forenlige. Guds Ånd kaller syndere til omvendelse, og Gud er tålmodig. Det finnes likevel en ende på Guds tålmodighet, selv om jeg personlig tror at det ikke skjer før enhver sjanse for omvendelse er borte.

Hva menes så med de 120 dagene? Noen tror det betyr at menneskene ikke skal bli mer enn 120 år gamle. Noen tror det betyr at det var 120 år til syndfloden. Antakeligvis har denne profetien blitt gitt av Metusalah 120 år før vannflommen, før Sem, Kam og Jafet ble født, men etter at Enok hadde blitt snappet opp av Gud. Dette var da også før Gud hadde gitt Noah beskjed om å bygge arken.

Det er viktig for oss å kjenne vår besøkelsestid. Jesus sier: *«Se, jeg står for døren og banker. Om noen hører min røst, så vil de åpne opp og slippe meg inn!»* Guds invitasjon er til alle mennesker. Han er glad i alle og ønsker å ha samvær med oss alle. Vi er heldige at Gud er tålmodig når han kaller oss. For menneskene som levde før syndfloden, holdt nå Guds tålmodighet på å renne ut.

3. FEBRUAR

«Kjempene var på jorden i de dager, og likeså siden,
da Guds sønner gikk inn til menneskenes døtre,
som fødte dem barn. Dette er de mektige menn
i gammel tid, de navngjetne.»
1. Mosebok 6:4

KJEMPENE PÅ JORDEN

Kjempene som var på jorden i Noahs dager, er velkjente blant mange i dag. Det hebraiske ordet for kjempene er **«nephilim»**. Disse er i dag ofte satt i sammenheng med ufoer og utenomjordiske vesener. Det finnes per i dag ingen empiriske, vitenskapelige beviser på at jorden har blitt besøkt av vesener fra en annen planet. Det har flere ganger blitt lovet ut dusør til dem som kan bevise en såkalt «alien abduction» eller bortførelse av utenomjordiske vesener, uten at dette har resultert i noen som helst slags bevis. Vi vil derfor se vekk fra denne forklaringen av «nephilim».

Selve ordet «nephilim» betyr «fallen» (eller «en fallen»). Ordet kan også bety tyrann og, selvsagt, kjempe. Det er ikke et positivt ord men er negativt ladet. De bibelske «nephilim» kan selvsagt bety engler som har blitt utstøtt fra himmelen og kastet ned her på jorden, som vi var inne på i går. Ordet er også brukt om Anakims slekt, noen kjemper som bodde i det lovede landet da Moses og Israel kom opp til Kanaan fra Egypts land (**4. Mosebok 13:33**). Det er blitt hevdet at ordene «og likeså siden» har blitt lagt til av Moses da han samlet historiene i Mosebøkene, og at han da tenkte på disse i 4. Mosebok. Var så «menneskenes døtre» etterkommere fra Kains ætt eller kanskje kvinner som hadde forlatt Guds lære (jfr. diskusjonen i går)? Det er selvsagt meget mulig at de rett og slett var mennesker som nevnt i **6:1**.

4. FEBRUAR

«Herren så at menneskenes ondskap var stor
på jorden, og at alle tanker og hensikter i deres
hjerter var onde hele dagen lang. Da angret
Herren at Han hadde skapt mennesket på jorden,
og Han var full av sorg i sitt hjerte.»
1. Mosebok 6:5-6

JORDENS ONDSKAP

I dagens tekst finner vi grunnen til at Gud sendte vannflommen, også kalt syndfloden eller Noahs flom. Gud så at menneskene på jorden var onde og bare var opptatt av onde tanker hele dagen. Når en leser om hvordan folk tenkte onde tanker hele dagen og alt de gjorde og planla var vonde eller til og med ondskapsfulle, så minner det oss av og til om forholdene i dag.

Jesus sa at slik det var i Noahs dager, skal det også være når menneskesønnen (Jesus) kommer tilbake (Jesu andre komme) jfr. **Lukas 17:26.** Jordens tilstand var så elendig at Gud sa til seg selv at Han angret at han hadde skapt menneskene. Hadde Gud gjort en feil? Visste Han ikke hva som skulle skje? Alt dette visste Gud om på forhånd, men menneskene har blitt gitt en fri vilje, og Gud vil at folk skal velge å følge Ham, ikke lage roboter. Jordens syndige oppførsel brakte Gud stor sorg. Vi, som var skapt i Hans bilde, brakte skam og skitt på noe som i begynnelsen ble beskrevet av Gud som «veldig godt».

Hva betyr det at Gud angret at han hadde skapt oss? Det betyr enkelt og greit at Gud forandret mening eller handlingsplan. Av og til kan vi påvirke Gud slik at Han angrer det onde Han har tiltenkt oss, men Han forandrer Sin plan for oss ved å vise ydmykhet overfor oss.

5. FEBRUAR

«Og Herren sa: Jeg vil utrydde fra jorden
menneskene som jeg har skapt, både
mennesker og fe og krypdyr og himmelens fugler,
for jeg angrer at jeg har skapt dem.»
1. Mosebok 6:7

DU SKAL HØSTE DET DU SÅR – II

I forrige måned sa jeg at du skal høste det som du sår. Dette er fremdeles sant. Dersom vi lever våre liv som folkene på jorden på Noahs tid, med onde tanker og gjerninger uten å ta imot Guds evige gave, evig liv i Kristus Jesus, så skal vi ikke til himmelen men fordømmes i evighet. Mange synes sikkert at Gud virker ondskapsfull når Han sier at Han skal utrydde alle menneskene fra jorden. Det er imidlertid viktig å slå fast at når Gud sender en dom over jorden, eller for eksempel Sodoma og Gomorra, så lager Han alltid en utvei, en frelses vei.

Da Gud skulle ødelegge Sodoma, ba Abraham om Gud ville spare byen om det bare fantes ti gudfryktige mennesker der. Vel, ti var ikke nok. Bare Lot og hans familie var gudfryktige, og Gud sendte noen engler dit for å redde dem ut av byen. Når Gud skulle sende vannflommen over jorden, så profeterte Noah om syndflommen som skulle komme, og folkene bare lo av ham. Bare Noah og hans nærmeste familie ble reddet. Ingen andre trodde på Gud eller fulgte Guds ord.

I dag står predikantene i menigheter over hele landet og sier at enden er nær. Jesus kommer snart tilbake for å redde sine følgesvenner ut fra denne jorden før trengselstiden, en forferdelig periode på sju år med lidelse og død, slik at vi kan være i himmelen med Ham under denne forferdelige tiden. Hvem vil da følge med Jesus og si ja til å bli reddet ut fra jordens mørkeste tid?

6. FEBRUAR

«Dette er historien om Noah og hans ætt.
Noah var en rettferdig mann, ulastelig blant
sine samtidige. Noah vandret med Gud.»
1. Mosebok 6:9

NOAH – EN AV BIBELENS STØRSTE MENN

Når vi begynner historien om Noah, ser vi først at han var en rettferdig mann. Videre var han ulastelig (perfekt, den engelske KJV-oversettelsen), og han vandret med Gud. Noah må ha stått i strek kontrast til alle de syndige menneskene som levde på denne tiden, men han stod med sine føtter på fjell, sementert i Guds grunnvoll. Det vi leser om Noah, forklarer hvorfor Gud valgte ham til å bygge arken og være Hans utvalgte. Det er også en pekepinn på hvordan Gud vil at *vi* skal være også.

Noah var en rettferdig mann. Kan vi påstå at vi er rettferdige? Behandler vi folk likt? Kan folk stole på oss? Det kan være vanskelig å være rettferdig når vi ikke vet absolutt alt. Den beste forutsetningen for å være rettferdig, er å kjenne til Guds ord, for Gud er rettferdighet. Han skal belønne eller straffe menneskene etter at livet på jorden er over ifølge Hans egen rettferdighet. Det er tross alt Gud som bestemmer hva som er rett og galt. Noah var ulastelig (perfekt) blant sine samtidige. Det er viktig for oss som er kristne, at vi har et godt rykte både blant troende og ikke-troende. Selv om vi ikke er perfekte, så strever vi etter å bli perfekte ifølge Guds ord. Når vi tar imot Kristus, så blir vi perfekte i Guds øyne fordi vi har ikledd oss Jesus Kristus. Noah vandret med Gud. Sist vi leste om en som vandret med Gud, så tok Gud ham til seg. Det beste som kan sies om oss, er at vi vandrer med Gud. Les Hans ord, be til Ham og følg Hans lære. Da går du med Gud!

7. FEBRUAR

«Da sa Gud til Noah: Nå vil jeg gjøre ende på
alt kjød, for de har fylt jorden med vold.
Se, jeg vil ødelegge både dem og jorden. Bygg deg
en ark av gofertre. Du skal innrede den med rom,
og stryke den innvendig og utvendig med bek.»
1. Mosebok 6:13-14

ARKEN SOM FRELSESVEI

Det nye i **vers 13** er at Gud sier at han ikke bare skal utrydde alle menneskene, men også hele jorden. Vi finner at Gud åpenbarer litt om gangen av sine planer for sin store straff for hele jorden. Selv om Gud er en kjærlighetens Gud, så kan Han ikke tåle synd. Jorden var nå ikke bare fylt med onde tanker og gjerninger, men også vold. Igjen kan dette sies om vår verden i dag hvor det alltid finnes en krig et eller annet sted på jorden.

Nå sier Gud endelig at Noah skal bygge seg en ark. Ark er også ordet som er brukt om Moses' kurv som han ble lagt i for at han skulle bli reddet og ikke bli drept sammen med de andre jødiske barna. Ordet ark betyr enkelt og greit en boks. Det finnes vitenskapsmenn som tror at Noahs ark ikke var slik som man ser på noen av dagens fargerike illustrasjoner, men at den var firkantet (rektangulær) og ikke hadde en båtfasong slik som båtene har i dag. Vi vet ikke hvilken type tre gofertre var, men det må ha vært en tresort som det fantes mye av på Noahs tid. Arken skulle strykes innvendig og utvendig med bek, antakelig for å gjøre arken vanntett. Ordet «**kopher**», oversatt som bek, betyr bokstavelig talt en beskyttet landsby. Det kan oversettes som dekke eller beskyttelse, og i overført betydning betyr det frelse, løsepris, bestikkelse, tilfredsstillelse og pengesum. Ordet brukes også om henna-planten som brukes til hårfarging og kroppsmaling, som oftest en rødlig farge.

8. FEBRUAR

*«Slik skal du bygge den: Arken skal være tre hundre
alen lang, femti alen bred og tretti alen høy. »*
1. Mosebok 6:15

ARKENS DIMENSJONER

Det er blitt sagt at arken var ideelt bygget for stabilitet og kapasitet. Man skal ha påvist hydrologisk at det var praktisk sett umulig at arken kunne velte og ville ha vært forholdsmessig komfortabel, t.o.m. under voldsomme bølger og vinder. Når det gjelder størrelsen på arken, så må en se på hvor lang en alen er. Babylonerne hadde sin alen, egypterne hadde sin, og jødene hadde sin. Den minste størrelsen som noensinne er gitt for en alen, er 17,5 tommer, og den største er 24 tommer. Selv med det minste målet blir Noahs ark ca. 137 meter lang, 23 meter høy, og 14 meter bred. Den var omtrent halvparten av lengden til det verdenskjente cruiseskipet Queen Mary, og dersom en fylte arken med dyr på størrelse med en gjennomsnittlig sau, så ville en få plass til 125.000 sauer. Ettersom det ikke finnes mer enn 25.000 kjente dyrearter (inkludert rovdyr, fugler, reptiler og amfibier), så skulle det være plass til alle dyrearter på Noahs ark selv om det var to av hvert slag. Gjennomsnittsstørrelsen på alle dyr er mindre enn en sau, og det gir mer enn god nok plass for Noah og hans familie. Noen vil sikkert protestere og nevne elefanter, sjiraffer og dinosaurer, men det er på ingen måte sikkert at det var fullvoksne dyr på arken, selv om det også ville ha vært rom for dem.

Folk som påstår at det ikke ville ha vært nok plass til alle dyrene på Noahs ark, har rett og slett ikke tatt seg tid til å studere hvor stor arken virkelig var.

9. FEBRUAR

*«Og se, jeg lar en vannflom komme over jorden for
å ødelegge alt kjød under himmelen som det er
livsånde i. Alt som er på jorden, skal omkomme.»*
1. Mosebok 6:17

DRUKNING FOR ALLE SOM PUSTER

Det at Gud ba Noah om å bygge en ark, fortalte ikke Noah om at Gud skulle drukne alt liv på jorden. Det gjorde Gud imidlertid i dagens tekst. Noahs ark var en stor boks som kunne ha blitt brukt til hva som helst. Gud hadde ikke tidligere sagt hva den skulle brukes til.

Det er viktig å legge merke til at alt liv som puster luft, skal dø. Gud profeterte om en verdensomfattende oversvømmelse, noe som vi skal se mer om ved en senere anledning. Gud sier Han skal utrydde *alt kjød under himmelen*, ikke bare litt av livet på jorden. Han sier også at *«alt som lever på jorden skal omkomme»*. For en ærlig og oppriktig bibelstudent er det klart at dette ikke handler om en lokal oversvømmelse, men en verdensomfattende katastrofe som ingen kunne komme seg unna.

Det finnes også dem som tror at de kan unnslippe Guds vrede ved den siste dom. Noen sier til og med at de skal stå foran Gud og si hva de mener om Ham. Dette er, for å bruke et gammeldags ord, dumdristig. På den siste dag vil alle bøye kne for Kristus, og de som ikke har tatt imot Ham, vil ikke kunne komme unna den andre døden, den evige død. Det er bra for oss at Kristus døde slik at vi ikke må dø den andre døden, men kan få evig liv isteden.

10. FEBRUAR

«Men jeg vil opprette min pakt med deg,
og du skal gå inn i arken – du og dine sønner
og din hustru og dine sønnekoner med deg.»
1. Mosebok 6:18

BIBELENS FØRSTE PAKT

Flere ganger opprettet Gud en pakt med menneskene. På engelsk brukes to forskjellige ord om to forskjellige typer pakter. Her, under pakten med Noah, også kalt «regnbuepakten», så bruker den engelske Bibelen ordet «covenant», en pakt hvor Gud lover å ikke utslette jorden med en vannflom igjen. En «covenant» er hvor noen lover å gjøre eller ikke gjøre noe mot en annen part. Når en bruker ordet «pact», så bygger dette på en gjensidig forståelse eller enighet. I bibelsk sammenheng vil utfallet komme an på hva som skjer (f.eks. følger du Guds lov, så vil det gå deg godt, og du kan nyte de goder Gud gir deg, men synder du, så vil du miste t.o.m. de goder du har).

Regnbuepakten er her bare nevnt, og jeg vil gå inn på den ved en senere anledning. Det er nok her å se at Gud lovte å opprette en pakt med Noah og hans etterkommere. Noahs nære forhold til Gud reddet både ham og den nærmeste slekten hans, og Gud ville ha et spesielt forhold til dem.

Gud ønsker også et nært forhold til oss. Vi nevner ofte «den nye pakt», den som gjør at vi kan få tilhøre Kristus og få evig liv. Denne pakten har Kristus selv betalt for ved å dø på korset på Golgata for snart 2000 år siden.

11. FEBRUAR

«Av alle slags fugler og av alle slags fe og av
alle slags krypdyr på jorden skal par for par
komme inn til deg for å holdes i live.»
1. Mosebok 6:20

TO OG TO

När vi leser **vers 19 og 20**, så ser vi at Gud bestemte at det skulle være to av hvert slag av dyrene som gikk inn i arken. Det skulle være en hann og en hunn, slik som det var bestemt fra tidenes morgen. En hann og en hunn er det som må til for å føre slektene videre, og det var slik Gud ønsket at et ekteskap skulle være også. Mannen skulle flytte ut fra foreldrene sine og ta til seg sin hustru, og så skulle de bli ett kjød (**2:24**). Det var ikke Guds plan at to menn eller to kvinner skulle gifte seg. Dette kaller Gud «en styggedom» og «en motbydelig gjerning» (**3. Mosebok 18:22, 20:13**). Mange har kanskje vært på søndagsskolen og fått spørsmålet: «Hvor mange dyr av hvert slag tok Noah med i arken?» Uten å tenke, svarer vi «to», noe som dagens skriftsted forteller oss. Vi skal imidlertid se at dette var bare av de såkalt «urene» dyrene. Likevel er det riktig at de fleste dyrene gikk inn to og to, noe som var nødvendig for å fortsette reproduksjonen av alle dyr.

Igjen finner vi at alle fuglearter var representert i arken sammen med alle slags fe og krypdyr. Tidligere så vi at alt som hadde ånde (pustet luft), var med i arken. Fiskene var derfor ikke med i arken men svømte rundt i kaoset som skulle følge.

Noen tror ikke at det fantes dinosaurer tidligere på jorden. Mange skjeletter vitner om at de har vært i live på jorden. De må ha vært med i arken også. Gjennomsnittsstørrelsen på en dinosaur tilsvarer faktisk en gjennomsnitts sau. Noen var så små som en høne.

12. FEBRUAR

«Og du skal ta med deg noe av all slags mat og samle det hos deg, så det
skal være til føde for deg og dem.»
1. Mosebok 6:21

MATEN PÅ ARKEN

Mat er viktig for at alle Guds skapninger skal kunne leve og vokse. Gud ga Noah beskjed om å ta inn mat i arken. Her er det viktig å ta i betraktning at menneskene på denne tiden var vegetarianere. I **1:29** leser vi: «Og Gud sa: Se, jeg har gitt dere alle planter som sår seg over hele jorden, og hvert tre med frukt som setter frø. Det skal være føde for dere.» Først etter syndfloden gir Gud tillatelse til å spise kjøtt. Det betyr selvsagt ikke at menneskene ikke spiste kjøtt før vannflommen kom. De var voldelige og fulle av synd, og de kan selvsagt ha tatt for seg av dyrene som levde på denne tiden, men dersom de gjorde det, så gjorde de det uten Guds tillatelse. De tidligere nevnte vitenskapsmenn som jeg har referert til, tror at grønnsaker, frukt og annen vegetasjon som fantes før vannflommen, var så fulle av næringsstoffer at det ikke var nødvendig på denne tiden for menneskene å spise kjøtt. Dette kan ha forandret seg etter Noahs flom da skadelig stråling plutselig kom gjennom vannet som tidligere beskyttet jorden fra farlige stråler, noe som kan ha gjort bl.a. at folk og dyr levde kortere etter syndfloden.

Noen har spekulert i om Gud kanskje lot dyrene på arken gå i dvale mens de var i arken. Selv om dette selvsagt er en mulighet, så ser det ut som om maten Noah skulle bringe inn i arken, var ment å mate både mennesker og dyr. Kanskje det var derfor som arken var så mye større enn den trengte å være, slik at de kunne ha plass til både mat og møkk. Likevel er det fint å lese at Gud har tenkt på alt. Gud gjør alt med et formål. Ingen ting er tilfeldig med Gud.

13. FEBRUAR

*«Og Noah gjorde slik. Han gjorde i ett og alt
som Gud hadde befalt ham.»*
1. Mosebok 6:22

NOAH FULGTE GUDS VILJE

Vi har allerede sett at Noah var en mann som Gud hadde spesielt utvalgt blant alle folkene som levde før syndfloden. I dagens tekst står det at Noah gjorde alt som Gud sa han skulle gjøre. Vi kaller det «å følge Guds vilje». Gud ønsker at vi skal følge Ham og den planen Han har for våre liv, men ettersom vi har fri vilje, så hender det ofte at vi vakler litt på veien og av og til kommer helt av den. I **Hebreerne (11:7)** leser vi: *«Ved tro bygde Noah, i hellig frykt, en ark til frelse for sin husstand, etter at han var blitt varslet av Gud om det som ennå ikke var sett. Ved den fordømte han verden, og ble arving til rettferdigheten av tro.»*

Ikke rart at folk ikke trodde på Noah da han sa til dem at det skulle komme en flom. Husk at det hadde aldri regnet på jorden (**2:5**), og det er vanskelig å tro på noe du aldri har sett før. Kanskje du er en av dem som sier: «Jeg har aldri sett Gud før, så hvorfor skulle jeg tro på Ham?» Vel, vi kan ikke se Gud, men vi kan se hva Han gjør. Dersom Gud ikke fantes, ville apostlene Hans ikke ha turt å dø for en fanatiker som ble drept på et kors. Dersom Gud ikke fantes, ville vi ikke ha levd i år 2018 etter Kristus i dag. Dersom Gud ikke fantes, ville det ikke ha eksistert tusenvis av kirker over hele jorden i dag som arbeider og gir sine liv for Ham. Gud lever rundt oss. Han utfører mirakler til og med i dag.

Noah hadde god kontakt med Gud, og han visste at Gud fantes, så han ga hele livet sitt til Gud og ble frelst.

14. FEBRUAR

«Så sa Herren til Noah: Gå inn i arken, du og hele
din husstand! For bare deg har jeg funnet
rettferdig for meg i denne slekt. Av rene dyr
skal du ta deg ut sju par, hann og hunn,
og av dyr som ikke er rene, ett par, hann og hunn.»
1. Mosebok 7:1-2

RENE DYR I ARKEN

I dagens tekst er vi tilbake til spørsmålet vårt fra søndagsskolen: «Hvor mange dyr av hvert slag tok Noah med i arken?» Vi så at Noah skulle ha med seg to av hvert slag, en hann og en hunn. I dag ser vi at dette var av de såkalte «urene dyrene». Av de «rene dyrene» skulle Noah ta med seg sju par, igjen hann og hunn. Hvorfor skulle så Noah ha flere av de rene dyrene i arken? En grunn til at Noah og hans etterkommere trengte flere rene dyr enn urene, var at bare rene dyr kunne bli ofret til Gud. Om ikke Noah hadde tenkt på dette, så hadde Gud planlagt dette nøye. En annen grunn til at de trengte flere rene dyr, var at når menneskene skulle begynne å spise kjøtt, så kunne jødene bare spise rene dyr. I tillegg til disse grunnen, så kan Gud ha hatt noen grunner vi ikke vet om.

Gud sier igjen i **vers 1** at det er bare Noah som er blitt funnet rettferdig til å komme ombord i arken. Dersom det stemmer at Gud kom til Noah 120 år før vannflommen, og at Noah hadde profetert om vannflommen til sine samtidige, så er det et ganske magert resultat han hadde fått. Bare Noah og hans nære familie fikk lov til å komme ombord i arken. Det får oss til å lure på om menneskene rundt ham fikk panikk da Gud lukket døren til arken og flommen kom strømmende over jorden. Det er lurt av oss å lytte til Gud og følge Ham.

15. FEBRUAR

«For sju dager heretter vil jeg la det regne
på jorden i førti dager og førti netter,
og jeg vil utslette fra jordens overflate
hvert levende vesen som jeg har skapt.»
1. Mosebok 7:4

SJU DAGER OG FØRTI DAGER

Først legger vi merke til i dagens tekst at Gud ga en ekstra advarsel til Noah sju dager før vannflommen skulle komme. En uke er en tidsperiode som ofte går igjen i Bibelen. Faktisk kommer den igjen også flere ganger under vannflommens historie. Sju er ikke bare nummeret på dager i uken, det er også antallet par av rene dyr som gikk om bord på arken. Da Josef var nestkommanderende i Egypt, så hadde de sju år med mangfold og deretter sju år med tørke. Den sjuende dagen i uken var sabbat, og hvert sjuende år i Israel var et såkalt «sabbatsår». Flere av jødenes høytider varte i sju dager, og da Josva og jødene gikk rundt Jeriko før murene falt, så gikk de rundt byen i sju dager, og de gikk rundt sju ganger på den sjuende dagen mens sju prester blåste i horn. Også i Johannes' åpenbaring finner vi ofte igjen tallet sju. Det var sju menigheter, sju lysestaker, sju stjerner, sju segl, sju basuner, sju skåler og sju engler. Nummer sju er derfor sett på som nummeret for perfeksjon eller fullførelse. Sju dager tilsvarer en uke, sju ånder tilsvarer alle Guds åndelige sider og fullkommenhet.

På samme måten kan vi liste opp tallet førti. Jesus var førti dager i ødemarken før Han ble fristet av djevelen, og Israel vandret rundt i ødemarken i førti år før de kom til det lovede land. Moses bodde i palasset i førti år før han bodde som gjeter i ødemarken i førti år før han ledet Israel førti år i ørkenen. Tallet førti står derfor som en tid for prøvelse eller forberedelse. I vår tekst er det også en katastrofe.

16. FEBRUAR

«Noah var seks hundre år gammel da vannflommen
kom over jorden. Så gikk Noah og hans sønner,
hans hustru og hans sønnekoner med ham inn
i arken for å berge seg for vannflommen.»
1. Mosebok 7:6-7

NOAH ENTRER ARKEN

I dag leser vi at Noah tok med seg familien sin, sin kone, sine tre sønner, og deres koner, og de gikk alle inn i arken. De gikk inn for å bli berget fra vannflommen, noe som sier at de trodde på hva Gud hadde sagt om at det skulle komme en vannflom som ville utslette alt liv som fantes på jorden.

Vannflommen kom over jorden det året Noah fylte 600 år. Det vil si at sønnene hans var ca. 100 år gamle, dersom de alle var født når Noah var 500 år gammel (5:32). Videre kan en si at det er meget mulig at Gud mente det var 120 år til flommen (6:3) da han profeterte om menneskenes undergang. Det kan se ut som om Gud kontaktet Noah etter at sønnene hans var født, noe som vil tilsi at han jobbet på arken i mindre enn 100 år, men Bibelen er ikke alltid kronologisk, og det finnes en del gjentagelser i skriftene også som ofte gjør det helt bombesikkert når man regner ut år som har gått. Det er jo mulig at årene har blitt avrundet for enkelthetens skyld. En ting er sikkert: Noah bygde arken, og hele familien hans kunne gå inn i den for å bli reddet fra den forferdelige, kataklysmiske katastrofen som skulle feie over jorden.

Når Gud sender en dom eller katastrofe over jorden, så forbereder Han alltid en vei til frelse hvor de som følger Ham, kan komme unna. I Egypt smurte de blod på dørkarmene sine for at dødsengelen skulle gå dem forbi.

17. FEBRUAR

«Så skjedde det, etter at de sju dager var til ende,
at vannflommen kom over jorden.»
1. Mosebok 7:10

PROFETIEN BLIR OPPFYLT

E tter mye snakk om hva som skal komme til å skje, så er det endelig «showtime». Helt i tråd med hva Gud hadde sagt, så kom vannflommen etter de sju dagene hadde kommet til ende. Det var nå slutt på nådens uke, som var gitt av Gud. Dette er et viktig punkt når en snakker om bibelske profetier, som det tross alt finnes mange av i Bibelen, at de alle går i oppfyllelse. Alle spesifikke profetier som er gitt i de hellige skrifter, er gått nøyaktig i oppfyllelse. De enste unntakene er de profetiene som fremdeles er fremtidige. De vil alle gå i oppfyllelse alle som en.

Profetiene er en av flere ting som beviser at Bibelen virkelig er Guds ord og ikke bare menneskers ord. I gamle dager ble profetene testet, og dersom noen ble funnet som falske profeter, så ble de steinet til døde. Det at Bibelens profetier har gått i oppfyllelse, viser at Gud, som vet alt, står bak Bibelen som Bibelens egentlige forfatter. Menneskene som skrev, er bare Guds redskaper til å få formidlet Hans vilje. Et av Bibelens mest kjente skriftsteder er i **Matteus 24 og 25**. Her finner vi det som blir kalt «Jesu andre bergpreken» hvor Jesus forteller om når Han skal komme tilbake til jorden («Jesu annet komme»). Vi finner også to av Jesu best kjente liknelser (de ti jomfruene og talentene) samt dommen over alle folkeslag. Videre er nesten alt av Johannes' åpenbaring skrevet som profetier hvor vi blir advart om å ikke ta ifra eller legge til Guds hellige ord (**Johannes' åpenbaring 22:18-19**).

18. FEBRUAR

«I det år av Noahs liv da han var seks hundre
år gammel, i den andre måneden, på den syttende
dag i måneden, den dagen brast alle kilder i
det store dyp, og himmelens sluser ble pinet.»
1. Mosebok 7:11

VANNET FLOMMER OVENFRA OG NEDENFRA

Det fortelles om en liten gutt som flyttet fra Bergen til Oslo på den tiden da det fremdels fantes noe som het kristendomsundervisning her i landet. Da læreren fortalte om Noah og vannflommen, sa læreren så dramatisk hun kunne: «Og det regnet i førti dager og førti netter!» Det var da den lille eksil-bergenseren utbrøt: «E' det nokke då?» Førti døgn med regn synes kanskje ikke mye for en fra Bergen, og folk opp igjennom tidene har sikkert lurt på hva som var så forferdelig med Noahs flom.

Det vi leser om i dagens tekst, var en kjempestor global katastrofe som forandret utseendet på hele planeten vår. Når det står at alle kilder i det store dyp åpnet seg, så snakker vi her om sterke, kraftige fontener av både vann og lava som med stor kraft sprengte seg ut fra jordens indre, gjerne ved å lage jordskjelv i samme prosessen. Jordens tektoniske plater må ha beveget seg mye både frem og tilbake med de resultater det kan ha hatt.

Videre leser vi om at himmelens sluser åpnet seg. Det var ikke bare regn som kom ned, men det var verre enn styrtregn. Vannet som før syndfloden lå som et beskyttende lag rundt jorden og beskyttet jorden fra ultrafiolette stråler og andre stråler også, brøt plutselig sammen og falt ned på jorden med et kjempestort plask. Fjell og daler ble dannet sammen med kull og olje på en meget kort stund, og klimaet på jorden forandret seg så mye at mammuter ble hurtigfrosset med mat i munnen.

19. FEBRUAR

«Regnet strømmet ned over jorden
i førti dager og førti netter.»
1. Mosebok 7:12

BIBELENS GJENTAKELSER

I dagens tekst finner vi en ordlyd som vi vil høre flere ganger. Faktum er at Bibelen ofte gjentar detaljer eller hendelser som har vært tidligere. Dette betyr ikke på noen måte at det er feil i Bibelen, men at enkelte ting blir understreket som viktig. Av og til er det ulike små forskjeller på skrift-stedene. Dette kan bety at det er andre som har skrevet ned hendelsen, men det kan også være at en fremhever et annet punkt eller en annen vinkel å se det på.

Jeg er klar over at flere tror at 1. Mosebok er skrevet av forskjellige forfattere, men jeg slutter med til mesteparten som godtar at Mosebøkene ble skrevet ned av Moses, selvsagt med unntak av den delen hvor det står om hans død. Likevel tror jeg at Moses hadde flere manuskripter å sette sammen da han skrev Mosebøkene. Når det i **1. Mosebok 5:1** står: «*Dette er boken om Adams ætt*», så er det ikke umulig at Adam kan ha skrevet ned enkelte punkter om de første menneskenes historie og at Moses gikk igjennom dette. Vi antar ofte at de første menneskene på jorden var dumme og kunne verken lese eller skrive. Det er imidlertid ingen grunn til å tro at de første menneskene på jorden var mindre intelligente enn oss. Faktisk er det mulig at de var mer intelligente enn oss og at de brukte mer av hjernen enn det vi gjør. Dette er selvsagt bare spekulasjon, men for eksempel Thor Heyerdahl har vist oss at gamle sivilisasjoner kunne seile over store hav og kutte store steiner med stor presisjon uten våre moderne hjelpemidler. Se også **4:22** hva de kunne før flommen.

61

20. FEBRUAR

«Da kom vannflommen strømmende over jorden
i førti dager, slik at vannet steg og løftet arken
og hevet den over jorden.»
1. Mosebok 7:17

«OG VANNET STEG, OG VANNET STEG...»

Igjen finner vi at vannflommen kom i førti dager, og her finner vi at vannet steg og løftet arken over jorden. Mange tror at vannflommen bare varte i førti dager, men vi skal senere se at Noah og hans familie var ombord i arken i over ett år. Noen kommentatorer mener at vannet steg langsomt inntil vannet kom over hele jorden, men en langsom rolig voksende vannstand ville ikke ha forårsaket så mye ødeleggelse som vi finner i verden i dag. Det at arken fløt over jorden, beviser ikke i seg selv at arken fløt høyt over fjelltoppene, men det kommer senere. Dette til tross for at det er «**erets**» som er brukt om jorden, det samme ordet som er brukt om jorden da Gud skapte himmelen og jorden i **1. Mosebok 1:1**.

Vi ser igjen at det som Gud sier vil skje, det skjer. Vannet begynte å stige, og det vil stige til Gud ser at det har oppnådd det som det skulle oppnå. Selv om vi klatrer opp til den høyeste topp eller klatrer ned til den dypeste hule, så er det ingen måte vi kan slippe unna Guds dom på. Bare ved å ta imot Ham og følge Ham, vil vi slippe unna Guds rettferdige dom. Ikke fordi vi fortjener det, men fordi Jesus Kristus elsker oss og ga Sitt liv for oss. Han er vår vei ut fra en verden i en universell katastrofe slik som arken var det for Noah og hans familie. En kan si at arken er et forbilde på Kristus og et bilde på Ham som skulle bli født på jorden i en stall mange år senere.

21. FEBRUAR

«Vannet steg og økte veldig over jorden,
og arken fløt bortover vannflaten.
Vannet steg nå mer og mer på jorden, så alle
de høye fjell under himmelen ble skjult.»
1. Mosebok 7:18-19

ARKENS FERD OVER FJELLENE

I dagens tekst ser vi klart at vannflommen dekket alle fjellene. *«Alle de høye fjell under himmelen ble skjult.»* Det er ganske klart når vi leser det i Bibelen her. Dersom det bare var snakk om en lokalisert flom, så ville det ikke ha stått at alle fjellene var dekket av vann. Dette var snakk om en verdensomfattende katastrofe som dekket hele jorden. Dersom en stiller seg spørsmålet: «Hvor kom alt dette vannet fra», så er det to svar. For det første kom det fra himmelen eller det ytterste atmosfæriske laget hvor Gud hadde satt en beskyttende barriere av vann som beskyttet jorden før syndfloden. For det andre var det masse vann i form av underjordiske kilder som brast og sprutet opp vann. Dersom en spør: «Hvor er alt dette vannet nå», så finnes det svar på dette også, men det kommer jeg tilbake til neste måned.

Det er fantastisk å se at vannet steg fremdeles. Selv da vannet dekket alle de høyeste fjelltoppene, så fortsatte vannet å stige, sikkert slik at ingen skulle kunne kritisere og si at det var en lokal oversvømmelse det var snakk om. Når arken nå fløt bortover vannflaten, så skjedde det rolig og uten dramatikk. Inne i arken, som var deres frelsesvei, strøket med bek både på innsiden og på utsiden, så hadde menneskene Guds fulle beskyttelse og led ingen nød. Det er vanskelig å si hvor store bølgene her ville være, men det verste var nok over, kanskje bare med en liten gynging som hjalp dem til å sovne på kvelden.

22. FEBRUAR

«Femten alen høyt steg vannet over fjellene
og skjulte dem.»
1. Mosebok 7:20

PÅ VERDENS TOPP

D agens skriftsted er kort men viktig. Det sier at ikke bare var arken over de høyeste fjelltoppene, men den var 15 alen (22,5 fot) over de høyeste fjelltoppene. Det er klart fra sammenhengen når en leser videre at Ararat-fjellet var en av disse fjelltoppene som var dekket med vann, og Ararat er nesten 17.000 fot høyt. Kan noen påstå at en oversvømmelse som går over 17.000 fot over havets nivå, bare er en lokal flom? Når en studerer Bibelen grundig, så er det klart at dette må ha vært en global flom som dekket hele jorden.

Det minner meg på at når jeg som kristen står fremfor Gud, så ser han ikke alle feilene mine, men det er bare fordi Jesus har fullstendig dekket meg med sitt blod. Alt Gud Faderen ser, er Jesus Kristus og Hans blod. På samme måten som alle fjellene var fullstendig dekket av vann, så er jeg fullstendig dekket av Kristi kjærlighet. Jeg tror aldri at jeg vil forstå Guds kjærlighet til oss, syndige skapninger, men jeg kan tro på det. Kristi frelsesverk er så stort at hvem som helst som vil, kan bade i det.

Spiller det noen rolle om vi tror på skapelse eller en verdensomfattende syndflod? Disse fortellingene i Bibelen forteller oss om Guds storhet og kraft. Ingenting er umulig for Ham. Og siden Han har gjort disse tingene og masse annet, så er Hans frelsesverk også kjempestort og uten sidestykke, og det er stort nok for alle som vil påkalle Hans navn. Ikke reduser Bibelens Gud til en liten Gud som knapt kan gjøre noe! Da kan du like gjerne lage en liten husgud som kan stå på peishyllen hjemme, men *den* kan ikke frelse deg.

23. FEBRUAR

«Da omkom alt kjød som rørte seg på jorden,
fugl og fe og de ville dyr, alt som kryr på jorden,
og alle menneskene.»
1. Mosebok 7:21

JORDENS UTRYDDELSE

Ofte har vi sett trusselen om jordens utslettelse – på film. I science fiction-filmer ser vi jorden fryse over slik at ingen kan bo på den eller bli så varm at vi ikke kan bo på den, eller at en komet kommer susende og krasjer inn i jorden for å forårsake store jordskjelv, tidevannsbølger eller annet som truer med å utslette alt liv på jorden. Men alt dette er fiksjon, resultatet av en eller annens gode fantasi, og brakt på det store lerretet slik at Hollywood og rike mennesker kan bli enda rikere. Det virker veldig rart når en innser at dette har faktisk skjedd før. Vannet under syndfloden steg høyt over alle fjellene slik at alt liv på jorden døde. Utrolig, eller hva?

Mange har pekt på Gud, og de peker fortsatt. Deres tidløse anklage mot Gud er at dersom Gud er så glad i alle menneskene, så ville Han ikke tillate syndfloden eller krig eller sult eller at folk lider. Ofte er disse som retter en anklagende finger mot Gud, en av dem som i neste åndedrag sier at, nei, de tror nok ikke på Gud. Gud er en kjærlig Gud som er glad i alle mennesker. Det er derfor Han alltid lager utveier for oss, det som jeg tidligere har kalt frelsesveier. Gud fikk Noah til å lage en ark som kunne overleve syndfloden, men hvor mange ville vel gå inn i den? Ikke så mange!

Når fremmede nasjoner angrep Israel, laget Gud en utvei til de som ville følge Ham, men israelittene fulgte sin egen vei. I dag blir vi fortalt at tiden er kort før Jesus kommer for å hente de som følger etter Ham, hjem til himmelen for å unngå trengselstiden her på jorden. Hvem vil følge Ham?

24. FEBRUAR

«Alt som hadde pust av livsånde i nesen, alt som
levde på det tørre land, døde. Han utryddet
hvert liv som fantes på jorden, fra menneskene
til feet, krypet og fuglene under himmelen –
de ble utryddet av jorden. Bare Noah ble tilbake,
og de som var med ham i arken.»
1. Mosebok 7:22-23

INGENTING OVERLEVDE

När det står i dagens tekst at alt som hadde «*livsånde i nesen ... døde*», så betyr det at fugler, rovdyr, husdyr, amfibier, reptiler OG mennesker døde. Det var ingen som overlevde. Jeg så en film en gang om Noah og syndfloden. Da kom det plutselig en kremmerkar roende. Hvor kom han fra? Det var bare Noah og hans familie som overlevde.

Det er interessant å lese om andre religioner og sivilisasjoner som også har en flom-tradisjon. En gang leste jeg om en misjonær fra New Tribes Missions som dro til et sted hvor de var totalt avskjermet fra omverdenen. Misjonæren lærte seg språket deres og begynte så med å fortelle hva Bibelen lærte, og han startet med skapelsen og arbeidet seg videre kronologisk, slik som New Tribes Missions' misjonærer vanligvis gjør. Da han kom til Noah og syndfloden, tok flere av de innfødte til orde og fortalte misjonæren at de hadde en liknende historie der i jungelen uten at det hadde vært noen kontakt med omverdenen. Denne flom-tradisjonen som de innfødte hadde, hadde kommet fra forfedrene deres.

Hvor kommer alle disse historiene fra? Ingen røyk uten ild, sies det. Grunnen til at så mange sivilisasjoner har en flom-fortelling, er at Noahs historie er sann, og mange har laget sin egen versjon av den. Alt liv gikk tapt i flommen da Gud sa at nå var Hans tålmodighet slutt.

25. FEBRUAR

«Og vannet ble stående høyt over jorden
i hundre og femti dager.»
1. Mosebok 7:24

SYNDFLODENS KALENDER

I dagens tekst finner vi at vannet ble stående høyt over jorden i 150 dager. Dette får oss til å stille spørsmålet: «Hvor lenge varte flommen?» For en ivrig bibelstudent er det mulig å finne svaret på hvor lenge Noah og hans familie var om bord på arken. I **1. Mosebok 7:11** leser vi: «I det år av Noahs liv da han var seks hundre år gammel, i den andre måneden, på den syttende dag i måneden, den dagen brast alle kilder i det store dyp, og himmelens sluser ble åpnet.» Det er ingen tvil om at vi her snakker om begynnelsen på syndfloden. Så, i **8:14,** leser vi: «I den annen måned, på den tjuesjuende dagen i måneden, var jorden helt tørr.» Dette bringer oss til ett år og ti dager når vi regner ut dette enkle regnestykket.

Bibelen forteller oss at de ikke så fjell i sju måneder. Det minner neppe om en lokalisert flom men en verdensomspennende flom. Andre enkle regnestykker sier at det regnet i nesten en og en halv måned, og 150 dager tilsier fem måneder. Når vi tenker på Noahs flom, så tenker vi ofte bare 40 dager og 40 netter, men for den som bryr seg om å studere hva skriftene faktisk sier, så er det klart at dette var en stor hendelse som hadde stor påvirkning på hele jordkloden vår.

Førti dager med regn i Bergen er ingen ting. En gang da jeg jobbet i en barnehage i Bergen, ble jeg fortalt at det bare hadde vært fire dager uten regn så langt det året. Vi var da i april måned.

26. FEBRUAR

«Men Gud kom i hu Noah, og alle ville dyr
og alt feet som var med ham i arken. Og Gud
lot en vind blåse over jorden, og vannet sank.»
1. Mosebok 8:1

VANNET BEGYNNER Å SYNKE

Endelig starter prosessen med å få tingene tilbake til normalt igjen. Når det står at Gud kom i hu Noah, så betyr ikke det at Han på noen måte hadde glemt Noah, men det er Moses' sin måte å markere at Gud nå startet en ny fase i sin handling med menneskene. Gud jobber forskjellig med menneskene på forskjellige tider. Vi kaller disse tidsperiodene for «tidshusholdninger». Den første tidshusholdningen er kalt «Uskyldighetens tidshusholdning», og den endte da Gud jaget Adam og Eva ut av Edens hage. Den andre er kalt «Samvittighetens tidshusholdning», og den endte med syndfloden. Nå er Gud på ny klar til å ta fatt på en ny tidshusholdning, kalt «Menneskestyrets tidshusholdning», og den starter like etter syndfloden og varer til tårnet i Babel.

Nå er alt liv på jorden utryddet, og Gud sender en vind, noe som sikkert har laget litt bølger for dem som var på arken. Varme vider får, som vi vet, vann til å omdanne seg til vanndamp. Vi vil også senere diskutere hvor alt vannet fra syndfloden ble av.

Gud husker alltid på sine, og den som har tatt imot Jesus som sin personlige Frelser, er trygg i Hans favn. Det er viktig å poengtere at Gud aldri svikter sine kjære eller går fra dem. Faktum er at vi ofte går fra Gud når vi ønsker å gå våre egne veier. Så lurer vi på hvorfor Gud har forlatt oss når det egentlig er vi som har forlatt Ham. De som ikke tror på Gud, venter ofte på et tegn slik at de kan tro på Gud, og de venter på at Gud skal ta det første skrittet før de vil følge Ham. Gud har allerede tatt det første skrittet. Det gjorde Han da Han sendte Jesus.

27. FEBRUAR

«Dypets kilder og himmelens sluser ble lukket,
og regnet fra himmelen stanset.»
1. Mosebok 8:2

KRANENE AVSTENGT

Det store spørsmålet når en ser dagens tekst, er: «Når skjedde dette?» Dersom dypets kilder og himmelens sluser ikke ble stengt før etter de nevnte 150 dagene, så er det en mye lenger tidsperiode enn de 40 dagene som ble nevnt innledningsvis. Det er ikke bare i fortellingen om syndfloden at Gud kunne bestemme over vann og vind. Da Jesus sovnet i en båt på Genesaretsjøen, så ble disiplene redde og vekket Ham. Disiplenes frykt for elementene ble kommentert som mangel på tro av Jesus, som visste at Gud kan kontrollere både sjø og vind. I dagens tekst skrudde han av vannkranen både ovenfra og nedenfra, som vi tidligere omhandlet denne måneden når vi har sett på himmelens sluser og jordens kilder.

Når skjedde dette? Vel, flere steder blir det poengtert at det regnet i 40 dager og 40 netter. Hva var vitsen med å holde himmelens sluser åpne dersom det ikke var mer vann der? Det må kunne antas at de nevnte sluser og kilder ble stengt etter disse nevnte 40 dager, og ikke etter 150 dager. Dersom en tjuvtitter litt på neste vers, så er de 150 dagene nevnt på ny, og da etterfølger de avstengningen av vannet. Den eneste habile forklaringen på dette skriftstedet er at dette er en av Bibelens mange repetisjoner som forekommer for å understreke viktigheten av denne historien. Av og til finner vi ny informasjon lagt til disse repetisjonene, men ikke alltid. Vannflommen var en utrolig viktig hendelse i vår planets historie. Den må ha forandret jordens utseende drastisk.

28. FEBRUAR

*«I den sjuende måned, på den sytende dagen i
måneden, ble arken stående på Ararat-fjellene.»*
1. Mosebok 8:4

TOUCHDOWN!

Etter en lang tid med målløs flyting rundt på et verdensomspennende hav, så satte arken seg endelig ned på Ararat, et ord som i Bibelen betyr det samme som Armenia. Enda skulle det ta ca. to og en halv måned før flere fjelltopper kom til syne. Det må ha vært en spire til stor optimisme for folkene om bord, med håp om at de snart skulle komme ut.

Ved å Google Noahs ark på Internett, kan en finne nyhetsklipp hvor man tror at man har funnet Noahs ark eller deler av den. Funnene er i dagens Tyrkia, noe som samsvarer med hva Bibelen sier. Det har vært flere observasjonen opp igjennom årene, men denne siste ekspedisjonen har tatt med seg et stykke av arken som har blitt forsøkt datert med karbonmetoden. Resultatet ble at trebiten var ca. 4800 år gammel, noe som ikke er i konflikt med Bibelens historie. Det må understrekes at ingen av nåtidens daterings-metoder er fullstendig pålitelige, men karbonmetoden synes å være for det meste pålitelig når det gjelder gjenstander som er yngre enn 5000 år gamle.

Kritikere hevder at Noahs ark ikke kan ha vært så høyt oppe fordi det ikke er nok vann på jorden til å dekke de høyeste fjellene (Ararat er ca. 17.000 fot høyt), men t.o.m. de høyeste fjellene i verden har fossiler av sjøliv i seg, noe som burde bevise at ved minst en tidligere anledning må vannstanden ha dekket t.o.m. de høyeste fjellene i verden. Neste måned vil vi bl.a. se på hvor det ble av alt vannet fra Noahs flod.

Mars
–
Fra syndfloden til Abraham

1. MARS

«I den sjuende måned, på den syttende dagen i
måneden, ble arken stående på Ararat-fjellene.
1. Mosebok 8:4

ARKEN OG JESU OPPSTANDELSE

Etter den forferdelige kataklysmen av en naturkatastrofe, så landet endelig arken på Ararat-fjellene. Dette skjedde fem måneder, eller presis 150 dager, etter at syndfloden startet. Kanskje det kan være interessant å registrere at akkurat på denne datoen mange år senere, så stod Kristus opp fra de døde. Den syvende måneden av det jødiske året ble senere satt til den første måneden av jødenes religiøse år. Påsken var på den fjortende dagen i måneden, og Kristus stod opp tre dager etter påsken. Han «hvilte» tre dager i Josefs grav, og så stod Han opp på den syttende dagen av den sjuende måneden.

I vår tidsregning har vi et år som starter 1. januar, men vi har også et «kirkeår» som starter 1. søndag i advent. Det er ingen grunn til å tro at datoene Moses skrev ned, ikke er riktige, men at den jødiske kalender har vært den samme hele tiden. Den jødiske kalenderen går som kjent tilbake til skapelsen, ikke til Jesu fødsel slik som vår kalender gjør. Det er ikke sikkert at dagens anekdote innebærer noen viktighet, men det er artig å se at det kan være sammenhenger vi ikke er klar over i Bibelen. Gud har en plan over alt Han gjør, og det skulle ikke forbause meg om Han hadde en bestemt plan med denne dagen også. Når vi er inne på dette med kalendere, så er det interessant å se at Jesus har påvirket verden så mye at vi i dag lager vår tidsregning fra det vi tror er Jesu fødsel. Alt i historien blir målt til å være før eller etter Kristus. Selv om en nå kaller det for en ny tidsordning, så er det fremdeles det vi går ut ifra. Jesus var den viktigste personen gjennom hele historien.

73

2. MARS

«Og vannet fortsatte å synke inntil den tiende måned.
I den tiende måned, på den første dag i måneden,
kom fjelltoppene til syne.»
1. Mosebok 8:5

FLERE FJELLTOPPER

På samme måte som at mange bare tenker at syndfloden bare var i 40 dager, så er det også flere som tror at Noah, familien hans og dyrene gikk ut av arken så snart den landet på toppen av Ararat. Dette er ikke tilfelle. Når en leser tidsanvisningen i dagens tekst, så har arken ligget på Ararat i to og en halv måned. Det er altså her sju og en halv måned siden syndfloden startet. Ut fra sitt hvilested på toppen av Ararat, kommer nå andre fjelltopper til syne. Det er likevel for tidlig til å slippe mennesker og dyr ut fra arken. Hvorfor det? En grunn kan være at det ikke finnes så mye planter og trær, grønnsaker eller frukt som kan spises. Vi må gå ut ifra at en så stor flom som syndfloden var, må ha vasket bort alt spiselig fra jordens overflate. Ikke bare måtte vannflommen trekke seg tilbake, men jorden måtte bli tørr, og trær og blomster (og alt annet også) måtte begynne å vokse igjen. Dersom en går opp til toppen av Ararat-fjellene i dag, så finner en at det ikke er mye som vokser der. Hva skulle Noah og alle de andre leve på?

I **vers 6** leser vi: «Da førti dager var gått, åpnet Noah luken han hadde gjort i arken.» Dette er altså nye 40 dager etter at flere fjelltopper var kommet til syne på jordens overfalte. Igjen er tallet 40 et symbol på forberedelse og testing, og det nærmer seg stadig tiden da mennesker og dyr skal få lov til å gå ut av arken. Det er nå over åtte måneder siden syndfloden startet. Men Gud har som alltid en plan.

3. MARS

*«Da førti dager var gått, åpnet Noah luken han hadde
gjort på arken og slapp ut en ravn. Den fløy fram
og tilbake inntil vannet var tørket bort fra jorden.»*
1. Mosebok 8:6-7

NOAH SENDER UT EN RAVN

Ofte har vi hørt om at Noah sendte duer ut fra arken for å finne ut om vannet hadde trukket seg så mye tilbake at de kunne komme ut av arken. Av og til blir vi ikke fortalt om ravnen som Noah sendte ut først. En ravn er en hardfør skapning som tåler mye mer enn en due. Den er en bedre og sterkere flyger enn for eksempel duen, og den kan leve på annen mat enn duer ettersom de ofte spiser av åtsel, d.v.s. døde dyr og annet som en due ikke ville betrakte som mat. Vi ser at ravnen fløy lenge frem og tilbake inntil vannet var tørket bort, i alle fall nok til at den kunne overleve. Den vendte ikke tilbake til arken som en lydig brevdue, men ventet til den fant et sted den kunne slå seg ned. Kanskje den fant et dødt dyr som hadde omkommet i vannflommen. Det fantes mange av dem. Vi blir ikke fortalt hvor lenge ravnen flydde rundt, men vi har allerede (sist måned) sett hvor lenge Noah og de som var med ham, var ombord i arken.

Det vi leser fra dagens tekst, er at forholdene ble langsomt bedre, og dagen da Noah og hans familie skulle komme ut fra arken, nærmet seg stadig.

Av og til kan det være vanskelig for oss å være tålmodige. Da kan det være bra å huske på Noah og familien hans. Ville vi ha likt å være fanget på en ark i over ett år? Dersom alternativet hadde vært å drukne, så hadde vi vel kanskje gått med på det, men det må ha vært kjedelig i lengden.

4. MARS

*«Så sendte han ut en due for å se om vannet hadde
sunket fra jordens overflate. Men duen fant intet sted
å hvile sin fot, og den kom tilbake til ham i arken,
for det stod vann over hele jordens overflate.
Da rakte han ut hånden og tok den inn til seg i arken.»*
1. Mosebok 8:8-9

DUEN SENDT UT FØRSTE GANG

I dagens tekst leser vi om første gangen Noah sendte ut duen. Dette skjedde antakeligvis en uke (sju dager, jfr. **8:10**) etter at han hadde sendt ut ravnen. De stadige nevnelser om sju dager, hentyder at de hadde en sju dagers uke, slik som de (og vi) har i dag også. Selv om Noah og de som var i arken ikke kunne se rett ut gjennom vanlige vinduer, og bare hadde en luke i taket, så kunne de likevel telle dagene og følge kalenderen sin. Duen fløy rundt og rundt og lette etter et sted hvor den kunne lande. Duen hadde imidlertid større krav til en landingsplass enn ravnen, og den fant ikke noe sted som den ville lande. Ravner har ingenting imot skitne steder med boss og skrap som flyter rundt. Duen, derimot, likte ikke hva den så.

Når det står at det var vann over hele jordens overflate, så er det selvsagt riktig. Likevel har vi lest at fjelltoppene var kommet til syne. Motsetninger? Nei da! Bare en måte å uttrykke seg på. Selv sier ofte ting som at «hele verden er enig» og «alle vet», selv om dette ikke er bokstavelig riktig. På samme måten leser vi at hele jorden var dekket av vann, men det er da med unntak av de høye fjelltoppene. Duen vendte tilbake til Noah som en god, pålitelig brevdue. Noah tok duen inn igjen i arken.

5. MARS

«Han ventet enda sju dager, og sendte så igjen duen
ut av arken. Duen kom til ham da det led mot kveld,
og se, den hadde et friskt oljeblad i nebbet.
Da skjønte Noah at vannet var sunket bort fra jorden.»
1. Mosebok 8:10-11

DUEN KOMMER MED ET OLIVENBLAD

Nok en gang venter Noah en uke før han sender ut duen. Denne gangen kommer duen tilbake med et oljeblad eller olivenblad. Oliventrærne har lenge vært et bilde på Israel, og oliventrær er værharde trær som det vokser mye av i Israel. Både oliven og olivenolje har vært en stor eksportvare for jødene, og det at duen hadde et slikt blad i nebbet, virker nesten som et forvarsel på nasjonen Israel, som skulle bli til senere. Et tre som oliventreet, som vokser i vanskelige og steinete bakker, var et tegn på at vegetasjonen var begynt å vokse igjen. Det vitnet om at menneskene snart ville kunne bosette seg på jorden igjen sammen med dyrene fra arken.

Både frø og grener fra før flommen var rikt tilstede i de sedimentære jordlagene, og de kunne vokse igjen så snart det kom nok sollys og tørt land var tilgjengelig. Eksperimenter har vist at frø fra et bredt spekter av planter vil vokse opp til og med etter flere måneder i saltvann. Faktisk så forandret bare jordens vann seg gradvis og lite når det gjelder saltinnhold gjennom syndfloden, og definitivt ikke så mye at det forhindret overlevelse og formering av alle typer planter og sjødyr etter flommen.

Duen med et olivenblad i munnen, var et tegn til Noah om at ting skulle bli bedre. For oss i dag er denne duen et symbol på fred verden over.

6. MARS

«Men han ventet ennå sju dager, så slapp han duen ut,
og da kom den ikke tilbake til ham mer.»
1. Mosebok 8:12

DUEN SOM FORSVANT

Etter at Noah hadde ventet i en uke til, så sendte han ut duen nok en gang. Denne gangen kom duen ikke tilbake. Jorden må ha tørket inn så mye at duen har funnet et rent, pent sted å slå seg ned hvor den kunne finne mat som den kunne spise. Dersom dette ikke var et godt tegn til Noah og de andre i arken, så vet ikke jeg. Likevel så ventet Noah 29 dager til (ca. en måned) før han tok taket av arken (**8:13**). Før han gjorde dette, så ville Noah ikke ha vært i stand til å se om bakken var tørr med sine egne øyne, men da han omsider fjernet taket, kunne han se at vannet hadde tørket bort fra jorden. Selvsagt var det fremdeles vann på jorden, men høyt oppe på Ararat-fjellene var det endelig tomt for vann.

Videre i **8:14** står det at jorden var helt tørr femtisju dager etter at han hadde tatt av taket. Det må derfor ha vært mye fuktighet på bakken da Noah tok av taket, men gradvis har jorden blitt tørrere og tørrere. Igjen så betyr ikke det at jorden var tørr på den måten at det ikke fantes sjøer, bekker, elver og vann, men at det tørre land var blitt tørt.

Tålmodighet er en dyd, og for oss som venter på Jesu andre komme, så kan vi se enkelte likhetstrekk her. En vesentlig forskjell er dog at i arken hadde de ikke noe valg. Gud hadde selv lukket døren til arken, men det er ikke spesifisert hvem som åpnet den igjen. Kunne Noah åpne døren selv? Antakeligvis. Han bygget sikkert arken med tanke både på å åpne og lukke dørene selv. Likevel måtte de vente, og de gikk ikke ut av arken før Gud sa de kunne gå ut.

7. MARS

«Da talte Gud til Noah og sa: Gå ut av arken, du og din hustru og dine sønner og dine sønnekoner med deg. Alt levende som er hos deg, av alt kjød, fugl og fe og alt kryp som rører seg på jorden – før det ut med deg! Det skal vrimle av dem på jorden, de skal være fruktbare og formere seg på jorden.»
1. Mosebok 8:15-17

FORMERING PÅ JORDEN

Etter at Noah og hans familie har vært i arken i ett år og sytten dager, så er det nå endelig tid for å gå ut av arken. Gud gjentar det Han sa i **1. Mosebok 1:20 og 22** da Adam og Eva skulle være fruktbare og formere seg på jorden. Denne gangen var dette ment for både mennesker og dyr. De skulle gå ned fra Ararat-fjellene og spre seg over hele jorden slik at jorden skulle bli befolket igjen av både mennesker og dyr.

En kan trekke likhetstegn mellom det Gud sa til Noah og det Jesus Kristus sier til troende i dag. Først sa Gud: «Kom inn i arken», til Noah. Jesus sa: «Kom til meg alle dere som strever og har tungt å bære, og jeg vil gi dere hvile!» Den neste sammenlikningen er da Gud sa til Noah: «Gå ut av arken!» Jesus sa: «Gå derfor ut og gjør alle folkeslag til disipler!» Det første vi må gjøre, er å komme til Gud. Han har frelsen lagt klar for oss, slik at vi kan ikle oss Jesus Kristus. Så må vi gå ut for Ham. Vi skal ikke stå stille. Gud har en plan for oss alle, et sted han ønsker at vi skal gå. Noen blir kalt som misjonærer, andre som leger, andre som kirketjenere, og andre igjen som praktiske hjelpere.

Alle må gå et sted. Dersom en bil står stille, så er det vanskelig å snu på rattet, men når bilen kjører, er det relativt lett. Vi må være i bevegelse, og så kan Gud styre oss der Han vil ha oss.

8. MARS

«Og Noah bygde et alter for Herren.
Han tok av alle rene dyr og av alle rene fugler
og ofret brennoffer på alteret.»
1. Mosebok 8:20

NOAH OFRET TIL GUD

Da Noah kom ut av arken, var det sikkert mye han kunne ha valgt å gjøre, men denne gudsmannen valgte å ofre til Gud. Det var Gud som stod øverst på dagsordenen, og derfor ble Noahs første handling da han kom ut av arken, å takke Gud for at han hadde reddet ham og familien fra syndfloden og beskyttet dem mot stormen som hadde rast så lenge.

Hvor mange av oss tenker vel først på Gud og deretter på oss selv? Her finner vi en av grunnene til at Gud sendte flere rene enn urene dyr inn i arken. Fordi det fantes flere dyr av de rene dyreslagene, så kunne Noah ofre rene dyr til Gud uten att det var fare for utryddelse av dyrene. Dette er den første gangen vi finner ordet «alter» i Bibelen. Det er mulig at for eksempel Adam, Kain og Abel også hadde bygget altre når de ofret til Gud, men det står ikke nevnt med ord. Et alter er hvor en ofrer til Gud. Det er der hvor en gir gaver til Gud og viser sin hengivenhet til en allmektig Gud som skapte himmelen og jorden.

Ettersom den gamle verden starter med et offer, så er det passende at denne nye verden også starter med offer. Vi kan alle ofre noe til Gud – penger, talenter eller jordisk gods, men aller helst anbefaler jeg at vi gir av vår tid. Som kjent kan vi tjene mer penger eller jordisk gods dersom vi gir noe til Gud av dette, men tiden vi gir kommer aldri mer tilbake. Derfor sier jeg at tiden vår er det mest dyrebare vi har. Hvordan bruker du din tid? Har du familie eller jobb som tar mye tid? Jesus sa at den som setter familien sin høyere enn Ham, er Ham ikke verd.

9. MARS

«Og Herren kjente den behagelige duften,
og Herren sa i sitt hjerte: Jeg vil aldri mer forbanne
jorden for menneskets skyld, for menneskehjertets
tanker er onde fra ungdommen av. Jeg vil aldri mer
drepe alt levende slik jeg nå har gjort.»
1. Mosebok 8:21

GUD SIER «ALDRI MER»

Noahs offer på alteret dannet en røyk som steg opp til Gud. Gud «luktet» offergaven til Noah og fant den behagelig. Mest sannsynlig er det at Noahs handlinger ble vel likt og akseptert av Gud, og Han fant glede i at Noah ga et rent og ærlig offer til Herren. Da sa Herren i sitt hjerte, det vil si, i Hans tanker eller Hans bevissthet, at Han ikke skulle gjøre det samme igjen. Ordet for «hjerte» kan bety tanker, hjerne og midten. Gud kom her med en uttalelse som kom fra Hans midterste kjerne, Hans hjerte dersom Han hadde vært et menneske.

Gud sa Han skulle aldri mer forbanne jorden for menneskenes skyld. Han tok ikke vekk den tidligere forbannelsen Han hadde lagt på jorden, men Han uttalte at Han skulle ikke legge til den. I **1. Mosebok 9:11** forklarer Gud dette ytterligere med å si at Han aldri skal sende en vannflom over jorden igjen. Dette gjelder selvsagt en verdensomfattende flom som dekker hele jorden, ikke lokale oversvømmelser som det finnes mange av i dag rundt om på jorden. Gud begrunner dette med at menneskene er onde og syndige i bunn og grunn likevel, og alle verdens flommer vil ikke forandre på dette faktum. Dette benekter ikke at God senere, en gang i fremtiden, vil sende ild over jorden for å rense denne planeten for synd, men det er et annet emne for en annen tid.

10. MARS

«Så lenge jorden står heretter,
skal såtid og høst, kulde og hete,
sommer og vinter, dag og natt aldri ta slutt.»
1. Mosebok 8:22

INGEN ENDE PÅ JORDEN?

Dette er et interessant løfte som Gud gir til Noah. For det første, så må en nevne at det mest trolig ikke var årstider på jorden før syndfloden. Hele jorden var dekket med grønn vegetasjon, og den hadde en varm og fruktbar atmosfære. Når vi leter under isen ved både Nord- og Sørpolen, så finner vi at det har vært frodig vegetasjon der før isen kom. Noe skjedde som fikk mammuter til å hurtigfryse med gress i munnen. Jeg (og flere viten-skapsmenn med meg) tror at det var vannflommen som fikk temperaturene på jorden til å forandre seg katastrofalt hurtig. For det andre, så finner vi i dagens tekst frasen *«så lenge jorden står»*. I **2. Peter 3:10** så står det: *«Men Herrens dag skal komme som en tyv, og da skal himlene forgå med et veldig brak, og himmellegemene skal komme i brann og gå i oppløsning, og jorden og alt som er bygd på den, skal brenne opp.»* Denne jorden skal forgå, men så lenge den finnes, så skal vi ha natt og dag, årstider og værsystemer. I en verden hvor det aldri hadde regnet, var alt dette nytt med unntak av natt og dag.

Som en kristen tror jeg ikke at verden startet med «the Big Bang». Jeg tror på en allmektig Gud som var stor nok og sterk nok til å skape alt det fantastiske som finnes på jorden vår. Du må ha mer tro for å tro på utviklingslæren enn på en skapende Gud. Men jeg tror på et «Big Bang». Bare at mitt «Big Bang» er beskrevet i **2. Peter 3:10**. «Et veldig brak» kan også oversettes med «Big Bang». Men mitt «Big Bang» har ikke skjedd enda, det kommer snart.

11. MARS

«Og Gud velsignet Noah og sønnene hans og sa
til dem: Vær fruktbare, bli mange og fyll jorden.»
1. Mosebok 9:1

FYLLING AV JORDEN

N år vi går løs på **1. Mosebok 9,** så er vi ferdig med syndfloden. Vi ser fremover på den nye verden som er kommet, og vi finner en ny start på en ny historie. Nok en gang blir menneskene fortalt at de skal være fruktbare og bli mange, ja, så mange at de kan fylle hele jorden. Det var ikke Guds vilje at menneskene skulle klynge seg sammen men at de skulle spre seg og legge hele jorden under seg. Det var nok plass for alle. Hvorfor skulle man leve i tette klynger?

Her finner en at reproduksjon er viktig. Som tidligere nevnt, skulle en mann og en kvinne flytte sammen som mann og kone, og sammen skulle de få mange, herlige unger som kunne være med på å fylle jorden. Det var ikke Guds plan at to menn eller to damer skulle flytte sammen og adoptere et barn. Nei, menn og kvinner er ulike og har ulike funksjoner. De utfyller hverandre på en fabelaktig måte som bare Gud kunne ha planlagt. Studier viser at en mor og en far er nødvendig for at barna skal få den rette balansen i livene sine. Noen vil nok påstå at det ikke spiller noen rolle om en har to fedre eller to mødre, men menn og kvinner er ikke bare biologisk forskjellige. Vi tenker og oppfører oss på forskjellig vis, og dette skyldes ofte fysiske forskjeller. For eksempel er overgangen mellom hjernehalv-delene på kvinner tykkere enn på mannens. Dette kan forklare hvorfor kvinner er flinkere i språk enn men og finner det lettere å sette ord på forskjellige ting som for mannen er helt uforståelige nyanser. Kvinner er flinkere til å sette ord på følelsene sine, mens mannen bare kremter og finner det hele ubehagelig.

12. MARS

«Frykt og redsel for dere skal være over alle
jordens dyr og alle himmelens fugler, over alt
som kryper på marken, og over alle fiskene i havet.
De er gitt i deres hånd. Alt som rører seg og lever,
skal være til føde for dere. Likesom jeg ga dere
de grønne plantene, gir jeg dere alt dette.»
1. Mosebok 9:2-3

TID FOR BIFF

Igjen finner vi at det er stor forandring i den nye verdenen sammenliknet med den gamle. I begynnelsen spiste Adam og Eva frukt og grønnsaker – de var vegetarianere. Nå sier Gud at de kan få lov til å forsyne seg av alle dyr som mat også. Dette nye elementet som sniker seg inn i Bibel-historien, medfører at menneskene ville begynne å jakte på dyrene. Gud satte en redsel for mennesker inne i dyrene slik at de ville løpe vekk når mennesker var nær, og alle dyr ville ikke bli utryddet med en gang.

Det er artig å konstatere at til og med store rovdyr, som er farlige, er redde for mennesker, og de vil heller løpe vekk fra menneskene enn å angripe dem. Ofte er det dyr som føler seg truet, som angriper mennesker. Det er en teori blant kristne vitenskapsmenn om at frukt og grønnsaker etter flommen har mistet flere av næringsstoffene som de hadde før flommen, og at det derfor var nødvendig å spise kjøtt også. Ikke alle er enige i denne teorien. I fremtiden, når de kristne drar til himmelen og kommer tilbake til *«en ny himmel og en ny jord»*, så skal lammet og løven gresse sammen. Da ser det ut som om denne naturlige frykten er vekk. Det minner om en verden før syndfloden da alle menneskene var vegetarianere. Det er nok neppe noen McDonald's i himmelen.

13. MARS

«Bare kjøtt med dets sjel i, det vil si blodet,
skal dere ikke ete.»
1. Mosebok 9:4

FORBUD MOT Å SPISE BLOD

Er det forbudt å spise blodpølse? En ting er sikkert: En jøde vil ikke spise det. Før syndfloden hadde ikke menneskene fått lov til å spise dyr i det hele tatt, så tidligere var ikke dette noe problem. Nå som menneskene hadde fått lov til å spise dyr, så sier Gud at de ikke skal spise dyr med blod i. Noen har foreslått at denne regelen har kommet for å hindre at folk ble matforgiftet dersom de spiste dyr med blod i som hadde ligget lenge, eller dersom et dyr hadde blitt kvalt. Ingen av disse grunnene blir nevnt i dagens tekst. En annen forklaring har vært at blodet tilhørte Gud og skulle ofres til Gud, og da kunne menneskene spise dyrene etter at blodet var blitt tappet ut og ofret til Herren.

Vi finner at den samme loven ble gitt da Moses fikk det vi kaller Moseloven fra Gud i 3. Mosebok. Denne loven ble nevnt igjen i Apostlenes gjerninger, men da med fokus på at kristne jøder ikke skulle komme i klammeri med tradisjonelle jøder. Det var mye krangling om dette på apostlenes tid. Det kan nevnes at denne loven fremdeles følges i dag av orientalske kristne og hele den greske kirken. Grunnen er at intet blod ble spist under evangeliet ettersom blodet pekte billedlig på Jesu blod, som ble ofret på korset for å kjøpe oss fri fra syndens åk. Selv om moderne kristne ikke føler at dette er et viktig påbud for dem, så må vi respektere dem som følger denne loven av personlige overbevisningsgrunner.

14. MARS

«Og sannelig: Jeg vil kreve gjengjeld for deres
eget blod. Jeg vil kreve hvert dyr til regnskap
om det tar deres blod, og likeså hvert menneske.
Jeg vil kreve hver manns bror til regnskap
for menneskets liv. Den som utøser menneskets
blod, hans blod skal bli utøst av mennesker.
For i Guds bilde skapte Han mennesket.»
1. Mosebok 9:5-6

DØDSSTRAFFEN

Tidligere var det lovløshet og anarki som rådet på jorden. Det fantes ingen lover. Det eneste som spilte noen rolle, var om menneskene hørte på Gud og gjorde som Han sa, eller ikke. Det må ha vært totalt kaos blant alle de menneskene på jorden som ikke fulgte etter Gud eller ville høre på Ham, men bare gjorde som de selv ville. Nå sier Gud at alle, både mennesker og dyr, må svare for å ha brukt vold mot menneskene. Den som tar et menneskes liv, vil selv miste livet. Dette skjedde i gamle dager som det skjer i dag, ved at folk velger ut noen mennesker som skal håndheve denne loven. Vi finner nå behov for styresmakter og myndigheter. Lovløsheten er nå borte. Menneskene velger seg myndigheter som kan håndheve de få lovene som Gud har gitt dem.

Det er noen som mener at disse lovene også gjelder dyr, men Gud hadde jo nettopp sagt at menneskene kunne spise dyrene. Dessuten understrekes det i **vers 6** at menneskene er skapt i Guds bilde, og derfor skal ingen ta livet av noe menneske. Det bør imidlertid understrekes at vi bare har fått lov til å drepe og spise dyr, ikke pine dem. Pining av dyr er bare ondskap og kan ikke sammenliknes med jakt for å skaffe mat.

15. MARS

*«Se, jeg oppretter min pakt med dere, og med slekten
etter dere. Og med hver levende skapning som er
hos dere, fuglene og feet og alle ville dyr hos dere –
alt som gikk ut av arken, alle dyr på jorden.»*
1. Mosebok 9:9-10

REGNBUEPAKTEN

Da Noah kom ut av arken og ofret til Gud slik at Gud kjente velbehag i Noahs gjerninger, så kom Gud med det som ofte kalles «regnbuepakten». Den kalles av og til for «Noahs pakt», men det er ikke en presis beskrivelse når en ser nærmere på pakten. Faktisk er det slik at Gud ikke bare oppretter pakten med Noah og hans familie, men Han oppretter den med alle som var på arken, både fugler, fe og andre kryp som har vært ombord. I **vers 10** er pakten beskrevet som at den gjelder *«hver levende skapning som er hos dere»*, og det var alle. Regnbuepakten var et universalt løfte fra Gud som ble gitt til alle på hele jorden.

Gud gjorde mange pakter med menneskene, og dette er den første. Når Gud lover noe, så kan vi vite med sikkerhet at en kan stole på det som blir sagt. Ettersom Gud nevner dyrene som noen av mottakerne av denne pakten, så viser Gud her at Han setter pris på dyrene også. Alle dyr er en del av skaperverket, og Gud bryr seg om selv det minste dyret i verden. I **Matteus 6:26** sier Jesus: *«Se på fuglene under himmelen! Ikke sår de, ikke høster de, ikke samler de i hus, men deres Far i himmelen gir dem føde. Er ikke dere langt mer verd enn dem?»* Gud er også den som har kledd liljene på marken, og Jesus sa at selv ikke Salomo i all sin prakt var kledd som en av dem (**Matteus 6:28-29**).

16. MARS

«Og Gud sa: Dette er tegnet på pakten jeg
oppretter mellom meg og dere og hver levende
skapning som er hos dere, for alle kommende
slekter og tider: Min bue har jeg satt i skyen,
den skal være tegn på en pakt mellom meg og jorden.»
1. Mosebok 9:12-13

REGNBUEN PÅ HIMMELEN

Her finner vi grunnen til at mange kaller denne pakten for «regnbue-pakten» istedenfor Noahs pakt. Gud har nå gått igjennom hva denne pakten innebærer og at den gjelder alle levende skapninger på jorden. Tegnet på at Gud har opprettet denne pakten, er Hans bue i skyen. Dette er selvsagt snakk om regnbuen som kommer frem når solen eller et sterkt lys skinner på vann i dråpeform, som regn eller for eksempel en hageslange som spruter vann. Den går ut ifra sammenhengen at dette (regnbuen) var et helt nytt fenomen, noe som aldri var blitt observert på jorden før ved slutten av denne store oversvømmelsen.

Hva hadde forandret seg slik at vi kunne observere en regnbue? Var det virkelig ikke regnbuer før? Vi vet at det før syndfloden ikke hadde regnet på jorden, men en damp hadde steget opp fra jorden for å vanne jorden. Vitenskapsmenn tror videre at jorden var beskyttet av vann i utkanten av atmosfæren, og at denne stoppet farlige solstråler som kunne fremkalle kreft og andre sykdommer, slik at folk levde lengre på jorden. Vi snakker om en drivhuseffekt hvor jorden ble beskyttet fra farlige ting med en barriere av vann, nesten som et ufødt barn er beskyttet av vann inne i mors mage. Da vannflommen kom, brøt denne vann-barrieren sammen (kom ned som regn), og solens stråler kom for første gang helt ned til jorden. Dette kan forklare hvorfor menneskene aldri hadde sett en regnbue før.

17. MARS

«Noahs sønner som gikk ut av arken, var Sem,
Kam og Jafet. Kam var far til Kana'an.
Disse tre var Noahs sønner. Fra dem bredte
menneskene seg ut over hele jorden.»
1. Mosebok 9:18-19

SEM, KAM OG JAFET

Av og til er det noen som lurer på om vi alle stammer fra Adam og derfor er i familie med ham. Vi kan følge listen nedover og si at vi er alle i familie med Noah og stammer fra ham. Sønnene Sem, Kam og Jafet spredte seg over hele jorden, og det kan være en artig studie for de som er interesserte å følge hvor de dro. Byer og land fikk navn etter dem eller etterkommerne deres, og de spredte seg på forskjellige områder på jorden. For eksempel dro Kams etterkommere til Midt-Østen hvor Kana'an ga navn til landet Kana'an.

Gud ville at Noahs sønner skulle spre seg ut over hele jorden og befolke jorden igjen. Millioner av mennesker hadde bodd der før syndfloden, og God ville at menneskene skulle spre seg og bo rundt omkring på hele jorden. Dette skjedde imidlertid ikke før etter Babels tårn. Menneskene ville bo sammen istedenfor å spre seg slik som Gud ønsket, og Gud måtte handle før menneskene ville følge Hans påbud.

Ordet «naphats» i **1. Mosebok 9:19,** som er oversatt som å bre seg over hele jorden, betyr egentlig å knuse slik at alle småbitene fyker til alle kanter. Som en elefant i en glassbutikk, kom Herren ned og knuste menneskenes stolthet i Babel slik at menneskene praktisk talt rømte fra byen og flyktet over hele jordkloden. Mer om dette senere.

18. MARS

«Han (Noah) drakk av vinen og ble beruset,
og han kledde seg naken inne i teltet sitt.»
1. Mosebok 9:21

NOAH BLIR FULL

To ting går igjen når folk kommenterer disse versene om Noah når han plantet seg en vingård og drakk seg full. Noen tror ikke at han ble full, men teksten sier klart at han ble beruset. Andre løfter pekefingeren og sier «fy, fy» og legger til at en så gudfryktig mann som Noah burde ha visst bedre enn å gi etter for fristelse og drikke seg full. Noah var en mann som Gud hadde utvalgt fordi han alltid gjorde det som Gud sa han skulle gjøre. Det er meget trolig at Noah ikke visste at han ville bli full av å drikke vinen sin. Antakeligvis hadde Noah drukket vin eller juice fra vingården sin mange ganger før vannflommen kom, og da uten å ha blitt beruset. Da solstrålene kom igjennom skyene etter at jorden hadde mistet sitt beskyttende teppe av vanndamp, så begynte gjæringsprosessen, noe som aldri hadde skjedd før.

En kan si at Noah ble tatt på sengen av sin egen vin. Han kledde seg naken inne i teltet sitt. Det var nå enda bra at han ikke løp rundt utenfor teltet sitt. Det er nå en gang slik at når alkoholen går inn, så går vettet ut. Dette skjedde også med Noah. Han «kubbet» i teltet sitt, bare ikledd Adams drakt – om du vil. Kam kikket inn i teltet og så sin far ligge der og snorke splitter naken. Han løp og fortalte det til Sem og Jafet, og de to sistnevnte tok et klede, mest trolig en kappe, og rygget baklengs inn i teltet slik at de ikke skulle se sin far naken. De la kappen over faren og snek seg stille ut.

Hvis det hadde skjedd i dag, så ville vel Ham ha tatt et bilde av sin far og postet det på Facebook.

19. MARS

«Da Noah våknet av rusen, fikk han vite hva
hans yngste sønn hadde gjort mot ham.
Han sa: Forbannet være Kana'an!
Trellers trell skal han være for sine brødre.»
1. Mosebok 9:24-25

KANA'ANS FORBANELSE

Det store spørsmålet som alle stiller seg, er: «Hvilken stor synd ble begått som fikk Noah til å forbanne barnebarnet sitt?» En av de mest populære teoriene, er at Ham gjorde noe seksuelt med sin far. Det finnes imidlertid ingenting som støtter denne teorien, så vidt jeg kan se. Det kan imidlertid være to ting som har skjedd. Ham kan ha sett på sin far med lyst, noe som faren normalt ikke ville ha visst om. Han kan også ha ledd eller flirt av at faren lå naken i teltet sitt, noe som brødrene hans kunne ha fortalt til faren. Det at Noah ble så sinna, har fått folk til å spekulere videre, siden det ser ut som om Ham har gjort noe fysisk mot faren sin, men igjen så er Bibelen stum på dette området.

Episoden får Noah til å tale profetisk. Han profeterer at Kana'an skal være tjener til tjenerne til brødrene hans, og historiebøkene sier at dette også skjedde senere. Det ble profetert litt om de to eldste brødrene også, selv om det var ganske lite informasjon her.

Hvorfor ble Kana'an forbannet? Han ble jo først født ca. 20 år etter vannflommen. Mest trolig var han ikke født da dette skjedde. Dessverre er det ofte slik at fedrenes synder får følger for barna deres. Det kan være snakk om både arv og miljø i tillegg til Guds straffedom. Likevel var denne forbannelsen gitt som en profeti for fremtiden, og det kan ha vært andre momenter som har spilt inn uten at vi helt ut kjenner Guds vilje.

20. MARS

«Hele jorden hadde ett språk og samme ord.
Det skjedde, da de dro fram mot øst, at de fant
en slette i landet Sinear, og de bosatte seg der.»
Mosebok 11:1-2

JORDENS BEFOLKNING SAMLES I BABEL

Gud hadde sagt til Noah og sønnene hans at de skulle spre seg over hele jorden (fylle hele jorden), men ettersom menneskene begynte å formere seg og bli flere, så spredte de seg ikke. De samlet seg i Babel ca. 130 år etter at Noah hadde kommet ut av arken oppe i Ararat-fjellene. De hadde flyttet ned til en rikere beplantet del av verden kalt Mesopotamia, det fruktbare området mellom Eufrat og Tigris, oppkalt etter to av elvene som rant igjennom Edens hage. Navnet «Babel» (hebraisk) betyr «blandet» og «forvirring» og ble satt som navn på byen etter at Gud hadde forvirret innbyggerne ved å forandre ett språk om til mange språk. Det er fra «Babel» at vi får ordet «babling» og «babbel». Senere ble byen kalt «Babylon» og var hovedstad i det store babylonske riket som styrte mesteparten av den kjente verden for lenge siden.

Det akkadiske ordet «Bâbilu», som er oversatt som «Guds port», er brukt både om Babylon og Babels tårn. Området rundt Babylon var kjent for sine mange vannkanaler som vannet jordene i nærheten. Ellers har vi hørt om byens hengende hager, sterke murer, parallelle gater og tempelområder. Selv om Babels tårn handler om ett spesielt tårn, så fantes det mange små tårn kalt «ziggurater». De var templer, kanskje ment som små kopier av det store tårnet, og de ble ofte kalt «Guds port». Ordet «babel» ble også blandet inn. Det ble brukt i den forstand at menneskene ble forvirret dersom de var gudløse. De (inkludert Abrahams familie) ba ikke til Bibelens Gud men andre guder.

21. MARS

«De sa til hverandre: Kom, la oss gjøre teglstein
og brenne dem godt! De brukte tegl til stein
og jordbek istedenfor mørtel.»
1. Mosebok 11:3

BABELS BYGGESTEINER

Når Nimrod og folkene som fulgte ham, bestemte seg for å bygge Babel, så fant de ikke nok stein eller sement. Det var det de brukte på gamle bygninger, festninger og lignende i gamle dager. Et hus bygget av steinblokker og sement var gode, solide bygninger, bygget for å stå oppreist gjennom århundrer mens tidens tann langsomt tygget i vei på byggverket. I Babel leser vi at de brukte teglstein og jordbek. Det hebraiske ordet «labenah», som er oversatt som «teglstein» på norsk, er oversatt som «brick» (murstein) i den engelske Bibelen. Ordet betyr en murstein eller en helle laget av den hvite delen av leiren. Som vi ser av teksten, ble de brent. De tok da hvit leire som de formet som de ville ha dem (mursteiner) og brente dem harde. Dette var ikke så hardt og varig som stein, men det var lettere å forme mursteinen slik de ville ha dem.

Videre ser vi at de brukte «jordbek» istedenfor sement. Det hebraiske ordet «chemar» er i den engelske Bibelen oversatt som «slime». «Chemar» er et slags svart slimaktig stoff som bobler opp av jorden. Det fantes blant annet på slettelandet hvor Sodoma og Gomorra var. I Septuaginta (den greske oversettelsen av Det gamle testamente), brukte de ordet «asfaltovn». I dag kaller vi det gjerne for «tjære». Tjæren ble varmet opp slik at den var klissete og rennende. Når tjæren ble avkjølt, så størknet den og hardnet, og mursteinene ble klistret fast sammen.

22. MARS

«Så sa de: Kom, la oss bygge oss en by og et tårn
som når like opp til himmelen. La oss gjøre oss
et navn, ellers blir vi spredt for hele jorden.»
1. Mosebok 11:4

ET FOLK FORENET MOT GUD

Her i **1. Mosebok 11** leser vi om et stolt folk som jobber sammen med samme formål og med samme språk. Antakeligvis gjelder dette også religion. De samlet seg i Sinear for å bygge en by og et tårn. Gud hadde sagt at menneskene skulle spre seg til alle jordens kanter (fra verdensrommet kan en se noe som ligner fire hjørner på jorden), og jeg vil tro at Noah og hans sønner hadde fortalt dette videre til sine etterkommere. Likevel valgte menneskene bevisst å ikke følge Guds påbud. De samlet seg alle i en by, og de begynte å bygge et kjempehøyt tårn som skulle nå helt opp til himmelen. Ifølge det hebraiske «shamayim», et flertallsord som betyr minst tre, så snakker de her om tre himler, himmelhvelvingen (atmosfæren), himmelrommet og Guds himmel hvor Han bor. Men ville virkelig menneskene bygge et tårn til en Gud som de åpenlyst trosset? Foruten menneskenes opprør mot Gud i at de ikke ville spre seg, så er det to ting som taler imot dette.

For det første var menneskene på denne tiden ledet av Nimrod. Tradisjoner utenfor Bibelen forteller oss at Nimrod var en ond mann som tilba flere guder. Jeg ønsker imidlertid ikke å ta opp alle disse elementene her. For det andre, så er mange tårn i det samme området beskrevet som templer. Helt til slutt er det mulig at dette høye tårnet ikke skulle peke mot Bibelens Gud, men alle himmelens avguder som Nimrod og etterfølgerne hans er fortalt å følge, eks. Diana, himmelens dronning. Det er ikke rart at Gud var misfornøyd med menneskene i Babel.

23. MARS

«Da steg Herren ned for å se byen og tårnet
som menneskene bygde. Og Herren sa: Se,
de er ett folk. Og de har alle samme språk.
Dette er det første de foretar seg. Nå vil ingenting
være umulig for dem, hva de så får i sinne å gjøre.»
1. Mosebok 11:5-6

GUD INSPISERER BABEL

Først ser vi at Gud kommer ned til byen, men Gud kom ikke for å observere byen. Gud er omnipresent, d.v.s. allestedsnærværende. Han hadde allerede sett hva som skjedde, og Han visste hva Han skulle gjøre. Han steg ned, ikke som en observatør, men som en allmektig dommer. Når det i den norske Bibelen står «menneskene» i **vers 5**, så står det i den engelske Bibelen «children of men». Det hebraiske ordet for «men» er «adam». Det var Adams sønner, født i synd, som var i gang med å bygge dette tårnet. Dette er nok en indikasjon på at menneskene i Babel ikke fulgte Gud men sin syndige natur de hadde fått arvet fra den første Adam. Dette var ikke «Guds sønner» eller «Guds utvalgte» men Adams barn.

Gud regner opp det vi tidligere har sagt. Menneskene i Babel hadde samme språk, samme mål, samme kultur, samme religion og samme opprør mot den sanne Gud. Opprør mot Gud er dumhet, dårskap. Dersom menneskene i Babel fikk lov til å fortsette, så ville tårnet bli bygget ferdig. Kanskje andre oppfinnelser ville ha kommet lenge før de var ment å komme, ganske enkelt fordi alle snakket samme språk og var forenet i handling og tanke. Et annet element er at en demonisk forbindelse og satanisk makt mellom Nimrod og det overnaturlige på et hvilket som helst tidspunkt ville være dårlige nyheter for menneskeheten.

24. MARS

«Kom, la oss stige ned og forvirre deres språk
så de ikke forstår hverandres tale.»
1. Mosebok 4:7

GUD FORVIRRER SPRÅKET

Jeg håper at vi alle har er rett bilde av den allmektige Gud, som troner oppe i himmelen. Han er ikke en gammel bestefarskikkelse som humper rundt opp i himmelen hjulpet av en stokk eller en rullator. Han har all makt i himmel og på jord, og ingenting er for vanskelig for Ham. Han kan gjøre hva som helst, men vi vet ikke alltid hva som er til vårt eget beste. Når Gud snakker i himmelen, så er det ikke fordi Han lider av senil demens, men Han snakker sammen med sine andre personligheter. Gud sier «la oss stige ned», og da mener Han Gud Faderen, Gud Sønnen, og Gud Den Hellige Ånd. Alle steg de ned til Babel for å gjøre det som måtte gjøres. De var alle tre tilstede, akkurat som under skapelsen.

Gud gjorde to ting i dette verset. For det første så forvirret Han språket deres. Vi blir fortalt at forskjellige språk er nært beslektet, og det kan være at språkene har videreutviklet seg etter Babel (f.eks. de skandinaviske språkene med unntak av finsk synes å være nært beslektet), men vi lærer hele tiden, og vi tilpasser oss ofte språk langsomt. Allikevel kan du ha problemer med å forstå for eksempel svensk dersom du aldri har hørt det før. Tenk for en forvirring som plutselig har slått inn da folk ikke lengre kunne forstå hverandre!

Det andre som skjedde i dette verset, er at byggingen av tårnet stoppet. Bygningsmennene kunne ikke kommunisere lenger, og arbeidsredskapene ble lagt ned. Det kjempestore avgudstempelet ble ikke bygget ferdig, og Gud hadde oppnådd det Han var ute etter.

25. MARS

«Så spredte Herren dem derfra ut over hele jorden,
og de holdt opp å bygge på byen. Derfor ble byen kalt
Babel, for der forvirret Herren alle jordens tungemål,
og derfra spredte Herren dem utover hele jorden.»
1. Mosebok 11:8-9

FOLKENE SPRER SEG OVER JORDEN

Gud klarte til slutt å oppnå det Han ønsket – at menneskene skulle spre seg over hele jorden. Vi mennesker tror at vi kan gjøre hva som helst, og vi gjør ofte opprør mot Gud. Da ler Han av oss (**Salme 2:4**). Gud er universets sanne midtpunkt, ikke deg eller meg. Gud har en langsiktig plan. Han ønsker at vi skal komme til Ham frivillig. Han ønsker ikke roboter som bare gjør som de blir fortalt (eller programmert), men Han ønsker at vi av fri vilje skal komme til Ham og følge Ham. Gud spredte folkene over hele jorden, og byen ble helt korrekt kalt «Babel», «forvirring». Denne forvirringen er fremdeles med oss i dag. Likevel er det mulig å læres seg fremmede språk. Den som er villig til å bruke tid og krefter på det, kan lære seg et hvilket som helst språk.

Det er interessant å notere seg at i himmelen, etter at vårt liv her på jorden er over, så skal det bare være ett språk igjen. Da skal vi alle snakke norsk! Nei, jeg bare tuller. Amerikanerne tror vi skal snakke amerikansk og så videre. Noen studerer i det lange og det brede og argumenterer for og imot gresk, hebraisk og latin. Personlig tror jeg at vi vil ha tankeoverføring. Språkene vi har er et forøk på å sette ord på hva vi ønsker å fortelle. Hva om vi kunne sende tankene våre til hverandre? Da ville det ikke bli noen misforståelser. Vi skal også kunne gjenkjenne folk i himmelen som vi aldri har sett før. Hvordan kan det skje? Alt vil være perfekt, og vi vil forstå masse som vi ikke forstår nå.

26. MARS

«Dette er historien om Sems ætt: Sem var
hundre år gammel da han fikk sønnen Arpaksad,
to år etter vannflommen.»
1. Mosebok 11:10

SEMS ÆTT

S em hadde ingen barn før vannflommen. Først etter at arken hadde landet i Ararat-fjellene, ble det født barn til Sem. Ingen oppmerksomhet er her gitt til de andre to sønnene, kanskje ettersom ættelinjen til Jesus gikk via Sem. Antakelig hadde Sem vært travelt opptatt med å hjelpe Noah med å bygge arken i tiden opp mot vannflommen. Nå som alt var over, kunne Sem tenke på familien igjen. Det kan virke som om vannflommen var en viktig tidsfaktor for de som visste om den.

Tre elementer ser ut til å være fremskridende i denne ættelisten som Moses har skrevet opp. For det første så er det lite informasjon om menneskene som er nevnt på listen. For det andre så er det en hurtig nedgang i leveår på folkene som levde etter syndfloden. Sem levde i ca. 600 år, de neste tre ble nesten 500 år, de neste tre ble yngre enn 300, og de som kom etter dette levde ikke over 200, med unntak av Tarah. For det tredje så er Eber den lengst levende mannen som ble født etter syndfloden. Dette var trolig fordi han ble belønnet for å ha holdt Guds ord og vandret i henhold til Hans påbud. Ættelisten til Sem bringer oss opp i tid fra syndfloden til Abrahams tid, da han dro ut fra Ur i Kaldea, det er i Sør-Babylonia.

27. MARS

«Dette er historien om Tarahs ætt: Tarah fikk sønnene
Abram, Nakor og Haran. Haran fikk sønnen Lot.»
1. Mosebok 11:27

ABRAHAMS FAMILIE

Det antas at Abram var den eldste av Tarahs sønner. Det er imidlertid ikke sikkert. Abraham kan ha blitt nevnt først fordi han er den viktigste av Tarahs sønner, men vanligvis nevnte man den eldste sønnen først. Dersom det ikke er et gap i kronologiene, så skal Sem ha levd til etter Tarahs død. Historien som det henvises til, kan muligens ha blitt overbrakt til Abraham enten på tavler eller personlig av Sem.

Både Nahor (oppkalt etter sin bestefar) og Haran kan knyttes til byer i Mesopotamia (**1. Mosebok 24:10, 28:10**). Haran døde relativt ung, antakelig mens han besøkte sin far i Ur (**1. Mosebok 11:26, 28, 32**). Sønnen hans, Lot, ble da nært knyttet til onkelen sin, Abraham.

Ellers kan det nevnes at Abraham var 43 år gammel da Gud forvirret tungene i Babel. Dette er enkelt å regne ut. Da Sodoma og Gomorra ble ødelagt, var Abraham 99 år gammel. Ettersom byene på sletten ble ødelagt 52 år etter Babel, så ender vi opp med 43. Tarah hadde slått seg ned i byen Ur i Kaldea, det vil si i Sør-Babylonia. Stedet er kjent for en stor ziggurat, disse pyramideliknende tårnene som ble brukt som templer for tilbedelse av himmelens guder. Det var et slikt sted Abrahams familie kom fra, og det var fra disse avgudene og religiøse skikkene at Gud sa at Abraham skulle dra ut ifra. I sin tid var Ur en travel og viktig by. På den kongelige gravplassen i byen har arkeologer funnet masse gull og edle steiner. Det var en meget rik by for mange år siden.

28. MARS

«Abram og Nakor tok seg hustruer.
Abrams hustru hette Sarai, Nakors hustru hette Milka
og var en datter av Haran, far til Milka og Jiska.»
1. Mosebok 11:29

HVEM VAR SARAI?

Det kan virke avskyelig for oss i dag å se at ekteskap ble inngått i nære familier i Bibelen. På Adam og Evas tid må de ha giftet seg med brødre eller søstre, for det fantes ingen andre å gifte seg med. Etter Babels tårn ser det ut til at folk igjen har giftet seg med den nære familien. Det står klart at Nakor giftet seg med sin niese, eller *«datter av Haran»*, som jo var hans bror. Dette virker forkastelig for oss i dag, men det var ganske vanlig på Abrahams tid.

Hva så med Abraham? I dagens tekst står det ikke noe særlig om Sarai. Det er flere som tror at Sarai og Jiska var samme person. Finnes det da noe grunnlag for å tro at Sara var Abrahams niese? I **vers 31** står det at Sara var Tarahs svigerdatter. Det betyr som kjent ingenting. Det bare sier at Sara giftet seg med Abraham, og det visste vi allerede. Hva da med **1. Mosebok 20:12**? Der står det: *«Dessuten er hun* (Sarai) *virkelig min* (Abrahams) *søster, hun er min fars datter, men ikke av min mor. Og hun ble min hustru.»* Begynner det å bli innviklet? Dersom det Abraham her sier til Abimelek stemmer, så var Sara Abrahams halvsøster eller stesøster, ikke niese.

Ebn Batrick skriver i sine journaler at Tarah først giftet seg med Yoga (stavelse usikker), og hun fødte ham Abram. Senere gifter Tarah seg med Tehevita (stavelse usikker), og hun fødte ham Sarai. Likevel er det flere som mener at Sarai var Abrahams niese. Slike nære giftemål i familien ble ikke forbudt før Moseloven kom.

29. MARS

«Og Herren sa til Abram: Dra bort fra ditt land
og fra din slekt og fra din fars hus til det landet
som jeg vil vise deg.»
1. Mosebok 12:1

PAKTEN MED ABRAHAM – DEL I

Etter å ha blitt introdusert til Abraham og hans familie i slutten av kapittel 11, får vi Guds pakt med Abraham presentert i de tre første versene av **kapittel 12**. Både Abraham og Sara er nevnt i Bibelens «Hall of Fame» i **Hebreerne 11**. Abraham blir ofte kalt «de trofastes far» og er i Bibelen beskrevet som lydig, uselvisk, modig, gavmild, ærlig, hederlig og en bønnens mann. Likevel er det som en troens mann vi først kjenner Abraham. *«Ved tro var Abraham lydig da han ble kalt...»* (**Hebrerne 11:8**). Vi vet lite om hvordan Abrahams liv var før Gud kalte ham ut, men i dagens tekst så ser vi at Gud sa at han skulle gå ut, ikke bare fra landet han bodde i, men også fra familien sin. Mesopotamia var et sted hvor flere avguder ble tilbedt, og senere historier forteller at noen av disse familiene hadde husguder. Vi vet også at i disse trakter ba de ofte til guder på himmelen eller stjernebilder. Det er trolig at Abrahams familie også var påvirket av dette og at Abraham derfor måtte flytte fra både land og familie.

Abraham hadde vært på vei mot Kanaan i **1. Mosebok 11:31**, men så stoppet de i Karan og bosatte seg der. Kanskje problemet var at Abraham fremdeles reiste med familien sin og derfor ikke var helt fri til å følge Guds vilje. Gud visste at Abraham ville bli en av de største troens menn i Bibelen, og Han visste hva Han gjorde da Han kalte ham. Abraham hadde ikke peiling hvor han skulle gå, men han stolte på Gud og vandret i tro.

Det er utrolig mye vi kan lære av Abraham. Når Gud kaller oss, så bør vi følge Ham, selv om vi er usikre på hva som ligger foran oss. Gud vil være med oss.

30. MARS

*«Jeg vil gjøre deg til et stort folk. Jeg vil velsigne deg
og gjøre ditt navn stort, og du skal bli en velsignelse.»*
1. Mosebok 12:2

PAKTEN MED ABRAHAM – DEL II

Nå går Gud inn i detaljer om hva denne pakten innebærer. For det første så sa Gud at Han skulle gjøre Abraham til at stort folk. Abraham ble ofte kalt den første hebreer eller hebreernes far. Han er den første jøden, den første som ble omskåret, og regnes som jødenes far. Jødene har blitt et stort folkeslag og et folk som er dyktige på hvert sitt område. De jobber hardt, og de tjener ofte mye penger på grunn av sin dyktighet. De har også blitt et stort folkeslag. Til tross for at Hitler forsøkte å utrydde jødene, så er de fremdeles et stort folkeslag. Jødene er Guds utvalgte folk, og ingen vil noensinne klare å utrydde dem.

Gud sa Han ville velsigne Abraham, og det gjorde Han. Både Abraham og hans etterkommere har blitt velsignet av Gud. Senere kom det frem at Gud ville belønne sitt folk dersom de fulgte Ham men straffe dem dersom de ikke fulgte Ham. Jødene har ofte snudd seg fra Gud, men som oftest har Gud reist opp en mann som har fått folket tilbake til å tilbe Gud igjen. Abrahams navn ble stort, og alle hadde hørt om ham. Alle har i dag også hørt om jødene, og noen elsker dem og andre hater dem. Alle har en oppfatning av hva som er kjennetegnene på en jøde. I sitt liv på jorden, så ble Abraham en velsignelse for mange. Jødene har også vært til velsignelse for noen. De som er venner med jødene, har ofte blitt rikt belønnet for at de har vært trofaste mot Herrens utvalgte.

31. MARS

«Jeg vil velsigne dem som velsigner deg, og den
som forbanner deg vil jeg forbanne. Og i deg
skal alle jordens slekter velsignes.»
1. Mosebok 12:3

PAKTEN MED ABRAHAM – DEL III

Når det regner på presten, så drypper det på klokkeren. Slik kan det ofte sies. I tråd med hva vi så i foregående vers, så sier Gud at de som er på Israels side, eller jødenes side, de vil nyte godt av sitt vennskap med Abrahams etterkommere. Det var også sant for dem som kjente Abraham. I samme åndedrag så sies det også at de som forbanner jødene, de vil også Gud forbanne. Dette er grunnen til at kristne i Norge som erklærer seg som venner av Israel, mener at vi ikke skal kritisere Israel. Ingen vil vel innrømme at alt Israel gjør er OK. Det kan ofte virke som om Abrahams etterkommere har forlatt den sanne Gud og begår stygge forbrytelser mot forskjellige mennesker, ofte sivile. Det spørs vel om det menes i dagens skrift at en simpelthen skal godta alt som foregår, men at en ikke skal gå imot jødene simpelthen fordi de er jøder. Det står i Bibelens profetier at alle nasjoner skal vende seg mot Israel i trengselstiden. De som gjør dette, vil sannelig få smake Guds vrede når oppgjørets time kommer.

Helt til slutt står det at i Abraham, eller Israel, så skal alle jordens slekter velsignes. Dette snakker om Jesus som ble født en jøde og var en etterkommer av Abraham. Både i Matteus' evangelium og Lukas' evangelium er det ættelister som viser hvordan Jesus stammer fra Abraham og Adam, verdens første menneske. Jødene har produsert Bibelens hovedperson, Jesus, som ble født i en stall og døde på et kors selv om Han var uten synd. Dette gjorde Han slik at vi kunne bli frelst og få verdens største velsignelse.

APRIL
–
JOB, BIBELENS ELDSTE BOK

1. APRIL

«Det bodde en mann i landet Us. Job var navnet hans.
Han var en from og rettskaffen mann
som fryktet Gud og unngikk alt ondt.»
Job 1:1

JOB: EN RETTSKAFFEN MANN SOM FRYKTET GUD

Før vi ser på flere av de fantastiske skriftstedene som finnes i Bibelens eldste bok, så kan det være bra å se på hvem Job var. Vi tror at Job levde omtrent på samme tid som Abraham, men siden vi vanligvis gir Moses æren for å ha skrevet de fem første bøkene i Bibelen, så blir det Jobs bok som blir den eldste boken.

Job var *«en from og rettskaffen mann som fryktet Gud»*. Gud hadde velsignet Job for hans trofasthet med stor rikdom. Det er viktig å huske at det ikke er rikdom som er roten til alt ondt men lysten til rikdom. Når Jobs bok starter, har Job sju sønner og sju døtre (**vers 2**). Han hadde også 7000 sauer, 3000 kameler, 500 par okser og 500 eselhopper. Han hadde også mange tjenere, og han var den mest fremstående og rikeste mannen blant folkene i øst.

Det at man følger etter Gud, betyr ikke nødvendigvis at vi vil bli rike, men Gud har lovet at han vil ta seg av våre hverdagslige behov. Under Bergprekenen (**Matteus 6:25**) sier Jesus: *«Derfor sier jeg dere: Vær ikke bekymret for livet, hva dere skal spise, eller hva dere skal drikke, heller ikke for kroppen, hva dere skal kle dere med. Er ikke livet mer enn maten og kroppen mer enn klærne?»* Gud tar vare på sine. Kanskje flere av oss ikke er rike fordi Gud vet hvordan vi ville forandre oss dersom vi hadde mye penger?

2. APRIL

«Når dagene med festing var over, sendte Job bud
for å hellige dem. Han sto tidlig opp om morgenen
og bar fram brennoffer for hver enkelt. For, som
Job sa: «Kanskje har barna mine syndet og spottet
Gud i sitt hjerte.» Slik gjorde Job alltid.»
Job 1:5

JOB: ET BILDE PÅ JESUS

I evangeliene i Det nye testamente leser vi om hvordan Jesus ble født på jorden som et fullkomment menneske uten synd, og Han døde på korset for å betale alle menneskers synder slik at de som tror på Ham, kan komme til himmelen. Jesus, som ikke hadde gjort noe galt, tok vår straff på seg slik at vi slapp straffen.

Det var det Job gjorde for barna sine også. I Det gamle testamente var offer en viktig del av livet til dem som fulgte Gud. I Moseloven blir vi fortalt hva som skulle ofres for hvilke synder. Det viktigste offeret var blodofferet. **Hebreerbrevet 9:22** sier: *«Og etter loven blir nesten alle ting renset med blod, og uten blodsutgytelse blir det ingen tilgivelse.»* Jesus selv sa: *«Dette er mitt blod, den nye pakts blod, som utgytes for mange til syndenes forlatelse.»* (**Matteus 26:28.**)

Da Job ofret syndoffer for barna sine, ble han et bilde på Jesus, som ble syndoffer for hele verden. Den store forskjellen var at når de som fulgte Gud i Det gamle testamente syndet, så måtte de ofre gang etter gang. Hovedofferet måtte ofres en gang i året, og det gjaldt ikke ofringer for bestemte synder. Da Jesus døde på korset, var Han det perfekte offer som bare måtte ofres en gang. Job ofret for seg selv og barna med jevne mellomrom. Selv om vi ikke er under loven i dag og må ofre brennoffer for syndene våre, så er det en god tanke at vi burde gi noe til Gud. Gir vi det beste vi har til Gud, eller gir vi bare restene av penger, tid og talenter?

3. APRIL

«Det skjedde en dag at Guds sønner kom
for å stille seg fram for Herren,
og sammen med dem kom også Satan.»
Job 1:6

SATAN – MOTSTANDEREN

Djevelen har mange navn. Han er motstanderen, anklageren, løgnenes far osv. Vi møtte ham som slangen i Edens hage i **1. Mosebok 3**. Vi får litt viktig informasjon om denne skikkelsen her i Jobs bok. Det står at Guds sønner kom sammen og stilte seg foran Gud. De fleste er enige om at Guds sønner her referer til englene, de «tjenende åndene» ifølge **Hebreerne 1:14**. Det er ikke like stor enighet om disse *«Guds sønner»* i **1. Mosebok 6** også snakker om englene, til tross for loven om første nevning. (Innen hebraisk fortolkning er det et prinsipp om at et ord eller uttrykk må nevnes i en bokstavelig betydning før det kan brukes billedlig. Altså; en må først vise hvem Guds sønner er (engler) før en kan bruke det som et bilde på noe annet (f.eks. mennesker som tror på Gud).)

I dagens tekst ser vi at alle englene samlet seg foran Herren, og Satan kom også. Riktignok er Satan en engel (eller ånd) som Gud har skapt, men han er også en fallen engel, noe som gjør at vi blir forbauset over å se ham her blant de andre englene. En nyere bibel skriver her Anklageren istedenfor Satan, men vi snakker om samme person (eller skapning). Satan er ikke bare en fallen engel (eller ond ånd), men han er frekk nok til å komme frem foran Gud. Djevelen vet at han bare har en kort, tilmålt tid (**Johannes' åpenbaring 12:12**), og han jobber desperat for å enten hindre at menneskene kommer til troen, eller for at de blir fruktløse åndelig sett og «faller fra», det vil si slutter å følge etter Kristus slik som kristne skal gjøre. Satan ønsket å gjøre Job fruktløs også. Husk at djevelen også ønsker å sette kjepper i hjulene for oss.

4. APRIL

«Herren sa til Satan: «Se, alt han har, er i din hånd.
Bare mot ham selv får du ikke rekke ut din hånd!»
Så for Satan bort fra Herrens ansikt.»
Job 1:12

SATANS TILLATELSE

Når Gud spør Satan hvor han har vært, svarer han at han har flakket omkring på jorden. Det er viktig å innse at han gjør det fremdeles i dag, mens han søker å gjøre livet surt for kristne som bor på jorden i dag. Gud viser frem Job til Satan og sier at Job er en god mann som elsker Ham. Satan mener at det er bare fordi Gud har belønnet ham med stor rikdom, og at dersom Gud ville ta vekk Jobs fysiske eiendeler samt familien hans, så ville ikke Job elske Gud lenger. Gud sier da det vi leser om i dagens tekst. Satan får lov til å gjøre hva han vil mot Job, bare ikke røre ved Job selv. Den rike Job blir fort en fattig mann. Fiender angriper fra alle kanter, og en ild kommer ned fra himmelen og fortærer sauene hans. Barna hans ble drept ved det vi ville kalle en naturkatastrofe. Job mistet alt verdifullt, og hans tro stod urokkelig fast.

Det er viktig å merke seg at det er Gud som har all makt i himmel og på jord. Djevelen kan ikke gjøre noe mot oss som ikke Gud tillater. På den andre siden tillater Gud ofte at Hans barn blir testet og må gå gjennom prøvelser her på jorden. Gud hører imidlertid på våre bønner, og mange har unngått stor lidelse fordi de har bedt til Herren om at Han må gripe inn. Det er imidlertid viktig å vite at det ikke alltid er Guds vilje å gripe inn. Dette er et mysterium som vi ikke kan forstå. Det er Gud som har all kunnskap, ikke oss.

5. APRIL

«Han sa: «Naken kom jeg fra mors liv.
Naken vender jeg tilbake. Herren ga,
Herren tok, velsignet være Herrens navn!»»
Job 1:21

«EVIG EIES KUN DET TAPTE»

Det kan være passende å sitere Henrik Ibsen under dagens skriftsted. Job opplevde å miste alt han eide, ikke bare sauer og kameler, men barna sine. Det kan av og til være vanskelig for oss å sette oss inn i slik en tragedie. Jobs uttalelse sier utrolig mye. Job visste at alt han hadde, inkludert barna, var en gave fra Gud. Det var derfor Guds rett å ta dem tilbake dersom Han ønsket det. Hvem av oss kunne vel ha sagt det samme? Jeg tror sorgen over å miste mine barn, ville ha vært så tung å bære at jeg ville ha strevet med både sinne og skyldfølelse. Hva har vi gjort for å fortjene dette? Mange av oss hadde vel rettet pekefingeren mot Gud og spurt Ham hvorfor dette hendte. Job aksepterte at han hadde mistet alt. Vel, ikke absolutt alt. Han hadde fremdeles Gud med seg. Når Gud er med oss, kan vi være rik selv om vi ikke eier så mye jordisk gods.

Dagens sitat brukes ofte når vi snakker om materielle goder. I dagens samfunn er det viktig for oss å ha den siste mobiltelefonen, den peneste bilen eller den vakreste familien. Alt dette er viktig for oss, og dess mer vi eier, dess mer vil vi ha. Det blir ofte en ond sirkel av materielle behov som ofte er skapt av vårt travle forbrukersamfunn. Vi kjøper, kaster og kjøper på ny. Vi blir aldri fornøyd. Vi vil ha mer og mer. Jeg tror vi bare kan bli lykkelige når vi innser at vi er rike. De fleste av oss har mat, klær og et tak over hodet. Alt annet er et ekstra pluss. Kan vi være fornøyd med det vi har? Da kan vi senke skuldrene og nyte livet. Hva om vi mistet alt vi eide i en brann eller en naturkatastrofe? Hva ville vi savne mest? Det er åpenbart bilder av familien og andre sentimentale ting som ikke kan erstattes. Ellers kan vi kjøpe nye ting.

Når vi er ferdig med dette livet, kan vi ikke ta med oss materielle ting. La oss tenke på hva som virkelig er viktig her i livet og samle oss skatter i himmelen.

6. APRIL

«Herren sa: «Så la du vel merke til min tjener Job?
På jorden finnes ingen som ham, en from og
rettskaffen mann som frykter Gud og unngår alt ondt.
Fortsatt står han fast i sin gudsfrykt.
Du har utfordret meg til å ødelegge ham uten grunn.»»
Job 2:3

GUDS VITNESBYRD

Satan hadde utfordret Gud når det gjaldt Job, og Gud hadde gitt djevelen tillatelse til å ta alt vekk fra Job. Job mistet alt sitt jordiske gods, inkludert barna sine, men han stod fast i troen sin. Han hadde mistet alt han hadde, men han eide fremdeles sin tro på Herren, og han var aldri alene i sin sorg. Vi finner nok en gang at Guds sønner, englene, samlet seg foran Gud, og Satan var igjen der. Gud spør om han har sett hvor sterk Job er i sin tro. Gud sa videre at Satans søken etter å få Job til å snuble, var nytteløs. Igjen ser vi at det er Gud som enten har utført eller tillatt all Jobs lidelse. Det er Gud som har all makt, og djevelen, til tross for at han er en sterk overnaturlig skapning, har ingen makt over Gud, og kan bare gjøre hva han får lov til av Herren.

Det er interessant å se hvor stor tiltro Gud hadde til Job. Han visste at Job ville beholde troen da han ga ham i Satans hånd. For et fantastisk vitnesbyrd Herren hadde om Job! Han har også gitt et godt vitnesbyrd om kong David at han var en mann av et rent hjerte (**1 Samuel 15:28-16:13**). Når vi ser hva Herren hadde å si om Job, tvinger det seg frem et spørsmål som jeg knapt tør å stille. Hva ville Gud ha sagt om oss dersom det hadde vært en av oss som Satan ville angripe? Ville Han ha sagt: «Har du sett slik en god tjener med slik en sterk tro?» Dersom vi vet at vi ikke ville ha blitt beskrevet slik av Gud Faderen som Job ble, så må vi ydmykt falle ned foran Gud og be Ham vise oss hva vi må gjøre for å bli mer lik Jesus. En kristen skal være en som likner Kristus, det er hva selve ordet betyr. La oss lese hva Jesus sier i Guds ord og forsøke å følge Hans lære. Dersom vi følger Ham, vil Jesus forsvare oss fremfor den allmektige Gud.

7. APRIL

«Så gikk Satan bort fra Herren, og han
slo Job med vonde byller fra hode til hæl.»
Job 2:7

JOBS STORE LIDELSE

Flere av oss kjenner til Job og lidelsene hans. På engelsk sier en at noen har «the patience of Job», Jobs tålmodighet. Job var tålmodig i all sin lidelse. Han ønsket gjerne at han var død, men han begikk ikke selvmord. Djevelen slo ham med vonde byller som gjorde veldig vondt. I dag kan vi ofte trøste oss med at når vi blir syke, så lider vi sjelden så mye som Job gjorde, og han bevarte troen sin oppi det hele. Gud visste at Jobs tro var sterk, så Han lot djevelen slå ham med sykdom, lidelse og smerter. Vi kan knapt forestille oss hvor fælt han hadde det.

Dagens skriftsted er utrolig viktig for oss i dag. Mange såkalte «fromme» mener at sykdom kommer på grunn av synd, og at sykdom derfor er en straff for synd som er begått i en persons liv. Det er riktig at lidelse, død og sykdom kom til jorden på grunn av synd, men det er ikke den synden som vi begår daglig. Død og sykdom kom på grunn av syndefallet i Edens hage da Adam og Eva spiste av frukten på treet med kunnskap om godt og ondt. Det er ikke riktig å si at dersom vi blir syke, så er det fordi vi har syndet. Vi blir syke fordi Adam, det første mennesket, syndet. Job var en rettskaffen mann som trodde på Gud og fulgte Hans bud. Han ofret til og med syndoffer for barna sine. Hvilken synd hadde Job gjort som fikk Gud til å tillate slik lidelse for Job? Ingenting! Jobs bok sier klart at Job var en mann etter Guds hjerte. Ja, Gud forsvarte Jobs karakter fremfor Satan. Hvorfor tillot Gud denne lidelsen for Job? Gud visste at Job ville stå fast i troen på Ham. Gud visste at Job ville stå imot djevelens brennende piler. Gud visste at Job var tålmodig og ville holde ut til slutten.

Hva med når vi blir syke i dag? Er det fordi vi synder? Det kan det være. Det kan også være at Gud sender oss en test eller en prøvelse som til slutt vil styrke oss, i alle fall åndelig. Jesus selv ble spurt av disiplene sine hvem som hadde syndet slik at en mann var blitt blind fra fødselen. Jesus svarte at mannen var blitt blind slik at Guds makt skulle bli åpenbart for alle menneskene. Det kan skje i våre liv også dersom vi velger å følge Jesus i alle ting i livet.

8. APRIL

«Da sa hans kone til ham: «Holder du fortsatt fast
på din gudsfrykt? Spott heller Gud og dø!»»
Job 2:9

JOBS KONE

Etter at Job har blitt slått med vonde byller fra topp til tå, har Jobs kone fått nok. Hun spiller djevelens advokat og gir Job et verdslig råd. Vi vet ikke mye om Jobs kone, men det er helt på det rene at hun ikke var av Jobs kaliber. Om hun i det hele tatt har fulgt Gud og Hans bud, så må hun ha vært som kornet som vokste opp litt for så å bli kvelt av problemer og omstendigheter i livet. En oppfordring til å spotte Gud er alvorlig. Heldigvis var Job sterk i troen og ga ikke etter for sin kones oppfordring.

I våre liv er det ofte de som står nærmest oss, som kan forårsake mest skade. Ofte teller partner eller familie mer for oss enn Gud, men Gud er en sjalu Gud. Han vil at vi har Ham på førsteplass i livene våre. Hva enn som erobrer førsteplassen i livene våre og er oss kjærere enn Gud, blir en avgud for oss. Det første budet er at vi ikke skal ha noen andre guder enn Israels Gud. Vi skal elske Herren vår Gud av all vår sjel og av all vår vilje og av all vår makt. Ingen må komme før Gud i livene våre. På engelsk bruker en akrostikonet JOY når en lærer dette til barna: Jesus – Others – You. Ha Jesus først, andre som nummer to og deg selv som nummer tre. Det er en sunn leveregel i livene våre.

Job holdt fast ved sin gudsfrykt, og det må vi også. Ingen har sagt at livet bare skal være plankekjøring. Problemer kommer, noen små – andre store. Når problemene kommer, må vi gjøre et valg som bestemmer hvordan vi skal møte problemene våre. Den som velger å stå på Guds ord og ta på seg Guds fulle rustning, denne vil aldri stå alene. Gud har lovet at Han vil aldri slippe oss og aldri forlate oss. Dersom noen svikter, så er det oss – ikke Gud.

9. APRIL

«Da Jobs tre venner fikk høre om alt det vonde
som hadde rammet ham, kom de til ham, hver fra
sitt hjemsted: Elifas fra Teman, Bildad fra Sjuah
og Sofar fra Naama. De møttes for å sørge
med ham og for å trøste ham.»
Job 2:11

JOBS VENNER ANKOMMER

Job hadde tre venner som bodde på forskjellige steder. Den første var Elifas, konge over thaimanittene. Han var en av Esau og Temans sønner. Teman var en by i Edom. Bildad er blitt kalt «tyrannen over shukittene». Shuah var den sønnen Abraham fikk med Ketura, og han regnes som en av Østens konger. Det antas at han burde plasseres sammen med broren sin, Median, og nevøene Sheba og Dedan. Dedan var en by i Edom og ser ut til å ha vært lokalisert ved landets sørlige grense, og Teman var ved den vestlige. Den siste av Jobs venner var Sofar, minaittenes konge. Han kom trolig fra Naamah, som grenset til edomittene i sør og ble gitt til Judas stamme da israelittene kastet lodd om landområdene.

En tror videre at Job bodde i Edom, et sted som Gud selv har profetert om. I **Jeremia 49:7** leser vi: «Så sier Herren, Allhærs Gud: Er det ikke mer noen visdom i Teman, ikke noe råd å få hos de kloke? Er deres visdom helt fordervet?» Jobs venner kom til ham når han led i store smerter. Vi vet ikke hvor gode venner de var, men de må ha brydd seg om ham. De forlot alt de hadde og reiste for å være til hjelp for vennen sin.

10. APRIL

«Så satt de hos ham på jorden i sju dager
og sju netter. Ingen sa et ord til ham,
for de så at hans smerte var stor.»
Job 2:13

TAUSHET ER GULL

Da Jobs venner kom til ham, fant de en mann som led av store smerter. De innså at ingenting de sa, ville gjøre den fysiske lidelsen bedre for ham. Job hadde lenge bodd på en haug av aske utenfor byen før vennene kom. Han var ikke lenger velkommen i den byen han tidligere hadde vært en slik fremstående borger i, så forferdelig så han ut. Ja, til og med vennene hans gjenkjente ham ikke da de kom (**vers 12**). Det så nå ut som om den mest gudfryktige mannen i verden hadde blitt forlatt og avskrevet av den Gud han hadde elsket så høyt og tjent i alle år, og han var i større sorg og lidelse enn kanskje noen annen i historien. Likevel stolte han fremdeles fullt og fast på Gud.

Jobs venner satt stille ved siden av Job i sju dager og sju netter. Tallet sju er et bilde på perfeksjon eller fullstendighet. En uke består av sju dager. Josva og hans menn marsjerte sju ganger rundt Jeriko før murene falt (**Josva 6:15**). Johannes' åpenbaring er full av tallet sju: sju lamper, sju menigheter, sju basuner etc. Peter ble fortalt av Jesus at han ikke bare skulle tilgi sju ganger, men syttisju ganger (**Matteus 18:21-22**).

Når noen av vennene våre har det vondt, så er det ofte at vi ikke kan gjøre mer enn bare å være der for dem. De trenger oss der, og i den mest akutte fasen av en traumatisk opplevelse kan det godt være at vi ikke vet hva vi skal si, eller at ingenting vi sier vil gjøre noe fra eller til. Kanskje vi kan hjelpe til med praktiske og hverdagslige ting. Men det viktigste er at vi er der for dem, og at de vet at vi er glade i dem.

11. APRIL

«La dem som forbanner dager, forbanne den,
de som er kyndige i å mane fram Leviatan!»
Job 3:8

LAVIATAN

På hebraisk er det siste ordet i dette verset «**livyathan**». På engelsk er dette oversatt «their mourning», det vil si, deres sorg. De som kan mane frem sorgen, kan forbanne dager. Det kan også sies slik at de som sørger, kan forbanne dagen da de de ble født. «**Livyathan**» betyr bokstavelig «flettet dyr» og blir ofte trodd å være en slange. Beskrivelsen av leviatan i **Job 41** er likevel såvisst ingen slange. Det er et stort monster av et dyr som puster ild og er dekket av skjell så harde at det er umulig å drepe den med spyd. Det kan være dette pansrede skjellet som har fått forfatteren til å kalle det et flettet dyr. Gamle kommentatorer har foreslått at leviatan kanskje var en krokodille, men dette stemmer overhodet ikke med Guds beskrivelse av dyret. Med sine fryktinngytende tenner og ilden og røyken som kommer ut av den, så virker den faktisk om en god, gammeldags drage. Og drager er faktisk nevnt flere steder i Bibelen. Dette er nok sikkert brukt fordi da Bibelen ble skrevet (for eksempel King James-Bibelen i 1611), så var ikke ordet «dinosaur» (forferdelig øgle) oppfunnet enda. Det oppfant sir Richard Owen i 1842. Det er viktig å merke seg at Gud forventet at Job hadde sett denne skapningen, det vil si at denne dragen/dinosauren levde samtidig med Job.

Ikke bare var leviatan et levende dyr som eksisterte sammen med Job, men det var også et bilde på djevelen. Innen vår forståelse av hebraisk referer vi ofte til loven om første gangs benevning. Det betyr at før et ord kan brukes som et symbol eller en allegori, så må man først vite hva det ordet betyr. Dersom jeg kalte deg en «gorilla», så ville du mentalt se en gorilla foran deg, og du ville kanskje le eller bli sinna. Når folk i Bibelen kalte Satan «den gamle dragen», så forestilte de seg leviatan, en fryktinngytende dinosaur som de ikke kunne kontrollere eller ta livet av.

12. APRIL

«Han er den som flytter fjell før de vet av det,
som velter dem i sin vrede.»
Job 9:5

SYNDFLODEN

N år Job snakker om Gud, så kaller han Ham *«den som flytter fjell ...*
som velter dem i sin vrede.» Dette er intet mer enn Job som nevner
effektene av den globale flommen vi ofte kaller syndfloden. Fjellene som
fantes før denne flommen, ødela fjellene da de mektige kreftene i flommen
presset seg forbi. Senere skapte jordskjelv og store bevegelser i jordens
overflate nye fjell og hadde på den måten «flyttet dem». Mange av de
sedimentære lagene som ble utsatt for sterke krefter som løftet dem opp, ble
enda mer «deformerte» og bøyde før de stivnet til hard stein.

Det er viktig å merke seg at det er Gud selv som står bak dette. Han
handler så raskt at det kommer overraskende på de som bor på jorden. Gud
var mektig sinna for hvordan menneskene hadde oppført seg, og det er helt
utrolig at bare åtte sjeler overlevde jordens største naturkatastrofe noensinne.
Vi må, som mennesker, innse at det er Han som har all makt, og det ville
være lurt av oss å følge Ham og Hans påskrifter.

Jesus sa i **Matteus 21:21** at dersom vi har tro, så kan vi kaste fjellet i
havet, bare ved å si ordene. Tro kan flytte fjell, hører vi ofte. Kan du flytte
fjell? Det spiller ingen rolle. Men tror du på det du ber om? Ber du om at en
venn eller et familiemedlem må komme til troen, men i hjertet ditt tror at det
er umulig? Da er det umulig. Ditt tvilende hjerte har gjort det slik at det ikke
vil skje. Dersom vi ba oftere – og i tro – så ville vi se enda flere mirakler
skje i hverdagen vår.

13. APRIL

*«Han har skapt Bjørnen og Orion
og Sjustjernen og sørhimmelens stjernebilder.»*
Job 9:9

UNIVERSETS SKAPER

Herren Gud er den som har utspent himmelen, strukket den ut fra evighet til evighet (**vers 8**). Job beskriver i sin visdomstale Guds storhet. Ingen andre er i stand til å gjøre noe slik. Gud har ikke bare skapt og navngitt alle stjernene (**Jesaja 40:26**), men også alle konstellasjonene, eller stjernebildene (**Job 38:31-33**). Det er et faktum at Gud skapte alle stjernene til tegn (ikke astrologisk, men evangelisk, som depoter på himmelen av Guds opprinnelige løfte om den kommende Frelseren og gjenopprettelse av den syndige skapelsen.

Den aller siste «strofen» av dette verset snakker på norsk om «sørhimmelens stjernebilder». På engelsk står det «the chambers of the south». Den engelske versjonen har en direkte oversettelse av de hebraiske ordene, mens den norske oversettelsen har skrevet ned fortolkningen av den, hva det egentlig betyr. Det hebraiske «**cheder**» betyr en leilighet, et indre rom, et innerste sted, en privat salong. Finnes det noen «leiligheter» på himmelen? Nei, men det finnes samlinger av stjerner som utgjør forskjellige konstellasjoner. De holder sammen i en privat salong og sees i sammenheng. Disse konstellasjonene på sørhimmelen er motsatt til regionen som inneholder den sterke konstellasjonen Orion og den nære Sjustjernen (**Job 38:31**). Nær den siste finner vi også gruppen med stjerner kalt Bjørnen. Denne gruppen kalles Arcturus på engelsk.

Dersom vi hadde vært i stor pine og led ufattelig mye, ville vi da, som Job, lovprise Gud og holde en lang tale om hvor fantastisk og hvor stor Han er? Trolig ville vi være bitre og klage over hvor mye vi led og knyttet nevene mot Gud og skreket: «Hvorfor meg, Gud?»

119

14. APRIL

«Dine hender har dannet meg og skapt meg,
helt og i alle deler, og enda vil du ødelegge meg!»
Job 10:8

KRONEN PÅ VERKET

I **kapittel 10** av Job kan vi se at Gud har skapt mennesket. Ja, Han har skapt og dannet hver og en av oss. Alle er vi unike og verdifulle, spesielt formet til å bli oss. Og vi er den eneste av vår utgave i hele verden. Selv ikke tvillinger er helt make, særlig ikke i hva de tror og mener. Vi er alle spesielle individer. Du er den eneste deg i hele verden. Jeg vet hva du kanskje vil si. Hva med dem som er født uten armer og bein, eller med to kjønn? Hva med de som dør som spedbarn eller er født med alvorlige sykdommer? Selv har jeg jobbet med mennesker som aldri ville kunne leve et fullt liv på grunn av noe de er født med som de fleste andre ikke har. Er dette Gud sin feil? På ingen måte! Skapelsen er fantastisk. Adam og Eva ble skapt til å leve evig. Død og sykdom var ikke Guds plan men er resultatet av synd.

Betyr dette at de som er født blinde, døve eller med muskeldystrofi, bare for å nevne noen ting, har syndet? Eller har foreldrene deres syndet? Hvorfor er de blitt som de har blitt? Vel, vi vet ikke sikkert. Lidelse og død er et resultat av arvesynden – den som kom da Adam og Eva syndet i Edens hage, og vi alle er født med den. Jesus møtte en som Han sa ble født blind slik at Guds kraft kunne bli åpenbart for andre. Vi kan ikke gi Gud skylden for alt det onde. Men du som leser dette, er et spesielt menneske som har vokst i din mors mage ved et Guds mirakel og blitt den du er blitt i dag.

15. APRIL

«Liv og miskunn ga du meg,
og din varetekt vernet om min ånd.»
Job 10:12

GUDS MISKUNN

D et kan være bra å lese de andre versene i dette kapittelet. Mange av dem handler om Guds skapelse av menneskene og kan være oppbygge-lige for dere som er kreasjonister som meg. Om dere ikke tror på skapelsen, så er det i alle fall på det rene at Bibelen hevder – gjennom hele Bibelen – at Gud har skapt universet og alt i det. Vi har allerede sett at Gud har gitt oss liv. Gang på gang må jeg minne meg på at hvert eneste åndedrett er en gave fra Gud. Det er opp til oss hva vi gjør med vår tilmålte tid.

Til tross for den tidligere nevnte arvesynden og synden vi alle begår i våre liv, så er Gud en som viser oss kjærlighet og miskunnhet. Med vår frie vilje er vi fulle av synd og fortjener Guds straff. Men Gud viste sin kjærlighet ved at Jesus kom og døde i vårt sted slik at vi slapp å dø. Ved Hans miskunnhet har vi fått adgang til Gud bare vi tar imot Jesus som vår Frelser.

Mange har opplevd her i livet at Gud har beskyttet dem og holdt dem i sin hånd. Noen innrømmer at de har hatt «englevakt» ved enkelte anlednin-ger, også jeg. Gud er god, og Han sparer ofte livene våre. Dette betyr likevel ikke at vi ikke vil få noen problemer i livet. Paulus og de andre apostlene ble forfulgt og fengslet, og alle (unntatt en) led martyrdøden. Når problemene kommer til den kristne, er han aldri alene, og mange blir vist Guds nåde gang på gang.

16. APRIL

*«Hvem skjønner ikke av alt dette at det er
Herrens hånd som har skapt det.»*
Job 12:9

LOGIKK OG TRO HÅND I HÅND

Hvem skjønner ikke at Gud har skapt hele verden, alle dyrene, blomstene og menneskene? «Alt dette» snakker om alle bevisene vi ser rundt oss. Når vi ser Guds vakre natur rundt oss på alle kanter, burde det være åpenbart at Gud har skapt alt sammen. I **Salme 14:1** sier David: *«Dåren sier i sitt hjerte: «Det finnes ingen Gud.»»* En dåre er dum person. Vi er dumme dersom vi ikke tror på at Gud finnes. Når vi ser et maleri, vet vi at noen har malt det. Når vi ser en klokke, vet vi at noen har laget den. Når vi ser naturen og alt som i den er, så vet vi at det finnes en Skaper. Dette er bare logikk.

Men når vi snakker om Bibelen, kommer vi inn på tro. Er troen i konflikt med logikken? **Hebreerne 11:1** sier: *«Troen er et pant på det vi håper, et bevis for det vi ikke ser.»* Det greske ordet «hupostasis» er en substans, eller noe som støtter noe. En kunne kanskje si at troen er essensen av det vi håper på. Likevel er andre delen av verset soleklart og uten forvirring. Troen er et bevis på det vi ikke ser. Tro er ikke bare blind tro uten noen logikk i det hele tatt, men beviset som overbeviser oss om at det Bibelen sier, er rett.

Ellers kan det nevnes som en kuriositet at dette er det eneste stedet i Jobs bok hvor navnet Jahve eller Jehova er nevnt.

17. APRIL

«Han demmer for vannene, og de tørker bort.
Han slipper dem løs, og de river jorden med seg.»
Job 12:15

JOB OG SYNDFLODEN

D ette verset er åpenbart om syndfloden i Noahs dager. Det tar oss helt tilbake til skapelsen i **1. Mosebok 1:7** hvor Gud skilte vannet som var under himmelhvelvingen fra det som var over himmelhvelvingen. Dette er trolig hva som menes med at *«Han demmer for vannene»* i dette verset. Ettersom *«Herren Gud hadde ikke latt det regne på jorden»* (**1. Mosebok 2:5**) på dette tidspunktet, så er det flere vitenskapsmenn som mener at vannet over himmelhvelvingen ikke var vanlige vannskyer, men en vannbaldakin som beskyttet jorden fra farlige stråler fra verdensrommet og ga jorden et varmt drivhus hvor det var frodig vegetasjon hele jorden rundt, også i Arktis. Dette stemmer også med det man finner under isen i Arktis. Mammutene spiste gress nær Nordpolen før syndfloden kom.

Så står det at Gud slipper løs vannene. Både vannkildene på jorden og himmelens sluser (vannbaldakinen) ble åpnet slik at de rev jorden med seg og harselerte vilt hele jorden over. Daler som Grand Canyon ble dannet av det voldsomme vannet som brøytet seg veg gjennom jord og fjell.

Ofte er vi ikke klare over hvor store krefter som var i gang under syndfloden. I tillegg var det vulkanutbrudd og jordskjelv spredt over hele jorden vår. Det kan synes rart at Jobs bok nevnte syndfloden, men denne boken er faktisk skrevet før Moses, antakelig rundt tiden til Abraham. Flere tror at Job levde kort tid etter syndfloden og at han kan ha fått historiene om den universelle flommen fra et av øyenvitnene eller noe som kjente Noah og familien hans.

18. APRIL

«Når mannens dager er fastsatt og hans måneders
tall bestemt hos deg, når du har satt ham
en grense som han ikke kan overskride.»
Job 14:5

MENNESKENES BEGRENSNINGER

Det at menneskenes dager er fastsatt, betyr at de er begrenset til en bestemt periode. Ingen kan leve lenger enn Gud lar dem. Vi har alle et bestemt antall dager til å leve her på jorden. Mange mennesker leter etter ungdomskilden eller en pille som vil gjøre at vi lever evig. De fleste av oss er redde for å dø – redde for at livet her på denne planeten vil være over. Flere av oss ønsker å leve evig. Noen fryses ned i det håp at vitenskapen vil ha kommet lengre om noen tiår slik at de kan tines opp igjen og legene kan behandle det som feiler dem.

Men menneskene kan ikke overtrede de grensene som er satt for dem. Ofte blir disse grensene meget korte på grunn av gale valg som vi gjør i livene våre. I dette skriftstedet gjelder nok grensene menneskeheten generelt og ikke individet. Det skjedde en gang at menneskene forsøkte å overgå sine grenser. Da tårnet i Babel ble bygget, sa Gud: «*Se, de er ett folk, og ett språk har de alle. Og dette er det første de gjør! Nå vil ingen ting være umulig for dem, uansett hva de bestemmer seg for å gjøre.*» (**1. Mosebok 11:6.**) Gud måtte da gripe aktivt inn for å sørge for at menneskene ikke gikk over sine tilmålte grenser.

19. APRIL

«For treet er det håp. Om det hogges ned,
så spirer det igjen, på nye skudd mangler det ikke.»
Job 14:7

LIVETS TRE

Job har allerede beskrevet hvordan menneskene er begrenset når det kommer til livets dager. Han visste at hans dager av lidelse til slutt ville opphøre. Han visste også at når et menneske døde, så var det dødt. Slik er det ikke med et tre. Dette treet som Job nevner her, har blitt hogget ned, men roten står igjen. Fra det lille som er igjen av stammen, vil det på ny spire og gro. Trær har en viktig rolle i Bibelen. I Edens hage var det livets tre og treet med kunnskap om godt og ondt. Det var også mange trær som Adam og Eva kunne spise av.

I **Daniel 4** da kong Nebukadnesar mister forstanden, blir dette vist billedlig i en drøm med at et tre ble hogget ned. Han fikk senere tilbake forstanden sin etter at rotstubben som stod igjen i jorden, ble lenket med jern og bronse og vætet med dugg fra himmelen. Men slik som dette treet i dagens skriftsted begynte å vokse igjen etter at det var blitt hogget ned, så er dette igjen et bilde på at vi som tilhører Kristus, skal bli levende igjen når Jesus kommer tilbake til jorden for å hente sine barn. Dette livets tre som gir oss liv, er Jesus. Han som skapte alt liv, kan gjøre oss i live på ny.

20. APRIL

«Som vannet huler ut steiner og flommen skyller bort
muldjorden, slik gjør du menneskets håp til intet.»
Job 14:19

VANNETS KRAFT

Nok en gang kan det virke som om det refereres til syndfloden. I alle fall får en her demonstrert den store kraften som vannet har. Du har kanskje som jeg vært ute og gått ute i fjellet og sett hvordan vannet har gravd seg igjennom fjell og dannet alt fra små kulper til store daler. De fleste tror at dette har pågått i millioner av år, mens andre mener at dette kan ha skjedd under syndfloden i Noahs dager. Det er også observert i våre moderne tider at vann kan bore seg gjennom fjell og avkastningshauger fra isbreer på kort tid.

Dersom en ser dette verset i sammenheng, så ser man her en gradvis forminskning fra fjell til klippe til stein til muldjord. Det er som om Job har et mikroskop som stilles inn mer og mer. Slik er da det store fjellet til slutt blitt redusert til nesten ingenting. Det hebraiske ordet «*aphar*» kan også oversettes til støv (som er brukt i den engelske Bibelen). Om dette ikke demonstrerer vannets kraft for oss, så vet ikke jeg. Tidens tann virker litt på samme måte, om enn ikke like hurtig. Hele universet er en opptrukket klokke som vil gå saktere og saktere. Ja, til og med lysets hastighet avtar i fart. Naturlovene sier oss at alt går fra orden til kaos. Bålet slukker. Vognen slutter å trille. Batteriene på armbåndsurene går tom for energi og må byttes. Men hvem kan bytte batteri på universet når solen er slukket og universet slutter å utvide seg?

Verset overfor sier at Gud på denne måten, slik som vannet graver og knuser, gjør menneskenes håp til intet. Jeg, og flere med meg, tror at dette håpet er menneskenes håp om å få fortsette å bo her på jorden. Men profetiene sier oss at denne jorden ikke er den siste endestasjonen for oss. Noen skal til himmelen, og noen skal til helvete. Ved Guds nåde har vi alle muligheten til å komme til himmelen.

21. APRIL

«Hvem har gitt deg de ord du framfører?
Hvem kommer den fra, den ånd som går ut fra deg?»
Job 26:4

ORD OG ÅND

D et kan virke litt tragikomisk at Jobs venner, som kom for å hjelpe ham, ikke er til særlig hjelp, men isteden sitter de og krangler med ham natt og dag. De var nok mer til glede og støtte da de satt sammen med ham uten å si noe som helst. Som noen sier: Det er bedre å la folk tro du er dum enn å åpne munnen og fjerne enhver tvil. Job er nå blitt så irritert på vennene sine at han spør hvem som har gitt dem de ordene de taler mot ham. Hvilken ånd er det som legger ordene i deres munn slik at de vet hva de skal si? Snakker de for seg selv, slik at de skal komme med store ord og høres intelligente ut? Eller snakker de for Job, som trenger støtte der han lider i sin smerte og pine? Er det Gud som har inspirert ordene til Jobs venner, eller noen annen makt?

Det er nå engang slik at vi mennesker når vi blir kristne, har en to-delt natur. Det *gamle* mennesket er vår syndige natur, fremdeles styrt av synd som må kontrolleres. Det *nye* mennesket er vårt nye liv i Kristus, som er godt og hellig. Disse to naturene slåss mot hverandre, og det er den delen av oss som vi mater, som vil vinne over oss. Selv kristne kan leve i et slik syndig miljø at syndens ånd dominerer oss, og da vil ordene vi snakker, være mer påvirket av vår syndige natur enn Guds Ånd.

Vi alle bør komme daglig til Gud og gi våre liv til Ham – daglig. Så vil Hans Ånd få virke i livene våre, og vår tale vil bli styrt av Den Hellige Ånd.

22. APRIL

«Han brer Norden ut over det øde rom,
Han henger jorden på intet.»
Job 26:7

SKAPELSENS BEGYNNELSE

Dette verset må referere til begynnelsen av skapelseshistorien. Her er noen interessante ord som gir oss bakoversveis. Guds storhet under skapelsen kan virkelig sees i dette verset. I vår norske bibel nevnes Norden. Vel, Norden for oss i Norge er de nordiske landene: Finland, Sverige, Danmark, Island og Norge. Dette er totalt misvisende for det hebraiske *«tsaphon»*. Ordet betyr et nordlig område som er mørkt og skjult. Det passer egentlig bedre på Nordpolen. Det nordlige polområdet ble bredt eller strukket ut over *«det øde rom»*, den samme tomheten (*«tohu»*) som ble beskrevet i **1. Mosebok 1:2**. Bruken av det hebraiske *«tohu»* impliserer at det her gjelder skapelsen av jorden helt i begynnelsen. Dette var tiden da Guds Ånd svevde over vannene og Guds arbeid med jordkloden virkelig begynte.

Det som virkelig er en vitenskapelig sannhet uten sidestykke, er når Job skriver at *«Han henger jorden på intet»*. Ikke bare roterte jorden, men den gikk også i bane i verdensrommet, hengt opp av «ingenting» unntatt den mystiske kraften av gravitasjon som virket på avstand. Det at dette verset ble skrevet minst 3500 år før Isaac Newton identifiserte og beskrev denne kraften, gjør det ikke desto mer imponerende. Det hører med til historien at flere kristne som pekte på blant annet dette verset og påstod at jorden måtte være rund, de ble brent som kjettere av den katolske kirken som på den tiden mente det samme som vitenskapen, nemlig at verden var flat, og at dersom en seilte for langt mot en av himmelretningene, ville en falle av jordens overflate.

23. APRIL

«Han binder vannene sammen i Sine skyer,
og skyene brister ikke under dem.»
Job 26:8

VANNSKYER

Bare i de siste århundrene har denne skyenes balansegang (se **Job 37:16**) blitt forstått. Den refererer til sterk oppdrift av luft som produserer kraften som er nødvendig for å holde vanndråpene i skyene slik at de ikke faller ned. Faktisk er ikke hele kunnskapen om skyenes kretsløp så veldig gamle, særlig ikke sammenliknet med Jobs bok. Solen skinner på havet og får vannet til å fordampe og danne skyer. Skyene får mer og mer vann samt elektrisitet, men det tar lang tid før den «brister». Når skyen blir nedkjølt, faller regnet over land og hav, og vannet finner sine stier fra fjellets topper og nedover hvor det til slutt renner ut i havet igjen.

Vannets kretsløp er livsviktig for oss mennesker. Uten det ville det ikke være vann i elvene, og alle vannene som lå stille, ville bli dårlige å drikke av når det ikke er i bevegelse. Hele jorden fungerer perfekt for at det skal kunne være liv her på planeten. Gud har planlagt alt til den minste detalj – til og med skyene.

Er ikke skapelsen vidunderlig?

24. APRIL

«Og Han sa til mennesket: Se, å frykte Herren,
det er visdom, og å fly det onde er forstand.»
Job 28:28

FRYKTENS PARADOKS

Job stilte to ganger et retorisk spørsmål om kilden til sann visdom (Job 28:12, 20), og så svarer han selv i dette nøkkelverset, en sannhet som for det meste er oversett i vår moderne verden. Sann visdom begynner med frykt for Gud (**Salomos ordspråk 1:7, 9:10, Kolosserne 2:3**). Selve syndefallet i Edens hage hendte da Adam og Eva ønsket mer kunnskap. Treet med kunnskap om godt og ondt fristet ekstra da Satan satte søkelyset på det og sa: «Ser det ikke godt ut?» Menneskene har alltid vært ute etter å utvide sine horisonter. Vi har seilt jorden rundt på jakt etter ukjente landområder. Så har vi begynt å utforske havet og har funnet at det er fullt av fjell og daler. Så har vi vendt våre øyne mot verdensrommet, alltid på søken etter mer kunnskap. Fantastiske oppfinnelser har kommet gjennom tidene slik at livene våre kan bli mer behagelige. Vår tørst etter kunnskap er umettelig, særlig i vårt moderne samfunn.

En vis mann sa en gang at visdom er når du kan anvende kunnskapen du har. Hva er sann visdom? Bibelens svar er at det er å frykte Gud. Men i Bibelen sier Gud eller Hans budbringere at vi ikke skal frykte. Ja, det står 365 ganger i Bibelen at vi ikke skal frykte, og det er en gang per dag i et helt år. Frykten blir således et paradoks ettersom vi både skal frykte og ikke frykte samtidig. Løsningen er enkel: Vi skal frykte det som Gud kan gjøre, ettersom det er Han som avgjør evigheten vår. Vi skal frykte den straff Han er i stand til å gi oss dersom vi ikke tilhører Ham. Når vi endelig tilhører Ham, trenger vi ikke å frykte mer. I Hans hender er vi trygge, og intet kan rive oss ut fra Hans sterke hender.

Kan du slutte å frykte, eller trenger du å seile inn til Hans trygge havn?

25. APRIL

«I ville kløfter må de bo, i huler i jord og fjell.»
Job 30:6

HULEBOERNE

Job refererer her til hva moderne paleontologer kaller for «huleboere». De var ikke ape-menn men etterkommere av de som ble spredt utover hele jorden fra Babel og så, av en eller annen grunn, ble forringet både mentalt og fysisk men også åndelig. De flyktet til villmarken hvor de var *«øde og forlatt»* (**Job 30:3**). De ble *«drevet ut av leiren»* (**30:5**) av disse stammene som vant kampen om de beste regionene på planeten.

Har du hørt tidligere at huleboere levde for lenge, lenge siden under steinalderen? Jeg også. Sannheten er at det finnes mennesker den dag i dag som er huleboere. Kanskje de ikke er mentalt friske, eller kanskje de har meldt seg ut av en moderne verden hvor samholdet mellom mennesker blir hvisket bort. Kanskje de er en afrikansk stamme som alltid har bodd i huler. Huleboere finnes i dag.

Spiller det noen rolle om det finnes huleboere i dag? For meg gjør det det. Vi vet at Pildown-mennesket er et bedrag, men alle disse andre såkalte «missing links», er heller ikke nok til å overbevise meg om at det finnes et mellomledd mellom ape og menneske. Hva med neandertalerne? Ja, hva med dem? De var alle mennesker som levde like etter istiden. De led av mangelsykdommer fordi det var for lite næring i maten rundt dem, og dette påvirket dem i høy grad. De laget fangstredskaper og begravde sine døde. De laget også flere forskjellige pyntegjenstander som de brukte til pent. De var ikke apekatter.

26. APRIL

«Hvor var du da jeg grunnfestet jorden?
Her du innsikt, så fortell meg det!»
Job 38:4

SKAPELSENS ØYENVITNE

Dette første spørsmålet fra Gud er en irettesettelse til alle dem som forsøker å forklare opprinnelsen ved bruk av nåværende prosesser – det vil si aktualitetsprinsippet (**2 Peter 3:3-6**). Skapelsen av hele universet har blitt ferdigstilt i hele sin perfeksjon av Gud selv, ved bruk av prosesser som ikke lengre eksisterer (**1. Mosebok 2:1-4**). Helt siden Nimrod har menneskene forsøkt å forklare universets opphav ved å bruke evolusjonens prosesser, og dette er umulig og blasfemisk.

Etter at både Job og vennene hans har kommet med sine store uttalelser om både det ene og det andre, kan det være forfriskende å få et større perspektiv på tingenes tilstand. Hvor var Job og vennene hans da Gud skapte jorden? De var selvsagt ikke født ennå. Hvor var Darwin og alle de som tror på utviklingslæren da Gud skapte jorden? De var heller ikke født da. Ja, si meg nå, hvor var alle vitenskapsmennene med sine videoopptagere og skjemaer og mikroskoper og alle sine teorier da Gud skapte jorden? Ingen av dem var født. Det fantes intet menneskelig øyenvitne som så hva som skjedde da jorden og universet ble til. Det fantes bare et øyenvitne: Gud selv. Og Han har skrevet ned det som skjedde i sitt hellige ord, Bibelen, hvor vi kan lese hva som skjedde.

Jeg hadde tidligere en samling med tolv videoer med Ken Ham og Gary Parker som het *Answers in Genesis*. Ken Ham oppfordret her barn og unge til å sette spørsmålstegn ved evolusjonen når den ble fremsatt av naturfaglærerne. De skulle ta spørsmålet fra Gud til klasserommet og si: «Hvordan vet du det? Var du der?» Selvsagt var ikke lærerne eller vitenskapsmennene der, og de har intet øyenvitne til det som skjedde for milliarder av år siden. Når noen sier «milliarder av år» eller «millioner av år», så bare spør: «Hvordan vet du det? Var du der?» Millioner og milliarder av år betyr at de ikke vet når det skjedde, og at de kunne like gjerne ha fortalt deg et eventyr.

27. APRIL

«Har du nådd fram dit snøen har sitt kammer,
og sett lageret med hagl?»
Job 38:22

SNØEN I JOBS TID

Jobs bok nevner «snø» hele fem ganger. I 6:16 snakkes det om snøen som dekker bekken som har blitt til is. Så, i **9:30**, sier Job at han vasker seg med snøvann. (Brrrrr!) Et faktum blir presentert i **24:19**, nemlig at tørke og varme smelter snøen. **37:6** forteller oss at det Gud som bestemmer at snøen skal falle. Det bringer oss til femte og siste gang snøen nevnes, og det er dagens skriftsted. Snø blir betraktet som hvitt gull i øde områder, og det fyller deres årlige vannforsyning. Tilsynelatende gir snø og hagl et ukjent men stort bidrag til fremtidens kamp og kriger (**38:23**). Hagl var viktig i Josvas krig mot amorittene (**Josva 10:11**) og vil også være det i den fremtidige trengselstiden (**Johannes' åpenbaring 16:21**). Snø bidro til Napoleons tap i Russland. Også tyskerne fikk problemer med snøen under andre verdenskrig da de angrep Russland.

Hvorfor nevner Jobs bok så mye om snø? Flere vitenskapsmenn tror at dette er fordi Job levde like etter istiden. Isen har aldri dekket hele jorden, for da kunne intet liv ha eksistert på planeten vår. Dersom jorden var en stor isklump, ville den neppe noensinne ha smeltet. Til og med under istiden kunne menneskene leve, men de bodde nær ekvator hvor det var varmest. Job ville ikke ha snakket så mye om snø (og is) dersom han ikke hadde sett det selv. Job vasket seg i snøvann og så at bekken ble til is.

Gud har mange skatter i sine store lagre i himmelen. Han sender oss vann som er livsviktig for oss. Vi kan ikke leve uten vann. Og når det blir kaldt ute, får vi nok en gang vann, men det kommer som snø. En gang for flere år siden dro jeg med kone og barn for å feire jul med mine foreldre. Da vi kom tilbake, hadde vannet frosset. Vi gikk ut og samlet inn masse snø som vi smeltet og kokte opp (for å ta livet av eventuelle bakterier i snøen). Snøen ble således livsviktig for oss slik at vi kunne «lage» oss vann. I tillegg er snøen vakker å se på. Er ikke Gud god?

28. APRIL

«Du som klandrer Den Allmektige, vil du trette med Ham?
Du som laster Gud, du må svare på dette!»
Job 39:35

GUD BESTEMMER

Der er en pause i Guds monolog om skapelsen her. Gud irettesetter Job på en mild måte for å våge å sette spørsmålstegn ved Hans handlinger, selv om Job ikke forstod dem, og Job tar imot irettesettelsen og bekjenner sin synd. Mange av oss har falt i den samme fellen som Job. Vi våger å sette spørsmålstegn ved det som Gud gjør og på den måten finne feil ved Ham. Vi sier som popartisten Ole i'Dole: «Hvis jeg var Gud...» Det kan virke som om vi tror at vi er visere enn Ham og kan instruere Ham i hvordan Han burde styre verden. Vi kritiserer Ham for hva Han gjør eller ikke gjør og forsøker å gi Ham skylden for all ondskapen i verden.

Til slutt må vi alle stå foran Gud og svare for oss. Bare de som har fått Jesus som sin forsvarer, kan bli frikjent for syndene sine. Men da må vi svare for det vi har anklaget Gud for. Gud ønsket ikke at vi skulle lide og dø. Det er et resultat av synd. Adam og Eva ble skapt for å leve evig, men da synden kom inn, fulgte lidelse og død med i kjølvannet. Gud er Skaperen som har skapt alt sammen. Det er Han som lager reglene. Det er Han som bestemmer hva som er rett og galt. Dess tidligere vi innser dette, jo bedre er det for oss.

29. APRIL

«Se på Behemot, som jeg har skapt like så vel
som deg. Den eter gress som en okse.»
Job 40:10

BEHEMOT

O rdet «Behemot» betyr ganske enkelt «stort beist», og kommentatorer fortolker den vanligvis til å være en elefant eller en flodhest. Beskrivelsen av Behemot passer imidlertid ikke til noen av disse to, ei heller til noe annet nålevende dyr. Derimot ser det mer ut til å passe en beskrivelse på en stor landdinosaur som for eksempel en brachiosaur. Ingen elefant eller flodhest har en hale som et sedertre (**40:12**). Denne beskrivelsen passer bedre på en dinosaur. Intet menneske kunne overvinne et slikt dyr, men Gud kunne det. Når Job betraktet det store dyret, så kan det ha minnet ham på den gamle slangen i Edens hage, som til syvende og sist var ansvarlig for hele jordens synd og lidelse. Satan blir jo ofte kalt «drage», og «drage» er jo et gammeldags ord for dinosaur.

Denne dinosauren spiste gress, og flere av dinosaurene gjorde det. Det overraskende er ikke at den spiste gress, men at den fantes på Jobs tid. Dersom en studerer om Leviatan, finner en også en dinosaur, men en som levde i vannet. Ja, jeg vet at dinosaurene skal ha dødd ut for 65 millioner år siden, men Bibelens bruk av ordet «drage» samt Behemot og Leviatan er klare tegn på at de var i live på Det gamle testamentes tid. Kometteorien er idiotisk. Hvorfor skulle en komet utrydde alle dinosaurene men la alle de andre dyreartene være igjen? Mest trolig var dinosaurene med i Noahs ark, og de kom ut derfra sammen ned de andre dyrene. Reptiler vokser vanligvis hele livet, og dersom de ble så gamle som Metusala, så må de ha blitt ganske svære. Etter syndfloden levde både mennesker og dyr kortere. I tillegg var drivhuset rundt jorden borte, og den varme, frodige jorden før flommen ble erstattet med en planet i istid. En teori er at dinosaurene ikke fikk nok næring til å leve så lenge. Dessuten har mennesket, dyrenes største fiende, vist stor oppfinnsomhet i å utvikle nye jaktmetoder. Enkelte mindre dinosaurer kan ha eksistert helt opp til ganske nylig.

30. APRIL

*«Og Herren gjorde ende på Jobs ulykke, da han
ba for sine venner. Og Herren økte alt
det Job hadde eid, til det dobbelte.»*
Job 42:12

JOBS BELØNNING

Job hadde faktisk vært fanget under Satans kontroll, akkurat som Herren senere hadde tillatt Satan å kontrollere Peter (**Lukas 21:31-32**), og trolig veldig mange andre også. Men *«gjennom døden»* har Kristus knust *«ham som har dødens makt, det er djevelen»* (**Hebreerne 2:14**). Job fikk bare samme antall barn som før, men hans tidligere familie tilhørte fremdeles ham, trygge i Herren, og ventet på å bli gjenforent med sine nye søsken når alle senere ville samles sammen med Herren. Når det gjaldt hans jordiske eiendom, så ble både penger og buskap fordoblet. Job hadde vært rik før, men nå ble han dobbelt så rik. Dette var neppe like viktig for Job som at han fikk helsen sin tilbake. Gud gjorde slutt på Jobs ulykke, antakeligvis med øyeblikkelig virkning. Plutselig var sårene, smertene og all lidelsen borte. Job må ha jublet og priset Herren med både sang og dans.

Det finnes mange, som Jobs venner, som tror at dersom du er syk eller lider på noen måte, så er det fordi du har syndet mot Gud. Dette kan være sant, men mest trolig blir du testet og prøvet for å se hvor sterk troen din er. Vanskelige tider kan være nødvendige for oss. Vi kan lære hvordan det er å være syk og svak, eller hvordan det er å ha lite penger. Alle dager skal ikke være solskinnsdager. Dersom vi ikke har noen vonde dager, så ville vi ikke vite hva en god dag er. Vi må stole på at Gud vet best. **1. Korinterbrev 10:13** sier: *«Dere har ikke møtt noen overmenneskelig fristelse. Og Gud er trofast, han vil ikke la dere bli fristet over evne. Nei, når dere blir fristet, vil han vise en utvei, slik at dere kan holde ut.»* Den som holder ut inntil enden, vil få sin belønning, om ikke i denne verden, så i evigheten.

MAI
—
SALMENES BOK: POETISK SANNHET

1. MAI

«Herre, vår herre, hvor herlig ditt navn er
over hele jorden, du som har bredt ut
din prakt over himmelen!»
Salme 8:2

HERRENS SANG

Salme 8 er en kort lovprisningssang til Skaperen, som har skapt hele universet. Hans navn må lovprises, ikke skapningen Han har skapt. Hele himmelen er full av Herrens prakt, og når vi skuer himmelens enorme størrelse, blir vi oppmerksomme på hvor små vi egentlig er. Gud har laget det hele med sine hender. Ja, Han har satt månen, solen og stjernene der som de er og satt det hele i system, slik at jorden spinner rundt, vi får sommer og vinter, og vi kan finne veien i mørket når stjernene står der på himmelen og blinker lurt til oss.

I all denne storheten, hva er vel vi små mennesker (**vers 5**)? Tenk at denne allmektige Gud bryr seg om oss små, sarte skapninger. Tenk at Han skapte oss for seg selv og jorden og universet for oss. Gud kunne ha skrevet på himmelen eller fått steinene til å rope ut Hans ære, men Han valgte å bruke oss – syndige mennesker fulle av feil og mangler. Han gir oss det vi trenger for å leve, og når vi ber til Ham, tar Han seg tid til å svare oss. Han er rett og slett fantastisk.

Vers 6 sier: «*Du satte ham lite lavere enn Gud og kronet ham med herlighet og ære.*» Den engelske Bibelen sier at Han gjorde oss litt lavere enn englene, selv om «*Elohim*» er et flertallsord for Gud. Det brukes vanligvis om den treenige Gud. Menneskene er likevel viktige, for de følgende versene forteller at Gud har satt oss til å styre jorden. Vi skal bestemme over alle dyrene og alt som gror på jorden. Vi har fått et stort ansvar fra Gud. Måtte vi ikke misbruke vår stilling!

2. MAI

«Havbunnens renner kom til syne, og jordens
grunnvoller ble blottlagt da du truet, Herre,
da du fnyste av vrede.»
Salme 18:16

HAVBUNNENS GRUNNVOLL

Litt lengre oppe, i **vers 8**, blir scenen satt i stand. Jorden skalv og skaket som bare Herren kan skjelve og skake. Ja, fjellets grunnvoller ristet fordi Gud i sin bolig var full av vrede. Når **vers 9** sier at det kom røyk ut fra Guds nese og fortærende ild ut fra Guds munn, og at flammer gnistret opp fra Ham, så er det på det rene at dette ikke bare er bokstavelig, men et poetisk uttrykk av en harm Gud. Så, står det i **vers 10**, kom Herren ned til jorden. Han kom med mørke og regn, tegn på dom over menneskene. I **vers 13 og 14** ser vi at Gud bringer hagl og glødende kull. Som nevnt i Jobs bok er hagl flere ganger nevnt som en viktig ingrediens i Guds inngripen. Etter at Gud har skutt piler av lyn mot menneskene, så ankommer vi endelig til dagens vers.

Da David skrev denne salmen, visste man fremdeles ikke hva som skjulte seg i havet. Havet har renner i form av daler og grunnvoller akkurat som fjellene har. Havbunnen er mye mer kjent for oss i dag, og det kan synes rart at det finnes fjell og daler under havets overflate akkurat som det finnes over den. Faktisk skjer det jordskred også under havoverflaten. Hvis du går inn til Havforskningsinstituttets nettside, kan du se mange fine bilder av landskaper nede i sjøen. Ingenting er tilfeldig. Selv om Bibelen aldri har ment å være noen lærebok i vitenskap, så finnes det mange overraskende uttalelser som folk ikke visste om da de skrev det, men Gud visste det. Han vet alt.

3. MAI

«Himmelen kunngjør Guds ære,
hvelvingen forteller hva hans hender har gjort.»
Salme 19:2

HIMMELENS VIKTIGHET

Guds budskap farer gjennom verdensrommet (**19:2**) og alle tider (**19:3**), selv om det ikke er noen tale eller språk som budskapet er transportert gjennom. Dette budskapet *«gjør sin rundgang fra himmelrand til himmelrand»* (**19:7**). Det har vært kritisert at dette beskriver solens bane rundt jorden. Men all bevegelse er «relativ bevegelse, siden ingen vet hvor universets midtpunkt er» (solen beveger seg i en gigantisk sirkel rundt senteret av vår galakse, Melkeveien, og galaksen selv beveger seg i henhold til andre galakser). Den mest vitenskapelige måten å håndtere forskjellige bevegelser på, er å anta et nullpunkt hvor det ikke er noen bevegelse og måle andre bevegelser i forhold til det. Det beste punktet uten bevegelse er der beregningene for bevegelsene er enklest. For alle forskere, navigatører og de fleste astronomer er det nullpunktet jordens overflate hvor observasjonen blir gjort. David tar dette vitenskapelige standpunktet når han refererer til solens bevegelse i forhold til jorden. Med andre ord: Fra jorden ser det ut som om solen står opp og går ned, og vi bruker disse begrepene i vår dagligtale selv om en kan argumentere med at dette kan synes feilaktig.

I **19:7** står det også at *«ingen ting er skjult for solens glød»*. Det hebraiske ordet *«chammah»* (glød) er nok bedre oversatt som «varme». Her minnes vi på de termodynamiske lovene (varme-kraften), som er de viktigste og mest universelle lovene innen vitenskapen, og solens varme spres fra solens overflate, noe som gir den grunnleggende energien for alle jordens prosesser. Den første loven (konservering av energi i mengde) og den andre loven (forverring av energiens kvalitet) avhenger totalt av solens hete for deres betydningsfulle eksistens og funksjon.

Når vi ser på himmelen med sol, måne og stjerner, så burde vi innse at alt dette ikke kunne skje ved en tilfeldighet. Hele universet styres av lover og orden. Alt passer perfekt. Dersom jorden var litt lengre borte fra solen enn den er, så ville det være for kaldt for liv. Dersom jorden var litt nærmere solen enn det det den er, så ville det være for varmt for liv. Gud skapte jorden slik at forholdene var perfekte slik at vi kunne leve her.

4. MAI

«Min Gud, min Gud, hvorfor har du forlatt meg?
Hvorfor er du så langt borte når jeg trenger hjelp
og skriker ut min nød?»
Salme 22:2

KORSETS KVALER

Salme 22 er en fantastisk profetisk beskrivelse av den fremtidige korsfestelsen av Guds Sønn. Det er hva vi kaller «en messiansk salme». Denne salmen ble skrevet 1000 år før den ble oppfylt og beskriver i grafisk detalj Kristi lidelse, lenge før korsfestelse var kjent og praktisert av jøder og romere. Den åpner med de kjente ordene fra den lidende Frelseren: *«Eli, Eli, lema sabaktani.»* (**Matteus 27:46.**) Kristus «skrek» ikke fysisk (eller stønnet som flere oversettelser ukorrekt har oversatt sette ordet). Dette «skriket», som kom fra David i **Salme 32:3,** da han var overbevist om sin store synd, var inne i beina Hans som et resultat av å bære hele verdens synd på sine skuldre som Guds store offer (**Johannes 1:29**).

Når det i **Salme 22:3** refereres til *«natten«,* så menes det nok her det tre timers mørket som kom på overnaturlig måte da Kristus led som verst (**Matteus 27:45**). Og i **Salme 22:4** får vi grunnen til mørket og Guds stillhet. Gud har brakt et offerlam for oss som skal være synd for oss (**2. Korinterbrev 5:21**). En hellig Gud kunne ikke *«se på det onde»* (**Habakkuk 1:13**). På korset ble Kristus spottet og foraktet (**Salme 22:7**). Alle beina Hans hadde løsnet (**22:15**), noe som skjedde da de korsfestede ble hengt opp og gravitasjonen dro nedover, noe som også fikk hjerterommet til å kollapse og blod og vann til å fosse inn (**Johannes 19:34**). Han ble så tørr i munnen at tungen klistret seg til ganen (**Salme 22:16**). Dessuten ble hendene Hans «gjennomboret» da de festet Ham på korset med spiker (**22:18**).

En grundig studie av denne salmen vil gi en bedre forståelse av hva Jesus var villig til å lide for DEG.

5. MAI

«Prøv meg, Herre, gransk meg nøye,
prøv hjerte og nyrer som med ild!»
Salme 26:2

HJERTE OG NYRER

I dagens tekst sier David at Herren må teste ham. Ja, han vil til og med at Gud skal teste hjertet og nyrene hans. Hjertet er livsviktig for oss mennesker. Når det slutter å slå, så er kroppen vår død. Bare i få tilfeller kan man ved bruk av hjertemassasje eller elektriske støt få hjertet til å slå igjen. Nyrene kan en heller ikke leve lenge uten, men der har vi i alle fall en ekstra. Men hva betyr det nå at Gud tester hjertet og nyrene våre? Hjertet er livets senter og burde bli tatt godt vare på. Det brukes ofte som et bilde på personligheten. Det kontrollerer hva vi sier og er en kilde til tro. Når en blir født på nytt, er det vanlig å si at en har fått et nytt hjerte – en ny innstilling til livet. Hjertet er i dagligdags tale satt i forbindelse med kjærlighet. Å gjøre noe helhjertet betyr å gå inn for noe med alt du har. Når vi sier at Gud tester hjertet, så sjekker Han både viljen og samvittigheten og våre sterkeste følelser.

Nyrene står som oftest nevnt sammen med hjertet og er i nært samarbeid med hjertet. I **Salme 73:21** står det: *«Så lenge jeg var bitter i hjertet og det stakk i nyrene.»* Her var Asaf full av smerte, lik en mann med nyresykdom, og han hadde blitt gjennomstukket av mange sorger. Nyrene er plassert på hver sin side av den lumbale ryggraden på innsiden av bukens skillevegg. Det kan se ut som om Bibelens bruk av dette ordet snakker om en persons vanlige følelsesliv, men ikke de sterkeste følelsene som kjærlighet som synes å bli satt i forbindelse med hjertet.

David sa i teksten vår at Gud skulle teste ham med ild. Som kristen står det at vi alle skal få gjerningene våre testet ved ild etter at våre liv på jorden er forbi (**1. Korinterbrev 3:13**).

143

6. MAI

«Ved Herrens ord ble himmelen skapt,
hele himmelens hær ved pusten fra hans munn.»
Salme 33:6

HERRENS ORD

D et enorme verdensrommet med alle sine utallige stjerner og galakser ble plutselig til ved Kristi allmektige ord (**Johannes 1:3**). Gud brukte ikke prosesser med stjerneevolusjon til dette. Dersom en slik prosess kunne danne universet, så ville Gud ha vært unødvendig. Fortellingen i 1. Mosebok forteller oss at Gud talte ved sytten anledninger (**Hebreerne 11:3, 2. Peter 3:5**). Dette er det sanne «Big Bang». Gud talte, og «bang» så var det der.

Lengre nede, i **vers 9** står det: *«Han talte, og det skjedde, han befalte, og det sto der.»* Dette kan være vanskelig å forstå. Hvordan kunne Gud skape hele universet *plutselig?* Hvorfor tok Han seks dager med jorden og alt på den? Vel, dersom det finnes en allmektig Gud, så kan Han gjøre hva som helst. Guds storhet er så stor at vi, sarte mennesker, ikke kan forstå det. Spørsmålet er ikke om vi forstår, men om vi tror. Gud trengte ikke milliarder av år for å få gjort ferdig sitt store mesterverk. Gud er en miraklenes Gud.

Ordet som i dagens vers er oversatt *«pusten»*, er ofte oversatt som «vind». I **1. Mosebok 1:2** ble det oversatt som *«Ånd»* og brukes til tider om Den Hellige Ånd. Akkurat som vi i **1. Mosebok 1:1-3** finner Gud Faderen, Gud Sønnen, og Gud Den Hellige Ånd, så kan vi igjen finne treenigheten her i **Salme 33:6**. Gud Faderen talte Ordet, ga sitt ord, *Logos,* som brukes om Kristus i **Johannes 1:1**. Videre er pusten Hans et bilde på Den Hellige Ånd, som ikke kan sees akkurat som vinden. Men som med vinden, kan vi også se hva Den Hellige Ånd utretter.

7. MAI

«Se, en håndfull levedager har du gitt meg, min levetid er
som ingenting for deg, hvert menneske er et pust.»
Salme 39:6

MENNESKENES KORTE LIV

D avid sier at hans levedager bare er som en håndsbredd. Livet til David er som ingenting sammenliknet med Guds evighet. Til og med livet til Metusjalah, som ble 969 år, er som intet å regne når en betrakter evigheten. I den norske Bibelen står det at *«hvert menneske er et pust»*, noe som igjen henviser til våre korte liv her på jorden. Men en titt på originalspråket avslører mer enn som så. To hebraiske ord er av stor viktighet i dette henseende. Ordet *«natsab»* kommer etter *«adam»* («menneske») og er helt borte fra denne norske oversettelsen. *«Natsab»* er en stilling, en offiser eller en ledende autoritet, noe som blir opprettet eller oppreist. Dette taler om menneskets storhet og stolthet, det beste vi har å vise til. Det andre ordet er *«hebel»*, som i vår norske tekst har blitt oversatt som *«pust»*. Men det hebraiske *«hebel»* betyr tomhet eller forfengelighet, noe som ikke er tilfredsstillende. Den siste delen av dette verset kunne derfor ha blitt oversatt «hvert menneskes storhet er som tomhet å regne».

David kunne ha sammenliknet livet sitt med Metusjalah eller jordens alder, eller han kunne ha sammenliknet med englenes levetid eller sitt evige liv etter at livet hans var ferdig her. Han sammenlikner imidlertid med Gud selv som ikke har noen begynnelse og ingen slutt. Han måler livet sitt med en håndsbredd, et av de minste målene man hadde på Davids tid. Og selv om David hadde drept Goliat og gjort store ting i livet sitt, så innså han at det var Gud som hadde æren for disse bragdene og ikke ham.

Vi har alle en tilmålt tid på jorden. Kanskje du som leser dette vil være en av de heldige som lever 100 år? Kanskje vil lyset ditt bli blåst ut altfor tidlig? Tiden er den viktigste ressursen vi har. Dersom du mister lomme-boken din, så vil det komme ny lønn, nye penger fra ting du kan selge eller liknende. Dersom du sløser bort tiden din, så får du den aldri igjen. Bruk tiden fornuftig!

8. MAI

«Likevel har du knust oss der sjakaler bor,
og latt dødsskyggen dekke oss.»
Salme 44:20

DRAGER

Dagens skriftsted er mørkt og nedtrykkende. Korah-sangerne sier at de har blitt knust. Men dette skjedde ikke *«der sjakaler bor».* Det hebraiske ordet *«tanniyn»* er i den norske Bibelen oversatt som «sjakaler». I den engelske Bibelen er det imidlertid oversatt som *«dragons».* Gud har knust oss hvor dragene bor. Kanskje det var sjakaler der også, men bruken av ordet «drage» er mye mer alvorlig. «Tanniyn» betyr nemlig «monster», enten på land eller i vann. En sjakal er intet monster. Det har blitt oversatt som hval og sjømonster (det siste er sikkert det riktigste) og drager eller slange foruten sjakal.

Selv om israelittene hadde blitt jaget ut i villmarken og knust, ja, nesten pulverisert, så vil jødene alltid følge Ham. Når en ser **vers 23,** ser vi at Korah-sangerne og Israel sier: *«For din skyld drepes vi dagen lang.»* Det er altså andre nasjoner som dreper jødene, men Gud har tillatt det. De lever i *«dødsskyggen»* og roper ut at Gud må redde dem – nok en gang.

Spiller det så noen rolle om «monsteret» i **Salme 44:20** er en drage? Ja, for «drage» er et gammelt navn på en dinosaur. En dinosaur («forferdelig øgle») ville virkelig ha vært et forferdelig monster. Dessuten ville det være nok et skriftsted som setter dinosaurene på jorden samtidig med menneskene. Disse enorme dyrene døde ikke ut for 65 millioner år siden men har levd ganske nylig.

9. MAI

«Gud, skap i meg et rent hjerte,
gi meg en ny og stødig ånd!»
Salme 51:12

ET RENT HJERTE

David skrev **Salme 51** etter at profeten Natan hadde kommet til ham, etter at David hadde vært hos Batseba. Denne store mannen, full av tro, en mann etter Guds eget hjerte, hadde falt i synd. Han hadde sett Batseba bade på taket av huset hennes, og David kunne ikke la være med bare å se på henne. Fristelsen ble for sterk for ham, og han falt i synd.

Bønnen i dagens vers har blitt gjentatt mangfoldige ganger. Jeg har selv ytret disse kjente ordene. *«Gud, skap i meg et rent hjerte!»* David ønsker å få hjertet renset (**Apostlenes gjerninger 15:9**). Dette er noe Gud kan gjøre. Han er i stand til å tilgi våre synder når vi angrer, vaske dem bort og fornye hjertet vårt slik at det blir rent. Bare Han kan rense hjertene våre. Men Gud renser ikke bare hjertene, Han skaper et rent hjerte. Det gamle syndige hjertet er ikke noe bra. Vi trenger å få et nytt hjerte, en ny innstilling, en ny start i livet. Da trenger vi *«en ny og stødig ånd»* slik at vi ikke skal falle tilbake til gamle synder. Vi ønsker at Gud skal støtte oss slik at vår gange blir *«stødig»*. Sannheten er at vi syndige mennesker ikke er i stand til å oppnå dette på egen hånd. Bare ved Guds hjelp kan vi følge den smale sti og gå der som Han leder oss.

Det er viktig å huske når vi slåss mot vår gamle syndige natur i livene våre, at vi har løftet fra **Filipperne 4:13:** *«Alt makter jeg i ham som gjør meg sterk.»* Det er styrke tilgjengelig for oss, men da må vi overgi oss til Kristus.

10. MAI

«Dårene sier i hjertet: «Det finnes ingen Gud.»
Ond og avskyelig er deres urett
det er ingen som gjør det gode.»
Salme 53:2

DÅRENE

Dårene sier at Gud ikke finnes. Dette sier de fordi de er dårer. En dåre er per definisjon «en dum person». Det kan også brukes om noen som har blitt gal. Fellesnevneren er at en snakker om et menneske med lavere intelligens. Den engelske Bibelen bruker ordet «fool». En person er en dåre når han snakker i henhold til sin natur, og når han som en dåre blander seg inn i høytstående emner, så kommer han til en feilaktig konklusjon. Ateisten er, både moralsk og mentalt, en dåre, både i hjertet og i hodet, en dåre både innen moral og filosofi. Med fornektelse av Gud som startpunkt, kan vi konkludere med at dårens fremgang vil være rask, opprørsk, ravende og ruinerende. Han som starter med ugudelighet, er klar for hva som helst.

Det at det ikke finnes noen Gud, kan igjen bety at det ikke finnes lov, orden eller kontroll av lystene og ingen grenser for lidenskapen. Tenk om slike prinsipper var universelle! Han som har en ikke-religiøs ånd og følger denne helt ut, er til fare for samfunnet, irrasjonell og avskyelig. Det naturlige mennesket er mer eller mindre en fornekter av Gud. Praktisk ateisme er menneskehetens religion. Disse menneskene er korrupte og råtne. Vi gjør oss selv en bjørnetjeneste dersom vi kaller dem ærlige tvilere og elskverdige tenkere. Bibelen er klar på at disse dårene er korrupte og står imot Gud selv.

Men vi har alle vært slike mennesker. Vi har alle vært dårer. Visdommen er ifølge Bibelen den som tror på Gud og frykter Ham. Gud sier det klart: Følger du ikke meg, er du dum. Er du lur, så følger du meg.

148

11. MAI

«Herre, forvirr dem og kløv deres tungemål!
For jeg ser vold og strid i byen.»
Salme 55:10

BABELS TÅRN?

N år vi leser dette verset om å forvirre og kløve tungemål, så tenker vi med ett på Babels tårn og hendelsene som vi leser om i 1. Mosebok **11**. Den hebraiske teksten er enda hardere enn denne norske utgaven. Det hebraiske *«bela»* er helt tatt ut, og dette var det første ordet i dagens tekst. Verset skulle ha startet: «Ødelegg, Herre!» Men så har den norske Bibelen fått ordet *«forvirr»*, og det står ikke i den hebraiske teksten. Kan det kanskje rett og slett skyldes en feilaktig oversettelse av *«bela»*?

David sier her at Herren skal ødelegge fiendene hans, at de må dø for sverdet når de har våget å trekke sverd mot David. Vi kan vel knapt forvente at monarken skulle ha en annen bønn for dem som stod ham etter livet. Så ber David om at Herren må kløve (dele) språket deres i to. Selv om det med første øyekast ser ut som om salmisten David her snakker om det som hendte i Babel, så er nok imidlertid saken at David ønsker at Gud skal gjøre mot fiende hans slik som Han gjorde mot folkene i Babel. Få deres krigsråd til å bli fruktløse og del opp fiendene i mindre grupper! Skap kaos i fiendens leir slik at David kan få håpet tilbake. Så sier David: *«For jeg ser vold og strid i byen.»* Opprørerne rådslo og planla mot sin konge og gikk helt vill med sine tusenvis av planer. De var plaget av anarki, og kongen håpet nå at lovløsheten som spredte seg, skulle skape svakhet hos fienden. Revolusjonen fortærer ofte sine egne barn. De som er sterke ved bruk av vold, vil før eller senere dø på grunn av det. Det kan være lett å reise opp en mobb, men det kan være vanskelig å kontrollere den. Ofte kan mange være enige om målet men uenige om metodene.

Gud svarte Davids bønner, og han kom ut av den ene vanskelige situasjonen etter den andre. Gud er trofast mot sine. Det er best å være på Herrens side.

12. MAI

*«Du reiste fjellene med din kraft,
du var kledd med velde.»*
Salme 65:7

TEKTONIKK

I dagens vers sier David at Gud reiste fjellene med kraft. Det er ved Herrens kraft at fjellene har blitt reist og blir holdt på plass. Gud sørger for at fjellet ikke splittes, faller ned eller ødelegges på annet vis. Stormer og jordskjelv kan ikke flytte på mektige fjellkjeder som Rocky Mountains. Mens mennesker flest sier at vulkaner og isbreer og lignende kan ødelegge fjellene, så er salmisten av en annen oppfattelse. Han ser for seg at Gud danner Alpene og Andesfjellene. Men hvordan har Gud gjort dette?

Når vi i verdens høyeste fjell finner beviser på livet i havet, så skjønner de fleste at bakken man står på, har vært dekket av vann – av sjø. Men hvordan har fjellene blitt til? Hvordan har fossiler fra havbunnen havnet høyt opp på fjellet? Evolusjonistene vil peke på tektonikk. Dette er når jordens overflater beveger seg og gnisser mot hverandre eller trekker seg bort fra hverandre. Kan tektonikk forklare hvordan sjødyr har havnet på Mount Everest? Jo, men ikke slik som evolusjonistene sier.

Evolusjonen forteller oss at Nord-Amerika og Europa før har vært samlet for så å skli fra hverandre med 2 cm. per år. Kreasjonistene er enige med at kontinentene har tidligere vært sammen, men at en global katastrofe dannet den verden vi lever i nå. Enkelte forskere mener at den farten platene beveger seg på i dag, ikke er nok til å danne fjell og nye kontinenter. Kreasjonistene peker på syndfloden og sier at Gud har brukt den globale katastrofen med utallige jordskjelv og vulkaner samt enorme mengder vann til å danne den verden vi lever i. Gud hadde kontroll, og brukte tektonikk da jorden nesten eksploderte, noe som fikk jordens overflates plater til å bevege seg med mye mer fart enn i dag. Men kraften kom fra Gud og ble styrt av Gud. Gud var kledd med enorm kraft.

13. MAI

«Han gjorde sjø til tørt land,
gjennom elven gikk de til fots.
Derfor gleder vi oss over ham.»
Salme 66:6

DELINGEN AV RØDEHAVET

I dagens tekst leser vi om da Moses og Israel krysset Rødehavet på tørr grunn. Gud gjorde sjø om til tørt land. Det var intet lite mirakel å danne en vei gjennom et hav, og veien måtte være bred nok til å la en hel nasjon krysse havet tørrskodd. Han som kunne gjøre dette, måtte være den sanne Gud og verdig vår tilbedelse. Den kristnes antakelse er at intet hinder er så stort at det kan hindre vår vandring mot himmelen ettersom Rødehavet ikke kunne hindre jødene og Moses. Selv døden skal bli til liv for oss, og sjøen skal dele seg.

Så står det: *«Gjennom elven gikk de til fots.»* Dette ser ved første øyekast enten ut som om det er en annen historie, eller at Israel ikke krysset Rødehavet men bare en elv. I den engelske Bibelen er det hebraiske ordet *«nahar»* oversatt som *«flod»*, et ord som passer bedre til hendelsene i **2. Mosebok 14**. Riktignok kan *«nahar»* oversettes *«elv»*, men da inkluderer det sjøen som elven renner ut i. Dessuten vil en slik oversettelse ikke stemme med ordet «sjø» i første delen av verset og med den faktiske historien. En annen mulig tolkning er at den andre delen av dette verset handler om da Israel krysset elva Jordan på samme vandring. Da ble vannet igjen delt i to, men denne historien er ikke like frisk i minnet vårt.

Siste delen av verset sier: *«Derfor gleder vi oss over ham.»* Vi gleder oss ikke over Moses men over det som Herren har gjort. I oss bor det intet godt, men Gud er den som med sin allmakt rydder vei for oss under vår vandring her. Måtte vi synge lovprisninger til Herren både morgen og kveld for de store underverk Han har gjort. Han kan utføre mirakler for oss også.

14. MAI

«La ham leve fra slekt til slekt, så lenge sol og måne er til!»
Salme 72:5

SOLENS SKJEBNE

Dagens skriftsted er i en salme skrevet at Salomo. Han var en så vis mann at folk kom fra fjern og nær for å se ham. Til og med dronningen av Saba kom for å møte Salomo, som Gud hadde gitt en ekstra dose med visdom. Her må jeg forklare at den norske Bibelen mangler litt av verset. Det første hebraiske ordet er *«yare»*, som betyr å frykte. Dessuten er ordstillingen snudd litt rundt. Jeg tror den engelske King James-oversettelsen er bedre. Her står det: «De skal frykte deg så lenge som solen og månen varer, gjennom alle generasjoner.»

Det er viktig å se at denne salmen handler om Salomo, og han skriver om seg selv i tredje person. Salomo sier til Gud i **vers 1**: *«Gud, lær kongen å dømme som du, la kongssønnen få din rettferd!»* Kongen her er Salomo selv. Han henvender seg til Herren og ber om at han vil være en rettferdig og hensynsfull leder som konge. Så sier han at israelittene vil frykte Gud så lenge som solen og månen varer, gjennom alle generasjoner. Spørsmålet blir vel da: Hvor lenge vil solen og månen bestå?

Nå vet vi at jødene fremdeles er blant oss til tross for at mange opp igjennom tidene har forsøkt å utslette dem. De vil da fortsette å eksistere til slutten av denne verden. For denne verden skal ikke vare evig. I **Johannes' åpenbaring 21:1** leser vi: *«Og jeg så en ny himmel og en ny jord. For den første himmel og den første jord var borte, og havet fantes ikke mer.»* Og ikke bare det, men i **21:5** sier Gud: *«Se, jeg gjør alle ting nye!»* Så står det i **21:23**: *«Og byen trenger ikke lys fra sol eller måne, for Guds herlighet lyser over den, og Lammet er dens lys.»* Tenk at i evigheten trenger vi ikke solen lenger fordi vi har fått en ny kropp som åpenbart kan leve uten solen. Vi må vel tro at himmel, jord, sol, måne og stjerner alle er borte. Dette er uforståelig for oss, men vi kan tro på Guds hellige ord.

15. MAI

«Din vei gikk gjennom sjøen, din sti gjennom
veldige vann. Ingen kjente dine fotspor.»
Salme 77:20

SJØENS STIER

Salme **77:17-20** ser ut til å referere til vannet under syndfloden, men Gud gjorde også store ting i Moses' dager (**77:21**). Det er Asaf som grubler i denne salmen på de store ting som Gud har gjort. Og dette verset er i så måte et fantastisk vers. Inntil nylig kjente vi ikke til at det fantes «stier» i havet. Disse strømningene har stor innflytelse på verdens klima. I dag kjenner vi til disse «veiene» og «stiene» som går gjennom verdenshavene, men på Asafs tid var dette ikke kjent. Flere ting forårsaker disse strømningene: tidevannet verden over, varigheten og styrken av vinden, variasjoner i vannets tetthet i de forskjellige dybdene, forandring av temperatur og salt, og de forskjellige grader av lufttrykk i tropene. Vannstrømningene er nesten konstant i bredde og krysser havet i flerfoldige retninger. I Norge nyter vi godt av Golfstrømmen, som er en av disse nevnte strømningene.

Guds stier går ofte gjennom høy sjø, og der kan vi ikke gå med mindre Gud leder oss igjennom. Gud måtte skille vannet for at Israel kunne gå gjennom Rødehavet. I dag er Han også der for oss og kan på ny dele havet for at vi skal kunne krysse over. Før kunne vi ikke se disse strømningene i havet, men i dag kan vi måle disse strømningene. Vi vet at de er der. Men i gamle dager var disse stiene helt ukjente. På samme måten kan vi i dag ikke se hvor Herren går, men om vi er villige til å følge Ham, så vil Han vise oss veien. Han har store hemmeligheter som Han ønsker at vi skal ta del i.

16. MAI

«Din er himmelen, og din er jorden,
du har grunnlagt verden og alt som fyller den.»
Salme 89:12

GUDS JORD OG HIMMEL

Denne salmen er skrevet av *«esrahitten Etan»* (**Salme 89:1**). Her synger han i lovprisning om Guds storhet. *«Himmelen priser dine under»*, sier salmisten, som flere ganger kommer inn på den fantastiske skapelsen som Herren har utført. Ja, *«din trofasthet er grunnfestet i himmelen»*, sier han (**89:3**). Herren er Han som hersker over havet (**89:10**) og skapte nord og sør (**89:13**).

I dagens tekst påpeker Etan noe viktig. Himmelen og jorden tilhører Herren. Det er bra for oss å innse at alt i hele universet tilhører Gud. Han har skapt det, og Han opprettholder det ved sin store kraft. Alt fra den syndige jorden opp til det utsmykkede himmelrommet tilhører Gud. *«Du har grunnlagt verden og alt som fyller den.»* Alt vi eier er gitt oss av Gud. Hvert åndedrag vi tar er en gave fra Gud. Etan priser Gud i sangen sin og takker Ham for dette, og det burde vi gjøre også. Gud finnes ikke bare i de store tingene som stjernehimmelen eller jordens grunnvoller, men Han kommer også til oss i en svak bris eller som en stille hviskning.

Vi burde se Herren som allmektig Skaper, Han som skaper, opprettholder, bygger og vedlikeholder. Han er også vår Far som har sendt oss vår beste venn, og vi kan ha et nært forholdt med den allmektige Gud gjennom Hans Sønn, Jesus Kristus. Dersom vi tenker at alle våre penger og eiendeler tilhører Ham, ville det spille noen rolle? Hvem er du villig å gi pengene dine og tiden din til?

17. MAI

«For tusen år er i dine øyne som dagen i går
da den fór forbi, eller som en nattevakt.»
Salme 90:4

TUSEN ÅR ER SOM EN DAG

D ette verset (som **2. Peter 3:8**) har ofte blitt misforstått eller mistolket for å få skapelsens dager til å bety geologiske tidsaldre. Det er imidlertid ikke det Moses mente da han skrev denne salmen. Mosesrefererte nok til at selv om de som levde før syndfloden ble nesten 1000 år gamle, så var de borte og glemt på Moses' tid. Sammenliknet med evigheten er selv 1000 år kort tid. Kan du tenke deg hvor mye som kan skje i vår moderne tid på 1000 år? Den teknologiske utviklingen har det siste århundret gått langt raskere enn noe annet århundre tidligere i historien. Store riker har utvidet seg og tatt under seg store landområder og totalt dominert den vestlige verden. Noen har til og med hatt landområder i forskjellige verdensdeler. Så har de svunnet hen bare for å la en annen stormakt komme frem på scenen. Men over 1000 år har flere land skiftet eiere utallige ganger. 1000 år med historie kan fylle flere biblioteker med bøker. Likevel er det det for Gud som bare en dag.

Det kan synes rart at Moses la til betegnelsen *«som en nattevakt»* i dette verset. Om 1000 år er lik en dag, så er en nattevakt mye kortere. På Moses' tid brukte man ikke «timer», så da ble «nattevakt» noe av det korteste man kunne forestille seg. Man gikk og la seg – så sov man – og plutselig var det morgen igjen. Vi sover og drømmer søtt mens Herren passer på oss. Er ikke det et vakkert bilde? Man kan også forestille seg at Herren passer på oss mens vi ligger i mørket.

For å summere litt og sette dette verset i sammenheng med **2. Peter 3:8**, så er det åpenbart at 1000 år for en dag ikke er bokstavelig ment men et bilde på tid. Gud er ikke bundet av tiden. Han skapte tiden selv i **1. Mosebok 1:1** – dette var begynnelsen på alt, begynnelsen på tiden. Det er viktig hvordan vi bruker tiden vår siden våre liv her på jorden er så korte.

155

18. MAI

«For han skal gi englene sine befaling om å
bevare deg på alle dine veier. De skal bære deg
på hendene så du ikke støter foten mot noen stein.»
Salme 91:11-12

SKYTSENGLER

Mange kjenner kanskje igjen disse to versene som Satan siterte da Jesus ble fristet av ham i ødemarken. Hele salmen er smekkfull av gullkorn om Herrens beskyttelse over dem som følger Ham. *«Den som sitter i skjul hos Den høyeste»* (**Salme 91:1**), kan virkelig føle seg trygg. Men det er viktig å notere seg at denne personen har satt sin lit til Herren (**91:2**). Gud beskytter oss slik at vi ikke blir fanget eller dør av pest (**91:3**), og når det står at Gud dekker oss med sine fjær (**91:4**), så betyr dette verken at Herren har bokstavelige fjær eller vinger, men det er et bilde på hvordan Han til alle tider beskytter oss. Ja, Gud sier at Han vil beskytte oss selv *«om tusen faller ved din side, ti tusen ved din høyre hånd»* (**91:7**).

Så er det at Gud sier at Han *«skal gi englene sine befaling om å bevare deg på alle dine veier»* (**91:11**). Noen mener at dette bare gjelder Jesus og peker kun mot Ham, men dette er ikke spesifisert av salmisten. Dette brukes som skriftlig bevis på at vi har skytsengler (engelsk: guardian angels). Ofte hører vi om noen som har hatt englevakt. Disse englene her er sagt å beskytte de som stoler på Gud. Når det gjelder det neste verset, som sier at *«de skal bære deg på hendene så du ikke støter foten mot noen stein»* (**91:12**), så kan man neppe se for seg at dette gjelder alle mennesker eller alle kristne. Dette gjør at vi kaller **Salme 91** en messiansk salme. Nå kastet ikke Jesus seg ned fra fjellet, så dette verset ble tross alt ikke oppfylt i **Matteus 4:6**. Kanskje det gjelder alle kristne likevel – men Jesus motsto djevelens fristelser og trengte ikke å få gudommelig hjelp til å ikke skade foten sin mot en stein.

Dersom **91:12** skal gjelde alle som setter sin lit til Herren, så er det åpenbart at det å *«bære deg på hendene så du ikke støter foten mot noen stein»*, er et symbolsk uttrykk på at Gud vil hjelpe oss slik at vi ikke snubler og faller under vår vandring her i livet. Steinen vil da være et symbol på alle våre vanskeligheter og utfordringer, lik fjellet i «tro kan flytte fjell» i **Matteus 17:20**.

19. MAI

«Himmelen forkynner hans rettferd,
alle folkene ser hans herlighet.»
Salme 97:6

HERRENS HERLIGHET

Salme **95-100** danner en fabelaktig enhet med lovprisning som er sentrert rundt Herrens fremtidige triumf når Han kommer for å rense verden fra ondskap og alle virkningene fra den lange tiden med forbannelse. Dette er omtrent det midterste verset i disse salmene. Når Han kommer fra himmelen, vil alle mennesker se Hans herlighet (**Matteus 24:30, Johannes' åpenbaring 1:7**) og anerkjenne Hans rettferdighet. Når alt kommer til alt, så er det ingenting som viser Guds herlighet bedre enn alt det vakre Han har skapt. Det gjelder ikke bare naturen og alle de fantastiske skapningene rundt oss, men også det uendelige verdensrommet som bare går videre og videre ut i evigheten.

Når vi beskuer nattehimmelen, ser vi alle de lysene der ute som har inspirert poeter i årtusener. Hva er vel vakrere enn Herrens poesi som Han har stukket ut over verdensrommet? Alt dette store viser sannheten – sannheten om Gud og Hans storhet. Det er ikke Gud selv som viser oss dette men himmelen. Det er ikke *vår* rettferdighet som kommer frem i lyset men *Guds* rettferdighet. Det er Han som er den ultimate dommeren over alt levende. Det er ikke bare noen få utvalgte som vil se Guds herlighet men *alle* folkene. Vi skal ikke bare høre om det, men vi skal se det selv med våre egne øyne. Og det er ikke universet selv som er fullt av herlighet. Det er Herrens herlighet vi skal få beskue. For Han er så full av herlighet at de gamle profetene ikke kunne se Ham og leve.

20. MAI

«Du grunnla jorden i gammel tid, himmelen er
et verk av dine hender. De skal gå til grunne,
men du består. De skal slites ut som klær,
du skifter dem ut, og de er borte.»
Salme 102:26-27

NY HIMMEL OG NY JORD

Det at jorden og himmelen eldes, er en forholdsvis ny oppdagelse innen vitenskapen, som er en del av det universale prinsippet om økende entropi eller forfall. Dette bemerkelsesverdige faktumet, at hvert system av alle slag eller størrelser går til grunne med tiden, er nå blitt gjenkjent som den andre termodynamiske loven og har ingen kjente unntak. Det reflekterer Guds eldgamle forbannelse på skapelsen på grunn av synd (**1. Mosebok 3:15-17, Romerne 8:20-22**). Der finnes ett unntak til denne loven om forfall. Den Gud som iverksatte denne loven over skapelsen, er ikke selv underlagt denne loven. Det er ikke Hans ord heller, for Jesus sa: «*Himmel og jord skal forgå, men mine ord skal aldri forgå.*» (**Matteus 24:35.**)

Det er igjen fantastisk å se alt som Gud har skapt. Han har formet jorden og alt som er på den. Han har også strukket ut himmelen og plassert alle himmellegemene på sine respektive plasser. Alt er satt i system av Gud selv. Det kan virke utrolig at alt dette skal gå til grunne. De skal skiftes ut. Som man tar av seg noen klær, skal Gud ta vekk himmel og jord. Men Han skal bytte klær. Når Han har tatt bort det gamle, skal Han finne frem det nye. Nye klær skal tas på. Det er det som menes med å *bytte* eller *skifte* klær. «*Og jeg så en ny himmel og en ny jord. For den første himmel og den første jord var borte, og havet fantes ikke mer.*» (**Johannes' åpenbaring 21:1.**) Herren tar noe bort for å gi oss noe som er enda bedre. En ny himmel og en ny jord uten forbannelse.

Mange tror at slik som jorden i Noahs dager var dekket av vann, så skal jorden i de siste dager dekkes av flammer. Slutten på denne verden er nær, og Gud vil ta bort den gamle verden slik som vi kaster en gammel, hullete jakke i bosset. Men Han har en ny, fantastisk fin jakke som erstatning. De som tror på Gud og følger Jesus, vil ha sin plass i denne nye verden som Herren skal herske over.

21. MAI

«Der stevner skipene fram, der er Leviatan,
som du har skapt til å leke med.»
Salme 104:26

LEKENDE LEVIATAN?

I **Salme 104:25**, verset før dagens tekst, får vi fortalt: *«Her er havet, stort og vidt, med en talløs vrimmel av dyr, både små og store.»* Ja, det levende livet i havet er så variert både i antall og utseende at det virker uendelig. Kanskje den største av disse skapningene er Leviatan, som er nøye beskrevet i Jobs bok. Dette beistet av et dyr var en stor sjø-slange eller drage (**Jesaja 27:1**), og beskrivelsen passer godt på en plesiosaur eller andre sjøreptiler som er dinosaurer. Disse kjenner vi bare til som fossiler i dag. Denne skapningen, som «leker» i dypet der skipene går, er åpenbart ingen krokodille, slik som nåtidens kommentatorer påstår.

Det hebraiske ordet *«livyathan»* kan også bli oversatt som «drage», som er gamle dagers ord for dinosaur (siden ordet dinosaur er et nyere ord). Dette ordet blir ofte brukt som et symbol på djevelen eller på Romerriket. I henhold til loven om første gangs benevning, må det finnes et slikt dyr før det kan brukes som symbol på noe annet. Dersom det ikke har eksistert et vesen som man har kalt en drage, hvordan kunne vi vel vite hva vi skulle sammenlikne djevelen med? Så tidlig som under skapelsesuken står det at Gud skapte «monstre» (*tanniyn*) i sjøen (på norsk oversatt som «hval», **1. Mosebok 1:21**), en beskrivelse som ville kunne omfatte alle store sjø-monstre i havet.

Noen kommentatorer er overbevist om at Leviatan er en hval og beskriver i detalj hvor sterk halen til hvalen er og hvordan den kan brukes til et våpen mot de som driver hvalfangst. Dette gir oss et bilde som vi lett kan forene med vår egen oppfattelse av virkeligheten. Den får meg til å tenke på Jules Vernes bok *«Kapteinen på 15 år»*, der de ble angrepet av en hval. Kanskje vi mer burde tenke på *«En jordomsegling under havet»* av samme forfatter. Her kommer «Nautilus» og senker mangfoldige skip. Tenk om det var et virkelig sjø-monster som angrep skipene? Er det virkelig så utenkelig at sjø-dinosaurer kunne ha eksistert på denne tiden da denne salmen ble skrevet? Ikke dersom vi tar Bibelen bokstavelig som Guds inspirerte og fullkomne ord.

22. MAI

«Himmelen er Herrens himmel,
men jorden ga han til mennesket.»
Salme 115:16

HERRENS HIMMEL

I denne tidsalder har menneskene lagt jorden under seg og kanskje til og med solsystemet, selv om dette er litt tvilsomt. Der finnes intet bevis innen vitenskapen eller Skriftene på at det finnes intelligente skapninger (utenom englene) i andre verdener. Det er dyr dårskap å forsøke å nå slike verdener i romskip eller å kommunisere med dem via radioastronomi. Slike prosjekter gjør menneskeheten sårbar overfor demonisk bedrag av Satans *«makter og åndskrefter, mot verdens herskere i dette mørket, mot ondskapens åndehær i himmelrommet»* (**Efeserne 6:12**), som *«herskeren i himmelrommet, den ånd som nå er virksom i de ulydige»* (**Efeserne 2:2**) bruker i dag.

For å gå tilbake til dagens tekst igjen, så tilhører himmelen Herren. Det finnes tre himler: Den første er vår himmel, atmosfæren, det blå vi ser når vi kikker opp på himmelen. Den andre er himmelrommet hvor alle stjerner og planeter har blitt plassert av Gud. Og den siste, tredje himmelen er der Gud bor. Gud hersker alene over himmelen – der har vi ikke noe vi skulle ha sagt. Gud er uavhengig av de rikdommene vi har på jorden. I Hans himmel vokser det ikke trær eller mat. Der finnes heller ikke dyr eller materielle rikdommer. Der finnes ikke vin eller korn, nei, heller ikke en så grunnleggende ting som luft. Gud trenger ingen av disse tingene for å eksistere. Gud har gitt oss jorden. Han har skapt denne blå planeten for oss mennesker. Her har vi fått lov til å herske over andre, myrde og skape kaos. Her fører vi kriger og tar livet av ufødte barn. Her er det vi som styrer – som oftest uten innblanding fra Gud. Men det at Han har gitt oss jorden, betyr ikke at Herren ikke følger med oss. Han har utvalgt seg et spesielt folkeslag – jødene. Han har lovet å ta seg av dem som følger Ham og holder Hans lov. Av og til får vi den samme beskjeden som Paulus fikk – at Hans nåde er nok for oss – men som oftest kan de som følger Herren, føle og se Hans nærvær i livene deres. Og – som tidligere nevnt – så vil denne jorden opphøre. Da vil Herren komme og dømme levende og døde.

23. MAI

» Hvis Herren ikke bygger huset, arbeider
bygningsmennene forgjeves. Hvis Herren ikke
vokter byen, våker vaktmannen forgjeves.»
Salme 127:1

VAKTMANNEN

Dette verset i salmen av Salomo er delvis gjengitt i «Gud signe vårt dyre fedreland», en av våre nasjonalsanger.

Det viktigste ordet som er sentralt i dette verset, er ordet *«forgjeves»*. Tanken i første delen av verset er at menneskene legger ned alt de har av kunnskap og styrke for å bygge et hus, men dersom Herren ikke er med dem, så vil huset ha mangler. Slik var det med folkene i Babel da de satte seg fore å bygge et tårn som nådde like til himmelen. Selvsagt grep Gud inn mot menneskenes stolthet og ulydighet mot Ham. Et nyere eksempel er passasjerskipet Titanic. Før jomfruferden startet, våget en av styrmennene å si: «Gud selv kunne ikke senke dette skipet.» I lys av dette hadde det nesten vært rart dersom skipet ikke sank. Når Salomo skulle bygge tempelet for Gud, så var det viktig for ham å samarbeide med Gud. La oss huske på her i dette livet at uten Gud er vi ingenting. Bare ting som er gjort for Herren – og med rett innstilling – vil bestå ildens prøvelser.

I gamle dager var det vanlig med høye murer rundt byene for å beskytte folk mot farlige dyr og fiender. Der var ofte vakttårn hvor det stod vaktmenn som speidet etter farer utenfor murene. Dersom de så en fiende angripe, ville de slå alarm slik at byen kunne forsvare seg. Disse vaktmennene måte holde seg våkne og oppmerksomme. Dersom noen sovnet på vakt, risikerte de å bli straffet med døden. Salomo sa at dersom Herren ikke beskyttet byen, så voktet vaktmennene forgjeves. I livet er det mange farer som lurer, men vi kan ikke være trygge med mindre vi legger våre liv i Guds hender. La Hans vilje skje!

I Skriftene er et hus ofte et bilde på en tid (tidshusholdning) eller et system (Moses var leder for hans hus). Dersom en overfører denne betydningen til dette verset, så må vi la Herren styre hele livet vårt og hele familien vår. Dette er viktig å innse.

24. MAI

«Han lar skyer gå opp fra jordens ende, han lager lyn
og regn og lar vinden slippe ut fra sine forrådskamre.»
Salme 135:7

REGN OG VIND

Dette er en slående forståelse av den moderne vitenskapelige forståelsen av den hydrologiske sirkelen. Den beskriver hvordan vannet fordamper fra havet, blir transportert inn over land av store atmosfæriske sirkler, og så aktiverer elektrisiteten kondensering og nedbør. Dette verset er nesten identisk til siste delen av **Jeremia 10:13** og **Jeremia 51:16**. Dette foreslår muligheten for at profeten Jeremia kan ha skrevet **Salme 135**.

I dette verset blir vi presentert for Guds storhet i skapelsen. Prosessen med fordampning er ikke lagt merke til av de fleste av oss, selv om den foregår rundt oss på alle kanter, men den er virkelig fantastisk. Tenk hvor viktig denne prosessen er for livet her på planeten! Tenk om det ikke regnet i det hele tatt? Uten fordampningen ville der ikke vært noen skyer på himmelen, og man kunne bare ha dyrket mat i nærheten av havet. Alle elvene ville ha vært tørre, og alle vann inne i landet ville ha blitt stillestående og sure, dersom det hadde vært noen i det hele tatt. Og Herren viser så sin kraft med lyn og torden. Forskjellige elektriske motpoler gnisser mot hverandre, og så eksploderer det. Der er en nær sammenheng mellom lyn og regn. I Palestina er denne sammenhengen veldig åpenbar. Lynet kommer der sammen med enorme mengder nedbør. Der blir ikke lynet sett som en lovløs kraft, men som en del av et maskineri som gjør jorden fruktbar og rik slik at vi kan leve på den.

Vinden adlød Jesus da Han var på Genesaretsjøen sammen med disiplene sine. Vinden er også en mektig kraft som Gud har laget. Når vinden kommer som storm og orkan, innser vi mennesker hvor små og ubetydelige vi er når naturkreftene slår seg løs. Når folk omkommer i sykloner, gir vi ofte Gud skylden, som med alle andre naturkatastrofer. Det at Gud tillater det, betyr ikke at det er Hans vilje. Vi lever i en verden dominert av synd, sykdom og død. En dag skal det bli slutt på alt dette.

25. MAI

«Pris Gud i himmelen, evig varer hans miskunn.»
Salme 136:26

EVIG VARER HANS NÅDE

Hver av de 26 versene i denne salmen ender med ordlyden «for Hans nåde varer evig». Dette ble sunget som et vekselvis kor i respons til opplistingen av de store underverkene som Skaperen har uført, både i skapelsen og i forløsningen av sitt folk. Salmen begynner med: *«Pris Herren, for han er god, evig varer hans miskunn.»* (Salme 136:1.) Det passer seg at salmisten starter med takksigelse. Det er også noe vi bør tenke på i bønnelivet vårt. Hver bønn burde starte med lovprisning og takk til skapelsens Gud, for Han er god mot oss, og Hans nåde varer evig ... til og med lengre enn våre korte liv her på jorden. Ja, mange som lider stort i dette livet, vil ikke kjenne sann forløsning før etter dette livet er over. Da vil Herren belønne vårt strev og vår lidelse her på jorden.

Dette er en sann skapelses salme. **Vers 5** sier at *«Han skapte himmelen med forstand»*, og Han skapte solen, månen og stjernene (136:7-9). Når vi kommer til **vers 10,** ser vi imidlertid en forandring i tema. Vi blir minnet på hvordan Herren satte sitt folk fri fra Egypt, drepte de førstefødte i landet og delte Rødehavet i to slik at Israel kunne gå over på tørr grunn. Denne delen avslutter med hvordan faraos hær druknet i Rødehavet da sjøen rullet tilbake på plass. At noen her bruker «Sivsjøen» og sier at vannet ikke nådde over soldatene, er latterlig. Skulle de ha bøyd seg ned for å drukne? Slutten av salmen beskriver hvordan Herren var med Israel etterpå. Han vil også være med oss i dag dersom vi lar Ham.

26. MAI

«Dine øyne så meg da jeg var et foster.
Alle dager er skrevet opp i din bok,
de fikk form før én av dem var kommet.»
Salme 139:16

GUDS ALLVITENHET

Dette er en fantastisk salme. David sier at når han bare var et foster i morens mage, så kunne Herren ikke bare se ham, men Han visste alt som skulle skje i Davids liv allerede før han var blitt født. Det er intet som Herren ikke vet. Når vi bare er leire på pottemakerens bord, ser Han hva det ferdige resultatet vil bli. Når vi er tegninger på ingeniørens bord, har Gud allerede sett vårt potensiale. Han har gitt oss øre, øyner, hender og føtter for at vi skal bruke dem. Han vet om vi vil overgi oss selv til Kristus og om vi vil bruke våre talenter for Ham.

Tidligere i denne salmen sier David at Gud vet alt han gjør – om han ligger eller går, sitter eller står. Gud vet også hva vi skal si før vi har kommet på å si det. Så kommer de kjente ordene om at David, som flyktet i lange tider fra kong Saul, ikke kan flykte fra Herren. *«Stiger jeg opp til himmelen, er du der, legger jeg meg i dødsriket, er du der.»* (**Salme 139:8.**) Det finnes ingen steder vi kan skjule oss for Herren. Han vet alltid hvor vi er, hva vi gjør, og hva vi sier. Vi kan ikke lure Gud.

En av Davids konklusjoner er: *«Jeg takker deg for at jeg er så underfullt laget. Underfulle er dine verk, det vet jeg godt.»* (**139:14.**) Forhåpentligvis vil vi også innse at det første vi burde gjøre, er å takke Gud for at vi er til. Takk Gud for hvert åndedrag Han gir oss. Til tross for våre svakheter, så kan Herren bruke oss når vi overgir oss til Ham.

27, MAI

«Han er min miskunn, min borg og mitt vern,
han er min befrier og mitt skjold. Jeg søker tilflukt
hos ham, han legger folket mitt under meg!»
Salme 144:2

MIN HERRE

David starter salmen med å takke Gud for at Han har gjort ham til en dyktig og sterk soldat. Så kommer **vers 2**, som er dagens tekst. David sier at Herren er hans miskunn eller godhet, nåde eller skjønnhet. Med andre ord er det Gud som får David til å se bra ut. Videre er Herren Davids borg, det vil si beskyttelse eller styrke. Så er Herren hans vern, eller bokstavelig talt hans høyborg, forsvar og tilflukt. Det neste ordet som på norsk er oversatt «min befrier», er ordet som betyr befrier, vei ut og frigjører. Så er Herren hans skjold, hans beskyttelse – et ord som er laget av ordet for krokodillens skalldekkede «hud».

Så i **vers 3** sier David: *«Herre, hva er vel et menneske, siden du vil kjenne det, et menneskebarn, siden du tenker på det?»* Herren, som er alle disse tingene i vers 1 og 2 pluss mye, mye mer, er opptatt av menneskene til tross for at menneskene ikke er noen ting sammenliknet med Gud. Et menneske er en laverestående skapning som bare lever en kort stund her på jorden. Likevel elsker Herren oss og har valgt oss med lyte og alt annet for å få utført Hans vilje. At Han elsker oss, er totalt uforståelig. Vi kan tro på det men ikke forstå det. Videre står det i **vers 5**: *«Herre, bøy din himmel og stig ned, rør ved fjellene så det ryker av dem!»* I all sin ydmykhet ber David om at Herren må komme ned til oss mennesker her nede på jorden. Gud kan gripe inn i hverdagen vår når Han ønsker det, og Han ønsker å ha fellesskap med oss.

Det er fantastisk å oppleve at Gud elsker oss og at vi kan ha fellesskap med Ham. Det er også fantastisk at Herren ønsker å belønne oss og bruke oss. Det viktige er imidlertid ikke hva Gud er for oss men hva vi er for Ham. Er han «min Herre»? Er Han Herre i våre liv?

28. MAI

«Du er konge gjennom alle tider, du hersker fra slekt til slekt.
Herren er pålitelig i alt han sier, trofast i alt han gjør.»
Salme 145:13

GUDS RIKE ER EVIG

Denne salmen er en eneste lang lovprisning av Herren hvor David forteller leserne hvor fantastisk Herren er. Den norske oversettelsen er ikke bokstavelig her men går ut på å finne betydningen av teksten – det vil si at den har blitt fortolket. På hebraisk står det her: «Ditt kongedømme er et evig kongedømme, og ditt styre er for alle generasjoner.» Den siste setningen finnes ikke i de originale hebraiske kopiene men er lagt til senere. Det kan ikke sies at det aldri har vært med siden det da vil mangle en hebraisk bokstav i salmen (de forskjellige versene har en hebraisk bokstav foran verset).

Verset ovenfor får oss til å tenke på Gud som konge i et kongerike hvor alle de som følger Herren, skal få komme inn. Dette er hva vi leser om i Bibelen hvor det står at vi skal leve i all evighet sammen med Kristus i Hans rike hvor det ikke finnes sykdom, lidelse eller død. Selv om Herren også er på tronen sin i dag, så har jordens beboere stort sett bestemt seg for å følge denne verdens gud, Satan. Først etter at Kristus kommer tilbake for å herske over jorden, vil det være fred. Han vil herske i tusenårsriket og i evigheten. Som verset sier, så er Gud pålitelig og trofast. Når Gud sier noe, kan du vite at det er sant og at Han vil gjøre det. Ingen er mer pålitelig enn Herren. Men Gud snakker av og til om noe som skal skje i fremtiden – som ikke har hendt ennå. Siden alle andre profetier har gått i oppfyllelse, kan vi regne med at fremtidige profetier også vil bli oppfylt. Men det er Gud som kontrollerer evigheten. Det er Hans rike som vil seire. Vil du bli en borger i Guds evige rike? Ta imot Jesus og følg Ham! Alt er gjort klart for deg – du må bare ta imot Jesus Kristus.

166

29. MAI

«Han vet hvor mange stjernene er, og gir alle navn.»
Salme 147:4

STJERNENES NAVN

Astronomene av i dag beregner at der finnes minst ti billioner billioner stjerner. For å gi dem alle navn, må Gud ha vært allvitende. Gud er ikke bare allvitende, men Han er også allmektig og allestedsværende. Har du noen gang forsøkt å telle alle stjernene? Man kan si det slik at det er lett å komme ut av tellingen, og det finnes mange stjerner som vi ikke kan se med det nakne øyet. Men Gud kan telle dem. Han har laget alle sammen og satt dem opp på himmelen. Han kjenner hver eneste stjerne og vet hva som er spesielt med dem. Derfor har Han også gitt dem alle et passende navn – ikke bare et nummer i en katalog. Gud bestemmer over alle stjernene på samme måte som en general kommanderer en hær. De oppfører seg akkurat slik som Gud sier og følger den banen Han har satt for dem.

Abraham ble fortalt at han skulle få like mange etterkommere som det fantes stjerner. Han kunne ikke fatte hva Gud nettopp hadde sagt. Det virket umulig å telle alle stjernene, og det virker også umulig å telle hvor mange jøder det finnes. Til tross for at mange har forsøkt å utrydde jødene, så finnes de ennå, og i stort hopetall. Blant hedningene representerte hvert stjernebilde en eller annen gud. De tilba ikke bare stjernene men solen og månen. Både i eldgammel tid og nå i dag finnes det mange som spår om fremtiden ved å stirre inn i stjernene. Vi mennesker er flinke til å tilbe skapningen istedenfor Skaperen, og Bibelen sier bestemt at vi skal ikke ha noe å gjøre med dem som spår om fremtiden.

Tenk at Gud hadde navn på alle disse stjernene! Det er helt fantastisk. Men Han vet også ditt navn. Og du er viktigere enn alle universets stjerner. Jesus døde for *deg* personlig. Er *ditt* navn skrevet ned i livets bok med alle dem som får komme til himmelen med Kristus?

30. MAI

«Halleluja! Syng en ny sang for Herren,
en lovsang der de trofaste samles!»
Salme 149:1

LOVSYNG HERREN

De siste salmene er fulle av lovsang til Herren. Ordet «sang» forekommer oftere i Salmene enn i resten av Bibelen til sammen. Der er ni «nye sanger» nevnt i Bibelen (**Salme 33, 40, 96, 98, 144, 149, Jesaja 42** og **Johannes' åpenbaring 5 og 14**). Det er mulig at denne nye sangen i dagens tekst er den samme vi finner i **Johannes' åpenbaring 5:9**.

I denne salmen finner vi en ny sang som skal synges av mennesker med et nytt hjerte. Det er slike sanger som skal synges når Kristus kommer tilbake og starter en ny tidsalder når de hellige skal styrte de ugudelige. Da vil de som følger Herren, juble og synge med fengende rytmer og musikk. Alle vi som hører Kristus til, burde boble over med lovprisning til Herren. Det er Han som er verd all pris og som skal opphøyes. Ja, ved tidenes slutt skal alle, både store og små, bøye sitt kne for Kristus, og vi vil være med i det himmelske koret som priser Gud av hjertens lyst. Ettersom vi lærer mer og mer om Herren og oppdager mer og mer om hvor fantastisk Han er, så er det viktig at vi lager nye salmer og sanger for å prise Ham enda bedre. Hver morgen får vi mer del i Ham, og vi får ny nåde, og gang på gang redder Han oss ut av våre problemer. Det er bare rett og rimelig at vår lovprisning er ny også.

Når vi samles i Guds navn, er Han midt iblant oss, og vi får fellesskap med både Herren og Herrens utvalgte, vår åndelige familie. Sammen med andre likesinnede samles vi i bønn i våre bønnehus. Sammen priser vi Herren og blir oppbygget åndelig. La oss prise Herren sammen, Han som har skapt hele universet og utvalgt oss som sine barn.

31. MAI

«Lov ham med trommer og dans.
Lov ham med strengespill og fløyte.»
Salme 150:4

MUSIKK OG DANS

Til avslutning av Salmenes bok skal vi se på **vers 4** i den siste salmen. I første delen av verset blir vi fortalt at vi skal love Herren. Ordet som er oversatt *«lov»*, er det hebraiske ordet *«halal»*. Det betyr å feire, skryte over, anbefale og gi. Selv om ordet «ham» eller Herren ikke er nevnt i dette verset, så er det åpenlyst at det er Herren vi skal lovprise, siden Gud er nevnt tidligere i salmen. Men ordet etter «halal» er *«toph»*, et ord som betyr «tamburin». Ordet «trommer» er således ikke i grunnteksten, og selv om begge instrumentene er rytmeinstrumenter, så kan en ikke bruke dette skriftstedet for å forsvare bruk av trommer i lovprisningen. Neste ordet er *«machowl»*, som betyr «dans». David var kjent for å danse foran Herrens ark, så vi vet at det forekom dansing. Det hebraiske ordet som er brukt her, betyr imidlertid «runddans» og har ingenting med å gå på diskotek å gjøre.

Så kommer *«halal»* tilbake, og denne gangen skal vi lovprise Herren med «men», noe som betyr strengeinstrumenter. I dag bruker vi gjerne gitar, og i gamle dager hadde de andre strengeinstrumenter som ga fin musikk til lovprisningen. Til slutt nevnes «uwgab», som har blitt oversatt «fløyte». I den engelske Bibelen er dette oversatt med «organ» (orgel), noe som ikke fantes på denne tiden. Ordet betyr et instrument laget av siv eller rør, så her er den norske oversettelsen faktisk den beste. Kanskje de brukte panfløyte?

Vi er i Bibelen befalt å lovprise Herren. Instrumentene vi bruker har gjerne forandret seg gjennom årenes løp. Det viktigste er at musikken gir ære til Gud. Dersom musikken tar vekk vårt fokus på Gud, bør man evaluere hvilken type musikk man bruker. Og det er lov å bevege på seg. Men dersom det blir ville tilstander, kan vel det neppe gi ære til Gud.

JUNI

—

SALOMS ORDSPRÅK:
VISDOMMENS SKATTEKAMMER

1. JUNI

«Ordspråk fra Salomo, sønn av David
og konge i Israel. Til å gi kunnskap
om visdom og formaning,
til å forstå forstandige ord»
Salomos ordspråk 1:1-2

VISDOMMENS MESTER

De første syv versene av Salomos ordspråks første kapittel er kong Salomos innledning til denne boken. Salomo var ikke bare Davids sønn, men han var mannen som kunne spørre hva han ville fra Gud – og så ba han om visdom. Denne visdommen ble så beryktet at til og med dronningen av Saba kom for se Salomo med sine egne øyne. Salomo ble rikelig belønnet av Herren fordi han valgte visdom, og det igjen ga ham rikdom og et langt liv. «Ordspråk» (hebraisk «*mashal*») impliserer en overlegen mental forståelse, vanligvis i form av en metafor. Det kan bety både poesi og liknelse. Salomo viste åpenbart hva han skulle si og når han skulle si det. Visdommen hans var gudgitt, og på jorden har det ikke vært hans like verken før eller senere.

I denne boken deler Salomo sin visdom med oss slik at vi skal lære om visdom. Han ønsker å gi oss forståelse slik at vi bedre kan følge Herren og få del i hva Han har planlagt for oss. Ved å få innblikk i Salomos visdom kan vi forstå og utvikle oss til bedre mennesker. Visdommen vil komme oss til gode slik at vi vet hva vi bør gjøre med livene våre og vokse til å bli bedre. Salomo benytter ofte en personifisering av visdommen og gir flere bilder til leseren slik at en lettere skal forstå visdommen. Den største visdommen er å kunne skjelne mellom hva som er godt og hva som er ondt. Dette er utrolig viktig for en som har tatt imot Kristus og forsøker helhjertet å følge Ham.

173

2. JUNI

«For det er Herren som gir visdom;
kunnskap og forstand går ut fra hans munn.»
Salomos ordspråk 2:6

VISDOMMENS KILDE

Den evige, allmektige, allvitende og allestedsnærværende Gud er den som er kilden til all visdom. Han gir, deler, viser, gir og demonstrerer denne visdommen for oss alle. Kunnskapen er all visdommen som vi har samlet inne i hodene våre. Vi oppnår denne på forskjellige måter, selv om kunnskap i utgangspunktet er teori. En vis mann har sagt at visdom er å vite hvordan man skal anvende kunnskapen vi har akkumulert opp gjennom tiden.

Salomo sier at kunnskap og forstand går ut av Herrens munn. Forstand betyr intelligens, fornuft, forståelse og visdom. Dersom man synes at Salomo i all sin prakt var et orakel når det gjelder visdom, så var han ingenting når man sammenlikner med Herren selv. Og dersom vi ønsker å finne Herrens visdom, så vet vi hvor vi må lete. Bibelen er full av Guds gullkorn, som er til nytte for oss ikke bare når det gjelder fysiske ting, men i særlig grad når det gjelder våre åndelige liv.

Denne visdommen som Gud villig deler med oss mennesker, er tilgjengelige for oss som ønsker det. Gud bare gir og gir, råd, bud og vakker poesi. Det Han ønsker av oss, er at vi lytter til visdommen Hans. Faller frøene Hans på steingrunn eller i god jord? Det er opp til oss hva vi gjør med Herrens visdomsord.

3. JUNI

«Gi aldri slipp på godhet og troskap!
Bind dem om halsen, skriv dem på hjertets tavle!»
Salomos ordspråk 3:3

GODHET OG TROSKAP

I dagens tekst sier Salomo at vi ikke skal gi slipp på godhet og troskap. I den engelske Bibelen er «godhet» oversatt som «nåde» (mercy). Det hebraiske ordet «checed» er blitt oversatt som snillhet, renhet, skjønnhet, nåde, medlidenhet og til og med irettesettelse. Dette er med andre ord noe som en gjør mot en annen for å gjøre dem godt, og det kan til og med oppfattes som noe negativt av mottakeren. Akkurat som noen i kjærlighet irettesetter en som man elsker, så gjør man det med gode intensjoner og for vennens beste. Ordet «troskap» (hebraiske «emeth») er i den engelske Bibelen oversatt «sannhet» (truth). Det kan oversettes som trofasthet, sikkerhet, riktighet, sannhet og til og med kausjonist. Med dette menes det som er sikkert som banken. Vi skal aldri gi slipp på det som er godt og sikkert men holde fast ved det.

Både godhet og troskap burde være med oss igjennom livet. Vi burde henge dette rundt halsen vår og pynte oss selv med dem. De burde alltid være synlige både for oss selv og for andre. Vi burde legge dem på hjertene våre slik at vi alltid husker på dem. Noen kommentatorer sier at disse to ordene er et bilde på de to steintavlene som Moses fikk av Gud på Sinaifjellet. Dersom «godhet og troskap» er et bilde på Guds ord, så blir dette bildet enda mer viktig for oss. La oss gjemme Hans ord i våre hjerter.

4. JUNI

«Kjøp deg visdom, kjøp deg innsikt!
Glem ikke ordene fra min munn,
snu deg ikke bort fra dem.»
Salomos ordspråk 4:5

KJØP VISDOM

Hva betyr det når Salomo sier at vi skal kjøpe visdom og innsikt? Det hebraiske ordet som blir translitterert som *«qanah»*, betyr riktignok å kjøpe, men det kan også bety skaffe seg, lære seg, få tak i eller innløse noe. Poenget med dette ordet er at det koster deg noe. Du må enten bruke dine hardt tjente penger eller bruke tid til å investere i ny lærdom. Dette er ingen «quick fix». Du må bestemme deg for å få fatt i noe som du er villig til å bruke både tid og krefter på å oppnå. Og hva er det som er verdt at vi sliter for å få tak i det? Jo, *«visdom»* og *«innsikt»*. Med *«visdom»* menes her kunnskap og dyktighet og vidd. Det er ikke bare kunnskap det menes her, men også «know-how» til å vite hvordan du kan benytte kunnskapen. Med *«innsikt»* menes her perfekt forståelse. Her vites ikke bare hva som skal gjøres men hvorfor det skal gjøres – og med en forstand om hva som vil skje når du gjør det (årsak og virkning).

Visdom og innsikt er en verdifull ting som er mye verdt. Særlig er dette viktig når vi ser dette i forbindelse med Guds ord. Bibelen er vår kilde til visdom og innsikt, og vi burde være villige til å strekke oss langt for å få mer visdom og innsikt. Hvor mye tid eller penger er du villig til å investere for å få mer kunnskap om Bibelen – Guds ord? Er du villig til å ofre andre ting eller goder for å få mer av Guds ord? Guds ord er verdt både vår tid og våre penger.

5. JUNI

«Bevar ditt hjerte framfor alt du bevarer,
for livet går ut fra det.»
Salomos ordspråk 4:23

HJERTET

I Skriftene er «hjertet» både det fysiske organet som gir energi til sirkulasjonssystemet og senteret for intellektet og følelsene. Denne sannheten er gyldig i begge tilfeller. Et velholdt, sunt hjerte og sirkulasjons-system er essensielt for optimal effektivitet i ethvert område av ens naturlige liv, og et hjerte som er rett overfor Gud i åndelig forstand, er essensielt for et virkelig fruktbart kristenliv. Ordet som er brukt for «hjerte», kan bli brukt både i en bokstavelig, fysisk forstand og en billedlig forstand, og en er tilbøyelig til å tro at Salomo i sin visdom tenkte på begge to. Når det gjelder det rent fysiske, så er hjertet uten sidestykke i anatomiens verden. Hvert eneste sekund pumper hjertet ut blod til alle kroppens lemmer. Det bringer blod og oksygen til hjernen slik at vi kan tenke klart, og når hjertet får problemer med å slå, så fungerer ikke hjernen vår mer. Denne harde muskelen er livsviktig, og Salomo visste at uten hjertet kan menneskene ikke leve. *«Livet går ut fra det.»* Livet er faktisk avhengig av hjertet. Vi kan av og til overleve å miste armer og bein, ører og øyne, men uten hjertet kan vi ikke overleve.

Det samme er tilfelle med hjertet i en allegorisk forstand. Vårt åndelige liv er avhengig av det som bor inne i hjertene våre. Hva er viktigst for oss? Hva er det vi ønsker mer enn alt annet? Hva er vår høyeste prioritet? Bor Kristus i hjertene våre? Har vi gitt ikke bare intellektene våre men også hjertene våre til Herren? Lar vi Gud styre oss ved å gi våre hjerter til Ham?

Fra hjertet kan det gå ut gode eller onde følelser. Våre gjerninger er styrt av det som er i våre hjerter.

6. JUNI

«Gå til mauren, du late, se hva den gjør, og bli vis!»
Salomos ordspråk 6:6

MAUREN

S amme hva som har vært Guds overordnede formål med å skape de forskjellige dyrene – kanskje alle dyrene – så kan vi lære mye fra dem. Flere av dyrene kan brukes til å illustrere bestemte åndelige sannheter, som for eksempel med mauren i dagens tekst. Som mange andre skriftsteder i Bibelen, så starter dette verset med ordet *«gå»*. Dette ordet, om enn lite, er meget viktig i Bibelen. Gud ønsker at vi skal gå – være i bevegelse. Det er vanskelig å styre en bil eller en båt når den står stille, men når den er i bevegelse, er det lettere å styre. På samme måten er det lettere for Herren å styre oss når vi er i bevegelse. Gud ønsker at vi skal gå ut og gjøre Hans vilje. Vi er alle på forskjellige utviklingstrinn i livene våre, men vi kan alle være aktive og gå et sted hvor Herren leder oss.

Gud ønsker i dagens vers at vi skal gå til mauren. Hva er spesielt med mauren? De jobber hele tiden. Derfor har Salomo her satt inn adressen *«du late»*. Dersom vi sitter i ro hele tiden og ikke er villige til å gjøre noe som helst for Herren, så har Han ingen nytte av oss. Mauren er aktiv. Han planlegger, jobber hardt og skjøtter sin økonomi. Han samler inn mat gjennom sommeren slik at han skal ha mat når det er lite å finne. Om vinteren sover han. Ingen tar bedre vare på sine unge enn mauren. Når barna er små som små riskorn, så trekker de voksne dem ut slik at de kan bli varmet av solen. Når det begynner å regne, flytter de dem tilbake til hulene sine. Da plasserer de også en stein eller en trebit eller noe annet for å beskytte hulene sine. Når du ser noen maur, så er de alltid i bevegelse. Alle har sin spesifikke arbeidsoppgave om de er arbeidsmaur eller soldater.

Når vi ser mauren, burde vi tenke på at de er et godt eksempel for oss. Vi burde ikke være late men gjøre det som må gjøres. Det er også viktig å se fremover og planlegge slik at vi har resurser tilgjengelig når en krise møter oss.

7. JUNI

«Jeg var der da han grunnfestet himmelen
og risset opp himmelranden over dypet,
da han ga kraft til skyene der oppe
og kildene i dypet fikk styrke»
Salomos ordspråk 8:27-28

DYPETS GRUNN

När Salomo sier *«jeg var der»*, så snakker han om en personifisert ut-
gave av visdommen. Begynnelsen av dette kapitlet slår fast at Salomo
ser visdommen som en kvinnelig skikkelse. Ordet *«khug»* på hebraisk, som i
den norske Bibelen er oversatt som *«risset opp»*, er på engelsk oversatt
«compassed» og betyr sirkel eller bane. Dette er et ord som henviser til
jorden som rund, spesielt til den sfæriske naturen til sjøen som en global
form jorden rundt. Bibelen lærer aldri at jorden er flat selv om dette er en
ofte fremsatt påstand. Ordet for *«skyene»* er det samme ordet som for
«himmelen» og betyr «tynn damp». Dette ser ut til å være en referanse til
«vannet over himmelhvelvingen» under den originale skapelseshistorien (**1.
Mosebok 1:7**), og dette er mest trolig en utstrakt baldakin av vanndamp som
var satt som beskyttelse rundt jorden.

«Kildene i dypet» er en referanse til kildene som ble styrket for å gi faste
rørledninger fra det underjordiske «dypet» for å besørge vann til jord-
områdene under urtidens hydrologiske sirkel.

Visdommen var alltid tilstede sammen med Herren, som er visdommens
Far. Hun var der når Gud grunnfestet himlene, og hun var der kildene i dypet
fikk sin styrke. Visdommen finnes over alt. Og å kjenne Guds visdom er
overordnet.

179

8. JUNI

«Det er Herrens velsignelse som gjør rik,
eget strev legger ingenting til.»
Salomos ordspråk 10:22

HERRENS VELSIGNELSE

De første to ordene i dette verset er «*baracah Yahova*» på hebraisk. Det første ordet kan bety velsignelse, rikdom, rikelig, basseng og presang. Velsignelsen det her er snakk om, er en stor rikdom som kan fylle et stort basseng. Denne rike velsignelsen er det Jehova som gir oss. Om ikke alt kommer ovenfra, så er det i alle fall sant at alle de gode velsignelsene kommer fra Herren. For å understreke denne sannheten har Salomo inkludert ordet «*ashar*», som betyr rikdom. Herren gjorde sannelig Salomo rik, så i den forstand visste Salomo hva han snakket om. Gud belønner dem som følger Ham, ofte med materielle goder, men ofte også med rikdom som ikke har noe med lommeboken å gjøre. Jeg betrakter meg selv som en meget rik person, men det er fordi jeg har en helse som fungerer og en familie som jeg er veldig glad i. Gleden vi får når vi er ute i Guds frie natur og ikke bare ser alt det vakre Han har skapt, men også føler Hans nærvær, det er en rikdom som alle penger i hele verden ikke kan erstatte. Dessuten burde vi samle oss skatter i himmelen, ikke på jorden.

Ingen har påstått at kristenlivet skulle være enkelt, og når man følger Herrens bud i livet her, så er livet fullt av utfordringer for oss. Likevel er vi velsignet i at vi aldri er alene med problemene våre. Gud er der for oss, og vi kan lene oss mot Ham og stole på Ham. Han kan gi oss styrke og mot til å gå inn i løvens hule når vi stoler fullt og fast på Ham. Ofte hører vi predikanter som sier at Gud vil at vi skal bli rike og ha suksess i livene våre. Dette er en alvorlig forvrenging av Bibelens budskap. Riktignok har Jesus sagt at når vi følger Ham, skal vi ikke bekymre oss for morgendagen, for Gud vet at vi trenger mat, klær og et sted å bo, og Han vil sørge for at vi har det vi trenger. Men Jesus har aldri lovet at vi skal bli rike med penger. Var Jesus rik da Han bodde her på denne jorden? Mange sier at Jesus var fattig som en kirkerotte, men det er ikke nødvendigvis sant heller. Vi vet imidlertid at Jesus ikke strødde rundt seg med penger, og når Han ga noe til andre, så var det ikke penger men noe personlig. Det beste du kan gi noen, er ditt vennskap, ikke penger.

9. JUNI

«Det den urettferdige er redd for, kommer over ham,
men de rettferdige får det de lengter etter.
Når storm farer forbi, blir den urettferdige borte,
men den rettferdige har en grunnvoll som varer.»
Salomos ordspråk 10:24-25

DEN URETTFERDIGE

Det den ugudelige frykter eller er livredd for, det skal senke seg over ham. Dette er ikke tilfelle for den som frykter Herren og følger Ham. De skal få det som de hungrer og lyster etter. Når en virvelvind griper fatt i den ugudelige, så griper den også ham. Den urettferdige eller ugudelige er full av frykt. De lever en konstant tilværelse hvor de ikke vet hvem de er, hvor de kommer fra eller hvor de skal ende opp når de dør. Deres plage er større enn de kan forestille seg. Desperat forsøker de å pakke seg inn i urettferdigheten sin – materielle ting og mye som i evighetens syn er uviktig. Men til tross for at de forsøker å trøste seg med midlertidige ting, så blir de hjemsøkt av det de frykter. De ugudelige frykter å bli straffet for sin synd men gjør ingenting med det. Det de frykter, vil komme over dem i fremtiden.

Når livets tornado blåser gjennom livet til den ugudelige, har de ingen fast grunnvoll å stå på. Av og til kan den ugudelige selv fremstå som en virvelvind og lage mye bråk og ståhei. Men akkurat som en tornado som farer over Midtvesten i Statene, så vil også de gå tom for styrke en dag. Uten den troendes faste fundament blir den ugudelige løftet høyt og kastet i havet – i billedlig forstand. Slik er det ikke med den troende som har tatt imot Kristus. I livets stormer står de støtt på Ham som har skapt både himmel og jord.

Hva er ditt liv bygget på? Har du et solid og sikkert fundament å stå på? Gud tilbyr deg en slik grunnvoll du kan bygge livet ditt på.

10. JUNI

*«Den gavmilde får gode dager,
den som øser ut til andre, får rikelig tilbake.»*
Salomos ordspråk 11:25

GAVMILDHET

I dagens tekst møter vi et ord som Salomo har brukt i et tidligere vers. *«Den gavmilde»* er ordet *«baracah»*, som betyr velsignelse, rikdom, rikelig, basseng og gave. Ordet settes her i forbindelse med det hebraiske *«nephesh»*, som betyr «sjel» (også brukt i skapelsesberetningen i 1. Mosebok 2:7 da Adam ble en levende «sjel»). Vi møter altså i dette verset en rik sjel, en som har blitt gitt så mye at han har basseng fulle av rikdom. Denne rike sjelen skal bli gjort *«dashen»*, feit, salvet eller velsignet. Det kan altså ved første øyekast se ut som om den som er rik, skal bli gjort enda rikere. De skal ha nok av mat, klær og andre fysiske ting, og de blir fete, et tegn på rikdom og velstand i den eldgamle verden.

Så sier verset at den som *«øser»*, det vil si slukker tørsten, bader, fyller, drukner med mengder av vann, skal også bli vannet selv. *«Yarah»* betyr at vannet skal renne i massevis til den personen det gjelder. Dette verset sees i forbindelse med verset som følger etterpå hvor det blir beskrevet en som holder tilbake korn fra andre. Rent logisk er altså denne rike sjelen i **vers 25** en som deler rikdommen sin med andre. Logikkens lover tilsier at sjelen i **vers 24** deler alt med alle og gir rikelig, mens den som omtales i **vers 26,** holder tilbake og ikke vil dele med andre.

Dette passer godt med det som står andre steder i Bibelen om at den som gir, vil få mer (**11:24, Lukas 6:34**).

11. JUNI

«Lepper som taler sant, skal bestå for alltid,
løgnaktig tunge bare en liten stund...
Herren avskyr løgnaktige lepper,
men gleder seg over dem som viser trofasthet.»
Salomos ordspråk 12:19,22

LØGN

D agens tekst består av to vers som begge omhandler en ting som Herren avskyr – nemlig løgn. Vi blir fortalt i de ti bud (**2. Mosebok 20**) at vi ikke skal lyve, så det er ingen tvil om hva Gud mener om det. Her i dag understreker Salomo det samme. *«Saphah»* betyr ikke bare lepper men kan også oversettes som tale og samtale. Det vi sier skal være *«sant»*, troverdig, pålitelig og sikkert. Dersom talen vår er pålitelig, så skal vi bli bekreftet, reist opp, formet, forberedt i all evighet, til jorden ender. Men dersom vi har en falsk, feilaktig eller forfengelig (*«løgnaktig»*) tunge, språk eller lepper, så blir livet vårt kortvarig. Ordet *«raga»*, oversatt *«bare en liten stund»*, betyr bokstavelig talt den tiden det tar for et øye å blinke – et kort øyeblikk.

Neste vers sier at falsk, forgjengelig, feilaktig og løgnaktig tale, samtale eller lepper er en «vederstyggelighet» eller «avskyelighet» for Jehova. Men de som utviser, utfører, holder, praktiserer eller bruker sannhet, trofasthet eller moralsk trofasthet, vil gi Herren glede, aksept og godvilje. Det er helt på det rene at Herren setter pris på og belønner ærlighet og redelighet. På motsatt side av spekteret så er det klart at en person som lyver og er uærlig ikke har Herrens Ånd boende inne i seg. Det at en som lyver utfører en «vederstyggelighet», betyr at det gjør Herren kvalm – i åndelig forstand. Å lyve burde gjøre oss kvalme. Ærlighet varer lengst – helt inn i evigheten.

12. JUNI

«*Den som sparer på riset, hater sin sønn,*
den som elsker, formaner ham sent og tidlig.»
Salomos ordspråk 13:24

RIS

I motsetning til moderne humanistisk barnepsykologi, så lærer Bibelen klart – særlig her i Ordspråkene – en skjønnsmessig fysisk avstraffelse, dersom den blir administrert forsiktig, kjærlig og ordentlig i barneopp-dragelsen. «*Chasak*» betyr å holde tilbake, frastå fra eller hindre. Det som blir holdt tilbake, er en stav, gren eller septer. I bokstavelig forstand er dette en stav som blir brukt til avstraffelse. Ordet for å «hate» betyr bokstavelig talt å gjøre noen til sin fiende eller hate personlig. Ordet som blir oversatt som «sønn», kan oversettes på flere måter, men den har alltid en familiær betydning som sønn, nevø, soldat, tjener eller barnebarn og kan i en videre betydning brukes om en nasjon som ligger under en annen nasjon. «*Ahab*» brukes om en som elsker eller liker noen. Den som liker eller elsker noen, vil «disiplinere», «irettesette» eller «indoktrinere» den personen. Og dette skal gjøres «*shachar*» – om morgenen. Det er altså poengtert at en skal disipli-nere barna tidlig i livet og tidlig om dagen. Det at en skal gjøre det tidlig om morgenen er sikkert et bilde på at en skal prioritere dette høyt.

Det fremgår av verset at det å ikke disiplinere barna våre, er det verste vi kan gjøre mot dem. Uten fysisk straff vil barna ikke vite hvor grensene går og hva som forventes av dem. Tilhengere av fysisk avstraffelse viser til at klare regler og avstraffelse med en kjærlig hånd gir barna en følelse av sikkerhet. Utfordringen er å få fysisk straff til å virke «kjærlig». Det er imidlertid viktig å poengtere at det her ikke er snakk om misbruk av vold men klare retningslinjer med klare konsekvenser etter brudd på klare regler.

13. JUNI

«Den som er sen til vrede, har stor innsikt,
den bråsinte viser hvor dum han er.»
Salomos ordspråk 14:29

SINNE

Dagens tekst er nok et av Salomos ordtak som ikke bare viser hans klokskap men også Guds visdom som Han ga til Salomo. Versets første ord er «*arek*», som betyr sen, tålmodig eller langsom. Ordene «*den som er*» er lagt til for å få en bedre flyt i ordlyden. På hebraisk var bare de viktigste ordene nevnt. Det neste ordet, «*vrede*», kan også bety sinne, nesebor, ansikt og snute. Den bokstavelige betydningen kommer fra rask pust under sterke følelser. Åpenbart har disse følelsene en negativ betydning. Så verset benevner altså en som er tålmodig når det kommer til negative følelser som sinne. Denne personen har ifølge Salomo stor, mye eller sterk innsikt, et ord som også forstand, evner, forståelse eller visdom, et tema som blir repetert igjennom denne boken.

På den andre siden har vi den bråsinte. «*Qatser*» betyr få, hurtig, liten og rask og brukes om en som har kort styrke eller temperament, og her er det åpenbart brukt om temperament satt i sammenheng med de andre ordene i verset. Det neste ordet blir som oftest oversatt med «ånd», men det kan også bety vind, mot, tanker og sinne. Her sees ordet «ånd» i sammenheng med det å være hurtig eller rask, noe som blir til en bråsint person. Denne hurtige ånden viser, oppløfter eller på annen måte fremhever dumhet eller idioti. I moderne språkform er altså den som er bråsint, en dum person. En person som er tålmodig og veier ting for og imot og venter på Herrens visdom, er altså å foretrekke fremfor en som kaster seg ut i det uten å tenke på hva konsekvensene vil bli eller mediterer på hva Guds ord sier.

14. JUNI

«Milde svar demper sinne, sårende ord vekker harme.»
Salomos ordspråk 15:1

MILDHET

Mange av Salomos ordtak er ikke bare visdom fra Gud men er også gode råd for oss dersom vi vil fungere bra med andre mennesker. Det er også tilfelle for dagens tekst. Versets første ord er *«rak»*, som betyr mild, svak, øm, myk eller bløthjertet. Det *«milde»* i dette verset er svarene som blir gitt. Disse *«milde svar»* gir bort, forårsaker eller på andre måter resulterer i frafall av sinne, raseri, varme, indignasjon eller vrede. Neste del av verset begynner med ordet *«etseb»*, som betyr smertefullt strev, rier, tristhet, strev eller hardt arbeid. Det som er smertefullt, er *«dabar»*, det betyr ord, ordtak, rapport, setning, råd og mange, mange andre ting, men de er alle sammen ord selv om de blir uttalt i forskjellige sammenhenger. Alle ord som blir sagt, dersom de er sårende, forårsaker sinne og vrede som er gjenkjent ved at man blir kortpustet med sterke følelser, slik som i gårsdagens tekst.

Ofte kan vi vinne et slag men tape krigen. Når vi er fulle av kunnskap, kan vi overbevise venner eller kjente om at evolusjon er feilaktig eller på en annen måte fylle dem med bibelske eller vitenskapelige sannheter. Det er imidlertid essensielt at vi går inn i alle diskusjoner med stor varsomhet. Vi må gi sannheten med kjærlighet og omtanke og sørge for at vi ikke avskjærer oss fra senere muligheter til å gi dem sannheten. Vi burde aldri gå på akkord med sannheten, men det er utrolig viktig å være mild og kjærlig. Høyrøstet krangling vil ikke oppnå mye. Vi må vise at vi ærlig og redelig bryr oss om dem vi snakker med. Be Gud om visdom, så vil Han gi deg det.

15. JUNI

«En mann kan synes at hans ferd er ren,
men Herren prøver tankene.»
Salomos ordspråk 16:2

RENE TANKER

I det foregående verset leser vi at menneskehjertet legger sine planer. Som tidligere nevnt, er hjertet senteret for menneskenes sterke følelser og er utrolig viktig i bibelsk sammenheng. Så kommer dagens tekst der vi leser om tankene. Vi mennesker tror ofte at vi er rettferdige og at vi gjør rett. Ferd betyr i dette skriftstedet vår reise gjennom livet, vår måte å leve på, hvor vi ganske enkelt er passasjerer på livets reise. Vi tror at reisen vår igjennom livet er ren, som om den har blitt vasket hvit som snø, men til slutt er det Herren som bestemmer hva som er rent nok. Han veier, måler og bestemmer hva som er rent, ikke oss. Det står bokstavelig talt at Herren måler vinden, sinnet, pusten, motet, tankene, uværet og ånden vår. Og fra Det nye testamente vet vi at bare Jesu blod kan vaske oss rene nok.

Ofte har vi for høye tanker om oss selv, og vi har en lei vane av å rose oss selv. Det hender flere ganger at vi ikke finner noe som vil fordømme oss, men dette bygger ofte på feilinformasjon. Så mange ganger tenker vi at vi vet hva vi gjør, og vi føler oss selvsikre og tror at vi har oppnådd suksess. Tungen sier det som bor i hjertet og blir styrt av det. Vi er ofte ikke klare over at det gamle mennesket, syndens menneske, på flere områder har forurenset hjertene våre.

Slik er det imidlertid ikke med Herren. Hans tanker er for evig rene, og Han kjenner hver eneste lille tanke vi tenker. Han veier ånden vår, selve innstillingen vi har til livet og til Gud. Hans dommer er rettferdige, og Han lar seg ikke føre bak lyset. Ofte når Herren veier oss mennesker, finner Han at vi mangler noe. Bare når livet vårt inkluderer Jesus Kristus, vil vi bli godkjent av Herren.

16. JUNI

«Den som finner en kone, finner lykken;
han har vunnet velvilje hos Herren.»
Salomos ordspråk 18:22

EN KONES VELSIGNELSE

Før vi begynner på dagens tekst, så har jeg lyst til å komme med en liten advarsel. Mange har så lyst til å gifte seg at de er villige til å ofre både sitt åndelige liv og alt Herren har i vente for dem. Å være gift kan, som vi skal se i dette verset, være en stor velsignelse, men noe som er verre enn å ikke bli gift, er å bli gift med feil person. Giftermål skal være for livet og bør ikke bestemmes lettsindig.

Det hebraiske ordet for *«finner»* kan også bety «fange», et ord som ofte blir brukt når en snakker om å finne en livspartner. Det betyr også «møte» og «ta». Ordet for *«kone»* er faktisk en flertallsform, men det er nok fordi dette er en generell uttalelse. Gud har akseptert at flere i Bibelen hadde flere koner, men Jesus sa klart at fra begynnelsen av var det bare en mann og en kvinne, og det ser ut til å ha vært ekteskapets grunnleggelse som en institusjon. Den som «fanger» seg en kone, *«finner lykken»* står det videre. Ordet for å *«finne lykken»* er det samme verbet som er brukt i *«finner en kone»*. *«Lykken»* er her et adverb, ikke et substantiv. Konen blir således beskrevet som vakker, god, glad, nådig, snill, kjærlig, gledelig, søt, edel, velstående og vel ansett. Det får oss til å tenke på **Salomos ordspråk 31** hvor en god kvinnes dyder blir beskrevet. En gudfryktig kone er alt dette og mer for mannen sin.

Mange ser på ekteskapet som en serie med problemer og utfordringer, en livslang straff som ikke er over før selve livet er over. Men ekteskapet er ikke ment å være slik. Gud så allerede i 1. Mosebok at det ikke var godt for mannen å være alene. Han trengte hjelp. En hjelper som ikke bare visste hvor han hadde lagt strømpene sine, men en partner som kunne støtte ham både i gode og i onde dager og hjelpe ham på mangfoldige måter. Dersom du har giftet deg med den som Herren har planlagt som din partner, så skal ekteskapet være deg til stor velsignelse. Det betyr ikke at alle dager er lette, men det betyr at ekteskapet ditt er verdt å kjempe for.

17. JUNI

«Mange smisker for storfolk,
alle er venner med den som gir gaver.»
Salomos ordspråk 19:6

SMISKING

S alomos ordspråk har mye å si om løgn, og det er også emnet i **Salomos ordspråk 19:5**. Så i 19:6 kommer Salomo inn på noe som er nært beslektet og som heller ikke burde foregå. Nå gjelder det smisking og kjøp av venner. Ordet for *«mange»* kan bety mye rart, men i dette verset er nok den rette oversettelsen mange i antall. Det kan også bety mange år, veldig stor, veldig god kvalitet. Hva enn det brukes om, så finnes det masser av det. Det neste ordet er litt vanskeligere. *«Chalah»* betyr å gni eller å ha på seg. Det brukes symbolsk om å bli syk, svak eller dårlig, men også å stryke noen. Den engelske Bibelen bruker ordet «intreat» (formane) her. Det synes på det rene at en her snakker om en måte å oppføre seg på. En kan «formane» noen, men riktigere er det nok å si at en kan stryke hendene våre på ryggen til noen eller gni dem på en behagelig måte. Dette er kanskje slik man behandler noen når de er syke, men dersom de er friske, kan det være en måte å smiske med dem og glede dem på en fysisk måte.

Hvem er det så en stryker på ryggen? Det norske «storfolket» er på engelsk blitt til «prinser». Brukt som substantiv betyr dette en som er rik, gavmild, nobel, en prins eller en person som er storhjertet. Kanskje disse beskrivende ordene forklarer hvorfor noen stryker dem på ryggen? De gjør dette med et klart formål for å få noe. Når det på slutten står at *«alle er venner med den som gir gaver»*, så er det påfallende å tenke på den bortkomne sønnen som Jesus fortalte om. Så lenge han hadde penger, flokket folk seg rundt ham og hjalp ham med å bruke opp pengene hans. Når pengene var oppbrukt og han bøyde seg ned for å spise grisematen i grisebingen, så var alle de såkalte «vennene» hans borte vekk.

La oss være på vakt for smisking! La oss ikke smiske med andre, og la oss være oppmerksomme på falske venner som bare vil være venner med oss fordi de kan få noe av oss. La oss søke gode venner som står oss bi når vi har vanskelige dager og er fortvilte.

18. JUNI

«Vinen er en spotter, sterk drikk er en skrålhals,
vettløs er den som raver i rus.»
Salomos ordspråk 20:1

VIN OG STERK DRIKK

Det har blitt sagt og skrevet mye om alkoholen i Bibelen. Er det snakk om alkoholfri vin? Gir Bibelen totalforbud når det gjelder alkohol? Det er på det rene at mesteparten av vinene i Israel var alkoholholdige, og man så vel ingen grunn til å lage alkoholfri vin. Den som er en forstander eller pastor skal ikke være påvirket av vin eller sterk drikk, men dette er emner for en annen dag. Bibelen er full av advarsler om å drikke vin eller sterk drikke. Alkoholens virkninger på oss mennesker kan være frigjørende men hemmer vår logiske og moralske tenkning. Salomo skrev at *«vinen er en spotter»*. Det hebraiske ordet *«yayin»* betyr sprudlende, alkoholholdig vin som folk blir beruset av å drikke. Vår norske bibel sier at denne vinene er *«en spotter»*. Ordet som er oversatt som *«spotter»*, betyr å herme etter eller å latterliggjøre. Den bokstavelige betydningen er en som gjør narr av et språk ved å uttale det på en morsom måte.

Så sier Salomo at *«sterk drikk er en skrålhals»*. Ordet her for *«sterk drikk»* er ikke bare vin men sterk vin. Det er snakk om en alkoholholdig drikke som er sterkere enn vanlig vin eller øl. Ordet *«skrålhals»* er et utrolig fargerikt ord. Salomo sier her at den som drikke sterke drikker, lager utrolig mye bråk, gjerne brøler. Ofte brukes dette ordet for å beskrive en som går til krig (krigsbrøl), en som er utrolig sinna (sint brøl), en som er nedtrykt av sorg (høylydt klage og jamring), eller en som på en annen måte brøler ut. Det er altså selve styrken på bråket som her beskrives.

Den siste lille biten av verset ville jeg ha oversatt som *«den som blir lurt eller narret av disse er ikke vis»*. En må se hele verset i sammenheng med de to hebraiske ordene som faktisk står der og trekke med litt av betydningen av ordene som står tidligere i verset. For å si det tindrende klart: Dersom du lar deg friste av vin og sterk drikk, så er du dum.

19. JUNI

*«Å gjøre det som er rett og rettferdig,
er mer verdt for Herren enn offer.»*
Salomos ordspråk 21:3

VIKTIGERE ENN OFFER

I **Salomos ordspråk 21:2** leser vi: *«En mann kan synes at hele hans ferd er rett, men Herren prøver hjertene.»* Her er det ofte snakk om fokus og prioritering. Vi ser ting litt annerledes enn hva Gud gjør. Ofte ser vi på hva vi har oppnådd, men Herren ser på *hvorfor* vi har gjort det. Nok en gang blir vi tvunget til å innse at Guds tanker er så utrolig mye høyere enn våre tanker, og vi har problemer med å forstå Gud med våre små hjerner.

Det neste verset fortsetter i den samme gaten. Særlig for jødene som har vokst opp med Moseloven og fariseernes innviklede lover med offer og straff, så kan Herrens regler og lover synes å være ultimate og livsviktige. Da man ofret til Herren Gud i Det gamle testamente, så ble de fortalt at de gledet Herren ved å gjøre det. Ikke bare det, men når de forsøkte å leve etter en lov som det ikke går an å følge til punkt og prikke, så var ofringer måten de kunne bli tilgitt av en allmektig Gud. Dette verset minner oss om den skriftlærdes svar til Jesus i **Markus 12:32-33**: «Du svarer godt, mester! Det er sant som du sier: *Herren er én, og det er ikke noen annen enn han. Å elske ham av hele sitt hjerte og av all sin forstand og av all sin kraft og å elske sin neste som seg selv, det er mer verdt enn alle brennoffer og andre offer.»* Du kan ikke gjøre noe bedre enn å elske Gud av hele ditt hjerte og all din forstand og all din kraft. Da er det ingenting igjen. Det vil glede Herren mer enn alle mulige dyreoffer.

Hva ligger så bak disse to versene? Dersom vi ofrer til Herren for å bli renset, så kan det bli redusert til et ritual. Dessuten vil frelsen vår være avhengig av gjerninger – nemlig ofringene. Men nå har det perfekte offer-lammet blitt ofret slik at vi i dag slipper å ofre dyr til Gud. Kristus ble vårt offerlam, som ble ofret for våre synder slik at vi kan få Guds gave av evig liv bare vi tar imot Kristus. Alt vi trenger å gjøre, er å tro på Jesus og la Ham komme inn i våre liv. Han ønsker å komme inn i hjertene våre. Ja, se, Han står for hjertedøren og banker (**Johannes' åpenbaring 3:20**).

20. JUNI

«Lær den unge veien han skal gå,
så forlater han den ikke når han blir gammel.»
Salomos ordspråk 22:6

OPPLÆRING AV BARNA

I vår tid hvor både menn og kvinner klatrer på karrierestigen for å oppnå høy status og høy lønn, så har jeg lyst til å slå et slag for den ubetalte sliteren som går hjemme dag ut og dag inn og har som ansvar å ta vare på barna, selv om de skulle være mann eller kvinne. Heltidsbarnehager og SFO har gjort sitt til at foreldre nesten aldri ser barna sine, og oppdragelsen deres blir overlatt til barnehager og skoler med formålsparagrafer og lover. Jobben som det er å oppdra barna, er ikke sett på som noe viktig, og man betaler ofte i dyre dommer for at begge foreldrene skal kunne gå i jobb og for at de skal, når barnehage og barnepass er betalt, ha litt ekstra penger igjen.

Når Salomo her sier: *«Lær den unge veien han skal gå»*, hvem snakker han til da? Han snakker ikke til skoleverket eller til barnehagene men til alle mødre og fedre. Vi er de som skal velge ut hvilken vei de bør gå, tukte dem, trene dem og dedikere dem til all god gjerning. Dette er ingen liten oppgave, og dersom du gir denne jobben til andre, så mister du sjansen til å ha den store påvirkningen på barna dine som du burde ha. Påskuddet fra Salomo og vår Herre for å lære opp våre unge, og det bør vi starte tidlig med, det er at da vil barna fortsette å gå i den retningen vi har startet å gå sammen med dem. Riktignok gjør mange opprør mot regler og lover og voksne, men etter en periode med opprør blir de fleste barna ganske like foreldrene sine.

Hvorfor er dette viktig? Dersom du ønsker en kristen oppdragelse for barnet ditt, så er det absolutt viktig. Bønn og kristendom er på vei ut av skolene, og barna blir indoktrinerte med evolusjon og østlig meditasjon. Dette er grunnen til at mange i USA og England driver med «home-schooling», fordi skolene er fabrikker som produserer ateister. Vet du hva barnet ditt blir opplært i enten i barnehagen eller på skolen? Dersom du bryr deg om hva dine barn blir hjernevasket med, burde du kanskje finne det ut.

21. JUNI

«Vær ikke blant dem som drikker seg fulle på vin
og fråtser i kjøtt. For drankeren og fråtseren
blir fattige, den søvndrukne blir kledd i filler.»
Salomos ordspråk 23:20-21

FRÅTSING

Nok en gang blir leseren av Salomos ordspråk advart mot å drikke vin, men denne gangen er vindrikkeren koblet sammen med den som *«fråtser i kjøtt»*. La oss kikke litt nærmere på dagens tekst.

«Dem som drikker seg fulle på vin» er oversatt fra to ord på hebraisk. Det ene ordet betyr alkoholholdig vin, og det andre ordet betyr å bli påvirket av alkohol, d.v.s. å bli full. Ordet *«zalal»* betyr bokstavelig talt å bli ristet av vinden. I overført betydning betyr dette å miste sin moralske standard, være verdiløs eller bortkommen, nedblåst eller fråtsende. Når dette ordet blir satt sammen med et ord som betyr ferskt kjøtt, så er det på det rene at den personen det her snakkes om, mister sin verdighet eller moralitet på grunn av for mye kjøtt. Neste vers forteller oss at den som blir full av å drikke vin, og den som eter for mye kjøtt, vil bli fattige rent materielt sett ettersom de bruker alt sitt jordiske gods på å kjøpe seg gleder som vin og kostelig mat. De blir også *«søvndrukne»*, et ord som betyr at de blir trøtte slik at de får vanskeligheter med å fungere i hverdagen. Denne trøttheten vil forårsake at denne drankeren og fråtseren vil bli omslynget eller pakket inn med filler istedenfor vanlige klær.

Dagens skriftstedet er om de som drikker og spiser for mye. De som gjør det, blir ristet i vinden av sin egen fråtsing, og de vil merke at de har lite penger til andre ting. Ofte snakker vi om at folk bruker narkotika og alkohol til å flykte fra virkeligheten, men dette kan også gjelde sex og mat. Problemet med fråtsing av mat er at du er nødt til å ha mat for å overleve. Du kan slutte med narkotika og alkohol, og du kan til og med slutte med å ha sex utenfor ekteskapet, men du kan ikke slutte å spise. Dette gjør sitt til at dette kanskje er den kristnes største utfordring i moderne tid.

193

22. JUNI

«Sju ganger kan den rettferdige falle og reise seg opp igjen,
men de urettferdige snubler i det som er ondt.»
Salomos ordspråk 24:16

FALL

Ordlyden i den hebraiske originalutgaven er ofte litt annerledes enn i den norske og engelske Bibelen. Det er færre ord slik at en ofte må finne sammenhengen mellom ordene, og i våre moderne språk må vi ofte legge til noen ord for å få god flyt i verset og for å få frem betydningen. I dagens tekst er det første ordet «rettferdig». Det brukes om en mann – eller kvinne – som følger loven til punkt og prikke. I Det gamle testamentes tider ble jo Moseloven jødenes målestokk for å finne ut om noen var rettferdig i Guds øyne. Så følger verbet «å falle», som er brukt om å falle ned, falle bort eller til og med å bli kastet ned. Denne rettferdige mannen eller kvinnene faller ned syv ganger. Dette nummeret er et «kardinaltall» – det vil si at det ikke betyr at noen faktisk har falt ned syv ganger, men det er et tall som brukes som en illustrasjon eller en allegori. Nummer syv er det perfekte tallet – slik som syv dager lager en hel uke. På den måten er tallet syv også et uendelig nummer. Det spiller ingen måte hvor mange ganger en faller ned. Det essensielle her er ikke hvor mange ganger en faller, men at den som faller er «rettferdig».

Denne personen som faller ned, vil bli reist opp igjen. Ordet for å *«reise seg opp igjen»* betyr å fortsette, fullføre eller oppnå noe. Betydningen er klar. Den rettferdige som faller ned vil bli hjulpet opp igjen slik at han kan fortsette uansett hvor mange ganger han faller fordi Herren vil hjelpe ham. Til motsetning vil den *«urettferdige»* – den fordømte, onde, skyldige og ugudelige personen – falle ned i det onde, det vil si i stor sorg og store vanskeligheter. Det som er forskjellen på den rettferdige og den urettferdige, er at Herren er med den rettferdige. Den urettferdige kan ikke stole på Herrens hjelp, men Gud står alltid klar til å ta imot de som vil komme til Ham.

23. JUNI

«Som svalende snø når det er tid for å høste,
er et trofast sendebud for den som sendte ham,
han gir sin herre nye krefter.»
Salomos ordspråk 25:13

SVALENDE SNØ

Hvilken rolle spilte snøen for Salomo for ca 3000 år siden? Hva betyr dette verset som Salomo skrev? La oss plukke verset litt fra hverandre.

Det første hebraiske ordet i dette verset er «tsinnah». Bokstavelig betyr dette en krok. Det brukes av den prikkende følelsen en får av kulden med gåsehud og kalde gys. Dette ordet settes sammen med «hvit snø», så det er helt på det rene at en snakker om snøens kjølende effekt på oss mennesker. Denne snøen blir plassert i en bestemt tid. Bokstavelig er denne tidsrammen fra soloppgang til solnedgang, den tiden som er varmest på dagen. Denne dagen er tiden for innhøstning, når grøden blir tatt inn i hus. Dette blir igjen sammenliknet med et trofast, permanent, kontinuerlig og pålitelig sendebud, forkynner eller ambassadør. Dette pålitelige sendebudet er blitt sendt for å gi eller forårsake glede, appetitt eller generelt liv for den som eier ham.

Faktisk var ikke snø et fremmed fenomen i Israel. Man laget underjordiske snø-hus hvor de på sommeren kunne kjøle ned vinene som de drakk. Det må ha vært veldig behagelig for israelittene å kunne nyte kald drikke under innhøstningen. Dette var imidlertid ikke noe alle kunne nyte godt av men var reservert for enkelte utvalgte. Dersom en landeier imidlertid hadde tilgang til et slikt snø-hus, så ville sikkert arbeiderne bli belønnet for sitt harde arbeid med svalende drikke. Akkurat som denne mesterens sendebud var pålitelig, så gledet snøen den varme og svette arbeideren.

Nøkkelordet her er den trofaste arbeideren. Den som jobber hardt, vil bli belønnet av arbeidsgiveren sin med forskjellige goder.

24. JUNI

«Svar dåren like dumt som han spør,
så han ikke blir vis i egne øyne.»
Salomos ordspråk 26:5

SVAR EN DÅRE

Når en person er overgitt til dumme, skeptiske argumenter relatert til Gud og Hans ord, så er det bortkastet tid å krangle med ham. Men dersom han påvirker andre og blir selvhøytidelig i sin villedelse, så er det kanskje nødvendig å motsi dumskapen hans med solide bevis. Det første ordet i dette verset er «*svar*». Her menes å legge merke til eller vende oppmerksomheten mot noen for så å respondere. Samme ordet som er brukt her, brukes også om å gi vitnesbyrd i en rettssak. «*Dåren*» betyr bokstavelig en fet person men blir billedlig brukt om en som er dum eller tåpelig. En skal gjengjelde dumskap med dumskap, tåpelighet med tåpelighet, enfoldighet med enfoldighet. Dette slik at «*dåren*» ikke blir intelligent, talentfull eller lur i sine egne øyne.

Dette er to forskjellige tekster som omhandler to forskjellige situasjoner og personer. Det ene rådet passer best i en situasjon og det andre i en annen situasjon. Noen er det best å gjøre narr av slik at de innser sin egen dumhet og forandrer seg, men andre vil bli provosert av det vi sier, og da er det best for oss å tie stille. Guds visdom vil vise oss hva vi skal gjøre og i hvilken situasjon. Det kan virke rart at Bibelen kaller folk for «dårer». Den sier rett og slett at noen mennesker er dumme. Det er viktig å poengtere at de som Bibelen kaller for dumme, er de som ikke følger Guds bud. Dette fordi det leder til evig fortapelse for den personen det gjelder. De som er vise og forstandige, vil invitere Jesus Kristus inn i hjertet sitt og få evig liv på kjøpet.

196

25. JUNI

«Jern kvesser jern, og det ene mennesket kvesser det andre.»
Salomons ordspråk 27:17

JERN KVESSER JERN

S alomo var godt kjent for alle ordtakene sine. Den første delen av dette verset er godt kjent for mange arbeidere i mange land. *«Jern kvesser jern»*, og det er noe som alle vet som slår gresset med en ljå. Når ljåen blir sløv etter bruk, så må man bort til slipesteinen og slipe den. Den som ikke har en slipestein har gjerne et bryne av jern i baklomma. Når ljåen blir sløv, spytter bonden på brynet før han bryner, sliper eller kvesser ljåbladet slik at det blir skarpt igjen.

Det hebraiske ordet *«barzel»* betyr jern og brukes særlig om økser. Her står det helt klart at *«barzel»* kvesser, sliper eller bryner *«barzel»*, og om dette hersker der ingen tvil. Litt mer uvant er det å se ordet kvesse, slipe eller bryne blir brukt om mennesker. En individuell mann, som for så vidt kan være hvem som helst, *«kvesser»* en annen. Ordrett står det faktisk at en mann kvesser ansiktet til sin venn. Det kan også oversettes som nabo, husbond, bror, elsker eller venn. Det er vennens fremtoning som blir kvesset. Ordet som blir brukt, kan brukes bokstavelig (ansikt) eller billedlig, noe som gir utallige variasjoner av ordet, men det har å gjøre med hvordan vi ser eller oppfatter vår venn.

En mann som sitter i et hjørne og leser bøker, vil bli full av teoretisk kunnskap. Sann visdom får en først når en går ut i livet og setter denne teoretiske kunnskapen i praksis. Hardt arbeid former mannen og kvinnen og gir dem essensiell erfaring. Den som arbeider, får føle gleden over å mestre vanskelige oppgaver, og hardt vær former både arbeiderens utseende og lynne. Gode mennesker oppsøker stort sett gode mennesker slik at de skal hjelpe å forme dem, mens onde mennesker ofte oppsøker syndige folk og steder hvor de kan tilfredsstille sine lyster. Alle blir vi påvirket av andre mennesker, og alle blir vi hjernevasket av andre. Velg selv hvem du ønsker skal påvirke deg! Hvilket jern skal kvesse deg? Jeg har valgt hvem jeg ønsker å bli kvesset av. Vi burde alle ha gudfryktige menn og kvinner som våre forbilder og tillate oss å bli kvesset av dem.

26. JUNI

«De onde skjønner ikke hva som er rett,
men de som søker Herren, forstår alt.»
Salomos ordspråk 28:5

FORSTAND

«*D*e *onde*» her i dagens tekst er «onde menn». Ordet som egentlig skulle ha blitt oversatt som «menn», betyr bokstavelig talt «dødelige», det vil si alle vanlige mennesker som har blitt født og skal dø en gang her på jorden. Det gjelder altså menneskeheten generelt og brukes både om menn og kvinner. Disse «dødelige» er «*onde*» på en naturlig eller moralsk måte. De fører til fiendskap, konflikter, sorg, ubehag, nød, stor skade, elendighet og trøbbel. Dette er ikke personer du ønsker å være sammen med. Disse onde og dødelige menneskene kan ikke rent intellektuelt forstå Guds lover og dom. Ordet som her er oversatt som «*skjønner ikke hva som er rett*», er et ord som brukes om en dom som faller i en rettssak. Dette er åpenbart brukt om Guds rettferdige bud og følgende straff for dem som blir funnet skyldig i å bryte dem.

Men de som aktivt søker, ber etter, strever etter eller på en annen måte skaffer seg adgang til Jehova, han forstår tingenes sammenheng, blir lur og intelligent, smart og vis. Det står egentlig ikke hva han som søker Herren forstår, men han får gudommelig forstand fra Herren selv. Som vi vet, er frykten for Herren begynnelsen på visdom. Tegnet på en virkelig vis og forstandig mann er en som innser hvor små og ynkelige vi mennesker er og innser at den eneste måten vi kan komme til himmelen på, er ved å ta imot Jesus Kristus som vår personlige Frelser. Ingen annen kunnskap kan overstige dette. Den som innser hvor velsignet godt livet blir når en tilhører Herren, viser at han har stor forstand. Dåren har sagt i sitt hjerte at det finnes ingen Gud. Vær forstandig – tro på Gud og Hans ord!

27. JUNI

«Den som skjuler syndene sine,
skal ikke lykkes; den som bekjenner
og vender seg fra dem, finner barmhjertighet.»
Salomos ordspråk 28:13

SYNDER I SKJUL

Dagens skriftsted snakker om å «skjule» eller «dekke over» syndene. Ordet som er brukt her, brukes ofte om å kle på seg og dekke kroppen eller huden med klær. På samme måten snakkes det her om en som dekker over sin synd, sitt opprør mot Gud, sine overskridelser av Guds lov. Den som gjør dette, skal ikke komme langt i bokstavelig eller billedlig forstand. Han vil ikke bryte ut, han vil ikke bli mektig, og han vil ikke bli velstående. Kort sagt: Han *«skal ikke lykkes«.*

Så nevnes *«den som bekjenner og vender seg fra»* syndene sine. Ordet *«bekjenner»* betyr bokstavelig en som holder ut hånden. I religiøs sammenheng betyr det noen som gir ære eller tilber, som under bekjennelse eller lovprisning. Løfte hendene ble ofte brukt når jødene tilbad Herren. Når vi løfter hendene våre opp, er det ikke bare fordi Bibelen sier at vi skal løfte våre hender til Herren, men vi viser at hendene våre er tomme – at vi ikke skjuler noe i hendene våre. Overfor andre kan vi vise ved å løfte hendene våre at vi ikke har noe våpen og ikke er noen trussel for dem. Hendene viser at vi ikke har tatt med noe av synden vår, men at vi overgir oss til Gud og ønsker å komme rene fremfor Ham. *«Vender seg fra dem»* bygger på et ord som betyr «å løsne». Det betyr i overført betydning å forsake, å forsterke, å hjelpe, å forlate og å nekte. Dette ordet blir sett sammen med «bekjennelsen» og blir da til metoden som brukes under «bekjennelsen». Ved å forsake, forlate og nekte å synde mer, hjelper og forsterker de bekjennelsen overfor Herren. De skal finne *«barmhjertighet»,* kjærlighet og nåde.

Vi må alle bekjenne syndene våre, nevne dem en etter en fremfor Guds trone i bønn. Hans nåde og miskunn er rik nok for alle som tror, og Han vil aldri vise bort en som i ærlighet søker Ham.

28. JUNI

«Hvem steg opp til himmelen og steg ned igjen?
Hvem samlet vinden i sin hule hånd?
Hvem lukket vannet inne i kappen sin?
Hvem fastsatte alle jordens grenser?
Hva heter han, og hva heter sønnen hans? Vet du det?»
Salomos ordspråk 30:4

AGURS VISDOMSORD

Det kan kanskje komme som en overraskelse for noen, men Salomo skrev ikke hele Salomos ordspråk. I **Salomos ordspråk 30** blir vi introdusert for Agur, sønn av Jake. Navnet «Agur» betyr «samler» og Jake «lyttende». Dette kan være symbolske navn ettersom de ikke er nevnt noen andre steder i Bibelen (sammen med de andre navnene i **30:1**). Det er selvsagt mulig at dette var menn som Salomo kjente. Det viktige er imidlertid beskjeden de bringer, som Salomo mente var så viktig at den måtte tas med i boken hans.

I dagens tekst stilles sju retoriske spørsmål. Det første spørsmålet er likt det vi ser i **5. Mosebok 30:12**. Det er snakk om å erverve seg kunnskap om Gud, både om Hans vesen og Hans design. Hvordan er kunnskap om Gud kommet oss for øre? Kristus var Gud i kjødet, som steg ned for å fortelle oss om Faderen og hvordan vi kunne komme til Ham. Hvem samlet vinden i sin hule hånd? Det har Gud gjort, men vi husker at Jesus kommanderte vinden til å være stille, og vinden adlød Ham. Hvor stor er ikke Guds autoritet når selv naturen adlyder Ham. Det er åpenbart her først og fremst snakk om Gud Faderen og Hans Sønn, Jesus Kristus. Gud Faderen fastsatte alle jordens grenser og avgrenset vannet. Dette peker tilbake mot skapelsen og var kjent lærdom hos alle jøder.

29. JUNI

«Ord fra kong Lemuel, lærdom hans mor ga ham.»
Salomos ordspråk 31:1

KONG LEMUEL

Siden det ikke var noen konge med dette navnet verken i Juda eller i Israel, og siden det er veldig usannsynlig at dette kapittelet refererer til en konge fra en av de hedenske nasjonene rundt Israel, så er det trolig at Lemuel (som betyr «tilhører Gud») ganske enkelt er et annet navn – eller tittel – for kong Salomo selv. Ordene er muntlige ord som er blitt fortalt til kongen. Det kan også bety bok eller krønike, men dette er i overført betydning. Det er jo da også skrevet ned for oss. De ordene som er overgitt til Salomo, er bokstavelig talt en «byrde», på norsk oversatt som «lærdom», på engelsk som «profeti». Ordet brukes ofte om en sang eller en hyllest. Kanskje mødrenes sang for barna var mer enn bare vuggesanger men også visdomsord. Selv om det ikke er ment som sang her, så er det likevel en naturlig del av mødrenes oppdragelse av barna å lære dem grunnleggende verdier i livet. Det var Batseba som var Salomos mor, så det kan være hun som er kilden og forbildet til det som står skrevet i **Salomos ordspråk 31**. Denne «lærdommen» ble «gitt» i form av disiplin. Det hebraiske *«yacar»* betyr å slå, disiplinere, korrigere og instruere. Det betyr også å straffe. Lærdommen til Salomo ble altså omhyggelig innprentet med autoritet.

Noen sier at det hebraiske ordet *«massa»* (oversatt *«lærdom»*), ikke betyr lærdom, visdom eller orakel, men ganske enkelt er et stedsnavn (Massa) og at denne kongen var derfra. Det er også dem som tror at hele kapittelet **(31)** var lagt til Salomos ordspråk etterpå. I så fall er det ingen åpenbar grunn til at dette kapittelet skulle blitt inkludert i Salomos bok. Om det var Batseba eller en annen kvinne som var moren her, så er kapittelet blitt inkludert i Guds ord som Hans inspirerte ord og burde være til lærdom for oss. Det kan ikke bare ha vært hvem som helst som har vært i stand til å forfatte disse vakre ordene som følger etterpå.

30. JUNI

«En dyktig kone – hvem finner vel henne?
Langt mer enn perler er hun verdt.»
Salomos ordspråk 31:10

DEN DYKTIGE KONEN

D ette kapittelet er et av de best kjente skriftstedene i Bibelen. Den «dyktige» konen er av mange kjent som en mal til hva en god kone burde være og gjøre. På engelsk heter det «virtuous woman», det vil si «dydige kvinne», en beskrivelse som muligens har en høyere målsetning. Ordet «dydig» kan ha to betydninger: (1) En kjønnslig uberørt kvinne. (2) En demonstrativt god og skikkelig elev. Problemet i vår dagligdagse tale er at begge disse betydningene er oppfattet som negative. Den egentlige oversettelsen av det hebraiske ordet er «kraftfull». I overført betydning snakker vi her om en hær, velstand, tapperhet, kraft, styrke, substans – og dyd. I gamle dager ble dyd sett på et sterkt karaktertrekk ved en person. Dagens syndige livsstil står i sterk kontrast til den «gammeldagse» rene måten å leve på.

Forfatteren sier i dette verset at en sterk, kraftfull kvinne er mer verd enn perler. Den som er hennes mester, husbond eller eier stoler helt og fullt på henne (**31:11**). Hun vil behandle ham godt og ikke ondt fra soloppgang til solnedgang (**31:12**), og hun arbeider flittig med ull og lin (**31:13**). Hun reiser ofte rundt på skip og drar langt for å finne sitt daglige brød (**31:14**). Hun står opp midt på natten slik at hun kan sørge for at husholdningen har mat, og hun har tid for tjenerne sine (**31:15**). Hun planlegger, kjøper og planter seg en vingård (**3:16**) med førstegrøden som hendene hennes har tjent.

Når en leser videre hvordan denne kvinnen spinner, mater de fattige og syr tepper og klær, så undres vi hvordan hun kan få tid til alt dette. Hun blir lovprist både av mannen sin og barna sine, ja, til og med de som styrer (sitter i porten) gir henne også ære på grunn av det hun gjør. Det at **31:10-31** er ordnet alfabetisk etter de 22 bokstavene i det hebraiske alfabetet (slik som **Salme 119**), så kan det virke som om disse punktene er det ideelle. Akkurat som Moseloven ser det umulig ut å oppfylle alle disse punktene. Dersom en har en kone som oppfyller noen av disse punktene, er man heldig. Det viktigste er at ekteparet har sin gudstro felles ettersom forskjellig tro definitivt vil være en stor belastning for forholdet.

JULI
–
JESAJAS PROFETIER

1. JULI

«Hør, dere himler og lytt, du jord, for Herren taler:
Barn har jeg fostret og oppdratt,
men de har satt seg opp mot meg.»
Jesaja 1:2

PROFETEN JESAJAS OPPGAVE

«Jesaja» betyr «Jehova er frelse» og er betraktet som en av de største profetene i Det gamle testamente. Boken hans inneholder de fleste og de viktigste messianske profetiene i Bibelen. Den blir delt på en naturlig måte inn i to deler: **kapittel 1-39** og **kapittel 40-66.** Liberale kommentatorer har lenge påstått at de to delene ble skrevet av to forskjellige forfattere. Det eneste som kunne tale for dette synet, er det faktum at bestemte tydelige profetier i den andre delen (**Jesaja 45:1-4**) ble oppfylt lenge etter at den «første» Jesaja døde. De liberale tror ikke på forutsigende profetier. Det nye testamente, derimot, inkludert Kristus selv, siterer fra begge delene og tilskriver alle sitatene til «profeten Jesaja» (**Matteus 3:3, 12:17-18, Lukas 3:4, Johannes 12:38-41, Apostlenes gjerninger 8:28-34, Romerne 10:16, 20**). Jesus sier at Jesaja skrev profetien i både **Jesaja 6:9-10** (sitert i **Matteus 8:17**) og **Jesaja 53:4** (sitert i **Matteus 8:17**) i tillegg til andre sitater fra begge delene.

Jesaja gjenga Herrens ord som kom til ham slik at de kom andre til del, akkurat slik som Gud ville at han skulle gjøre. Han har et universalt budskap i dagens tekst, til *«dere himler og ... du jord».* Herrens ord vedkommer både den rike og den fattige, den gamle og den unge, den frie og fangen, mann og kvinne. Han sier videre at Han har fostret opp barn som har satt seg opp imot Ham. Dette er uten tvil ment til Israel og Juda, som hadde vendt Ham ryggen. Jesaja skulle advare folket om den nært forestående straffen som skulle komme over dem når de skulle rykkes ut av sitt eget land og bli ført ut i landflyktighet.

Noe som gjør Jesaja enda mer spennende, er at han uttalte profetier om Kristi komme og endetiden, inkludert tusenårsriket og evigheten som venter. Jesaja har også mye å si om skapelsen, og det er en fantastisk bok som burde interessere alle kristne.

2. JULI

«Kom, la oss gjøre opp vår sak! sier Herren.
Om syndene deres er som purpur, skal de bli hvite som snø,
om de er røde som skarlagen, skal de bli hvite som ull.»
Jesaja 1:18

DISKUSJONER MED HERREN

I dagens tekst inviterer Herren oss til å komme til Ham og snakke ut om alt som vi lurer på eller plager oss. *«La oss gjøre opp vår sak»*, står det i den norske Bibelen. I den engelske Bibelen står det: «Come, let us reason together» – la oss resonere sammen, tenke fornuftig på det hele. På hebraisk står det at vi skal «bære» til Ham, og det kan sikkert gjelde alt tankegodset vi strever med å bære rundt med oss. Så skal vi diskutere med Gud. Ja, det hebraiske ordet kan til og med oversettes som krangle, men dersom vi vet vårt eget beste, er det best om vi lar Herren få det siste ordet.

Tro på skapelsens og gjenløsningens Gud er ikke bare godtroenhet, men det er fullt forenelig med all sann åndelig fornuft – en fornuftig tro. Dersom vi søker sann visdom, er det bare ett sted man kan få det – fra Ham som har skapt alt og satt i gang alle naturlovene. Ja, Han har lagt verdifull informasjon inni hver eneste celle som gror som forteller den hvordan den skal forme seg for å passe inn med alle de andre cellene.

Vi skal komme til Herren selv om syndene våre er som *«purpur»* eller *«skarlagen»*. Dette er slik jeg ser det en uriktig oversettelse av de hebraiske ordene. Det var ingen «purpur» (fiolett) i grunnteksten. Den første fargen er *«shaniy»* på hebraisk, og er på engelsk oversatt som «scarlet», en sterk rødfarge iblandet litt oransje. Det var denne fargen Jesus hadde på kappen sin da Han ble hengt på korset (**Matteus 27:28**). Dette var et bilde på synden Jesus tok med seg på korset. Den andre rødfargen, *«røde som skarlagen»* (engelsk: «red like crimson»), er et bilde på blod. Det kan bety Kristi blod på korset, men det kan også bety at selv om syndene våre er farget av noen andres blod (som ved drap), så er det fremdeles ikke umulig å få syndene vasket rene som snø. De eneste som ikke kan frelses, er de som sier «nei» til å la Den Hellige Ånd komme inn i livene sine. For en mektig og kjærlig Gud vi har som er villig til å tilgi oss alle synder dersom vi kommer til Ham!

3. JULI

«Da skal folk gjemme seg i fjellgrotter og jordhuler
for redselen Herren vekker, for hans storhet og velde
når han reiser seg for å slå jorden med skrekk.»
Jesaja 2:19

FREMTIDENS HULEBOERE

Profeten Jesaja profeterte om fremtiden, ikke bare for Juda og Israel, men også for hele verden, slik at vi skulle vite hva som skal skje. I **2:2** står det: «I de siste dager skal det skje», en ordlyd som gjør det tindrende klart at Jesaja snakker om fremtiden. Her hvor Jesaja henvender seg til Juda og Jerusalem (**2:1**), sier han at de skal *«gjemme seg i fjellgrotter og jordhuler»*, i huler formet i klipper og i støvet, med underbetydningen *«jordhuler»*. Mange tror at «huleboere» er noe som beskriver prehistoriske mennesker, men det finnes folk som bor i huler i dag, og ifølge Jesaja vil mennesker også i fremtiden bo i huler for å slippe unna Guds straffedom over jorden. De folkene det her er snakk om, er de som tilber avguder i Israel. De som vender seg fra Herren og tilber andre enn Ham, går alltid en utrygg fremtid i møte. De vil lide i frykt og skrekk for det som Herren vil straffe dem med. Gud vil vise sin majestetiske storhet når Han viser sin straff for avgudsdyrkerne.

Herren vil stå opp og, ifølge den hebraiske grunnteksten, riste jorden. Jordskjelvene skal bli så ille at folk vil ønske å dø. I **Johannes' åpenbaring 6:15-17** leser vi: «*Jordens konger, stormenn og hærførere, de rike og de mektige, hver slave og hver fri, alle gjemte de seg i huler og mellom berghamrer. Og de sa til fjellene og berghamrene: «Fall over oss og skjul oss for ansiktet til ham som sitter på tronen, og for vreden fra Lammet. For den store vredesdagen er kommet, og hvem kan da bli stående?»»* «Den store vredesdagen» er Bibelens betegnelse for det vi kaller «trengsels-perioden», en periode på 7 år da jorden vil lide under den kommende Antikrist. Menigheten skal i disse dager være bortrykket og være med Jesus i himmelen for så å returnere ved slutten av disse 7 årene. Etter at «trengsels-perioden» er over, vil Kristus så etablere sitt tusenårsrike og styre fra Jerusalem over hele jorden. Jesaja er vanskelig å forstå, men en god forståelse av Johannes' åpenbaring vil hjelpe med dette.

4. JULI

«Hva mer kunne gjøres med vingården min enn
det jeg alt hadde gjort? Hvorfor ventet jeg meg
gode druer når druene jeg fikk, var beske?»
Jesaja 5:4

HERRENS VINGÅRD

Som **5:3** sier, snakker her Herren direkte til og om innbyggerne i Jerusalem. Han bruker en vingård som et bilde på Jerusalem. Fortvilet spør Herren hva mer Han kunne ha gjort med vingården sin enn det Han allerede hadde gjort. Mange ganger hadde Gud advart dem om hva som ville skje dersom de ikke lyttet til Hans ord og fulgte budene Hans. Gud har gjort det Han kan for synderne. Han har jobbet iherdig med dem i det håp at de skulle produsere frukter som var gode, men når det gjaldt Israel, ble fruktene beske – eller, som det hebraiske ordet som er brukt her betyr – giftige.

I det neste verset (**5:5**) sier Gud hva Han vil gjøre med vingården sin – Israel. Han vil ta vekk gjerdet som beskytter vingården. Vingården vil bli brent opp, og fordi gjerdet er vekk, vil den bli nedtrådd av fiendene. Dette er et klart bilde til Israel om at deres fiender og ville dyr vil innta det. Dersom en ser dette skriftstedet i en billedlig betydning, kan en si at både menigheter og nasjoner som avskyr eller misbruker de religiøse privilegiene sine, vil bli overgitt til åndelig ødeleggelse. Denne blir ofte fulgt av tunge utvortes fordømmelser og resulterer i at kongedømmet blir tatt fra dem og gitt til noen andre.

Kanskje vi alle burde se livene våre som en vingård for Herren? Hvordan går det med plantene der? Produserer vi druer som Gud vil godkjenne?

5. JULI

«Da hørte jeg Herrens røst.
Han sa: «Hvem skal jeg sende, og hvem vil gå for oss?»
Jeg sa: «Jeg! Send meg!»»
Jesaja 6:8

«SEND MEG!»

Jesaja 6 starter med at Jesaja får et syn av Herren som sitter på sin trone i himmelen. Serafer omringer Ham og synger: «*Hellig, hellig, hellig er Herren Sebaot!*» (Herren, hærskarenes Gud.) Det står at boltene i huset ristet, og huset ble fylt av røyk. Jesaja ble forskrekket og ropte ut at han hadde urene lepper, noe som alle mennesker har på grunn av arvesynden fra Adam. En av serafene kommer da bort til Jesaja med en glo fra alteret som han bruker til å berøre Jesajas lepper. Med ett er Jesajas munn renset og synden hans tatt vekk. Han er gjort i stand til å bli brukt av Herren.

Når Herren kalte Jesaja til tjeneste, visste Jesaja hvem som snakket til ham. Samuel som barn hørte også Herren kalle på ham, men han trengte hjelp fra presten Eli til å fortelle ham at det måtte være Herren som ropte på ham. Gud har ropt på mange av sine tjenere opp igjennom tidene. Da Han kalte Jesaja, var svaret umiddelbart: «*Send meg!*» Gud kalte og Jesaja svarte. Kaller Gud på deg også? Du er kanskje ikke kalt til å være profet eller misjonær til andre himmelstrøk, men jeg tror at Gud har en oppgave som er bare for deg. Det eneste Herren krever, er at vi er villige til å bli brukt av Ham. Dersom Gud kunne snakke gjennom et esel, så kan Han bruke meg også.

Det første Gud sa etter at Jesaja hadde svart Ham, var ordet «*gå*». Det er det ordet Han har både til deg og til meg. Gå – til venner og familie. Gå – fra der du er i ditt åndelige liv og voks åndelig slik at Herren kan bruke deg enda mer. Gå – der du føler at Gud kaller deg til å gå. Gud har gitt deg en oppgave som bare du kan gjøre. Dersom du ikke var den eneste som kunne gjøre den oppgaven, hadde Han gitt den til en annen. Det finnes bare en deg, og alt vi trenger å gjøre, er å være trofaste overfor Herren.

6. JULI

«Derfor skal Herren selv gi dere et tegn:
Se, den unge jenta skal bli med barn og føde en sønn,
og hun skal gi ham navnet Immanuel.»
Jesaja 7:14

IMMANUEL

La meg kaste meg ut i det! Nyere bibeloversettelser har byttet ut ordet «jomfru» med «*den unge jenta*», og det er vel den betydningen vi oftest i dag legger i det ordet. Det hebraiske ordet «*almah*» kan oversettes som damsel (ugift jente), ung pike, hushjelp eller jomfru (uskyldig, det vil si uten seksuell erfaring). Det kan således forsvares at en bruker «*den unge jenta*» i oversettelsen da det ikke er direkte galt. Personlig foretrekker jeg «jomfru» både ut ifra sammenhengen i verset her og ut ifra at både Matteus og Lukas gjør det klinkende klart at Maria ikke hadde vært sammen med en mann seksuelt før etter at Jesus var født. Dette er en spesifikk profeti om Jesu fødsel av en jomfru som lenge har vært ventet på av menneskeheten. Dette kunne ikke være noe annet enn Herrens egen profeti i **1. Mosebok 3:15,** hvor kvinnens ætt (bokstavelig oversatt «kvinnens frø») skal knuse djevelens hode og frikjøpe ikke bare Davids hus men hele menneskeheten. (Mannen har vanligvis frøet, men når det gjelder jomfrufødselen, var det kvinnen som hadde frøet, innsatt av Den Hellige Ånd selv.)

Dersom det var snakk om at det var en vanlig ungjente som skulle føde, ville dette ikke være noe spesielt tegn. Det skjer hele tiden og til alle tider. Det spesielle her var at det var snakk om et mirakel. En jente skulle bli gravid uten å ha hatt sex med en mann. Umulig, sier du? Ingenting er umulig for Gud. Ellers var navnet til dette spedbarnet et stort hint om at dette ikke bare var noe vanlig barn. Immanuel betyr, som de fleste allerede vet, «Gud med oss». Gud, som har skapt hele universet, utvalgt seg Israel som sitt folk, ledet dem ut av Egypt og ført dem til det lovede land, skulle bli menneske og leve iblant oss. Med en kjødelig far ville Jesus ha fått del i arvesynden fra Adam, men Gud Faderen var faren Hans, så Han ble født uten synd av en uskyldig, urørt jomfru.

7. JULI

«For et barn er oss født, en sønn er oss gitt.
Herreveldet er lagt på hans skulder.
Han har fått navnet Underfull rådgiver,
Veldig Gud, Evig far, Fredsfyrste.»
Jesaja 9:6

ET BARN ER OSS FØDT

Dette er kanskje en av de mest fantastiske profetier som noensinne er gitt, uten tvil med referanse til løftet om den jomfrufødte Immanuel (**7:14**). Barnet som er født, er den menneskelige Jesus, født som et spedbarn, mens Sønnen som er gitt, er den evige andre personen i treenigheten forent i herlig forening – Gud med oss! Det er mulig at Hans første navn av Hans fire titler er et parallelt substantiv med de andre tre. *«Underfull rådgiver.»* Vitnesbyrdet om Jesus, til og med fra fiendene Hans, var at *«aldri har noe menneske talt slik som han»* (**Johannes 7:46**). «Veldig (mektig) Gud.» Dette er et fantastisk paradoks. Det hjelpeløse barnet i krybben er Den Allmektige Gud. Han har *«all makt i himmelen og på jorden»* (**Matteus 28:18**).

Hvordan kan den som er *«Evig Far»* også være «den gitte Sønnen»? Bare gjennom det uforståelige men fantastiske mysteriet om treenigheten. *«Jeg og Far er ett»*, sier Jesus (**Johannes 10:30**). «Fredsfyrste» indikerer at Han er den alle første lederen som vil bringe sann fred til verden. Melkisedek (som var enten en pre-inkarnasjon av Kristus eller et bilde på Kristus) blir kalt «konge av Salem», som betyr «fredskonge» (**1. Mosebok 14:18, Hebreerne 7:2**). Han er den store fredsmekleren (**Matteus 5:9**), som *«skapte fred ved hans blod på korset»* (**Kolosserne 1:20**).

Dette er intet vanlig barn som blir profetert her. Barnet som ble født i stallen i Betlehem, passer ikke bare til alle disse navnene, men Han skal styre hele verden fra Jerusalem gjennom hele tusenårsriket en gang i fremtiden.

8. JULI

«En kvist skal skyte opp fra Isais stubbe,
og et skudd skal spire fram fra hans røtter.»
Jesaja 11:1

DEN RETTFERDIGE KONGEN

For en gangs skyld vil jeg påstå at den norske oversettelsen er litt bedre enn den engelske. En kvist skal skyte ut fra Isais stubbe, og grønt vil vokse frem fra røttene hans. Isai var selvsagt far til kong David, så denne profetien hentyder at familietreet som kommer fra Isai, ville til slutt bli kuttet av (**Jeremia 22:30**). Senere ville et skudd av grønt på en eller annen måte vokse ut av den døde stubben. Dette ble oppfylt under jomfrufødselen av Jesus, den store Davids sønn. Spiren er ett av navnene til Kristus. I **Jesaja 4:2** leser vi: *«Den dagen skal Herrens spire bli til herlighet og ære og landets frukt til stolthet og heder for dem i Israel som slapp unna.»* Dette ordet er igjen brukt i **Jeremia 23:5, 33:15, Sakarja 3:8, 6:12**. Grunnen for bruken av denne terminologien finner vi i **Jesaja 11:1** (dagens tekst) hvor vi ser sammenlikningen med kongene som var Davids etterfølgere, og Jesus som også stammet fra David – og derfor også Isai.

Fordi fangenskapet i Babylon var et bilde på åndelig fangenskap under synden, så viser Jesaja oss her at sann frigjøring må komme gjennom Kristus. For likesom David kom ut fra Isai, så kom Kristus fra en fattig tømmermanns hus akkurat som ut av en død trestump. Ettersom Kristus ikke skal regjere her på jorden før i tusenårsriket, så er denne profetien ikke først og fremst myntet på Jesu første komme som et barn i stallen, men den peker fremover mot Jesu andre komme i endetiden. Hele dette verset gjelder Isai (eller Davids) kongelige etterkommere, hvorav Kristus er den siste.

9. JULI

«Klag, for Herrens dag er nær.
Som vold fra Den veldige kommer den.»
Jesaja 13:6

HERRENS DAG

E ndetiden har fått mange forskjellige beskrivelser, særlig trengsels-perioden. Det snakkes blant annet om «vredens dag», «Jakobs skjebne», «dommens dag», «prøvelsens tid» og «mørkets tid». Når Jesaja her sier *«klag, for Herrens dag er nær»*, så er dette med en henvisning til den tiden da Herren skal dømme verden i endetiden. Dette vil bli en sorgens dag for mange mennesker som tror at å gjøre noen gode gjerninger vil få dem til himmelen. Faktisk blir menneskene oppfordret til å hyle eller skrike. Herrens dag skal være voldsom, full av vold. Slik vold som legger landskaper øde etter at en fiende har utslettet alt som finnes. Kanskje «pulverisert» kunne passe her. Bare mennesker som har lidt stort under en voldsom krig, kan forstå hvor forferdelig Herrens dag vil bli.

En våken bibelstudent vil kanskje protestere og kommentere at det her er snakk om ødeleggelsen av Babylonia utført av Media og Persia. Det er nok riktig, men ofte har Bibelen en dobbel betydning. Riktignok kan det at hjertene smelter forklares med det sjokket som oppleves når en fiende angriper overraskende, men det at solen er mørk og at stjernene ikke gir sitt lys, virker som et klart endetidstegn. Dersom dette hendte på grunn av skyet vær, ville det ikke være så spesielt. Nei, her har Gud hindret solens lys på en mektig måte i endetiden. Jorden ristes, og Babylon blir lagt øde. Det skjedde ikke da Babylon falt under kong Belsasar. **Jesaja 13:11** gjør det klart at Herren her ikke bare vender seg mot Babylon men mot hele verden. Gud ønsker å straffe hele verden for ondskapen som finnes på jorden. Dette kan virke som om det enten peker mot trengselstiden eller mot dommen ved den store, hvite tronen helt på slutten av endetiden.

213

10. JULI

«Du har falt fra himmelen, du morgenstjerne,
morgenrødens sønn! Du er slengt til jorden,
du som seiret over folkeslag.»
Jesaja 14:12

LUCIFERS FALL

Det er fra dagens tekst vi har fått navnet «Lucifer» om djevelen. Det hebraiske ordet *«heylel»* er på latin oversatt som «Lucifer», «lysbære-ren» eller «den skinnende», som også er kalt for *«morgenstjerne»*, som er en henvisning til planeten Venus som kan sees om morgenen, og i romersk mytologi blir den fremstilt som djevelen. Selv om disse versene her primært omhandler Babylons konge, er det helt på det rene at mange av disse versene er myntet på en åndelig skapning med store evner og skjønnhet. Her finner vi det som førte til at Satan ble kastet ut av himmelen. Han ble meget selvopptatt og ønsket å sitte høyere enn Gud selv. Han sa: «Til himmelen vil *jeg* stige opp, høyere enn Guds stjerner reiser *jeg* min trone. *Jeg* tar plass der guder samles, på fjellet lengst i nord. *Jeg* vil stige opp på haugen av skyer og gjøre *meg* lik Den høyeste.» (**14:13-14.**) Lucifer ble for stolt og selvopptatt, og som straff ble han kastet ut av himlene. Det er også en av grunnene til at djevelen blir kalt «denne jordens gud» i enkelte sammenhenger.

Ettersom det er Jesus som er den sanne morgenstjernen (jfr. **2. Peter 1:19, Johannes' åpenbaring 22:16**), så er det klart for oss at djevelen forsøker å kopiere Gud og det Han gjør. Lucifer var en strålende engel, vakker og se til og høyt oppe i englenes hierarki. Etter at han falt har han kopiert den hellige treenigheten. Istedenfor Faderen, Sønnen og Den Hellige Ånd har Satan dyret, Antikrist og den falske profet. Disse vil alle ha sin rolle å spille i den fremtidige endetiden.

11. JULI

«Se, der kommer et tog av vogner med folk og hestespann!»
Så tok han til orde og sa: «Falt, falt er Babel!
Alle byens gudebilder ligger knust på jorden.»»
Jesaja 21:9

BABYLONS FALL

Jesaja forteller her om en storm som kommer fra Negev-ørkenen. Selv om identifiseringen av «Elam» og «Media» i **Jesaja 21:2**, så er det på det rene at teksten igjen har en dobbel betydning. En kvinnes rier blir ofte brukt som et bilde på de forferdelige tilstandene i trengselsperioden (**21:3**), og etter Herrens råd blir det satt ut en vaktmann (**21:6**). Jesaja skriver på hebraisk at vaktmannen i **21:8** ropte: «Se, en løve!» Det er en liten kuriositet som ikke er med i denne norske oversettelsen. I 1988-oversettelsen står det: *«Da roper han (vaktmannen) som en løve.»* En fortolkning er at Darius fra Media blir sammenliknet med en løve. Løven er generelt et bilde på en konge, og dette kan det nok finnes flere teorier om.

Budskapet til denne «løven» finner vi i dagens tekst. Her ropes det ut: *«Falt, falt er Babel* (Babylon)! *Alle gudebildene har han knust og kastet til jorden.»* Historien slik vi leser den, ser ved første øyekast ut som om det bare gjelder Media og Persia og deres invasjon av Babylon, som vi kan lese nærmere om i profeten Daniel. Men det er for meg åpenbart at det her også gjelder det som skal skje i fremtiden i endetiden. Hvorfor sies det her i Jesajas syn at alle gudebildene er blitt knust og kastet på jorden? Var Darius virkelig opptatt av de avgudsbildene de tilba i Babylon på Nebukadnesars tid? Selvsagt ikke! Dersom det var den hellige løven, kongenes Konge, det var snakk om som hadde utslettet Babylon i en fremtidig krig, så ville det virke fornuftig at alle avguder ble knust og kastet vekk.

Da Johannes skrev Johannes' åpenbaring, hadde han ganske sikkert ikke Darius i tankene da han skrev: *«En annen engel fulgte etter og sa: Falt, falt er Babylon den store, hun som har skjenket alle folkeslag med vredens vin fra sitt horeri.»* (**Johannes' åpenbaring 14:8**, jfr. **18:2, 21.**) Selv om Babylon i Johannes' åpenbaring av de fleste kommentatorer blir identifisert som Roma, så er likheten mellom disse versene slående. I Bibelens siste bok er det en engel som roper ut budskapet om Babylon, og selv om det er snakk om Babylon eller Roma, så er det her snakk om Herrens dom som faller over byen. Det er ingen tvil når det gjelder endetiden: Gud Herren vil stå som den siste og største seierherren, og alt det onde vil bli kastet i ildsjøen.

12. JULI

«Se, Herren herjer jorden og legger den øde,
fordreier ansiktet på den og sprer dem som bor der.»
Jesaja 24:1

DEN STORE OMVELTNINGEN

I Jesaja 24-27 løper det profetiske synet forover til dommen i den store trengselstiden i endetiden på en mer direkte måte. De dekker mer eller mindre de samme hendelsene som i **Johannes' åpenbaring 6-20**. Ødeleggelsen av jordskjelv og andre forferdeligheter i de siste tider vil gjøre jordens overflate pjuskete og nesten tom for mennesker. Dette første verset summerer sluttresultatet av den forferdelige tiden som skal komme snart. Noen kommentatorer peker på at *«erets»*, som oversettes *«jorden»* både her og i **1. Mosebok 1:1,** også kan oversettes som et bestemt stykke land eller jord. De mener at disse tre versene i Jesaja derfor bare handler om Israel, siden Jesaja henvendte seg først og fremst til dem da han skrev denne boken. Det passer imidlertid bedre med en verdensomspennende kataklysme, slik som er beskrevet i Johannes' åpenbaring. Sammenlikning mellom de to bøkene viser likhetene og at det trolig er snakk om de samme hendelsene.

Herrens dom her er ganske alvorlig. Ifølge den hebraiske grunnteksten tømmer Herren jorden for mennesker, utsletter den, bøyer den, snur den opp ned, knuser den og setter den ned igjen. Det er vanskelig å se at dette kan gjelde bare et begrenset område. Absolutt alle som bor på jorden blir sønderknust slik at de skriker i fortvilelse (**Jesaja 24:2, 11**). Konklusjonen finner vi i **24:16,** hvor de roper: *«Det er ute med meg, ute med meg, ve meg!»* Når dette skjer, skal menigheten være i himmelen med Kristus. Jødene er fremdeles på jorden samme med *«de som bor på jorden».* Det er et skille mellom dem som bor på jorden, setter sin lyst til ting på jorden og har sitt hjem på jorden. Særlig i Johannes' åpenbaring skilles det mellom de som bor på jorden, og dem som har sitt hjem i himmelen.

13. JULI

«Gå, mitt folk! Gå inn i dine rom og lukk dørene etter deg!
Hold deg skjult et øyeblikk til harmen er gått over!»
Jesaja 26:19

GUDS UTVALGTE FOLK I TRENGSELSTIDEN

«*Harmen*» det snakkes om i dette verset, er en av beskrivelsene av trengselsperioden på 7 år. I denne perioden vil israelerne bli bevart på en overnaturlig måte av Gud i ødemarken (**Johannes' åpenbaring 12:13-16**). Israel er Guds utvalgte folk, og etter at menigheten er rykket bort, vil Herren igjen lede sitt folk. Jøder som er født på ny vil sikkert ha blitt rykket opp til himmelen sammen med menigheten, men jødene som nektet å ta imot Jesus, vil få en ny sjanse når de går gjennom trengselsperioden. Daniels 70. årsuke vil bli tung og vanskelig for Israel, men Herren vil være med dem. Det er litt artig at den norske Bibelen sier «*gå*» i dette verset mens den engelske sier «kom». Poenget er, som jeg tidligere har sagt, at vi er i bevegelse. Det er vanskelig å styre en bil som står i ro. Det er også vanskelig for Gud å styre i livene våre dersom vi står på stedet hvil i våre åndelige liv. «*Mitt folk*» gjør det helt klart at Herren snakker til jødene. Han har ikke glemt den, men i denne tidshusholdningen er det menigheten Han først og fremst jobber med. Når menigheten er borte fra jorden, vil Han igjen lede Israel.

Så sier Herren: «*Gå inn i dine rom og lukk dørene etter deg!*» Vi burde alle til tider trekke oss tilbake til et privat sted og lukke døren slik at vi kan be til Herren i fred og uten forstyrrelse. Her er det ikke bare stillheten og tid alene som er beskrevet, men en tilbaketrekking til et trygt sted mens krig eller storm raser utenfor huset vårt. Vi vet fra de hellige Skriftene at Gud vil bevare sitt folk Israel gjennom den forferdelige trengselstiden. Når alle folkeslag – alle nasjoner – går mot Israel, så vil Herren huske på dem og fri dem ut av det som sikkert vil se ut som en sikker utryddelse av jødene. De har overlevd all forfølgelsen i fortiden, og de vil gjøre det samme i fremtiden.

14. JULI

«Den dagen skal de døve høre skrevne ord,
og selv i skumring og mørke skal blindes øyne se.»
Jesaja 29:18

DEN DØVE OG DEN BLINDE

La oss se litt på hva som står skrevet i dagens tekst. Midt på dagen, når dagen er varmest, vil de døve høre og forstå ordene som blir lest fra boken (Herrens bok), og de blindes øyne skal se både bokstavelig og billedlig i skumringen og mørket. Dette mørket kan være et fysisk mørke eller et fortapelsens mørke. En kan si at det hele høres mirakuløst ut, om det er en fysisk eller allegorisk fortolkning her. La oss først se på en bokstavelig betydning og fortolkning av dette verset. Gud er allmektig og kan uten problemer få en som er døv til å høre og en som er blind til å se. Jesus gjorde dette flere ganger i evangeliene etter Matteus, Markus, Lukas og Johannes. Jesus ga synet til folk som var født blinde, noe som aldri hadde blitt observert tidligere i Israel. Helbredelsene som Jesus utførte viste at Han var Guds Sønn som kunne utføre mirakler. Jesus hadde medlidenhet med dem som var blinde og døve, og Han helbredet mange av dem. Likevel synes Han at syndenes forlatelse var et enda større mirakel enn dette.

Likevel synes det klart at Herren her hadde en profetisk og mer billedlig mening i tankene i dette verset. Fokuset i dette verset på en bok eller et skrevet ord gjør at vi tenker spesielt på Guds profetier om fremtiden. De som er døve, skal høre og forstå det skrevne ord når det blir fortalt til dem. De som er omringet av syndens mørke, skal kunne se og forstå det som Herren har åpenbart. Det som har blitt åpenbart for oss, er fult mulig å forstå. Da Jesaja sa disse ordene, må folk ha ristet på hodet uten å forstå hva de betydde. Slik er det ikke nå lenger. På grunn av bøker som Jesaja og Johannes' åpenbaring, har vi fått Guds levende ord rett i fanget. Her kan vi lese om hva som skal skje i fremtiden, når Jesus kommer tilbake for å hente menigheten til seg. Riktignok er det noe som fremdeles er skjult for oss, men ifølge Jesus har alt det vi trenger å vite, blitt åpenbart for oss. Det er derfor vi ikke trenger flere åpenbaringer etter at Bibelen er blitt ferdig.

15. JULI

«Nå lar jeg skyggen på Ahas' solur gå ti streker tilbake,
like langt som den før har gått fram.
Og solen gikk ti streker tilbake,
like langt som den før hadde gått fram.»
Jesaja 38:8

SOLENS TILBAKEGANG

I Jesaja 38 leser vi om den tiden da Judas konge Hiskia ble dødssyk. Gud ga ham en advarsel og sa at han måtte gjøre seg klar, for nå skulle han snart dø. Kongen ble grepet av dødsangst, og med gråt i halsen ba han på sine knær ydmykt om å få leve lenger. Gud syntes synd på den fortvilte kongen og bestemte seg for at kong Hiskia skulle få leve i 15 år til. For å bevise at Hiskia hadde funnet nåde for Herren, sa Herren Gud at Han ville gjøre noe spesielt. Han ville la solen gå tilbake litt på himmelen. Gud sier her at Han vil få skyggen til å gå tilbake. Høyden på solen vil gå nedover med ti «høyder» (grader) på Ahas sin solhøydemåler (solur).

Herodotus hevder at soluret og dagens inndeling i 12 timer stammer fra babylonerne og at kong Ahas hadde lånt oppfinnelsen fra dem. På grunn av forbindelsen hans med Tiglat-Pileser, så kunne han absolutt ha gjort dette (**2. Kongebok 16:7, 10**). Disse «strekene» eller «høydene» ble altså vist på et solur med flere streker eller grader på. Skriveren Josefus trodde at disse strekene var trinn opp mot Ahas sitt palass og at tiden ble bestemt i henhold til hvor mange trinn skyggen dekket. Det er trolig at soluret var plassert slik at den syke kongen kunne observere Guds mirakel fra soverommet sitt. Dersom en sammenlikner med **2. Kongebok 20:9,** så er det åpenbart at soluret var lett synlig, kanskje i den indre forgården (**20:4**) hvor Jesaja kom med det gode budskapet til kongen. Riktignok står det *«den indre byen»* i den norske oversettelsen, men det er mest troverdig at kongens egen forgård var et mer trolig oppholdssted for den syke kongen, slik som det er oversatt i den engelske Bibelen.

Gud gjorde et stort mirakel den dagen. Han som skapte himmelen og jorden kunne lett få solen til å gå litt tilbake på himmelen. Det at Han helbredet Hiskia synes å være et mye mindre mirakel enn å flytte på solen.

16. JULI

«Han troner over jordens krets, og de som bor der,
er som gresshopper. Han brer himmelen ut som et slør
og spenner den ut som et telt til å bo i.»
Jesaja 40:22

JORDENS SIRKEL

Dagens tekst sier at Gud sitter (i overført betydning styrer) over jordens sirkel. Det hebraiske ordet *«chuwg»* har tre betydninger: sirkel, bane eller kompass – alle tre er runde. Ordet er også brukt i **Job 26:10** og **Salomos ordspråk 8:27**. Det er helt klart fra sammenhengen at det snakkes om jordens sirkel – det faktum at jorden er rund. Videre står det at de som bor på jorden, er som gresshopper. En sammenlikning for oss er gjerne når vi skal ut og fly. Før vi stiger gjennom skylaget ser vi ned på bilene som snegler seg av sted, og de ser ut som små maur for oss. På samme måten må vi se utrolig små ut for Gud når Han ser ned på oss. Dette gjør bare Guds kjærlighet mot oss enda mer utrolig og underfull.

Så skriver Jesaja at Herren strekker ut himlene lik et slør, som et telt (tabernakel) som det går an å bo i. Selv om *«shamayim»* er en flertallsform (ord på hebraisk som ender på -im betyr minst tre), så bruker oversettelsene oftest bare å si himmelen. Det er en himmel her på jorden som omfatter atmosfæren vår, så har vi himmelrommet (eller verdensrommet), og til slutt himmelen der Gud bor – som er i en annen dimensjon enn den vi bor i. Det er her helt på det rene at det snakkes om atmosfæren som gjør jorden vår mulig å bo i ettersom vi kan puste her. Det gjør jorden til et helt spesielt sted hvor liv kan eksistere, noe vi så langt ikke har funnet andre steder i universet. Man kan gjerne tenke på dette sløret som en paraply som beskytter oss mot ultrafiolette stråler fra solen. Dette uttrykket referer til markisen som de i orientalske land trekkes ut over den åpne, indre forgården i huset for å beskytte mot regn eller sterk sol.

Dette skriftstedet er igjen en påminnelse om at jorden var rund og ikke flat som en pannekake. På en tid da mange sjøfolk var redde for å seile over verdens ende og falle ned i evigheten, så har de som følger Bibelen hele tiden visst at jorden var formet som en sirkel.

17. JULI

«Vær ikke redd, Jakob, du vesle mark, og dere, Israels menn!
Jeg hjelper deg, sier Herren. Israels Hellige løser deg ut.»
Jesaja 41:14

JAKOB OG ISRAEL

Det kan være på sin plass her å minne om at Bibelen sier «frykt ikke» hele 365 ganger, en for hver dag i året. Dersom Gud sier at vi ikke skal frykte, så kan vi trygt gjøre det – vi som tilhører Herren og har bedt Jesus frelse oss fra all synd. Når evigheten er ordnet opp i, er det ingenting igjen å være redd for. Her er det Jakob og Israel – som er de samme folkene – som ikke skal være redde. Men hvorfor kaller Herren dem for en liten mark? Flere forklaringer er tilbudt av forskjellige kommentatorer. Noen peker på at en mark er liten og forsvarsløs. Dette var jo grunnen til at Gud hadde utvalgt dem til sitt folk i begynnelsen (se **5. Mosebok 5:5**). En annen var markens styrke – at selv om den var liten med en myk munn, så kunne den med tiden bite seg gjennom hardt treverk og forårsake stor skade. En siste mulighet kan være at dette ordet for mark som er brukt her, kan bety de verdifulle markene som ble brukt til å frembringe en spesiell rødfarge som var meget dyrebar og bare kunne kjøpes av de som hadde penger å avse. Kanskje bruken av ordet «*mark*» her kan forklares med alle tre forklaringene.

Til slutt forsikrer Herren at Han skal hjelpe dem og løse dem ut. Å løse ut noen betyr å kjøpe dem fri. På den måten blir dette verset fullt av bilder på Kristus. Kristus skal utgyte sitt blod som har den dyrebare rødfargen som disse markene lager. Og Hans død og frivillig utgytte blod på korset var prisen som skulle til for å kjøpe oss alle fri fra evig død og fordømmelse. Jesu blod er nok til å kjøpe oss alle fri fra syndes lønn, som er døden – evig fordømmelse i helvete.

Når det gjelder profetier om endetiden, så blir vi igjen minnet på at Gud vil aldri forlate sitt utvalgte folk. Han vil lede Jakob (Israel) gjennom trengselsperioden mens vi som tror på Ham i dag, er i himmelen med Kristus.

18. JULI

«De første ting, se, de er kommet. Nå forteller jeg noe nytt.
Før det spirer fram, får dere høre om det.»
Jesaja 42:9

OM FREMTIDEN

De første tingene har kommet. Det som tidligere var fortalt jødene, var gått i oppfyllelse. Vi kan si det samme i dag. Mange av profetiene har allerede gått i oppfyllelse. Ikke bare spesifikke profetier om land og herskere, men alle profetiene om Jesu første komme i Betlehem av en jomfru i en stall og alle de miraklene Han gjorde. Alt dette har allerede skjedd. Mange av Det gamle testamentes profetier har gått i oppfyllelse på en bokstavelig og presis måte. En av de siste profetiene som har gått i oppfyllelse, er etableringen av nasjonen Israel, noe som skjedde som lyn fra klar himmel. De oppfylte profetiene er et av de overnaturlige elementene som beviser at Bibelen er Guds ord, ikke bare menneskeord.

Men så skriver Jesaja: *«Nå forteller jeg noe nytt.»* Israel ville få høre om ting som skulle skje i fremtiden lenge før det skjedde. Profetier om Jesu andre komme, endetiden, trengselsperioden og tusenårsriket, bare for å nevne noe. Disse tingene Jesaja fortalte om skulle «spire frem», vokse ut, en gang i fremtiden. De ville ikke få se det med sine egne øyne. Disse fremtidige profetiene var hovedsakelig om Messias, en som jødene ville vente på, men forkaste når Han endelig kom.

Jesaja er kjent som kanskje den største profeten i det Det gamle testamente. Du kjenner sikkert til både Jeremia, Esekiel, Daniel, og kanskje til og med Sakarja, men Jesaja er med sine 66 kapitler en absolutt tungvekter når det gjelder profetier. I Det nye testamente har du selvsagt Johannes' åpenbaring som står i sin egen særklasse, men alt er ikke nevnt der.

19. JULI

«Så sier Herren, han som gjorde vei gjennom sjøen,
en sti i det veldige vannet,»
Jesaja 43:16

VEI I SJØEN

I dette og det neste verset finner vi ikke hva Gud sa, men vi finner en beskrivelse av en av Herrens største undere. Mange kommentatorer og teologer har forsøkt å bortforklare dette miraklet med å si at det var en sivsjø, ikke Rødehavet, som nasjonen Israel krysset da de var på flukt fra Egypt. En forsøker å bortforklare miraklet med en sesongbasert fønvind som skulle ha fått vannet til å enten bli så lavt eller helt borte slik at folkemassen kunne gå trygt over «sjøen».

Dette er ikke hva Bibelen sier. Den sier at det var hav som sperret for nasjonen Israels fluktmuligheter. Først da Moses holdt staven utover sjøen, beveget vannet på seg. Vannet stod som en mur både på høyre og venstre side mens jødene krysset havet på tørr grunn (**2. Mosebok 14**). Og da Israel hadde kommet over til den andre siden, lot Herren vannet vende tilbake slik at det druknet den egyptiske hæren som fulgte etter dem. Egypterne bøyde seg ikke ned i et grunt vann og druknet. Dette var akkurat slik vi ser det i den gamle filmen «De ti bud» med Charlton Heston som Moses. For en Gud som har skapt hele verden er det en smal sak å skubbe vekk litt vann. Husk at det var ikke Moses som utførte miraklet men Gud selv. Han er allmektig og kan gjøre hva som helst. Det at en synder tar imot Kristus og blir frelst, er et enda større mirakel enn dette.

Når vi leser dette verset, minnes vi også på **Salme 77** hvor vi leser om havets stier. Det minner oss om strømningene i havet, som for eksempel Golfstrømmen, som hjelper til med å temperere jorden vår. Mange steder finner vi strømninger som dette. Det er utrolig hvor mange skatter vi kan finne i den hellige Skriften!

20. JULI

*«Så sier Herren, som løser deg ut, og som
formet deg i mors liv: Jeg er Herren, som har
skapt alt, alene har jeg spent ut himmelen,
uten hjelp har jeg bredt jorden ut.»*
Jesaja 44:24

SKAPEREN

Dette er et fantastisk vers som sier så mye om hva Gud er. For det første er Han vår gjenløser. En gjenløser eller utløser er fra orientalske lover en slektning som kan kjøpe tilbake gården til en slektning dersom denne har dødd eller mistet gården på grunn av økonomiske problemer. Gjenløseren har også mulighet til å gifte seg med slektningens enke dersom han måtte ønske dette. I kristen teologi brukes dette om oss når Kristus har løst oss ut fra synden og innpodet oss til Guds familie som adopterte sønner og døtre. Herren er også den som har formet oss i våre mødres liv. Et nytt liv er noe helt fantastisk og mirakuløst. Tenk at de fleste av oss har to hender og to bein, to ører og to øyne, en munn og et hjerte. Hver eneste skapning som er i live, er et mirakel. På grunn av den nedarvede synden fra Adam skjer det dessverre at noen av og til blir født uten lemmer eller med andre begrensninger eller sykdommer. Dette er et resultat av nedarvet synd. Det er viktig å skille mellom personlig synd og arvet synd. Mennesker født med det vi vil kalle «mangler», kan bli elsket like høyt og være til stor glede for andre. Disse verdensborgerne er også mennesker og like mye verd som oss «vanlige».

Den neste uttalelsen sier alt som er å si. Gud har skapt alt. Ordet her for å skape er ikke det vi finner i **1. Mosebok 1:1** da Gud skapte ut av ingenting, men det sier at Han har *formet* alt. Først skapte Han byggesteinene, så formet Han mennesker og dyr og hele universet. Han trengte ingen hjelp da Han strakk ut himlene og formet jorden ved å hamre den. Bibelen er full av slike gullkorn om Guds skaperverk, og dersom vi ikke tror at Gud har skapt jorden og alt som er på den, så vil vi også finne det vanskelig å tro på andre ting i Bibelen. *«I tro forstår vi at verden er skapt ved Guds ord, og at det vi ser, har sitt opphav i det usynlige.»* (**Hebreerne 11:3.**) Troen vår er ikke bare en blind tro men en forståelse av hvordan ting henger sammen.

21. JULI

«Jeg laget jorden og skapte mennesker på den.
Med egne hender spente jeg ut himmelen,
og hele dens hær beordret jeg.»
Jesaja 45:12

GUDS HENDER

Dagens tekst har noen elementer vi har sett før i tillegg til noen nye. Gud sier Han laget jorden. Vi leser om dette i **1. Mosebok 1**. Her sier Herren at Han har laget jorden ved å forme universets byggematerialer. Dette har Han gjort helt på egen hånd. Han skapte også mennesker på jorden. Menneskene er det siste Han skapte, kronen på verket. Vi ble skapt for Guds glede, og jorden ble skapt for vår glede. Meningen var at vi skulle herske over jorden og Gud skulle herske over oss. Et nytt element i dette verset er at Herren har strukket ut himlene ved sin hånd. «*Yad*» betyr en hånd som er åpen, noe som er et bilde på makt. Den allmektige Gud er virkelig mektig nok ikke bare til å skape mennesker og dyr, blomster og trær, men Han kan strekke ut hele himmelen, det som vi kaller verdensrommet, og fylle den med stjerner og planeter. Noen vil sikkert spørre: «Har Herren virkelig fysiske hender?» «*Gud er ånd*» står det i **Johannes 4:24**, men den fysiske manifesteringen av Herren skjer gjennom Jesus Kristus eller en «pre-Betlehem» åpenbaring av Kristus (som for eksempel da Jakob kjempet med Gud i **1. Mosebok 32**). Guds hender er således et bilde på Herrens makt og en understrekning av at Han gjorde alt dette selv uten hjelp fra noen annen skapelse.

Hele den store massen av himmellegemer har Gud konstituert, på norsk «*beordret*». Han har bestemt hvor Han vil ha dem, og så har Han plassert dem der. Hele skapelsen er underlagt Herren og blir opprettholdt ved Hans sterke arm (selv om Herren verken har hender, armer eller vinger). Han skapte alt perfekt med allerede eksisterende himmellys slik at vi kunne se stjernene til tross for at de nylig var blitt skapt.

22. JULI

«Hør på meg, dere kyster, lytt, dere folk fra det fjerne!
Herren kalte meg før jeg ble født,
fra jeg var i mors liv, har han husket mitt navn.»
Jesaja 49:1

HERRENS KALL

I dagens tekst blir det beboelige land, om det er en øy eller et spesielt stykke land (eller jord), bedt å lytte til Herren. Så blir de bedt om å spisse ørene, en dobbel forsterkning som understreker viktigheten av å konsentrere seg om budskapet som kommer. De fleste kommentatorer er her enige om at dette er Messias' budskap. Kystene, øyene eller landene som nevnes, kan være en henvisning til jødene som er spredt utover hele jorden, men noen sier at budskapet henvender seg til fremmede religioner og avguder. Det er imidlertid budskapet i seg selv som er det viktigste.

Jehova har ropt ut mitt navn, skriver Jesaja. Dette skjedde før fødselen mens den det gjelder, var inne i mors liv. Flere tror at det er Jesajas kall det her henvises til, og andre tror at det gjelder Kristus. Jesaja var virkelig utvalgt av Herren selv til å gjøre Hans arbeid, og Gud vet allerede før vi er født alt vi kommer til å gjøre. Derfor er dette et passende skriftsted om Herrens utvelgelse av sine arbeidere allerede før vi er født. Dette at budskapet ser ut til å være vendt mot en hel masse nasjoner, kyster eller øyer, samt **Jesaja 42:1**, får oss til å tro at dette skriftstedet gjaldt Messias selv. Som mange andre steder i Skriftene, er det fristende å si: «Hvorfor kan ikke begge teoriene stemme?» Herren hadde planlagt at Messias skulle komme og dø for alle oss syndere allerede før verdens grunnvoll ble lagt.

Når Jesaja eller Messias fremdeles var inne i livmoren, har Gud satt et merke på denne personens rykte. Det vil si at fremtiden til både Jesaja og Messias var allerede kjent av Faderen. Vi skulle alle vite at Gud kaller oss alle som enkeltindivider, og Han kjenner oss allerede før vi blir født. Han vet også om vi vil svare på Herrens kall.

23. JULI

«Løft øynene mot himmelen og se på jorden her nede!
Himmelen løser seg opp som røyk, jorden skal slites ut
som et klesplagg, og de som bor der, skal dø som lus.
Men min frelse skal vare til evig tid,
min rettferd skal aldri knuses.»
Jesaja 51:6

SYNDENS RESULTAT

Verset for i dag er langt og har et rikt innhold. Først sier Herren at vi skal løfte et øye mot himlene. Det er viktig at vi alltid retter vårt fokus mot det som er viktig – mot målet vårt – mot himmelske ting. Men Gud sier også at vi skal skanne jorden. Ettersom vi på den nåværende tid bor på jorden, er det viktig for oss å vite hva som skal skje på jorden. Vi må også vite hva som skal skje med dem som ikke tror på Herren i endetiden. En forståelse om den evige fortapelse for dem som ikke tror, burde få oss til å jobbe enda hardere for å spre Guds gode budskap, evangeliet, til alle verdenshjørner.

Videre står det at himlene skal bli pulverisert – gjort til støv – og jorden skal slites ut som et stykke med tøy. Dette er en forventning av den vitenskapelige loven om økende entropi. Himlene, jorden og alt som finnes der, er i en prosess av forråtnelse eller forfall som til slutt ender med døden. Som et resultat av arvesynden, skal alt levende dø. På hebraisk blir vi sammenliknet med en knott som har en veldig kort livstid.

Til tross for syndens resultat, som er forfall og til slutt død, så har Gud et forfriskende budskap. Guds frelse og rettferdighet skal aldri dø. Bokstavelig talt står det at Hans frelse alltid vil være skjult i den forstand at den er tidløs, og at Hans rettferdighet vil aldri bli nedbrutt. På samme måten som Gud vil eksistere i all evighet, så vil den som tror på Ham, også leve i all evighet ved hjelp av en udødelig sjel i et nytt legeme. Dette er uten tvil mye bedre enn å dø for så å bli fordømt i all evighet adskilt fra Gud i et brennende inferno.

24. JULI

«Hvor vakre de er der de løper over fjellene,
føttene til den som bringer bud, forkynner fred,
bringer godt budskap, forkynner frelse og sier til Sion:
Din Gud er konge!»
Jesaja 52:7

VAKRE FØTTER

Dagens vers blir ofte brukt om de som drar ut for å spre det gode budskapet om Kristus til andre. «Godt budskap» er det samme som «evangelium» og peker mot evangelistenes bøker i Det nye testamente. Men hva sier egentlig dette verset? Kan føtter virkelig være vakre? Hvordan blir de i så fall vakre? Det hebraiske «*na'ah*» betyr rent bokstavelig «å være hjemme», i overført betydning å være behagelig, bedagelig eller passende. Dette blir igjen tatt til å bety vakker eller fager. Det fokuseres her på gleden ved å være hjemme og kunne slappe av og være seg selv. Dette medfører en god følelse som gjør at vi ser hjemmet vårt som behagelig og gledelig. På samme måte er det behagelig og gledelig når en fot bringer oss gode nyheter. Gode nyheter har alltid brakt oss glede i motsetning til dårlige nyheter som bringer oss sorg.

Budskapet disse vakre føttene brakte, var et budskap om fred. «*Shalom*», som det står på hebraisk, betyr egentlig trygghet. Det brukes av jødene når de hilser på hverandre. Det er et ønske om at de som de møter, må være lykkelige både i forhold til helse, rikdom og fred. En ønsker at alt skal være vel med den man møter. Gud ønsker også å gi alt vi trenger. Mer enn noe annet vil Herren gi oss av sin fred som gjør at vi kan finne ro til og med i en stormfull og syndig verden.

Budskapet i dette verset omhandlet også frelse. Frelse betyr å bli reddet ut fra noe farlig. For jødene i Jesajas dager var det viktig å vite at de igjen skulle bli et fritt folk. De skulle settes fri fra det babylonske fangenskapet etter en periode på 70 år. Abrahams etterkommere skulle igjen få bo i Jerusalem hvor de hørte hjemme. For oss i dag har frelsen en annen betydning. Vi som sier «ja» til Kristus, vil få slippe «den annen død» i ildsjøen og isteden leve i all evighet sammen med Kristus.

25. JULI

«Han ble mishandlet, han ble plaget, og han åpnet
ikke munnen, lik et lam som føres bort for å slaktes,
lik en sau som tier når den klippes, og han åpnet ikke munnen.»
Jesaja 53:7

DEN LIDENDE KRISTUS

Jesaja 53 er kanskje en av de mest kjente skriftstedene i Det gamle testamente. Med forbløffende nøyaktighet tales det her profetisk om Messias og Hans første komme her på jorden. I **53:1** begynner Jesaja med ordene: *«Hvem trodde budskapet vi fikk?»* Jødene som helhet forkastet Jesus og mente at Han ikke var den Messias som skulle komme. De trodde ikke på det Jesus sa eller det som ble sagt om Ham. De ventet på en annen Messias som skulle være konge og fri jødene fra de romerske herskerne. Isteden fikk de en person som sa *«gjør vel imot dem som hater dere»* (**Matteus 5:44**) og *«du skal elske din neste som deg selv»* (**Matteus 22:39**).

I **Jesaja 53:5** står det: *«Men han ble såret for våre lovbrudd, knust for våre synder. Straffen lå på ham, vi fikk fred, ved hans sår ble vi helbredet.»* Jesus Kristus var det perfekte offerlam som gjorde at det ikke lenger var nødvendig å ofre dyr for å tilfredsstille Gud. Det måtte blod til for å få syndene tilgitt i Det gamle testamente, og hver gang du syndet samt en gang i året, måtte jødene komme med dyr til presten, som han måtte ofre for dem som hadde syndet. Kristus var det perfekte offer siden Han var uten skyld. Han ble korsfestet i vårt sted for våre lovbrudd. Straffen ble lagt på Ham slik at vi ved Hans sår, som Han fikk på korset, kunne få tilgivelse for våre synder og evig liv.

I dagens vers står det at Han ble mishandlet uten å ta igjen. Etter pisking og korsfestelse sa Jesus: *«Far, tilgi dem, for de vet ikke hva de gjør.»* (**Lukas 23:34.**) Han kunne ha tilkalt legioner med engler, Han kunne ha slått soldatene med sykdom eller lyn fra klar himmel. Men Han åpnet ikke munnen mot dem som korsfestet Ham, for Han visste at det måtte gjøres. Uten Kristi offer kunne vi ikke få tilgivelse overfor Gud. Han døde slik at vi slipper å dø i all evighet. Vi kan leve et evig liv på grunn av Ham.

229

26. JULI

«For meg er dette som Noah-flommen. Slik jeg sverget
at Noah-flommen aldri mer skulle komme over jorden,
slik sverger jeg nå at jeg aldri mer skal bli harm på deg og true deg.»
Jesaja 54:9

REGNBUEPAKTEN REPETERT

I dagens vers ser vi at det igjen snakkes om vannet til Noah, det vil si syndfloden. Herren har sverget, det vil si: uttalt syv ganger – et tegn på fullkommenhet (ukens syv dager, Kristi sju titler i Hebreerbrevet, de sju seglene, de sju basunene, alt som er «sjufold») – at det ikke igjen skal komme en flom som dekker jorden slik som i Noahs dager. I **1. Mosebok 9:9-17** leser vi at Gud satte sin regnbue på himmelen som et tegn på at jorden aldri mer skulle druknes av vann. Vi kaller dette «regnbuepakten».

I **54:10** står det: *«For om fjellene viker og haugene vakler, skal min godhet aldri vike fra deg, min fredspakt skal ikke vakle, sier Herren, som viser deg barmhjertighet.»* Fjellene vil «trekke seg tilbake» og haugene vakle, det vil si falle, riste eller på annen måte fjernes. Men Herrens løfte er at Han aldri vil forlate dem som tilhører Ham. Han vil alltid ta vare på dem som følger Hans bud og lever etter Hans vilje.

Når Gud her nevner *«fredspakt»*, menes det en avtale, pakt, hvor en passerer i midten av to stykker kjøtt. Dette ser ut til å være et tilbakeblikk på pakten Herren gjorde med Abraham i **1. Mosebok 15:17** hvor det står: *«Solen gikk ned, og det ble mørkt. Og se, en rykende ovn kom til syne, og en flammende fakkel fór mellom kjøttstykkene.»* Dette var et bilde på pakten mellom Gud og Abraham. Den brennende fakkelen var et bilde på Guds nærvær, som Guds nærvær i ødemarken da Israel vandret rundt der i 40 år. Den brennende ovnen var et bilde på jødenes fangenskap i Egypt. Det er mulig at Gud fortærte disse kjøttstykkene mens Han beveget seg imellom dem, kjøttstykker som åpenbart var ofret til Herren. Denne pakten skal ikke fjernes slik som fjellene og haugene vil. Når Gud gjør en avtale – en pakt – så holder Han den.

27. JULI

«For lik regn og snø som faller fra himmelen og ikke vender tilbake dit før de har vannet jorden, gjort den fruktbar og fått den til å spire, gitt såkorn til den som skal så, og brød til den som skal spise, slik er mitt ord som går ut av min munn: Det vender ikke tomt tilbake til meg, men gjør det jeg vil og fullfører det jeg sender det til.»
Jesaja 55:10-11

JORDENS KRETSLØP

Her er en vakker forventning og åndelig applikasjon av vitenskapens hydrologiske sirkel. Regnet og snøen faller fra himmelen og returnerer der til slutt, men ikke før det har gjort sitt bestemte arbeid med å vanne jorden for å gi og fornye jordens matforsyning. Analogt går Guds ord ut fra himmelen og blir i all evighet fastsatt der (**Salme 119:89**) og returnerer etter at det har oppnådd Guds åndelige arbeid på jorden. Det er interessant at Gud ikke bare nevner regn men også snø. Særlig for dem som har fått vannet frosset om vinteren, og har måttet smelte snø i en panne for å få de livsviktige dråpene i hus. Vann i alle former kan være en kilde for næring. Når en er tørst på vinterstid, kan en suge på istapper for å få vann, selv om dette tar lenger tid enn å drikke vann i væskeform.

Ofte kan vi være helt tørre i vår ørkenvandring her på jorden. Som jødene vandret i ørkenen i 40 år for å gjøre seg klare for det lovede landet som Herren ville gi dem, så hender det av og til at vi også må forberedes på det som ligger foran oss. Så lar Gud det regne på oss. Hans ord regner rundt oss, og vi må suge det til oss, bade oss i det åndelige regnet som Herren gir oss. Hans ord vil ikke vende tomt tilbake. Det vil hjelpe oss og forme oss og styrke oss. Guds ord er vår åndelige mat, for vi er ikke bare avhengige av fysisk mat, men også melk og kjøtt fra Guds ord. Det farligste er om vi ikke tar til oss åndelig føde. Dersom vi ikke leser Bibelen eller går til kirken, så vil vi ikke få dyrebar åndelig føde fra Gud. Dersom vi ikke får åndelig føde, vil vi visne i kristenlivet vårt. Vi vil ikke kunne være i stand til å vokse åndelig eller være fruktbare. Den fysiske, syndige delen av livet vårt vil da seire over den åndelige delen.

28. JULI

«Dem fører jeg til mitt hellige fjell og lar dem glede seg
i mitt bønnehus. Brennoffer og slaktoffer fra dem
gir velvilje på mitt alter. For mitt hus skal kalles
et bønnens hus for alle folk.»
Jesaja 56:7

HERRENS BØNNEHUS

Det er syndig å korrumpere et tempel eller annen bygning som er ment for åndelig tjeneste til steder med kommers eller glede. Kristus siterte dette verset da Han jaget ut pengevekslerne fra tempelet (**Matteus 21:13, Markus 11:17, Lukas 19:46**). Det første ordet på hebraisk i dette verset, er et ord som betyr gå og komme samt utallige variasjoner av disse. Stedet en går eller kommer til, er Herrens hellige fjell eller bakketopp. Med dette menes nok Sion-fjellet hvor Jerusalem ligger, det «hellige fjellet» hvor Abraham dro for å ofre sin eneste sønn Isak på bålet. Her skal Herrens folk bli oppmuntret i huset med bønn, en beskrivelse av tempelet i Jerusalem. Herrens hus er stedet hvor vi skal komme til Gud i bønn og søke Hans vilje.

Så leser vi om brennoffer og slaktoffer i Guds bønnehus. Dette er selvsagt noe som gjaldt før Kristus døde på korset siden brennoffer og slaktoffer gikk av moten etter det perfekte syndofferet døde for oss alle. Etter dette skal vi ofre oss selv som offer til Ham. Paulus skriver i **Romerne 12:1**: «*Derfor formaner jeg dere ved Guds barmhjertighet, søsken: Bær kroppen fram som et levende og hellig offer til glede for Gud. Det skal være deres åndelige gudstjeneste.*» Det var altså ikke brennoffer og slaktoffer lenger men levende offer. Se også **Hebreerne 13:15** og **1. Peter 2:5**.

Et fint bilde blir gitt i det hebraiske ordet som er oversatt som brennoffer i vår bibel. Ordet «*olah*» betyr et trinn. Det brukes om en trapp full av trappetrinn. I Det gamle testamentes tider måtte menneskene klatre på denne trappen med sine offergaver til Herren, ikke så ulikt andre religioner. Men i Det nye testament kom nådens tid. Nå kommer Gud ned til oss i form av Jesus Kristus med det perfekte offerlammet i kontrast til de ufullkomne offer som måtte fornyes hele tiden.

29. JULI

«Solen skal ikke lenger være ditt lys om dagen,
måneskinnet skal ikke lyse for deg,
men Herren skal være ditt lys for evig,
din Gud skal være din herlighet.»
Jesaja 60:19

GUD ER LYS

D ette er et syn av det nye Jerusalem. En kommentar sier at selv om solen og månen vil fortsette i himlene, vil ikke lysene deres være nødvendige fordi *«Guds herlighet lyser over den, og Lammet er dens lys»* (**Johannes' åpenbaring 21:23**). Når vi ser på grunnteksten, ser vi at det strålende lyset som starter dette verset, er solen. Dette lyset vil ikke lengre skinne eller stråle hver dag. Og lyset fra månen skal heller ikke skinne, men Herren Jehova skal skinne fra det skjulte, og Herren vil være vakker, det vil si, ha et vakkert skinn.

Videre i **60:20** ser vi at solen vil ikke fortsette med å komme og gå. Der står det på norsk: *«Din sol skal ikke mer gå ned, din måne skal aldri avta. For Herren skal være ditt lys for evig. Sørgedagene dine er til ende.»* Når det står at månen skal ikke bli tatt vekk, så gjelder det åpenbart når månen forsvinner ut av syne før den kommer tilbake neste natt. Når det står at Herren er et skjult lys, betyr det nok at Han skal skinne sitt lys fra det skjulte – den åndelige dimensjonen som er skjult for våre øyne i dag. Jesus sa i **Johannes 8:12** at *«jeg er verdens lys»*, og i **1. Johannes 1:5** sier Johannes: *«Gud er lys, det finnes ikke mørke i ham.»* I **Johannes' åpenbaring 22:5** står det: *«Natten skal ikke være mer, og de skal ikke ha bruk for lys av lampe eller av sol, for Herren Gud skal lyse over dem.»* Det er klart at solen og månen ikke er nødvendig lenger i den nye himmelen og den nye jorden som Gud skal skape. Ettersom Gud selv er lyset vårt og der ikke finnes natt, er det mulig at solen og månen ikke eksisterer lenger.

Som syndige skapninger, lever og bor vi i syndens mørke. Måtte vi alle finne veien til Guds lys som åpenbarer fantastiske hemmeligheter for oss!

30. JULI

» Se, jeg skaper en ny himmel og en ny jord.
Ingen skal minnes de første ting, ingen skal tenke på dem.»
Jesaja 65:17

NY HIMMEL OG NY JORD

Dagens tekst i **Jesaja 65:17** har mange likheter med verset i **66:22**. Der står det: «*For slik den nye himmel og den nye jord som jeg skaper, alltid skal bestå for mitt ansikt, sier Herren, slik skal deres ætt og navn bestå.*» En ting synes tindrende klart: Gud skal skape en ny himmel og en ny jord. En titt på originalskriftene forteller oss at Gud skal skape eller lage en ny eller forfrisket jord, og det samme gjelder himlene. Det at ordet som er oversatt «*ny*» i disse to versene, også kan bli oversatt som «frisk» eller «renset», har fått mange til å foreslå at Gud ikke skal ødelegge jorden for så å skape en helt ny jord, men Han skal ganske enkelt rense planeten jorden slik at den blir som ny. Denne nye jorden og himmelen har blitt fortolket på mange måter opp igjennom tidene. Ikke alle har forstått dette som en bokstavelig profeti men en billedlig profeti på at deres egen tro vil fylle hele jorden og at det bare vil eksistere en trosretning. Andre igjen tror at dette peker mot tusenårsriket, selv om det er forskjellige teorier om når og hvordan profetiene om tusenårsriket vil bli oppfylt.

Den mest bokstavelige fortolkningen av disse versene er at Herren vil brenne opp jorden og at Han så vil skape en helt ny jord. En ting er sikkert: Jesus snakket flere ganger om verdens ende, og da disiplene kom til Han på oljeberget i **Matteus 24:3,** spurte de Jesus hva tegnet på verdens ende var. I misjonsbefalingen sa Jesus at Han ville være med dem «*inntil verdens ende*» (**Matteus 28:20**). Det synes åpenbart at den verden vi lever i nå, skal opphøre. Om den skal brennes, renses eller helt skapes ny er det forskjellige syn på, men det står i dagens tekst at vi skal ikke huske på den gamle verden når den nye kommer. Gud er ikke bare i stand til å lage en ny himmel og en ny jord, men Han kan gi deg et nytt liv – skape et nytt liv for deg.

31. JULI

«Ulven og lammet skal beite sammen, løven skal ete
halm som oksen, men slangen skal ha støv til mat.
Det finnes ikke ondskap eller ødeleggelse på hele
mitt hellige fjell, sier Herren.»
Jesaja 65:25

ULVEN OG LAMMET

Er det ikke et pent bilde at ulven og lammet skal beite sammen? Gjennom historien er det ikke så rent få lam som har blitt spist av skrubbsultne ulver, som har kommet seg inn på bondens marker og forsynt seg av et smørgåsbord med lekre lam. Disse to har vært som katt og mus i hva som synes å være evigheter, men i tusenårsriket skal de ligge side ved side på beite. Ikke bare det, men løven, dyrenes konge, skal ikke lenger rive i stykker de vakre gasellene. Han skal spise gress som kuen og hesten. Slangen, står det, skal ha støv til mat. Æsj da! Der skal ikke finnes ondskap eller ødeleggelse på Herrens fjell. Herrens fjell er Sion eller Jerusalem hvor Kristus skal sitte og styre hele jorden i tusen år.

Tusenårsriket er en periode da djevelen, Satan, skal bindes i tusen år (**Johannes' åpenbaring 20:2**). Når ondskapen er borte og Kristus styrer, vil forholdene gå tilbake til slik de var i Edens hage. Før syndefallet var alle skapningene vegetarianere. Det var først i **1. Mosebok 9:2-3** at Herren tillot skapningene Hans å spise kjøtt. I endetiden skal alle bli vegetarianere igjen. Til og med dyrene skal slutte å jakte og drepe for å få mat.

I Johannes' åpenbaring finner vi igjen livets tre, elven som renner, Guds tilstedeværelse og flere forbannelser som ble gitt i 1. Mosebok, finner sitt opphør i Bibelens siste bok. Død og lidelse var aldri Guds vilje, og ved denne verdens slutt begynner det en ny verden hvor ting vil være slik Gud ønsker. Har du kjøpt billett på toget som går til himmelen, slik som søndagsskolesangen sier? Alternativet er evig pine og adskillelse fra Gud. Enkelt valg, spør du meg.

235

AUGUST
–
SMÅPROFETER MED STORE BUDSKAP

1. AUGUST

*«Israels barn skal bli tallrike som havets sand, som ikke
kan måles og ikke telles. Der det før ble sagt til dem:
«Dere er ikke mitt folk», skal det sies: «Den levende
Guds barn». Judas og Israels barn skal samle seg
og ta seg en felles høvding. De skal dra opp fra landet.
Ja, stor er Jisreels dag.»*
Hosea 1:10-11

GUDS UTVALGTE FOLK

Guds opprinnelige løfte til Abraham (**1. Mosebok 22:17**) må fremdeles bli oppfylt, og både Judas barn og Israels barn vil bli samlet sammen i de siste dager (**Hosea 1:1**). I Hoseas dager kunne det være fristende for jødene å tenke at Gud hadde glemt sine løfter til dem. De gamle løftene Gud ga til Abraham om at etterfølgerne hans skulle bli like tallrike som sanden på standen eller stjernene på himmelen, står imidlertid fremdeles ved lag. I femtiden vil både jøder og hedninger som har tatt imot Kristus, også få retten til å kalle seg Guds barn (**Romerne 9:26**), men i Det gamle testamente var det først og fremst jødene som ble identifisert som Guds folk. Gud har alltid fulgt med sine utvalgte og straffet og belønnet dem ifølge oppførselen deres – det vil si om de har fulgt Guds bud eller ikke.

Gud blir kalt «den levende Gud», en beskrivelse av Herren som står i sterk kontrast til de døde avgudene som jødene til tider vendte seg mot, noe som brakte straff fra Gud og mange års landflyktighet. Litt av Hoseas profetier har allerede gått i oppfyllelse. Gud fikk jødene tilbake fra fangenskapene de hadde vært i, og de sluttet da å være to kongeriker men var bare ett kongerike. Mange kommentatorer mener at denne fyrsten som blir nent som Israels overhode, kan være en fremtidig profeti om Jesu komme. Et problem med dette er at jødene har avvist sin Messias og vil ikke godkjenne Ham som sin leder til Jesu andre komme.

Et annet poeng er navnet Jisreel (*Yisrael*) som betyr «Gud vil så». Sannelig har Gud sådd sine frø over hele jorden, og en gang i fremtiden vil Han høste inn høsten sin fra alle land. For oss som lever i dag, er det fantastisk å se hvordan jødene også har en utrolig fremtid til tross for at monstre som Adolf Hitler forgjeves har forsøkt å utrydde dem.

2. AUGUST

«Og Herren sa til meg: «Gå enda en gang bort og elsk
en kvinne som er en annens elskerinne og bryter ekteskapet,
slik Herren elsker israelittene, enda de vender seg
til andre guder og elsker rosinkaker!»»
Hosea 3:1

HOSEAS ELSKERINNE

Dette er et overraskende vers, noe det finnes flere av i denne profetiske boken. Hosea ble i **Hosea 1:2** bedt av Herren selv å gå og få seg en «horkvinne», så Hosea giftet seg med Gomer, Dibla'ims datter (**1:3**). Nå sier Gud at han skal elske, det vil si, ha sex, med en kvinne som andre har hatt sex med og som er utro. Dette skal han gjøre *«slik Herren elsker israelittene»*, selv om ordet *«elsker»* her ikke er et ord som betyr å ha sex. Profeten Hosea representerer her Gud som elsker sitt folk. Han trakk ikke sin kjærlighet tilbake da de begynte å tilbe avguder og ga seg selv til drukkenskap og umoralsk adferd. Noen kommentatorer mener at denne «elskerinnen» har skilt seg fra sin mann og at Hosea eventuelt også giftet seg med denne kvinnen. Det står i **3:2** at Hosea *«kjøpte seg en slik kvinne»*. Et ekteskap ville gjøre at den seksuelle aktiviteten kom inn under lovlige rammer, og det er vanskelig å forestille seg at Herren ville at folk skulle anklage Hosea for å være utro og bryte ekteskapet. Det ville gjort Hosea like umoralsk som israelittene.

Det står at jødene «vender seg til andre guder og elsker rosinkaker». Her finner vi kaker som ble ofret til gudene. I **Jeremia 7:18** leser vi: *«Barna sanker ved, fedrene gjør opp ild, kvinnene knar deig for å bake offerkaker til Himmeldronningen, og de øser ut drikkoffer til andre guder. Slik krenker de meg.»* Vi leser også i **Jeremia 44:19**: *«Kvinnene sa: «Når vi tenner offerild for Himmeldronningen og øser ut drikkoffer for henne, er det vel ikke uten våre menns vitende og vilje vi lager offerkaker med hennes bilde og øser ut drikkoffer for henne?»»* Dette er skriftsteder om Diana, himmelens dronning, som mange jøder tilba. De bakte kaker og ofret dem til henne. Den engelske Bibelen skriver her «krukker med vin». Ordene som på norsk er oversatt «rosinkake», kan også oversettes som «krukke med vin». For en gangs skyld tror jeg den norske oversettelsen er den beste. *«Ashiyshah»* betyr noe som er presset sammen, og det passer mye bedre på en kake enn en krukke.

3. AUGUST

«De valgte seg konger som ikke er fra meg, valgte seg høvdinger jeg ikke kjennes ved. Av sølvet og gullet sitt laget de seg gudebilder. Derfor skal de utryddes.»
Hosea 8:4

ISRAEL SOM GLEMTE SIN SKAPER

K onklusjonen i dette kapittelet er skrevet opp i **Hosea 8:14** hvor det står: *«Israel glemte sin skaper og bygde seg slott, Juda bygde mange festningsbyer. Men jeg vil sende ild mot byene hans, den skal fortære borgene deres.»* Israel og Juda glemte begge sin Skaper og strakte seg etter andre guder. De hadde forkastet det gode, står det i **8:3**. En av Israels synder var at de ville være lik alle andre nasjoner som hadde en konge til å lede landet. Dette begynte i Israel med kong Saul, og i retrospektiv kunne Gud via Hoseas penn si at Israel hadde valg seg selv konger som ikke var fra Herren. Til og med den berømte kong David hadde sine feil, selv om Gud selv hadde utvalgt ham. Gud ønsket å være Israels konge slik som tidligere, og virke gjennom sine utvalgte i Israel.

Så sier Herren at Israel laget seg gudebilder av gullet og sølvet sitt. Den første gangen var da Moses hadde gått opp på Sinaifjellet for å motta de ti bud fra Gud selv. Ettersom Moses tok sin tid på fjellet, bygget israelittene seg en gullkalv de kunne tilbe, og det refereres da også til en kalv i **8:5**. Da Israel ble delt i to kongeriker, hadde Juda Salomos tempel hvor de kunne tilbe Gud. I det nordlige riket, som fremdeles ble kalt Israel, bygget Jeroboam to kalver som han senere ofret til (**1. Kongebok 12:32**).

Når vi kommer til Hoseas dager, leser vi i **Hosea 2:8** at israelittene ofret gull og sølv til Baal. Dette var altså noe som hendte igjen og igjen, og dessverre ble det et kjennemerke på israelittene. Gud Herren var ikke blid for at Israel gjorde dette. Det står her at Israel skulle utryddes. Ved første øyekast ser dette skriftstedet ut til å motsi Herrens løfter til Abraham om jødenes fremtid, men det at de skulle bli «kuttet av», som det står på hebraisk, gjelder åpenbart bare som en advarsel mot de enkeltpersonene som ofret til avgudene og gjelder ikke hele nasjonen som sådan. Gud lover ofte å straffe dem som ikke adlyder Ham.

4. AUGUST

«Skal jeg fri dem fra dødsrikets makt, løse dem ut fra døden?
Død, hvor er din pest? Dødsrike, hvor er din sott?
Medlidenhet er skjult for mine øyne.»
Hosea 13:14

SEIEREN OVER DØDEN

Dagens tekst handler om døden og det at vi kan bli fri fra dødens makt. Når jeg går over verset på hebraisk, vil jeg si verset slik: «Jeg vil bryte dødsrikets hånd, kjøpe dem fri fra deres dødelige tilstand. Døden, jeg vil ødelegge deg. Dødsrike, jeg vil utrydde deg. Sørgmodighet skal skjules for mine øyne.» Selvsagt gjør det faktum at flere ord må fylles inn og det at det ikke er noen tegnsetting i hebraisk, at det kan være vanskelig å få en helt presis oversettelse. Der hersker imidlertid ingen tvil om at dette verset handler om Guds seier over døden. Noen sier at dette skriftstedet omhandler Israel og at de i fangenskap blir sammenlignet med noen som er død. Israel hadde midlertidig gått av ved døden, men kunne bli satt fri fra dødens grep når jødene vender tilbake til sitt lovede land. Dette blir av noen sett i sammenheng med synet til Esekiel om dalen med skjeletter som ble levende (**Esekiel 37**). Dette kan passe godt med resten av kapittelet, som ser ut til å igjen omhandle Israel og deres konger (**Hosea 13:10-11**). Videre er det Efraim som er nevnt i **13:12**, og det kan se ut som om **vers 14** kan kobles til Efraim.

Noen igjen tror at dette verset peker framover mot Jesus Kristus og Hans død og oppstandelse. Jesus løp inn i dødsriket og åpnet opp flere graver slik at mange døde ble levende igjen (jfr. **Matteus 27:52-53**). Jesus vant over dødens makt da Han som førstegrøden av de oppstandne stod opp på første påskedag. Døden kunne ikke holde på Jesus fordi Han hadde vunnet over døden. Det at **Hosea 13:14** nevner «frikjøping» eller «utløsning», får oss til å tenke på at det er Jesus som har frikjøpt oss.

Dette bringer oss til slutt til en personlig applikasjon. Når vi leser et liknende skriftsted i **1. Korinterbrev 15:54-55**, så er det klart at det her snakker om oss som er kristne. Vi kan vinne over døden og stå opp igjen fra våre graver når basunen lyder og Kristus kommer for å kalle oss hjem til seg. Da skal vi leve i all evighet sammen med Herren og aldri mer dø eller bli syke.

5. AUGUST

«Det som var igjen etter den tyggende gresshoppen,
åt den svermende, det som var igjen etter den svermende,
åt den hoppende, det som var igjen etter den hoppende,
åt den gnagende gresshoppen opp.»
Joel 1:4

GRESSHOPPENES INVASJON

I dagens tekst har vi hoppet over til neste bok i Det gamle testamente. Navnet Joel betyr «Jehova er Gud», og temaet i denne korte boken er «Herrens dag», en tittel som peker framover mot endetiden. I tre kapitler legger han ut om kommende tragedier, Herrens kommende dom og en dal hvor Herren skal herske.

Joel hadde flere budskap til de fordrukne israelittene (**Joel 1:5**) om en kommende invasjon (**1:6**) som skulle invadere Israel med en så stor hær at den virker talløs for Joel. Dagens vers er meget spesifikt og nevner fire forskjellige typer gresshopper som skal fordøye alt som finnes i landet. Først kom «*gazam*-gresshoppen». Ordet betyr «å fortære». Den må ha spist mesteparten av det den kom i kontakt med. Så kom «*arbeh*-gresshoppen». Det ordet betyr en gresshoppe som formerer seg hurtig, slik at man vet at det må være snakk om mange gresshopper. Så kom turen til «*yekeq*-gresshoppen». Dette ordet oversettes med «å sleike opp». Man får inntrykk av at dersom det var noe igjen etter de første to svermene, så måtte virkelig denne tredje typen gresshoppe ha sleiket med seg resten. Det siste ordet er «*chaciyl*-gresshoppen». Denne siste typen gresshoppen blir merket som «ødeleggeren». Når alt var spist opp, ja, til og med sleiket opp, så ble det som var igjen, komplett ødelagt.

Joel sier at de drukne må våkne opp ettersom fienden har kommet. Versene som følger, lister opp mye av ødeleggelsen som fienden har forårsaket. I **vers 19** roper profeten ut til Gud, og i **vers 20** roper til og med villdyrene ut til Herren. Som mange ganger før, hadde jødene vendt sin Gud ryggen, og Herren sendte dem en sviende straff. Joel sa i **1:14**: «*Rop ut en hellig faste, kunngjør en høytidssamling! Kall sammen de eldste, alle som bor i landet, i Herren deres Guds hus og rop til Herren!*» Han visste at Herren er en kjærlig Gud som venter og håper at Hans barn skal snu seg tilbake til Ham.

243

6. AUGUST

«Blås i horn på Sion og løft hærrop på mitt hellige fjell
så alle i landet skjelver! For Herrens dag kommer, den er nær,
en dag med mulm og mørke, en dag med skyer og skodde.
Et stort og mektig folk brer seg ut som morgenrøden over fjellet.
Det har aldri hatt sin like i tider som var, og vil aldri få
det i år som kommer, så lenge slekt følger slekt.»
Joel 2:1-2

HERRENS DAG

Joel roper ut at Herrens dag kommer. Herrens dag står i kontrast til menneskenes dag, og det refererer til en kommende dommedag. Herren vil i alvorlig avstraffelse, etter å ha ventet lenge med tålmodighet, ta kontroll over hele verden og alle som bor på jorden. Dette vil bli fulgt av en renselse og en velsignelse. Slike profetier refererer ofte til en aktuell situasjon, slik som plagen med gresshoppene, og så strekke seg ut over århundrene til den fremtidige endetiden med sine dommer. Noen ganger refererer det til hele perioden med dom og noen ganger til en bestemt dag hvor den perioden vil starte. I profetene oppstår dette først i **Jesaja 2:12** og sist i **Malaki 4:5**. Det finnes andre fraser som brukes synonymt med «Herrens dag» – «Herrens vrede», «Guds dag» og «den dagen».

Noen kommentatorer setter Joels oppfordring til å blåse i hornet før Herrens mørke dag kommer, med verset om gresshoppene i **Joel 1:4**. Det blir til og med foreslått at de fire forskjellige typene med gresshopper er fire forskjellige hærer, eventuelt fire forskjellige nasjoner. Dette blir uansett en dag med mørke, skyer og skodde. Gresshoppesvermer kan virkelig forårsake mørke og trer fram i store skyer, men dette mørket kan også være en hentydning til et åndelig mørke som absolutt vil være fremtredende i endetiden. Dette mørket blir sammenliknet med et stort og mektig folk som skal spre seg akkurat som morgensolen brer seg nedover fjellsiden. Dette mørket må være Israels fiender. I Joels tid var nok fienden de kommende assyrerne som Herren brukte til å straffe Israel for deres ulydighet overfor Ham. Det kan også trekkes en parallell til endetiden da alle nasjoner vil vende seg mot Israel, og hæren vil dukke opp like plutselig som solen og yngle nedover fjellene mot Jerusalem.

I vår verden er det også mye mørke krefter rundt oss, og vi må vende oss mot Herren og stole på at Han vil styrke oss og ta vare på oss. La ikke fienden lure oss eller vinne over oss! Vi har en som er større enn den onde selv på vår side.

7. AUGUST

«Han som skapte Sjustjernen og Orion, han som gjør
dødsskygge om til morgen og dagen til svarte natt,
han som kaller på vannet i havet og øser det ut
over jorden, Herren er hans navn.»
Amos 5:8

HYLLEST TIL SKAPEREN

Jeg blir ofte overrasket når jeg ser at folk som levde for tusener av år siden, allerede da kjente til stjernebildene på himmelen. Profeten Amos var en fårehyrde da Gud Herren kalte ham for å være Hans talerør her på jorden. Budskapet hans var en hellig dom over flere nasjoner, også Juda og Israel. Den hedenske tilbedelsen av stjernene, og gudene som var forbundet med dem, ble praktisert i landets forskjellige falske religioner over hele landet. Det var dumdristig, for den sanne Gud som hadde skapt stjernene og konstellasjonene deres, var absolutt tilstede. Herren hadde til og med satt navn på alle stjernene (**Jesaja 40:26**), noe som får en til å lure på hvem som har gitt planetene og stjernene de navnene de har i dag. «De syv stjernene» var et populært navn for Pleiadene. Disse syv stjernene har vært en inspirasjonskilde til mye kunst, og også bokserien om «de syv søstre» av Lucinda Riley.

Bare Jehova kunne kontrollere natt og dag-syklusen, for det er Han som fått jorden til å rotere rundt aksen sin. Gud har full kontroll og gjør det slik at etter natten kommer det alltid en ny dag med blanke ark som vi kan forsøke å skrive nye ord på og tegne nye krusseduller. Dødsskyggen som nevnes her, betyr bokstavelig den skyggen som kastes av en gravstøtte. Selv når døden legger sin skygge rundt oss eller langs stien vår, så er Herren der for å føre oss ut i lyset igjen. I motsatt fall, dersom du lever i lyset og glemmer din Gud slik at du synder imot Ham, så er Han absolutt i stand til å bringe mørke over hverdagen din. Vi kaller det straff.

Gud kontrollerer også alt vannet på jorden. En gang, i Noahs dager, fylte Han hele jorden med vann. I dag sørger Herren for at vi får vannet vi trenger ved hjelp av den fantastiske hydrologiske sirkelen. Han bringer fremdeles vannet fra havet tilbake over land slik at det vanner jordens overflate, slik at livet kan fortsette. Uten vann kunne vi ikke overleve, men Gud har sørget for at vi har vann i massevis. Tenk på alt det Gud gjør for å opprettholde livet her på jorden!

8. AUGUST

«Ve dere som lengter etter Herrens dag!
Hva vil dere med Herrens dag?
Den er mørke og ikke lys.»
Amos 5:18

MØRKETS DAG

Nok en gang finner vi begrepet «Herrens dag». Dette begrepet omhandler den dagen da mørke skal komme over jorden og Herren skal komme for å straffe alle de ugudelige. Dette skal skje i «endetiden», «de siste dager», når Gud har fått nok og ikke lenger skal sitte tilbakelent i himmelen men komme ned til jorden. De siste syv årene av endetiden er en periode vi kaller «trengselstiden» da alle dommene og plagene beskrevet i Johannes' åpenbaring skal komme over alle som bor på jorden.

I dagens tekst sier Herren via profeten Amos: *Ve dere som lengter etter Herrens dag!* Du kan sannelig spørre deg selv hvorfor Gud sier dette. Dersom du har blitt en kristen, har du kanskje, som meg, gått på et seminar om endetiden. I flere timer blir det forelest om Antikrist som skal komme og styre hele verden til alle nasjonene skal gå til krig mot Israel. Du får høre om at ingen kan kjøpe eller selge i denne tiden uten at de har dyrets merke, 666, på sin høyre arm eller i sin panne. Du får høre om alt det forferdelige som skal skje i denne perioden, og at blodet skal renne i store elver som det går an å drukne i. Og vi sitter der storøyde og nikker når predikanten sier at dette skal vi slippe å oppleve, fordi Jesus skal komme i skyene og rykke opp menigheten – det vil si dem som tror på Herren Gud – og de vil feire Lammets bryllup i himmelen mens all elendigheten skjer nede på jorden i løpet av syv år. Dette ser vi frem til. Vi skal være med Jesus Kristus som døde på korset. Vi skal få se Hans hender og føtter som ble gjennomstunget for vår skyld.

Hvorfor sier da Gud at de ikke skal se frem mot denne Herrens dag? Fordi Israel skal gå igjennom trengselsperioden. Riktignok skal de jødene som har tatt imot Jesus, rykkes opp sammen med menigheten, men Israel som nasjon har ikke godtatt Jesus Kristus som Messias, og nasjonen Israel skal gå igjennom trengselstiden på syv år. Herrens dag er mørke for Israel. Det er ikke noe å se frem til. Mange vil dø eller ønske at de var døde. Det er mange skriftsteder som snakker om dette, men for å få en god forståelse for dette, bør en ta et bibelstudium eller ti for å forstå hvilke planer Herren har for fremtiden. Den som tar imot Jesus som sin Frelser, er imidlertid trygg. Han vil aldri slippe deg og aldri forlate dag (**Hebreerne 13:5**).

9. AUGUST

«Jeg planter dem i deres egen jord, og de skal aldri mer
rykkes opp av jorden jeg har gitt dem, sier Herren din Gud.»
Amos 9:15

AMOS' SISTE ORD

Det siste verset i Amos sin profetiske bok er velkjent for mange av dem som er opptatt av eskatologi (læren om de siste tider – ting som enda er i fremtiden). Her lover Herren gjennom profeten Amos at Han skal plante dem i deres egen jord. De skal få bosette seg i det lovede land som bugner av frukt og fruktbar jord, det stedet Han hadde lovet til Abraham og Moses for mange år siden. Så sier Gud at *de skal aldri mer rykkes opp av jorden jeg har gitt dem.* Dette verset kan derfor ikke være ensbetydende med jødenes retur fra fangenskapet i Babylon og Assyria, ettersom jødene ble spredt for alle vinder i år 70 e.Kr. da tempelet i Jerusalem ble ødelagt. Da ble de virkelig rykket opp, revet bort eller plukket ut av sitt eget land. Dette skriftstedet må således være rettet mot en tid etter dette når jødene skulle komme tilbake til sitt eget land og bli der for evig og alltid. Opp igjennom tidene har det sett ut som om denne profetien umulig kunne gå i oppfyllelse.

Så i 1948 skjedde det utrolige: opprettelsen av nasjonen Israel! Området som i denne tidsperioden ble kalt Palestina, fikk hjelp av britene som foreslo opprettelsen av Israel etter at deres administrative hovedkvarter i området hadde blitt angrepet i 1946 da 91 mennesker av forskjellig nasjonalitet be drept. Den 29. november i 1947 ble resolusjon 181 lagt frem med forslag til en økonomisk union, noe som ble avslått av araberne, og borgerkrig brøt ut i landet. Jødene klarte å komme på offensiven i denne krigen først i april 1948, og den arabiske palestinske økonomien kollapset, og de palestinske araberne flyktet. 14. mai 1948, en dag før det britiske mandatet i området gikk ut, så ble nasjonen Israel erklært. De ble akseptert som medlemmer i FN den 11. mai 1949. Til tross for mange påfølgende kriger i dette området, kom jøder fra hele verden tilbake til sitt moderland i årene som fulgte.

Når Herren gir et løfte, så kan vi tro på det. Den ufattelige etableringen av nasjonen Israel var et sant mirakel for dem som forstod politikken i Midtøsten, men det skjedde – og jødene skal aldri mer bli jaget bort fra landet sitt.

10. AUGUST

«Ditt hovmodige hjerte har forført deg, du som bor i
fjellkløfter og holder til høyt der oppe. Du sier i ditt hjerte:
«Hvem kan styrte meg til jorden?» Om du stiger høyt
som ørnen, om du legger reiret ditt blant stjerner,
skal jeg styrte deg ned derfra, sier Herren.»
Obadja 3-4

DOM OVER EDOM

Dette er den korteste boken i Det gamle testamente. Det at det i gamle dager fantes flere personer som het Obadja har gjort det vanskelig å bestemme hvem av dem som har skrevet denne korte boken. Boken er blant bibelstudenter kjent for å utsi dom over Edom, som alltid synes å være i konflikt med Juda. Det nevnes også en annen nasjon som ikke blir nevnt med navn. Edoms hovedstad var den berømte «stein-byen», Sela eller Petra, betraktet som å være nesten uinntakelig av fienden på grunn av sin beliggenhet i trange fjelldaler med bare smale porter og smale veier som førte dit. Denne byen ble imidlertid til slutt løpt ned av andre og lagt øde, akkurat slik som profeten hentydet. Nå er det muslimene som bor i det som før var Edom, og de skal bli slått av det invaderende Israel i endetiden (se **Salme 83** og **Esekiel 38**).

Hva var det som forårsaket undergangen til byen i fjellkløften? De var *hovmodige*, står det i **vers 3**. De var arrogante, noe som mange mennesker i dagens samfunn er. De har det så godt at de ikke trenger en Frelser, sier de. Men, som det gamle ordtaket sier: «Hovmod står for fall.» Denne arrogansen har ledet dem vill. Det spiller ingen rolle hvem vi følger etter. Dersom vi følger noen andre enn Jesus, så går vi i feil retning. Disse forførte sjelene reiser i sine hovmodige sjeler knyttnevene mot Gud. De tror at de vil være i stand til å føre sin egen sak på dommens dag, men uten Jesus Kristus som sin advokat, vil de alle motta dom.

Stoltheten klatrer høyere og høyere. Ja, her sies det om Edom at de ikke bare ønsker å sveve høyt som ørnen, men de vil legge rede blant stjernene. Stjernetilbedelse er et velkjent fenomen i gamle tider, og det gir oss enda et bilde på Edom som en avgudsdyrkende nasjon. Akkurat som med tårnet i Babel, så ønsker menneskene å klatre opp mot gudene sine. Ikke rart at Herren Gud ikke vil tillate dette, men stige ned og la sin dom falle over dem.

11. AUGUST

«Herrens ord kom til Jona for andre gang: «Stå opp og gå til storbyen Ninive! Det budskapet jeg gir deg, skal du rope ut over byen.» Jona sto opp og gikk til Ninive, slik Herren hadde sagt. Men Ninive var en stor by for Gud, tre dagsreiser lang.»
Jona 3:1-3

NYE SJANSER

Profeten Jona er kanskje den best kjente av de 12 bøkene vi samlet ofte kaller «småprofetene». Likevel er det mange som nekter å tro at Jona var en virkelig person og at det som står beskrevet i boken hans virkelig skjedde. Jesus selv refererte til profeten Jona (**Matteus 12:40**), og ettersom Han visste at Jona var virkelig, så burde vi godta det også.

I begynnelsen av boken kommer Herren Gud og sier at Jona må dra til Ninive for å tale Herrens ord mot denne onde byen. Du husker kanskje historien. Jona forsøker å flykte fra Gud og drar med et skip som havner i en stor storm. På Jonas eget ord kaster de ham over bord, og Jona blir slukt av en stor fisk – en hval – som Gud hadde forberedt for jobben. Etter tre dager og tre netter ber Jona til Herren om nåde, og fisken kaster opp Jona. Nå, i dagens tekst, kommer Guds ord igjen til Jona om at han skal gå til Ninive. Vi ser for det første at Gud gir Jona en ny sjanse. For det andre ser vi at Gud ikke gir opp angående Jona. Han er åpenbart den rette mannen for jobben. For det tredje ser vi at Jona følger Herrens befaling og går. Ninive var en kjempestor by, og ondskapen der var kjent over hele sivilisasjonen. Å gå til et slikt sted kunne virkelig være skremmende, men dersom Gud er på vår side, så har vi ingen grunn til å være redde.

Ninive var en eldgammel by som hadde blitt grunnlagt av Nimrod og forble en stor by til den ble ødelagt av babylonerne rundt år 612 f.Kr. Den var også, som tidligere nevnt, en ondsinnet by hvor de tilbad fruktbarhetsgudinnen Ishtar. Storhetstiden til Ninive var lenge etter Jona hadde vært der. Jona hadde dratt dit på den tiden da Jeroboam II var konge i Israel, en tid som begynte rundt år 780 f.Kr. Vi kan si med sikkerhet at Gud ga Jona en ny sjanse, og Gud er en tålmodig Gud som venter og venter på at vi skal ta våre små skritt i troen ut på den ferden Han ønsker vi skal dra på. Vi har en fri vilje, og det gjør det ofte vanskelig i våre åndelige fjellklatringer. Men ettersom vi snakker om nye sjanser, er det viktig å huske at det finnes enkelte valg vi bare kan gjøre en gang. Noen av tingene vi gjør i livet gjør at broer blir brent bak oss, og vi kan ikke gå tilbake. La oss be om Herrens visdom slik at vi ser de viktige valgene som ligger foran oss, slik at vi kan velge rett.

12. AUGUST

«Men nå, Herre, bare ta livet mitt!
For jeg vil heller dø enn leve.»
Jona 4:3

JONAS DEPRESJON

Jona henvender seg til Jehova, Bibelens selv-eksisterende Gud, i bønn. Han ber Herren om å ta pusten fra ham fordi det er bedre å være død enn levende. Profetens klage til Gud kan gjenkjennes av mange deprimerte mennesker i dag som ønsker å ta livet av seg. Hva er det som gjør at mennesker ønsker å ta livet av seg selv? Sorg, depresjon, traumatiske opplevelser, fysisk eller psykisk lidelse? Grunnene er mange. Men hva var det Jona var så opprørt over?

Det synes åpenbart at Jona er i dyp sorg. **Jona 4:2** sier: *«Han ba til Herren: « Herre! Var det ikke det jeg sa da jeg var i mitt eget land? Derfor ville jeg skynde meg og flykte til Tarsis. For jeg vet at du er en nådig og barmhjertig Gud. Du er sen til vrede og rik på miskunn, så du angrer ulykken.»»* Jona hadde endelig latt seg overtale til å dra til Ninive og rope ut at byen skulle dømmes på grunn av alle de forferdelige syndene som disse hardnede synderne hadde begått. Han hadde ropt ut: *«Ennå førti dager, og så skal Ninive bli ødelagt!»* Men da folket omvendte seg, sparte Gud byen. Jona følte at han var blitt til en løgner og ga åpenbart skylden for dette på Herren. Jona hadde mistet ansikt. Han følte seg gjort til latter, og stoltheten hans hadde fått en alvorlig knekk. Gud kunne ha straffet Jonas stolthet med å gi etter for ønsket hans. Selv om Jona ønsket å dø, så tenkte han ikke på selvmord. Han ville at Gud skulle ta livet av ham. Det er Gud som har gitt oss liv, og bare Han skulle kunne ta det tilbake. Men Gud tok ikke Jonas liv. Isteden skapte Han en *«ricinus-busk»* som ga livsviktig skygge til Jona i solens hete, slik at han ikke tørket inn og døde. Så tok Herren bort busken, og Jona sa: *«Jeg er så sint at jeg kunne dø.»*

Jonas historie er en påminnelse til oss om hva som kan skje når vi lar oss styre av følelsene våre. Gud tar vare på oss, men vi er nå en gang skapninger som er veldig påvirket av følelsene våre. Vi burde legge alle våre bekymringer ned for Herren og stole på at Han vil ta vare på oss. La oss ikke være stolte og tenke for mye på hva andre tenker om oss. Vi burde søke å glede Gud mer enn andre mennesker. Vi burde ha Herren Gud først i livene våre.

13. AUGUST

*«I de siste dager skal det skje at Herrens tempelberg
skal stå urokkelig som det høyeste av fjellene og rage
over høydene. Dit skal folkeslag strømme.»*
Mika 4:1

HERRENS TEMPELBERG

Profeten Mika kom fra den sørvestlige delen av Juda, og levde på samme tid som Jesaja. Dersom du sammenlikner **Mika 4:1-3** med **Jesaja 2:24,** kan du se at de av og til skriver om det samme. Faktisk siterte Jeremia, den siste profeten fra Juda, fra boken til Mika (sammenlikn **Jeremia 26:18** med **Mika 3:12**). Mika profeterte både mot Israel og Juda, og noen av profetiene, som gjaldt Assyria og Babylonia, har klare eskatologiske budskap som sikter mot endetiden. **Mika 4:1-3** er essensielt identiske til **Jesaja 2:24.** Antakelig brukte Mika Jesajas vakre språk til å beskrive den fremtidige kongedømmet fordi det passet perfekt med sammenhengen i hans egen profeti. Jeg vil også antyde at Den Hellige Ånd, som inspirerte begge disse profetene, mente med dette å understreke den ytterste viktigheten i denne bestemte avsløringen.

Mikas bruk av ordlyden *«de siste dager»* gjør at vi tror at dette omhandler endetiden, de siste dager i vår jordiske historie når Gud griper inn og setter foten sin ned. Det er videre snakk om «fjellene til Jehovas hus» (direkte oversatt). Disse skal for evig stå fast, og alle folkeslag skal strømme dit. Mange kommentarer mener at dette, i tillegg til å gjelde jødenes tilbakekomst fra eksil 200 år etter det ble skrevet, også gjelder det kommende messianske riket som skal opprettholdes her på jorden i 1000 år.

Dersom en leser de neste to versene, ser vi at dette er en tid for fred da sverd blir omdannet til ploger for markene, og spydene blir til vingårdskniver. I endetiden må dette henvise til tiden etter Harmageddon hvor det siste slaget skal stå. Mange vakre vers har blitt skrevet om denne tiden. Hvor vi tidligere i endetidsprofetiene har sett at alle folkeslag skal vende seg mot Israel i krig, så er denne hendelsen en tid hvor nasjonene vender seg mot Herren for å tilbe Ham. Herren skal sitte i Jerusalem og dømme hele jorden, og Hans ord skal komme fra Jerusalem, fra Sion, og spre seg utover hele jorden.

14. AUGUST

«Du, Betlehem, Efrata, minst blant slektene i Juda!
Fra deg lar jeg en hersker over Israel komme.
Hans opphav er fra gammel tid, fra eldgamle dager.»
Mika 5:1

JESU FØDESTED

Denne bemerkelsesverdige profetien om fødestedet til den kommende Messias var fullt ut akseptert av jødiske skriftlærde på Jesu tid (**Matteus 2:4-6**). Betlehem var, som indikert her, en ubetydelig landsby, knapt et sted for en konge å bli født. Det fantes utallige byer som var bedre i Juda, og spesielt gjaldt dette Jerusalem. Likevel forutsa profeten over 500 år før det skjedde at den usannsynlige byen Betlehem var stedet der Kristus ville bli født. Messias skulle komme som et spedbarn i Betlehem, men skulle også ha sitt «opphav» fra evigheten. Slik en fantastisk profeti høres umulig ut, men dette ble bokstavelig oppfylt da Gud ble menneske, i hellig inkarnasjon i personen Jesus Kristus. «Opphavet» på helligdommen hentyder også til den evigvarende energien som opprettholder det skapte universet. *«Han er utstrålingen av Guds herlighet og bildet av hans vesen, og han bærer alt ved sitt mektige ord.»* (**Hebreerne 1:3.**)

Når det i dagens tekst står: *«Hans opphav er fra gammel tid»*, så kan «gammel tid» også oversettes som «tidenes begynnelse». Altfor mange tror at Jesus ble født til jul og døde til påske, og så for Han tilbake til himmelen. Selv om det er riktig at Jesus gjorde alt dette, så har Kristus en lengre historie en dette. I **Hebreerne 1:2** leser vi: *«Men nå, i disse siste dager, har han talt til oss gjennom Sønnen. Ham har Gud innsatt som arving over alle ting, for ved ham skapte han verden.»* Dette sier klart at Jesus (Sønnen) var tilstede under skapelsen av universet. Han har dermed eksistert lenge før Han ble født i Betlehem. Vi snakker ofte om en «pre-Betlehem» tilstedeværelse av Kristus.

Da Moses ba om å få se Herrens herlighet, svarte Gud: *«Jeg vil la all min godhet gå forbi deg og rope ut for deg navnet Herren. For jeg er nådig mot den jeg viser nåde, og barmhjertig mot den jeg forbarmer meg over. Du kan ikke få se ansiktet mitt for et menneske kan ikke se meg og leve.»* (**2. Mosebok 33:19-20.**) Ingen kan se Guds herlighet og leve, men vi kan se Jesus Kristus, Gud i menneskeform. Det var Han som gikk med Adam i Edens hage, sloss med Jakob og møtte Abraham.

15. AUGUST

«Se, de løper over fjellene, føttene til den som bringer bud
og forkynner fred. Hold dine høytider, Juda, innfri dine løfter!
For aldri mer kommer de onde mot deg, de er fullstendig utryddet.»
Nahum 2:1

NINIVES FALL

Profeten Nahum er kjent for å komme med en tiltale mot Ninive ca. 150 år etter at profeten Jona hadde kommet der med sitt budskap fra Herren. Tidligere hadde Herren brukt Assyria for å straffe Israel, og nå var tiden kommet for ar Herren skulle straffe Assyria. Nahum betyr «trøst», og det var Juda som fikk disse trøstens ord. Nahum skriver her at det høres fottrinn på fjelltoppene i nærheten som bringer glede, og denne gleden kan høres og forståes som et budskap om fred. Juda skal fortsette å holde sine høytider og festdager, de skal fullføre sine løfter til Gud, for de onde skal slutte med å krysse over, det vil si bevege seg fritt, ettersom han har blitt hogget ned, det vil si tilintetgjort.

Det gode budskapet her er ødeleggelsen av Ninive, den store og syndige byen som hadde omvendt seg til Herren 150 år tidligere da Jona hadde truet med byens ødeleggelse. Omvendelsen har åpenbart ikke gått videre til de neste generasjonene i Ninive, noe som gjorde at Herren til slutt brakte sin hellige straff over byen, og kong Sankerib møtte sin skjebne. Gud ønsket at Juda skulle holde høytidene og løftene sine. Juda må i sin fortvilelse over å ha blitt erobret av assyrerne, ha kommet med flere løfter til Herren som sa hva de skulle gjøre for Ham dersom Han satte dem fri fra fangenskapet. Nå var det på tide å innfri disse løftene. Gud venter at vi skal holde det vi lover, så vi bør være forsiktige med hva vi lover Ham.

«De onde» her er navnet *«Belial»*, et navn som i jødisk mytologi sidestilles med Lucifer og Satan. Ofte blir det oversatt som «den onde», en personifisering av ondskap som i dette tilfelle ble likestilt med kong Sankerib.

16. AUGUST

«Det er fordi hun har drevet hor, den vakre,
trollkyndige horen som slavebandt folkeslag
med sitt hor og stammer med sin trolldom.»
Nahum 3:4

DEN TROLLKYNDIGE HOREN

Bibelen har uten tvil et frodig språk. I dette verset blir Ninive sammen-liknet med en trollkyndig hore, en virkelig saftig beskrivelse som setter Ninives synder på kartet. Språkbruken er ikke bare en «kunstnerisk frihet» som Nahum har tatt seg frihet til, men beskriver hvor syndig denne byen virkelig var. Ingenting i Bibelen er skrevet ned tilfeldig men har et bestemt formål.

Dette verset starter med en overflod av hor. Så følger to ord som er satt i sammenheng, nemlig «god» og «grasiøs». Denne horen var derfor trolig derfor utrolig vakker og til og med høyt ansett, en beskrivelse som passer Ninive veldig godt. Så kaller profeten Ninive for en elskerinne full av magi, trolldom eller heksekunster. Denne *«trollkyndige horen»* selger andre nasjoner gjennom sitt horeri og «familier» gjennom sin trolldom. Når Gud sammenlikner Ninive med en hore, en kvinne som selger sex til menn, eller en kvinne som er utro mot sin mann og har sex utenfor ekteskapet, så er dette et bilde Han ofte gir av en som tilber andre guder istedenfor Ham. Det er også et bilde på en syndig by at de rent seksuelt er umoralske slik at dette er et passende bilde på Ninive både fysisk og åndelig. Vi som lever i nådens og menighetens tidsalder, vet at Jesus er vår brudgom, og Han vil at vi, menigheten, Hans brud, skal være trofaste overfor Ham og ikke bli tilfredsstilt av andre. Gud er ifølge **2. Mosebok 20** en sjalu Gud som vil være på første plassen i livene våre. Alt som kommer høyere på listen enn Ham, er en avgud.

Ninive trollbandt andre nasjoner ved hjelp av sin trolldom. Trolldom eller magi er også et tegn på ugudelighet. Mange søker religiøse opplevelser på andre steder enn i Guds hus, og vi er blitt advart om at vi ikke skal ha noe med trolldom å gjøre (**5. Mosebok 18:10-12**). Dette gjelder også medier som snakker med de døde og de som spår om fremtiden. Vi burde ikke ha noe med magi å gjøre, for all magi er sort magi. Selv Anton La Vey, forfatteren av Satanistbibelen.

17. AUGUST

«Hvor lenge, Herre, skal jeg rope uten at du hører,
skrike til deg om vold uten at du frelser? Hvorfor lar du
meg se urett? Hvordan kan du se på ulykke? Herjing og
vold like ved meg, det blir strid, det kommer trette.»
Habakkuk 1:2-3

HABAKKUKS SPØRSMÅL

Profeten Habakkuk identifiserer seg selv som en profet (**Habakkuk 1:1**). Han må åpenbart ha levd på Jeremias tid i de siste årene før Nebukadnesar bortførte jødene til Babylon. Navnet hans betyr «den omfavnende», og han var opptatt av problemene med troen. Han er kjent for å si at *den rettferdige skal leve ved tro* (**2:4**). Habakkuk henvender seg til Jehova, det jødiske navnet for Gud. Det betyr den evige, selveksisterende Gud og brukes som en nasjonal beskrivelse av Herren Gud. Han spør hvor lenge han skal rope ut før Herren vil høre ham. *«Rope»* her er ordet som brukes for å beskrive et rop om frihet, slik som Mel Gibson i Braveheart. Så sier Habakkuk at han vil skrike om vold, i denne betydningen urettmessig vold som var utført mot ham selv og jødene.

I neste vers leser vi om å se på masse pusting og pesing. Dette er en pusting og pesing som i overført betydning blir satt i sammenheng med urettferdighet. Habakkuk spør derfor hvorfor han må se på pustingen og pesingen som kommer derfor fra urettferdighet. Videre «skanner» profeten masse strev på grunn av vold og ødeleggelse, og noen løfter opp uoverensstemmelse og krangling. Dette er bare noen av flere spørsmål som profeten har.

Profeten er opptatt med det han ser rundt seg som urettferdighet. Volden han referer til, er utført av kaldeerne, som fikk tillatelse av Gud til å herse med jødene. Han ser dette som urettferdighet, ikke som Guds straff av ulydighet. Habakkuk registrerer at på grunn av denne situasjonen, finnes det ikke broderkjærlighet eller rettferdighet blant jødene lengre. Han ser ondskap, tyveri, krangel og konflikter. Dette er tegn på en nasjon som har forlatt sin Gud og fulgt sine egne veier.

18. AUGUST

«Jeg hørte det, da skalv mitt indre, og leppene dirret ved lyden.
Det kom verk i beina mine, føttene vaklet under meg.
Rolig venter jeg på at trengselsdagen skal komme
over det folket som angriper oss.»
Habakkuk 3:16

HABAKKUKS SALME

Habakkuk **3** er det siste kapitlet i denne korte boken, og det blir ofte kalt «Habakkuks salme». Her ber profeten om at Herren må være barmhjertig og vise nåde når Han kommer for å straffe og dømme fienden og frelse folket sitt. I et syn ser profeten ødeleggelsen som skal komme over kaldeerne. I **3:10** skildrer han fjell som bever, vannstrømmer som styrter frem og *avgrunnen som lar sin røst høre.* Videre, i verset etterpå, sier han at sol og måne står stille. Dette gjaldt den dagen da Herren sloss for Israel i **Josva 10:13-14**. Når Habakkuk hørte og forstod det Herren hadde åpenbart for ham, så skalv magen hans, og leppene hans eller stemmen «klirret» (kanskje tennene klapret). Beina i kroppen hans råtnet, og hele han skalv. Alt dette slik at han kunne hvile i dagens solfylte timer med «stramhet», det vil si problemer, trengsler og konflikter. Da skal Herren stige opp over folket, overvinne dem eller legge dem under seg, eventuelt flenge dem opp eller kutte dem i småbiter.

Det Habakkuk så, fikk ham til å skjelve av frykt. Det at magen hans dirret og tennene klapret, er åpenbare tegn på dette. I 1988-oversettelsen står det at «*det kom råttenhet i beina mine*», noe som passer bedre til den hebraiske teksten enn det som står ovenfor. «*Raqab*» betyr råte, forfall eller råttenskap. «*Etsem*», *beina,* kan brukes om et enkelt bein men også om alle beina i kroppen. Det er meget mulig at dette ganske enkelt er en billedlig fremstilling av at profeten var kraftløs og ute av stand til å gjøre noe.

Kommentatorene er litt delt i synet på om det var kaldeerne (Assyria) eller babylonerne det er snakk om som skal komme og invadere jødenes land. Han sier imidlertid i **1:6**: «*Se, jeg reiser opp kaldeerne*», noe som tilsier at det ar Assyria som her skal komme over landet. Kaldeerne kom og angrep jødene og tok dem, men Habakkuk visste at Herren ville straffe kaldeerne når deres tid kom.

19. AUGUST

«Vær stille for Herren Gud, for Herrens dag er nær!
Herren har gjort i stand et slaktoffer,
han har helliget dem han har innbudt.»
Sefanja 1:7

HERRENS DAG ER NÆR!

B oken til profeten Sefanja inneholder mørke bilder av dom over Juda men også små lysglimt av den fremtidige Messias som styrer hele verden. Sefanja betyr «Jehova har verdsatt». Han var i familie med kong Hiskia og levde og profeterte i Jerusalem på samme tid som Jeremia. Hans budskap var først og fremst om *Herrens dag* da Gud skal straffe ikke bare Juda men hele verden i en global dom. På «Herrens dag» skal det skje, ifølge dagens tekst, et slaktoffer.

På denne slaktofferdagen vil det skje tre ting: For det første skulle Herren *«straffe fyrster og kongssønner og alle som kler seg i fremmed drakt»* (**Sefanja 1:8**). Jødene ikledde seg ofte klær fra andre nasjoner og tilegnet seg skikker og guder fra andre nasjoner. De ønsket å være slik som verden utenfor var, ikke slik Gud ønsket de skulle være. For det andre skulle Herren *«straffe alle som springer over dørterskelen den dagen, de som fyller sin Herres hus med vold og svik»* (**1:9**). Ettersom *«dalag»* betyr å hoppe, har den engelske Bibelen oversatt dette som å hoppe på dørterskelen. Dette er trolig et hedensk ritual som har sneket seg inn i den jødiske befolkningen og er en vederstyggelighet for Herren. For det tredje skulle Herren *«gjennom-søke Jerusalem med lys og straffe mennene der, de som sitter sløve i sin vinrus»* (**1:12**). Bibelen har mange skriftsteder som advarer mot vin og sterk drikk, og de som sitter i vinrus, viser ikke at de følger Guds smale sti. Videre sier de i sitt hjerte at Herren ikke gjør noe fra eller til. De stoler ikke på Herren og har vendt seg fra Ham, og det vil Herren Gud straffe.

Ofte kan det se ut som om de ugudelige slipper unna med sine utallige synder, og en kan bli fristet til å si at ærlighet ikke varer lengst. Men et sted i fremtiden vil *Herrens dag* komme, og de som ikke følger Ham, vil bli straffet.

20. AUGUST

«Ve den trassige, tilsølte byen, hun som undertrykker!
Hun adlyder ingen, tar ikke imot formaning, stoler
ikke på Herren, holder seg ikke nær til sin Gud.»
Sefanja 3:1-2

DEN GJENSTRIDIGE OG URENE

I dagens vers ser profeten fremdeles frem mot Herrens dag som skal komme med dom over alle som ikke tilhører Ham. 1988-oversettelsen sier: *«Ve den gjenstridige og urene, byen som er full av vold.»* (**Sefanja 3:1.**) Det er innbyggerne i Jerusalem som får denne karakteristikken over seg. De er opprørske og tilskitnet med synd som har gjort dem forurenset med ugudelighet. De som bor i denne byen, raser av raseri og sprer vold overalt hvor de går. Så kommer en videre karakteristikk om innbyggerne i Jerusalem på fire punkter som kan brukes om syndere generelt.

For det første: *Hun adlyder ingen*. På hebraisk står det at hun ikke hørte, ikke forstod, stemmen som snakket til henne. Bare de som tilhører Gud, forstår Herrens ord og følger det. De om ikke kjenner Gud, vil ikke forstå Bibelen uten at Herrens Ånd lever inni dem og forklarer og opplærer dem. For det andre: Hun *tar ikke imot formaning*. Hun aksepterte ikke korreksjon til måten hun levde på. Selv om Herrens stemme hadde fortalt at hun var på feil sti, så ville hun ikke rette seg etter det som Herren Gud sa til henne. For det tredje: Hun *stoler ikke på Herren*. Det vil si, hun fant ikke sin tilflukt i Herren slik som jødene hadde gjort i tidligere år. Det er klart at hun ikke ville finne tilflukt i en som hun ikke kjenner eller ikke forstår. For det fjerde: Hun *holder seg ikke nær til sin Gud*. Vi alle kommer til Gud i bønn og samles til kirke på søndagene, ja, av og til oftere. Innbyggerne i Jerusalem hadde åpenbart sluttet å samles i Guds navn. De kom ikke til Gud i bønn eller på noen annen måte nærmet seg Ham. Det var ikke rart at Herren Gud ville straffe dem. La oss ikke gå i den samme fellen selv!

21. AUGUST

«Er det tid for dere til å bo i bordkledde hus
så lenge dette huset ligger i ruiner?»'
Haggai 1:4

GJENOPPBYGGING AV TEMPELET

Profeten Haggai var kronologisk den første av de tre etter-eksilske profetene. De andre var Sakarja og Malaki. Haggai ble kalt av Gud for å irettesette og så oppmuntre jødene i forbindelse med det hellige oppdraget med å gjenoppbygge tempelet. Denne oppbyggingen er skildret i Esra og Nehemja. Det er mulig at Haggai var meget gammel da han skrev sin profeti, og at han var en av de få tilbakevendte som hadde sett det opprinnelige tempelet i sin storhet (**Haggai 2:3, Esra 3:12-13**).

Haggai har et spørsmål til dem som var kommet tilbake til Jerusalem, og det er et spørsmål fra Gud Herren selv: *Er det tid for dere å bo i hus med tak over når dette huset ligger i ruiner?* Alternativt til *«caphan»*, som betyr «tak», kan dette ordet også brukes om villmarkspanel eller trebord så fine at de bare finnes i kongelige palasser. Samme hvilken oversettelse en velger, så er det helt på det rene at Herrens hus lå i ruiner og trengte å bygges opp igjen. Haggai går videre med å si at de sår mye men høster lite, de spiser uten å bli mette, de dikker uten at tørsten blir slukket og kler seg uten å bli varme. De som tjener penger, finner at lønnen deres ikke strekker til (**Haggai 1:6**). Grunnen til at alt dette skjer dem, er ifølge Haggai at de har forsømt Herren og Hans hus. *«Derfor holder himmelen duggen tilbake, og jorden holder grøden tilbake.»* (**1:10.**)

Dette er også en pekefinger til oss i vår moderne verden med teknologiske hjelpemidler og masse impulser fra verden rundt oss. Jødene som hadde kommet tilbake fra eksil i Babylon, hadde tid til å bygge opp husene sine og pynte dem. De var uten tvil dekket av tak slik at regnet ikke ville komme inn i husene deres. Vi i dag er så opptatte med våre mobiler, datamaskiner og nettbrett at vi knapt legger merke til vår egen familie. I den moderne verden vi lever i, er det mest verdifulle vi kan gi Gud, vår tid. Tiden vi bruker kan vi aldri få igjen, og vi er veldig villige til å kaste tiden vår bort med uviktige beskjeder og tidskrevende spill. La oss prioritere å gi tid til Gud!

22. AUGUST

«Jeg rister alle folkeslag, så skattene deres kommer hit.
Jeg fyller dette huset med herlighet, sier Herren over hærskarene.
Mitt er sølvet, mitt er gullet, sier Herren over hærskarene.»
Haggai 2:7-8

PENGER TIL OPPBYGNINGEN

Haggai, som var så opptatt av oppbygningen av tempelet, hadde også løsningen på hvordan de skulle få penger og verdier inn til Guds hus slik at det kan bli gjenoppbygd og drevet videre. Dette er et av versene som brukes for å vise folk at de må betale tiende til menigheten sin. Haggai sier at Herren vil sende bølger over ikke-jødiske nasjoner. Dette blir tolket forskjellig. Bølgene kan være et resultat av frykt som sprer seg, men at bølgene er et resultat av flere jordskjelv som ryster alle nasjonene, kan virke som en bedre forklaring. **Johannes' åpenbaring 6:12-17** og **16:18-21** nevner at det skal bli økt jordskjelvaktivitet i trengselsperioden. Ifølge **Jesaja 40:4** skal *hvert fjell og hver haug senkes, det bakkete land skal bli til slette, og hamrene til flatt land,* slik at jordens topografi vil likne slik den var ved tidenes begynnelse.

Herren Gud skal fylle Guds hus med herlighet. *Herlighet* her et ord som betyr «høy vekt» og blir antageligvis brukt om rikdommen som skal finnes her. Dessuten vil Jesus Kristus etter trengselsperioden, som er fylt med jordskjelv og andre kataklysmiske fenomener, returnere i herlighet (**Matteus 24:30, Jesaja 40:5**). Der er ingen indikasjon på at Herrens herlighet noen gang returnerte til tempelet etter fangenskapet i Babylon eller til tempelet som Herodes bygget. Disse var begge av mindre viktighet enn Salomos tempel. Men tempelet som blir beskrevet av Esekiel under tusenårsriket (**Esekiel 40-45**), vil i sannhet på ny bli fylt med Herrens herlighet (**Esekiel 43:5, 44:4, 1. Kongebok 8:10-11**).

Til slutt sier Herren gjennom Haggai at alt sølvet og gullet tilhører Ham. Dette kan være en referanse til all den utrolige rikdommen som var igjen etter Salomos tempel. Men det var også en relevant påminnelse til jødene om deres pene hus som ble beskrevet i **Haggai 1:4**. Hele verden og alt som i den er, har Gud skapt, og Han kan når som helst ta det tilbake. Dette er en viktig påminnelse til oss om at alt vi eier, er gitt oss av Gud. Dersom vi har den innstillingen at alt vi eier tilhører Ham, så blir det kanskje viktigere for oss å bruke ressursene våre på en måte som gleder Gud.

23. AUGUST

«Men de nektet å lytte, snudde ryggen til i trass og gjorde ørene døve. De gjorde hjertet hardt som flint, for ikke å høre på loven og ordene som Herren over hærskarene hadde sendt ved sin Ånd gjennom de tidligere profetene. Da ble Herren over hærskarene mektig harm.»
Sakarja 7:11-12

BETELS REAKSJON PÅ HERRENS ORD

Profeten Sakarja har den lengste av bøkene blant småprofetene. Han kom mellom Haggai og Malaki, og navnet hans betyr «Herren husker». Han var både prest og profet og kom til Jerusalem sammen med Serubabel. De første seks kapitlene i boken omhandler ti bemerkesesverdige syner som Sakarja hadde, trolig i løpet av en natt. I dagens tekst vender Herren seg til Betel og befalte at de de skulle vise miskunnhet og barmhjertighet og dømme rettferdig. De skulle ikke undertrykke enker og foreldreløse eller tenke ondt om hverandre (**Sakarja 7:9-10**).

For det første står det at *de nektet å lytte*. Dette var en alvorlig synd av innbyggerne i Betel. Det er også noe som er viktig for oss i dag. Vi må ikke bare lese Guds ord slik at Han kan snakke til oss gjennom det, men vi må lytte etter Guds stille stemme som hvisker sannheter til oss. Bare når vi er absolutt stille og lytter til Ham, kan vi høre dette. For det andre står det at de *snudde ryggen til i trass*. Ordet som betyr å snu seg bort her, kan også bety å falle fra. I sitt frafall fra Herren hadde de snudd seg bort fra Ham, og ifølge den hebraiske grunnteksten hadde de snudd skulderen vekk også. Denne handlingen blir av flere kommentatorer sett på som å ta vekk lovens åk, som ligger på skuldrene, og ikke være villig til å bære Herrens byrde lenger. For det tredje står det at de *gjorde ørene døve*. Her sier grunnteksten at øret ble «gjort tungt», de dysset ned hørselssansen slik at de ikke skulle være i stand til å høre hva Gud hadde å si.

Til slutt står det at *de gjorde hjertet hardt som flint*. Ordet som egentlig betyr en torn, kan brukes om en hvilken som helst edelsten som har blitt kuttet og skjært til. De var på ingen måte mottakelig for hva Herren hadde å si og stod i sterk opposisjon mot Herren Gud. Måtte vi alltid være villige til å lytte på Ham og Hans visdom!

24. AUGUST

«Bryt ut i jubel, datter Sion! Rop av glede, datter Jerusalem!
Se, din konge kommer til deg, rettferdig og rik på seier,
fattig er han og rir på et esel, på en eselfole.»
Sakarja 9:9

PALMESØNDAG

D ette er helt klart en messiansk profeti, sitert i **Matteus 21:4-5** og **Johannes 12:14-15**. Hendelsen er også beskrevet i Markus og Lukas. Alle fire evangelistene har sett dette som en viktig, historisk hendelse. Kongen som kommer, er fullt ut rettferdig og bringer med seg frelse. Oversettelsen ovenfor er dessverre ikke korrekt, men i 1988-oversettelsen står det: *«Rettferdig er Han og full av frelse»*, og det er akkurat hva det står på hebraisk og i den engelske Bibelen. «Frelse» kan også oversettes med «frihet», men de to betyr praktisk talt det samme – i alle fall for en kristen.

Deretter står det at denne kongen, Kristus, var fattig. *«Aniy»*, som er oversatt med fattig, kan også oversettes plaget, rammet, angrepet, ydmyk og trengende, men den bokstavelige oversettelsen av ordet er «deprimert». Kunne Jesus Kristus, vel vitende om korsfestelsen som skulle skje om ca. en uke, ha vært deprimert? Denne mannen som var *«forlatt av mennesker, en smertens mann, vel kjent med sykdom»* (**Jesaja 53:3**), kunne Han ha kjent til psykiske lidelser som for eksempel depresjon?

Så står det at Han skulle ri inn *på en eselfole*. Denne terminologien betyr at eselet Han skulle ri på, ikke var blitt ridd tidligere og fremdeles fulgte etter moren sin alle steder. Likevel ville det, når tiden kom, være villig til å la seg bli ridd av Herren selv. Det kan virke rart at Jesus, som kongenes Konge, ikke kom ridende på en hest eller i en pyntet vogn, men Jesus kom for å oppfylle profetiene i Det gamle testamente. Rikdom er for de fleste av oss en avgud, og vi skal ikke samle oss skatter på jorden men i himmelen. Det er en tankevekker at Jesus hele tiden visste hvorfor Han var kommet til jorden – for å dø på korset. Dette fikk Ham på knærne i bønn like før Han ble grepet av de sinte jødene, og vi vet ikke hvor nedtynget Han virkelig har vært over dette. Likevel var Han villig til å dø på korset for deg og for meg, slik at vi kunne gjenforenes med den hellige Gud i himmelen.

25. AUGUST

«Jeg sa til dem: «Om dere finner det for godt, så gi
meg lønnen min. Hvis ikke, så la det være.»
Da veide de opp lønnen min, tretti sølvstykker.»
Sakarja 11:12

TRETTI SØLVPENGER

Ordene som blir uttalt her, kommer fra Gud som Messias. Det var ikke bare inkarnasjonen av Gud, nemlig Jesus Kristus, som var tilstede før Han ble født i Betlehem både i Edens hage hvor Han gikk sammen med Adam, men også andre steder hvor Gud møtte mennesker i menneske-skikkelse, som uttalte disse ordene, men de gjaldt også Ham i fremtiden da Judas Iskariot skulle forråde Ham.

Messias sier her: *Om dere ser at det er bra, så gi meg betalingen eller la vær.* Det legges ofte til ord i hebraisk for at ordlyden skal få bedre flyt, men fremstillingen overfor er absolutt forsvarlig. Det kan virke som om Kristus ber om betaling for å ha voktet sauene. Han er tross alt den gode hyrden, og jødene er som dumme sauer. Messias ble så betalt lønnen Han skulle få. I gamle dager ble betaling i gull eller sølv veid for å finne ut hvor mye det var verdt. Lønnen som Kristus fikk, var tretti sølvpenger. Dette var den summen som ble betalt dersom en okse stanget en tjener eller en tjenestekvinne. **2. Mosebok 21:32** sier: *«Dersom oksen stanger en trell eller en trellkvinne, da skal eieren gi tretti sekel sølv til deres herre. Og oksen skal steines.»* Det er interessant at prisen på Kristi hode bare var verd prisen til en tjener som ble stanget. Det er også interessant å se at oksen, som hadde gjort udåden, skulle avlives. Kristus ble også avlivet men ved korsfestelse, ikke ved steining.

Vi kjenner sikkert alle oppfyllelsen av denne profetien. I **Matteus 26:14-16** leser vi: *«Da gikk en av de tolv, han som het Judas Iskariot, til overprestene og sa: «Hva vil dere gi meg for å utlevere ham til dere?» De betalte ham tretti sølvpenger. Og fra da av søkte han en anledning til å forråde ham.»* Det synes her klart at Kristus, jordens Frelser, ikke var mer verd enn en død tjener. De godtok aldri Jesus som Messias og satte en lav pris på Hans hode. Måtte vi alle verdsette hva Han har gjort for oss og vil gjøre i fremtiden!

26. AUGUST

«Men over Davids hus og over dem som bor i Jerusalem,
øser jeg ut en nådens og bønnens ånd. Da skal de se på meg,
på ham som de har gjennomboret. De skal klage over ham
som en klager over sin eneste sønn, og sørge bittert over ham
som en sørger over den førstefødte.»
Sakarja 12:10

DEN GJENNOMSTUNGNE

Dette er den store dagen når Kristus kommer tilbake i triumf, og Israel vil endelig gjenkjenne Ham som Messias, med såret etter spydet fremdeles synlig i siden Hans (**Johannes 19:37, Johannes' åpenbaring 1:7**) og merkene etter spikrene på hendene Hans (**Sakarja 13:6**). Ved Hans nådefulle og bønnens Ånd vil Gud åpne øynene og hjertene deres, og hele Israel skal bli frelst (**Romerne 11:26**).

Verset snakker om å søle ut over Davids hus eller familie. «Søle ut» kan bety rennende blod eller flytende metall, slik som vi ser på fabrikker i disse dager. Dette gjelder også dem som bor i Jerusalem. En må lengre inn i verset før en finner ut hva som «søles ut». Her er det snakk om ånden av nåde og alvorlig bønn. Som tidligere i Det gamle testamente, er ordet for «ånd» det samme som «vind», noe som er beskrivende av Den Hellige Ånd som blåser hit og dit. De skal skanne den som de har dolket og såret, det vil si gjennomstukket med spiker. Det er helt åpenbart at dette snakker om Jesus Kristus. Nå skal de endelig sørge over Ham, og det skal «slite dem i brystet» som når de sørger over en av sine kjære, som over sin eneste sønn. Jesus var Guds enbårne Sønn. De skal «dryppe» for Ham. Antakelig er det her snakk om tårer som drypper. Dette er som en som «drypper» eller gråter for sin førstefødte.

Det er viktig å merke seg at Israels omvendelse til Kristus som Messias ikke skjer før Jesus kommer tilbake til jorden i herlighet. Dette er altså etter bortrykkelsen og etter at trengselsperioden er ferdig. Jødene er ikke som nasjon med i menigheten som blir bortrykket, men Herren vil bevare dem og ta vare på dem mens de går igjennom trengselen. Først når Kristus kommer tilbake til jorden ved slutten av trengselsperioden sammen med de hellige utvalgte, vil jødene innse at Han som de korsfestet, virkelig var Messias. Jødene vil sørge som en som har mistet sin førstefødte, eneste sønn. Innen jødisk tradisjon og kultur er det få ting som er verre enn å være barnløse. Vi får tro at sorgen blir kortvarig siden Israel tross alt er Guds utvalgte folk, og Herren vil ikke glemme dem.

27. AUGUST

«Den dagen skal han stå med føttene på Oljeberget,
som ligger rett mot Jerusalem, i øst.
Oljeberget skal revne i to fra øst til vest,
og det skal bli en veldig dal. Den ene halvparten
av fjellet viker mot nord og den andre mot sør.»
Sakarja 14:4

TOUCHDOWN!

Akkurat som Kristus dro opp til himmelen, vil Han igjen komme tilbake til jorden for å sette sine føtter på det velkjente stedet (**Apostlenes gjerninger 1:11-12**). Den store revnen i Oljeberget, som eksisterer allerede nå som store forkastningslinjer, vil trolig bli forårsaket av de globale jord-skjelvene i **Johannes' åpenbaring 16:18-19**.

Dagens tekst er kanskje det best kjente verset fra profeten Sakarja. Foten til Kristus skal igjen stå plantet i dagens solvarme timer på Oljeberget i Jerusalem, det jødiske folkets hovedstad. Dette på fremsiden, det vil si østsiden, av byen nær Getsemanehagen og Maria Magdalenas kloster. Dette fjellet (Oljeberget) skal rives i to deler på midten fra der solen står opp (øst) til der havet brøler (vest). Dette skal bli en veldig stor dal, og halve fjellet skal bli trukket tilbake eller fjernet mot nord og halvparten mot sør. Ordet som betyr «nord» her kan også bety «gjemt» men brukes som oftest om den nordlige fjerdedelen av himmelretningen. Igjen er det viktig å innse at dette er en viktig profeti om fremtiden. Etter at Jesus har rykket opp menigheten til himmelen og de har vært der for å ta del i Lammets bryllup, så kommer de frelste tilbake til jorden hvor Kristus skal etablere sitt tusenårsrike. Han skal da styre hele kloden fra Jerusalem sammen med sine utvalgte. Begynnelsen på at Kristus etablerer sitt styre fra Jerusalem, er Hans tilbakekomst til Oljeberget. Han skal på ny entre Jerusalem som kongenes Konge, men denne gangen gjennom den nye dalen som er blitt laget for Ham fra Oljeberget og inn mot byen fra østsiden.

Da Jesus kom inn til Jerusalem på palmesøndag, var Han ydmyk og ridende på et esel. Denne gangen vil Han komme som universets hersker og hele verdens gjenløser. Denne dagen vil det strømme ut levende vann fra verdens hovedstad, Jerusalem, og Kristus skal være *«konge over hele jorden»* (**Sakarja 14:8-9**).

28. AUGUST

«Se, jeg sender min budbærer, han skal rydde vei for meg.
Brått kommer han til sitt tempel, Herren som dere søker,
og paktens budbærer, han som dere lengter etter,
se, han kommer, sier Herren over hærskarene.»
Malaki 3:1

HERRENS BUDBÆRER

Malaki er den siste boken i Det gamle testamente. Mellom Malaki og Jesu fødsel var det ca. 400 år uten at det ble skrevet noe som var hellig og inspirert av Gud. På grunn av denne lange stillheten har Malaki blitt gitt en viktig plass blant de bibelske bøkene. Navnet Malaki betyr «min budbringer», eller «min engel». Han var en mann som var dypt hengiven til Gud og Hans rettferdighet.

I dagens tekst sier Herren via Malaki at Han vil sende sin budbringer. Som kjent er ordet for «budbringer» det samme som «engel». Det brukes for eksempel i Johannes' åpenbaring om forstanderne til de syv menighetene. Her har ordet en annen betydning. Denne «budbringeren» skal snu veien eller levemåten til et ansikt. For å ordne litt opp i ordsalaten her, så skal denne budbringeren få folk til å snu ansiktet sitt slik at de lever på en annen måte. Dette blir satt i sammenheng med en herre som disse menneskene vil søke etter, en som plutselig vil ankomme sitt tempel eller palass. Denne paktens budbringer som bringer dem glede, skal komme, sier Herren hærskarenes Gud.

Denne profetien er sitert i **Matteus 11:10, Markus 1:2** og **Lukas 7:27** og ble oppfylt i døperen Johannes over 400 år senere. Johannes ryddet virkelig veien for Kristus med forkynnelsen sin. Faktum er at noen av Kristi disipler først var Johannes' disipler. En liknende profeti var blitt gitt av Jesaja (**Jesaja 40:3-4**). Det faktum at Jesus ville komme til sitt tempel (noe som ble oppfylt da Kristus renset tempelet – **Johannes 2:13-16**), er en klar åpenbaring av at Kristus er Gud. Det blir også hentydet av det faktum at Herren, som snakket gjennom Malaki, sa at Johannes ville *«rydde vei for meg»*.

Det er interessant at Malaki, som betyr «budbringer», brukte samme ordet om Guds «budbringer» (**Malaki 2:7, 3:1**). En gang snakker han om Guds prest, så om Johannes og så om Kristus selv.

266

29. AUGUST

«Kan et menneske stjele fra Gud? Dere stjeler fra meg, men sier:
«Hva er det vi har stjålet fra deg?» Tienden og offergaven!
Under forbannelse er dere, dere stjeler fra meg, hele folket!
Kom med hele tienden til forrådskammeret så det finnes mat
i mitt hus. Prøv meg på denne måten, sier Herren over hærskarene.
Jeg skal sannelig åpne himmelens sluser og øse ut
over dere velsignelse uten mål. »
Malaki 3:8-10

TIENDEN

Versene som står overfor, er godt kjent innen frikirkene og brukes flittig før kollektkurven blir sendt rundt. Det er vel disse versene som Malaki er best kjent for. Det begynner med ordlyden: *«Kan et menneske stjele fra Gud?»* Ordet «stjele», som kommer fra et ord som betyr å dekke over noe, er blitt oversatt som å svindle og å plyndre. Spørsmålet er selvsagt retorisk, og svaret er selvsagt «ja». Vi svindler og lurer Gud hele tiden ved å forsøke og dekke over synden vår. Synden i dette tilfellet er tienden og offergavene. Offergavene er individuelle gaver som blir gitt Gud på toppen av tienden, men tienden var en av Herrens lover. I Moseloven var jødene befalt å gi førstegrøden til Herren (**5. Mosebok 18:4**), noe som blir kalt «tienden» i **Nehemja 13:10-12**. Denne tanken har blitt overført også til kirkens tidsalder hvor menigheten må betale tiende – eller ti prosent – av alt de tjener (**Matteus 23:23, Lukas 18:12**). I Malakis dager hadde jødene åpenbart ikke gjort dette.

Det at jødene ikke hadde betalt tienden, var blitt til en forbannelse for dem. Gang på gang sa Herren til sitt utvalgte folk at Han ville velsigne dem dersom de fulgte lovene Hans, men Han ville forbanne dem dersom de ikke fulgte dem. Likevel har jødene en lang historie av å ikke adlyde Herren Gud slik at Han måtte straffe dem. De så ikke ut til å lære dette, og på ny kom det en forbannelse over Israel.

Til slutt sier Herren at de på ny måtte bære tienden inn i lagerbygningen slik at det igjen skal finnes mat i Herrens hus. Så vil Herren åpne himmelens vindu og øse velsignelser ut over sitt folk. Dette er en måte å teste Herren på. Han har lovet at vi skal få så mange velsignelser at det ikke går an å måle dem. Dessuten er velsignelsene som Gud gir, ikke målbare da de ofte ikke bare er materielle. Dersom vi er trofaste og gir Ham ti prosent av det vi tjener, vil Herren belønne oss rikelig. Det er et prinsipp hos Gud at dess mer vi gir til Ham, dess mer vil vi få tilbake.

30. AUGUST

«Se, jeg sender profeten Elia til dere før Herrens dag kommer,
den store og skremmende. Han skal vende fedrenes hjerter
til barna og barnas hjerter til fedrene, så jeg ikke
skal komme og slå landet med bann.»
Malaki 4:5-6

PROFETEN ELIA

Dagen tekst består av de to siste versene i Det gamle testamente. Etter disse ordene ville det ta ca. 400 år før neste bok i Bibelen skulle skrives. De siste ordene som sies, er oftest de viktigste. Når foreldrene dine skulle på tur og du var alene igjen, så ville de si viktige ting som: «Ikke glem å skru av komfyren når du er ferdig med å lage mat!» En person som gjør seg klar til å dø, vil gjerne fortelle videre hemmeligheter han eller hun har holdt på i årevis og en gang til fortelle de nærmeste om kjærligheten de alltid har hatt overfor dem. Hva er de siste ordene i Det gamle testamente? En profeti om at profeten Elia skulle komme. Det er ingen tvil om at «Eliyah» skal oversettes som profeten Elia. Det ser ut til å være stor enighet om dette. Han skulle Gud sende før den skremmende dagen til Herren Jehova. Uttrykket «*Herrens dag*» er vanligvis et uttrykk som brukes om endetiden. Dette skriftstedet har blitt brukt om døperen Johannes som gjorde veien klar for Jesus. Det hersker litt forvirring om dette. Jesus sa selv at Johannes var den Elia som skulle komme (**Matteus 11:14**), og det blir forklart at Johannes kom i Elias ånd (**Lukas 1:17**), selv om Johannes selv benektet at han var profeten Elia (**Johannes 1:21-23**). Jesus snakket imidlertid om Johannes på en slik måte at disiplene forstod det (**Matteus 17:10-13**).

Det siste verset sier at han (Elia) vil snu fedrenes hjerter til sønnene og sønnenes hjerter til fedrene. Dette kan referere til en harmonisk familie som er resultatet av at alle i familien følger etter Herren. Dette skulle skje slik at Herren Gud ikke skulle slå jorden med en forbannelse. Det vites ikke sikkert hva denne forbannelsen er, men der er mange teorier. Noen ser dette som en straff fra Gud over Israel på Malakis tid, og andre ser fremover mot endetiden. Til tross for at dette skriftstedet åpenbart handler om døperen Johannes, så finnes det ofte en dobbel eller trippel anvendelse av Skriftene. Dersom «Herrens dag» omhandler endetiden, så er det viktig å huske at profeten Elia aldri døde men forsvant opp til himmelen i en ildvogn med ildhester (**2. Kongebok 2:11**). Mange mener at Elia er et av vitnene i **Johannes' åpenbaring 11:1-14,** som utførte mirakler ved tempelet. Noen tror dette er Elia og Moses mens andre mener dette må være Enok og Elia, de eneste to i hele Bibelen som aldri døde en «naturlig» død.

31. AUGUST

*«Dette er ættetavlen til Jesus Kristus,
Davids sønn og Abrahams sønn»*
Matteus 1:1

DEN INTERTESTAMENTALE PERIODEN

Småprofetene er de tolv siste bøkene i Det gamle testamente. Tiden fra Malaki til Matteus er en periode på 400 år som vi ofte kaller for «den intertestamentale perioden», det vil si perioden mellom de to testamentene. Det er en periode da det ikke ble skrevet noen bibelske bøker.

I denne perioden ble Det gamle testamente oversatt til gresk, og gresk og arameisk ble de gjeldene språkformene i Israel. Det var også da synagogene dukket opp i Det hellige land.

De apokryfiske skriftene ble også til i denne perioden, men de har ikke blitt godkjent som inspirerte av Gud på samme måten som de bibelske tekstene.

På denne tiden erobret Aleksander den store mesteparten av den kjente verden og innførte den hellenistiske tidsperioden som fortsatte etter hans død da riket hans ble delt mellom fire av hans generaler.

SEPTEMBER
–
MATTEUS' EVANGELIUM

1. SEPTEMER

«Med Jesu Kristi fødsel gikk det slik til:
Hans mor Maria var lovet bort til Josef.
Men før de var kommet sammen, viste det seg
at hun var med barn ved Den Hellige Ånd.»
Matteus 1:18

JOMFRUFØDSELEN

Begynnelsen av Matteus' evangelium er en ættetavle som begynner med Abraham. Her vises altså Jesu jødiske avstamning, som startet med den første jøden – Abraham – som Gud lagde sin pakt med. Den viser også Hans kongelige avstamning til kong David. Så, i dagens tekst, er det første greske ordet «de», som kan oversettes som «menn». Ættetavlen er ferdig, og nå er det Jesu opphav («genesis») som blir diskutert.

Da Maria var forlovet med Josef, før de var kommet sammen, så hadde Maria fått et barn i livmoren, og dette barnet var kommet fra Den Hellige Ånd. Josef var ikke faren – men stefaren. Det var heller ingen andre som hadde hatt et seksuelt forhold med Maria. Barnet hadde ingen kjødelig far men hadde Den Hellige Ånd til Far. Dette betyr ikke at Gud på noen måte har hatt et seksuelt forhold til Maria, men at livet inne i Marias livmor har blitt spesielt skapt av Gud. I skapelsesberetningen var den Den Hellige Ånd som aktiviserte skapelsen. Her er det igjen Han som har utført skapelsens mirakel inni Maria slik at Jesus kunne bli kalt Guds Sønn. Arvesynden, som blir brakt videre gjennom fedrene, var ikke tilstede hos Jesus.

Mange som har problemer med å tro på at Gud skapte verden, har også problemer med å tro på jomfrufødselen. De tviler også gjerne på kryssingen av Rødehavet sammen med Moses samt alle andre mirakler som er beskrevet i Bibelen og forsøker å bortforklare dem. Vel, Gud er miraklenes Gud og er i stand til å utføre mirakler på daglig basis. Dersom du godtar i tro at Gud har skapt universet og alt som finnes i det, så vil du ikke ha problemer med å tro på noen av de andre miraklene som finnes i Bibelen. Dersom Jesus bare var et vanlig menneske, så kunne Han ikke ha gitt oss frelse. Men Han var fullt ut Gud – Han døde på Golgata – og Han stod opp igjen på den tredje dagen slik at vi kunne få frelse.

2. SEPTEMBER

*«På den tiden sto døperen Johannes fram i
ødemarken i Judea og forkynte: «Vend om,
for himmelriket er kommet nær!»»*
Matteus 3:1-2

JOHANNES' BUDSKAP

D ette er den første av 32 ganger vi ser frasen «himmelriket» eller «himlenes rike», og alle finner vi i Matteus' evangelium. Den samme uttalelsen finnes i **Markus 1:15** med det unntaket at «himlenes rike» er byttet ut med «Guds rike». De to uttrykkene er ofte brukt synonymt (**Matteus 13:33, Lukas 13:20-21**), så det ser ikke ut til å være en passende grunn til å skille mellom de to. Ofte kalles det «Faderens rike» eller ganske enkelt «riket». Det har et åndelig aspekt, et tilstedeværende fysisk aspekt, eller et fremtidsrettet evig aspekt, avhengig av teksten, men det referer alltid til Guds styre over Hans skapte og frikjøpte verden og de troende som bor i den.

Selve teksten beskriver hvordan Johannes stod ute i ødemarken og ropte ut sitt budskap. Ordbildet her er det av vekteren i gamle dager som gikk rundt og ropte ut hva klokken var og hvilket vær som var i vente. I dag brukes det samme ordet om predikanter som forkynner Guds ord med høy røst. Ødemarken var i Juda, trolig i nærheten av Jordan-elva et sted mellom Jeriko og Dødehavet.

Johannes sa at folkene måtte omvende seg – snu seg rundt fra sine syndige liv og følge Guds vilje isteden. Grunnen han oppga var at himlenes rike, eller Guds rike, var nær. Dette var åpenbart en henvisning til Jesus som skulle komme. Døperen Johannes' oppgave var jo tross alt å rydde vei for Messias som skulle komme. Jødenes oppfattelse av den kommende Messias var en konge som skulle fri Israel fra romersk undertrykkelse. Det Guds rike som Jesus brakte med seg, var ganske så annerledes enn hva de fleste jødene hadde forventet. Litt av grunnen til jødenes feiloppfatning kan ha vært at Messias' komme i Det gamle testamente ikke gjør klart at Messias skal komme to ganger. Hans første komme var i stallen, og Hans andre komme skal bli i skyene.

3. SEPTEMBER

«Jesus ble så av Ånden ført ut i ødemarken for
å bli fristet av djevelen. Han fastet i førti dager
og førti netter og ble til sist sulten. Da kom
fristeren til ham og sa: «Er du Guds Sønn,
så si at disse steinene skal bli til brød!»»
Matteus 4:1-3

JESUS FRISTES AV DJEVELEN

Jesus var Gud som ble inkarnert i menneskeskikkelse. Dette presenterer oss med et problem. Jakob, antakelig Jesu halvbror, skrev i **Jakob 1:13**: *«Gud fristes ikke av det onde, og selv frister han ingen.»* Selv om både Faderen og Sønnen visste at Han ikke var i stand til å synde, så må Han ha blitt «testet» (en bedre oversettelse av det greske ordet enn «fristet»), slik at verden og djevelen også visste dette. Djevelen hadde fristet Eva og (indirekte) Adam med en tredelt fristelse: kropp, sjel og ånd (*«treet var godt å ete av, et prektig tre, siden det kunne gi forstand»* **1. Mosebok 3:6**), og de hadde feilet i testen. Alle andre mennesker ville ha feilet i den samme testen og gitt etter for *«kroppens begjær, øynenes begjær og skrytet av alt en eier»* (**1. Johannes 2:16**). Jesus, Menneskesønnen, ble utsatt for den samme tredelte testen og bestod testen. I tillegg gjorde Han det med sin menneskelighet, uten å bruke sine overnaturlige krefter som Han hadde som Guds Sønn, og Han gjorde det – og det kan vi også – ved å tro på og bruke resursene som finnes i Guds nedskrevne ord.

Djevelen kjenner også til Skriftene og vil forsøke å vri på dem slik at de passer ham bedre. I **Matteus 4:6** siterer djevelen fra **Salme 91** men tar ut frasen *«de skal bevare deg på alle dine veier»*. I vår tid er det mange som forsøker å vri på Skriftene og få dem til å passe til det som de tror på. Et liv i studie av Guds kjærlighetsbrev til oss, samt et liv som følger Hans, vil kunne gjøre oss i stand til å se når falske profeter kommer som ulver i fårepels.

Det er viktig for oss å vite at vi også kan bli testet. Daglig B&B (bibellesning og bønn) vil gjøre deg i stand til å bestå testene dine. Det er hunden du mater som vil vinne hundeløpet. Hvilken åndelig mat spiser du hver dag? Guds hellige mat eller djevelens?

4. SEPTEMBER

«Vær da fullkomne, slik deres
himmelske Far er fullkommen.»
Matteus 5:48

VÆR FULLKOMNE

Dagens tekst finnes i den berømte Bergprekenen som Jesus hadde på Oljeberget. Denne prekenen begynner med kapittel 5 og varer ut kapittel 7. Det er også her Jesus talte i Matteus 24-25 i det som vil kaller Jesu andre Bergpreken.

Det overraskende her var at Jesus sa at alle skulle være fullkomne. *«Teleios»* betyr komplett, voksen, moden, perfekt. Jesus visste at ingen troende kunne være syndefri og perfekt (**Matteus 6:14-15**) i dette livet. Likevel må dette være standarden – målestokken – og målet – ikke for å oppnå frelse, men for å leve det kristne livet. Denne tilstanden av perfeksjon eller modenhet er ikke mer oppnåelig enn syndefri perfeksjon – faktisk er de omtrent det samme. Vi har en slik posisjon i Kristus, og vi burde søke etter å nå denne standarden ved Guds hjelp. Å praktisere denne kjærlighetens lov, ville løfte mennesket opp til Guds hellige standard. Dette må være målet med livene våre. Her ligger det foran oss et mønster fra den perfekte Gud, og vi har denne hellige perfeksjonen legemliggjort i Kristus. Det vil kreve en konstant kamp i kjødet for bare å komme nært et slikt ideal, men det må være vårt evige mål. Dette lærer oss ikke at vi ikke kan synde gjennom vår helliggjørelse, eller at vi kan oppnå perfeksjon her på jorden, men det settes her foran oss det perfekte eksemplet, idealet, og vi vil stadig forsøke å klatre høyere for å nå det.

En annen tanke kommer når vi ser at Jesu publikum var folkemengden og ikke bare disiplene (se **Matteus 7:28**). Det er selvsagt ikke mulig å være perfekte, men jødene måtte følge Moseloven til perfeksjon. Dette var selvsagt ikke mulig, og Jesus kan ha sagt dette for å få folk til å innse at de ikke kan oppnå frelse ved sine egne gjerninger men at de trenger Jesus, Frelseren. Selv om vår posisjon i Kristus er perfekt – på grunn av hva Han har gjort, ikke hva vi har gjort – så er livene våre ikke det her på jorden.

5. SEPTEMBER

«Dere skal ikke samle skatter på jorden, hvor møll og
mark ødelegger, og hvor tyver bryter inn og stjeler.
Men dere skal samle skatter i himmelen, der verken møll
eller mark ødelegger og tyver ikke bryter inn og stjeler.
For der skatten din er, vil også hjertet ditt være.»
Matteus 6:19-21

SAMLE SKATTER I HIMMELEN

Hva er viktigst i livet ditt? I dagens tekst sier Jesus at vi ikke skal samle oss rikdom (skatter) på jorden. Rikdom er overvurdert. Dess mer penger en har, dess mer penger bruker en, dess mer penger ønsker en. Det er som et hull som aldri blir fylt. Dersom målet i livet er å tjene penger, så vil du aldri få nok. En vil aldri bli lykkelig før en lærer å være fornøyd med det som en allerede har. Da blir alt som en får, en ekstra velsignelse. Dessuten kan du raskt miste alt du eier i en brann eller at noen stjeler det du er gladest i, bilen din eller pengene dine, til og med kan noen stjele identiteten din.

Jesus sier at vi burde samle oss skatter i himmelen hvor de ikke blir ødelagt, stjålet eller ruster. Dette betyr at vi burde jobbe for Herren istedenfor oss selv. Gode gjerninger kan bli belønnet i himmelen, men det vil ikke skaffe oss adgang til himmelen. Et godt studium kan være å finne ut de forskjellige seierkransene som Gud vil gi oss som belønning når vi kommer til himmelen. En kristen med et hjerte for Herren vil imidlertid gjøre det som Herren vil ut fra kjærlighet til Kristus, ikke for å få belønninger.

Dette skriftstedet minner meg på historien om en gammel kone som ville ha med seg et bilde av familien i graven når hun skulle bli begravet. Familien gikk med på dette siden det var hennes siste ønske. Da far i huset skulle legge bildet i kisten, mistet han det, og rammen brakk og glasset knuste. Ut falt det massevis med penger. Her ligger en lekse for oss alle: Vi kan ikke ta med oss pengene vi har tjent her i livet når vi dør.

6. SEPTEMBER

*«Alt dere vil at andre skal gjøre mot dere, det skal også
dere gjøre mot dem. For dette er loven og profetene.»*
Matteus 7:12

DEN GYLNE REGEL

Dette er den gylne regel om hvordan vi skal oppføre oss. Den er ikke ment som et krav som må innfris før en kan bli frelst, for ingen adlyder denne regelen perfekt, akkurat som at ingen kan holde alle de ti budene perfekt. Denne gylne regelen summerer de ti budene. Den ble gitt til de troende som allerede var frelst ved tro og gitt som en standard som de skulle søke etter for å forbedre sine personlige liv. Kjærlighet for Gud og kjærlig-het overfor nesten sin summerer også *«loven og profetene»* (**Matteus 22:36-40, Romerne 13:8-10**).

Dette betyr ikke at vi alltid skal gjøre det som andre ønsker, men hva vi ville ønske at de ville gjorde mot oss dersom vi var i deres sko og de var i våre sko. Vi kunne komme til å skade dem eller synde mot Gud dersom vi gjorde hva de ønsket. En maksime som likner den gylne regel, finnes i skriftene til forskjellige «vismenn» – Sokrates blant grekerne («det som får deg til å bli sinna når andre gjør det mot deg, skulle du ikke gjøre mot dem»), Buddha og Konfusius («det du ikke vil at noen skal gjøre mot deg, skal ikke du gjøre mot dem») blant orientalerne og Hillel («gjør ikke noe mot naboen din som er hatsk mot deg selv») blant jødene. Men de andre lærerne kommer ikke opp til Kristi standard. Maksimen deres er negativ og passiv. De sier hva vi ikke skal gjøre, men Kristus sier hva vi skal gjøre.

Mange har den oppfatningen at vi skal gjengjelde ondt mot ondt, *«øye for øye, tann for tann»* (**2. Mosebok 21:24**), men dette opphevet Jesus i **Matteus 5:38-44** hvor vi leser: *«Dere har hørt det er sagt: Øye for øye og tann for tann. Men jeg sier dere: Sett dere ikke til motverge mot den som gjør ondt mot dere. Om noen slår deg på høyre kinn, så vend også det andre til. Vil noen saksøke deg og ta skjorten din, så la ham få kappen også. Om noen tvinger deg til å følge med én mil, så gå to med ham. Gi til den som ber deg, og vend ikke ryggen til den som vil låne av deg. Dere har hørt det er sagt: Du skal elske din neste og hate din fiende. Men jeg sier dere: Elsk deres fiender, velsign dem som forbanner dere, gjør godt mot dem som hater dere, og be for dem som mishandler dere og forfølger dere.»*

7. SEPTEMBER

«Da ble det et voldsomt uvær på sjøen, så båten nesten
ble borte mellom bølgene. Men Jesus sov. De gikk bort
og vekket ham og sa: «Herre, frels! Vi går under!»
Han svarte: «Hvorfor er dere redde – dere lite troende!»
Så reiste han seg og truet vindene og sjøen, og det ble
blikk stille. Mennene undret seg og spurte:
«Hva er dette for en? Både vind og sjø adlyder ham!»»
Matteus 8:24-27

JESUS STILLER STORMEN

I denne velkjente fortellingen oppstår det en *«seismos»* på sjøen. Dette greske ordet er hvor vi får ordet «seismisk» fra. På landjorden betyr dette jordskjelv, og på sjøen betyr dette full storm. Noen kommentatorer sier at denne sterke vinden antakelig var forårsaket av djevelen, siden han er *«høvdingen over luftens makter»* (**Efeserne 2:2**, 1988-oversettelsen). Det er imidlertid også mulig at Gud selv sendte vinden for å vise Jesu kraft.

Neste vers viser oss både noe positivt og negativt. Disiplene var virkelig redde for stormen. De hadde Jesus med seg i båten, men dette ser ikke ut til å ha tatt vekk frykten deres. Det positive er at de visste hvor de skulle gå. De gikk til Jesus med det håp at Han kunne hjelpe. Jesus sier rett ut: «Hvorfor frykter dere?» De skulle ha visst at de var trygge med Jesus, men de manglet sikkerheten som troen på Jesus skulle gi oss. Så stilnet Jesus vinden. Når Jesus gjør noe, så går Han rett til kilden. Det var vinden som forårsaket de høye bølgene, og derfor stilnet Han vinden. Etter dette ble sjøen helt rolig. Når Jesus gjør noe, så gjør Han det skikkelig, ikke delvis.

Disiplene ble fylt av undring da Jesus stilnet stormen. Når vi syndige mennesker ser hvor stor Gud egentlig er, så blir vi stående med åpen munn. Som en kristen har du Jesus med deg hvor enn du går, og Han kan fri deg ut av enhver situasjon. Men vi må ha mer tro. Når vi har liten tro, ser vi Gud som mindre enn Han er, og da kan Han ikke gjøre så mye. Tro er viktig å ha i våre daglige liv.

8. SEPTEMBER

*«Etter at Jesus var kommet i hus, gikk de blinde
inn til ham, og han spurte dem: «Tror dere at jeg
kan gjøre dette?» «Ja, Herre», svarte de. Da rørte han
ved øynene deres og sa: «Det skal bli som dere tror.»»*
Matteus 9:28-29

TROEN BESTEMMER

I dagens tekst fulgte to blinde etter Jesus og ropte etter Ham: «*Ha barm-hjertighet med oss, du Davids sønn!*» (**Matteus 9:27.**) Til og med i dag finnes det mange blinde tiggere i Midtøsten, og dette er et resultat av mye sterkt sollys og masse lys sand. Disse to visste at Jesus tilhørte Davids familietre. I realiteten var dette omtrent det samme som å kalle Ham Messias.

De to blinde henvendte seg til Jesus. Det sies ikke her hvordan de klarte å finne Ham eller om de sa noe til Ham. Trolig har de bedt Jesus om Han kunne gi dem synet tilbake – det vil si, dersom de hadde hatt det tidligere og så mistet det. Om de ikke har sagt dette verbalt, så er det helt på det rene at de har tenkt denne tanken. Det synes ufornuftig at to blinde bare ville følge etter Jesus uten å fortelle Ham hva de ønsket av Ham. Det var tross alt dette ønsket som fikk Jesus til å spørre dem: «*Tror dere at jeg kan gjøre dette?*» Det er helt på det rene at de blinde fulgte etter Jesus fordi de håpet på at Han ville gi dem synet sitt. De blinde svarte at de trodde at Jesus kunne gjøre dette.

Jesus rørte ved dem, og de fikk øynene sine åpnet. Dette er et mirakel som bare blir beskrevet i Matteus' evangelium. Men det iøynefallende for oss er ikke bare at Jesus er i stand til å åpne øynene på folk, noe som Han til og med kunne gjøre med dem som er født blind. Det som er det viktigste her er Jesu uttalelse: «*Det skal bli som dere tror.*» Det er derfor jeg tidligere har sagt at Gud oppnår mindre fordi troen vår er så liten. Tenk på det når du ber! Dersom du ikke tror, vil det sannsynligvis ikke skje. Dersom disse to blinde ikke trodde, ville de ikke ha fått synet. Tror du at Gud kan åpne *dine* øyne? Ser du på denne verden gjennom Guds øyne? Troen kan utrette mye for Gud og Hans rike.

9. SEPTEMBER

«Den som tar imot dere, tar imot meg, og den som tar imot meg, tar imot ham som har sendt meg. Den som tar imot en profet fordi han er profet, skal få en profets lønn, og den som tar imot en rettferdig fordi han er rettferdig, skal få den rettferdiges lønn. Og den som gir en av disse små om så bare et beger kaldt vann å drikke fordi han er disippel – sannelig, jeg sier dere: Han skal slett ikke miste sin lønn!»»
Matteus 10:40-42

ET BEGER KALDT VANN

Jesus snakker her til de tolv disiplene som Han skulle sende ut (**Matteus 10:5**). Han har mye å si til dem, men vi skal konsentrere oss om de siste tre versene i kapittelet. Jesus sier at de som tar imot disiplene når Han sender dem ut, de tar imot Jesus. Og de som tar imot Jesus, tar imot Faderen. Dette gjelder åpenbart de som tar imot Kristus selv om Han ikke var stått opp fra graven enda. Det var budskapet om himmelriket de forkynte, og det forkynner vi fremdeles i dag. Budskapet fra Jesus gjelder i større grad oss som lever i dag.

En profet er en som Gud har sendt for å gi budskapet fra Ham til menneskene. I dag kaller vi disse personene for misjonærer, predikanter og lærere. På Jesu tid kjente de bare til profeter som Guds budbringere (utenom engler selvsagt). Men Jesus snakket ikke bare om profeter. Han gikk enda lengre og snakket om rettferdige mennesker, sikkert fordi vi syndige mennesker i fremtiden ikke ville trenge å gå gjennom en prest for å kontakte Gud. Da forhenget i tempelet ble revet i to, ble dette kunstige skillet mellom Gud og menneske tatt bort, og alle kan be direkte til Herren i Jesu navn.

Til slutt sier Jesus her at de som gir kald drikke til en av Hans små, skal bli belønnet for det. Grunnteksten sier bare «kald drikke». Order «vann» er blitt lagt til for å få bedre flyt i ordlyden her. Hvorfor blir disiplene her (og vi i dag) kalt for *«disse små»*? Sammenliknet med Gud er vi virkelig små – dessuten er vi Hans barn. Vil alle bli belønnet dersom de gir oss kald drikke? Her er det sikkert tale om de som tok imot Ordet. De andre ville neppe gitt dem noe som helst. Men det står «hvem som helst» i grunnteksten, så det er mulig at Gud vil til og med belønne den ugudelige dersom de er snille mot Hans barn.

10. SEPTEMBER

«Kom til meg, alle dere som strever og bærer tunge
byrder, og jeg vil gi dere hvile. Ta mitt åk på dere
og lær av meg, for jeg er mild og ydmyk av hjertet,
så skal dere finne hvile for deres sjel.
For mitt åk er godt og min byrde lett.»
Matteus 11:28-30

FJERNING AV TUNGE ÅK

Vers 28 sier: *«Kom til meg alle dere som jobber hardt og er tungt nedlesset, og jeg vil gi dere hvile.»* Dette er et av Bibelens mest brukte vers. Mange av oss sliter med våre travle liv og føler at vi ikke strekker til. Noen har større bører å bære enn andre, med både fysiske og psykiske plager som trykker oss ned i dype, mørke hull hvor vi sjelden får se dagslyset. Da er dette løftet fra Kristus som manna til sjelen. Kan børen min virkelig bli lettere? Kan vi virkelig finne hvile for våre sarte sjeler?

Guds ord er sannelig pålitelig, og Han er absolutt i stand til å forandre livet ditt på en dramatisk måte. Men denne metaforen her er nok først og fremst rettet mot jødene. De var under sin tuktemester – Moseloven. Åket deres var virkelig tungt. Jesus ville tilby dem noe bedre – Ham selv. Jesus ble sendt til jødene først slik at de kunne avvise Ham. Istedenfor en lov som var umulig å holde, skulle jødene ta imot Ham, men det ville de ikke.

For oss i dag betyr dette skriftstedet at vi som har vært tynget ned av syndens åk, kan få tilgivelse fra Kristus og få synden vår fjernet. Vi er fanget i synd, bundet fast som om vi hadde lenker på oss. Disse syndens lenker tok Kristus på seg da Han gikk på korset. Derfor kan Han tilby oss nøklene som kan fjerne lenkene våre, men vi må ta imot nøkkelen direkte fra Ham. Noe vi ofte overser er **vers 29-30**. Vi er mer enn villig til å lesse av byrdene våre på Jesus, men er vi villige til å plukke opp Hans åk og legge det på skuldrene våre? Det virker som et paradoks at en skal ta av seg ett åk bare for å ta på seg et annet. Hvordan skulle vi da kunne finne hvile? Dette er imidlertid bare et tegn på underkastelse. Enten tjener vi Gud eller så tjener vi synden. Dessuten er det et fint bilde å se på åkene som ofte ble brukt i Midtøsten. Der var det ofte to okser som gikk med felles åk og kvernet korn. Om vi ser for oss et slikt åk, så se for deg at vi er på den ene siden og Kristus på den andre siden.

11. SEPTEMBER

«Mens han ennå talte til folkemengden, kom moren og
søsknene hans. De sto utenfor og ville gjerne snakke
med ham. Da var det en som sa til ham: «Din mor og
dine søsken står utenfor og vil gjerne snakke med deg.»
Men Jesus svarte ham: «Hvem er min mor, og hvem er
mine søsken?» Og han rakte ut hånden mot disiplene sine
og sa: «Se, her er min mor og mine søsken! For den som gjør
min himmelske Fars vilje, er min bror og søster og mor.»»
Matteus 12:46-50

ÅNDELIG FAMILIE

Her fortelles det om at Jesu kjødelige mor, Maria, og brødrene Hans kom for å snakke med Ham. Det greske ordet «adelphos» indikerer at disse brødrene har blitt til i samme livmor, men ettersom de hadde forskjellig far, var de egentlig Jesu halvbrødre. En av dem var Jakob, som vi tror har skrevet Jakobs brev. Han ble også forstander for menigheten i Jerusalem.

Det kan se ut som om Jesus var midt inne i en alvorlig tale til folket og at dette var en upassende tid å bli avbrutt på. Jesus elsker alle mennesker, og dette inkluderer absolutt Maria og halvbrødrene Hans. Her kommer ikke Jesus med en direkte irettesettelse, men Han bruker anledningen til å demonstrere et faktum som mange kristne i dag har funnet å være sann. Du har ikke bare en kjødelig familie, men du har også en åndelig familie. Og dersom din kjødelige familie ikke er født på ny, så føler vi oss ofte nærmere knyttet til vår åndelige familie enn vår kjødelige familie.

Vi kan lese disse versene i dag og vite at vi som er født på ny, er ikke bare Guds barn, men vi er også Jesu brødre og søstre. Vi har en stor familie som har et felles mål: Å bringe Jesu budskap ut til hele verden, budskapet om Jesu død og oppstandelse, og Hans kjærlighet til alle mennesker. Hans ønske er at så mange som mulig vil bli medlemmer i Hans familie.

12. SEPTEMBER

«Da kom disiplene til ham og spurte: «Hvorfor taler
du til dem i lignelser?» Han svarte: «Dere er det
gitt å kjenne himmelrikets hemmeligheter, men dem
er det ikke gitt. For den som har, skal få, og det i overflod.
Men den som ikke har, skal bli fratatt selv det han har.»
Matteus 13:10-12

FÅ ELLER BLI FRATATT

I innledningen til vår hovedtekst i dag, **13:12**, så sier Jesus at Han snakker i liknelser fordi det ikke er gitt andre å forstå himmelens hemmeligheter. Vi hører ofte at Jesus talte i liknelser slik at folk skulle forstå Ham, men disse ordene her indikerer at det er bare dem som tilhører Kristus, som har åndelig forstand til å forstå hva Jesus sier til dem. Det finnes belegg for dette flere andre steder i Bibelen.

Men så kommer vi til dagens tekst. *«Den som har, skal få, og det i overflod. Men den som ikke har, skal bli fratatt selv det han har.»* Dette er da også en del av himmelrikets hemmeligheter. Noen reduserer disse ordene til bare å gjelde våre liv her på jorden, og da går de glipp av viktig kunnskap. Det er sant at de som er rike, ser ut til å få enda mer, og mange gir dem ytterligere gaver for å holde seg inne med dem, og da blir de enda rikere. I motsetning strever den fattige med å overleve, og problemer med å betale lån gjør at de ofte mister til og med de få eiendelene som de har.

Men dersom du ser dette verset i sammenheng med de foregående, synes det klart at denne for mange harde og uforståelige uttalelsen har en dypere mening. Den som har troen får Guds belønninger – av og til her på jorden, men alltid når de kommer til himmelen. Da skal de belønnes for alt de har gjort for Herren og få de kransene som ligger klare for dem. På toppen av alt får de evig liv sammen med Jesus Kristus. De som ikke har troen, vil miste alt de har hatt i livet her. De er fattige åndelig sett selv om de skulle ha stor materiell rikdom. De kan ikke ta med seg til dødsriket det som de har her, og de har mistet det viktigste av alt: evig liv. Isteden har de evig fordømmelse i et helvete, adskilt fra Kristus. Dersom **13:12** snakker om en slik åndelig rikdom eller fattigdom, så passer det fint med de foregående versene.

13. SEPTEMBER

«Og de ble forarget og avviste ham. Men Jesus sa til dem:
«En profet blir ikke foraktet noe annet sted enn på
hjemstedet og i sitt eget hus.» Og han gjorde ikke mange
mektige gjerninger der på grunn av vantroen deres. »
Matteus 13:57-58

MANGEL PÅ TRO

I versene som leder opp til dagens tekst, leser vi at Jesus hadde kommet hjem til hjembyen sin, Nasaret. Han lærte dem i synagogen der, men de kjente Ham som tømmermannens sønn og kunne ikke forstå hvordan Han hadde fått slik visdom og kunne uføre slike kraftfulle gjerninger. De nevner også navnene på fire av halvbrødrene Hans (**Matteus 13:55**). «*De tok anstøt av Ham*» (**13:57**, 1988-oversettelsen). Det greske ordet «*skandalizo*» forteller oss at de syntes det var en «skandale» at Jesus, sønn av en tømmermann, lærte dem i synagogen.

Jesus sa så noe som misjonærer og forstandere verden over har erfart – en profet blir foraktet på hjemstedet sitt. De som har sett noen vokse opp, finner det vanskelig å godta at denne personen har blitt misjonær eller forstander i en menighet. De vet tross alt hva denne personen har gjort før de ble kristen. De ser denne personen som deres like. Hvorfor skulle de stole på det som denne personen sier? Hvorfor er denne personens ord viktigere enn deres egne ord? Derfor blir noen sjelden effektiv i Guds tjeneste med mindre de er villige til å dra et annet sted enn der de er oppvokst. Der vil de med en gang bli kjent som misjonær, forstander, e.l.

Jesus gjorde ikke så mange gjerninger på grunn av deres vantro. «*Apistia*» betyr «mangel på tro» eller «vantro». De kunne ikke tro at denne Jesus, som hadde vokst opp iblant dem, var den lovede Messias. Før har vi sett at Jesus ga folk synet fordi de trodde. Her som folk ikke trodde, kunne Han ikke gjøre så mye. Vi må huske på det samme i våre liv. Bare når vi har tro, kan Gud gjøre store ting igjennom oss. Når vi er svake i troen, oppnår vi lite, og det er lett for oss å snuble.

14. SEPTEMBER

«Da sa Peter til ham: «Herre, er det deg, så si at jeg
skal komme til deg på vannet.» «Kom!» sa Jesus.
Peter steg ut av båten og gikk på vannet bort til Jesus.
Men da han så hvor hardt det blåste, ble han redd.
Han begynte å synke, og ropte: «Herre, berg meg!»»
Matteus 14:28-30

PETER SYNKER

Jeg har ikke tall på hvor mange ganger jeg har referert til denne hendelsen fra talerstolen. Her er vi ute på Genesaretsjøen «*i den fjerde nattevakt*» (**Matteus 14:25**), det vil si den tiden som begynner klokken 3 om morgenen. Jødene delte natten inn i tre nattevakter, men raskt begynte de å bruke den romerske modellen som hadde fire nattevakter. Når de ser Jesus komme gående på vannet, tror de at det er en «*phantasma*», en ånd, en åpenbaring av en uvirkelig person, som vi i dag ville kalle spøkelse (**14:26**). De må likevel ha gjenkjent hvem det var, for Peter ropte ut: «*Herre, er det deg, så si at jeg skal komme til deg på vannet.*» Peter var alltid den første som åpnet munnen og den første som handlet. Han var en god leder og hadde ingenting imot å gå først.

Jesus svarer bare «*kom*», og Peter hopper ut av båten og begynner å gå mot Jesus. Først etter at han har begynt å gå, går det opp for ham hva han egentlig gjør. Han tar øynene sine vekk fra Jesus og festet dem isteden på omstendighetene rundt ham. Den sterke vinden må også ha forårsaket en del bølger. Jeg ville ikke ha vært overrasket om Peter sa til seg selv: «*Hva er det jeg gjør? Jeg kan jo ikke gå på vannet! Bare Jesus kan gjøre det.*» Da tvilen kom, begynte Peter å synke, men Jesus var da nær ham og reddet ham.

Ordene som sikkert ga gjenklang i Peters hode, var det som Jesus så sa: «Du lite troende! Hvorfor tvilte du?» Gang på gang får vi illustrert av vår Herre Jesus hvor viktig troen er. Tro kan flytte fjell, tro kan gjenopprette helsen din, tro kan få deg til å gå på vannet. Det er fristende å sitere Yoda i Star Wars: The Empire Strikes Back. Når Luke Skywalker sa at han ikke trodde hva han så da Yoda løftet opp X-vingen fra gjørmen, så sa Yoda: «Det er derfor du feilet!» Det samme gjelder oss. Vi kan ikke gå på vannet fordi fornuften vår sier at det er umulig for oss å gjøre det.

15. SEPTEMBER

«En kanaaneisk kvinne fra disse traktene kom og ropte: «Herre, du
Davids sønn, ha barmhjertighet med meg! Datteren min blir hardt plaget
av en ond ånd.» Men han svarte henne ikke et ord. Disiplene kom da og
ba ham: «Bli ferdig med henne, hun roper etter oss.» Men han svarte:
«Jeg er ikke sendt til andre enn de bortkomne sauene i Israels hus.»»
Matteus 15:22-24

JESUS SENDT TIL ISRAEL

Denne kanaaneiske kvinnen blir ytterligere beskrevet i **Markus 7:26**. Der leser vi: *«Hun var en hedningekvinne, av syro-fønikisk ætt.»* Dette betydde at hun var en greker bosatt i Kanaan. Hun kalte Jesus for «Davids sønn», noe som er identisk med å kalle Ham Messias, ettersom det henviste til profetien om Davids sønn (det vil si etterkommer) som skulle komme for å redde Israel. På denne måten viser denne «hedenske» kvinnen at hun har mer tro enn de fleste jødene hadde. Denne kvinnen trengte Jesu hjelp. Hun hadde en datter som *«var hardt plaget av en ond ånd».* Hele denne setningen kommer fra ordet «daimonizomai», som brukes om dem som var besatte av onde ånder. Dette er egentlig et verb som sier at folk var «demonisert», en mer korrekt oversettelse, men en som gjerne ikke passer den norske ordlyden så godt.

Grunnen til at Jesus først ikke ville svare kvinnen, var fordi Han var sendt til Israel. Dette var viktig fordi Messias var lovet til Israel. Han skulle bringe Guds rike, og Han skulle lede Israel og styre jorden fra Jerusalem. Den Messias som kom, var ikke den store lederen som jødene hadde forestilt seg. En grunn til dette er et profetisk problem. I Det gamle testamente ble jødene lovet at Messias skulle komme. Det ruvet som et stort fjell i fremtiden, som jødene så frem til. Så, i evangeliene, fikk vi vite at Jesus kommer to ganger: en gang i stallen og en gang senere i skyene. Dette er to forskjellige hendelser, som ofte blir kalt for Jesu første komme og Jesu andre komme. Så i epistlene og Johannes' åpenbaring får vi vite at Jesu andre komme også er inndelt. Han kommer i skyene, og Han kommer tilbake med de hellige frelste fra himmelen. Det er som om denne profetiske fjelltoppen får flere bakketopper dess nærmere vi kommer, og vi kan se dem klarere når vi nærmer oss.

Jesus måtte først komme til jødene slik at de kunne forkaste Ham. Dette kulminerte i korsfestelsen hvor jødene sa at Jesu blod skulle komme over dem. På grunn av jødenes fornektelse av Jesus ble så ordet om frelsen sendt videre til alle hedenske nasjoner. Men det var nødvendig at jødene først forkastet Jesus og Hans budskap (se **Apostlenes gjerninger 13:46**).

16. SEPTEMBER

«Jesus tok til orde og sa: «Salig er du, Simon, sønn av Jona.
For dette har ikke kjøtt og blod åpenbart deg, men min
Far i himmelen. Og jeg sier deg: Du er Peter, og på denne
klippen vil jeg bygge min kirke, og dødsrikets porter
skal ikke få makt over den. Jeg vil gi deg himmelrikets nøkler;
det du binder på jorden, skal være bundet i himmelen, og det
du løser på jorden, skal være løst i himmelen.»»
Matteus 16:17-19

KLIPPEN PETER?

Dagens tekst er meget populær blant katolikkene. De peker på versene overfor og sier at Peter er klippen som Jesus skulle bygge sin kirke på, og Peter var derfor den aller først paven. Det er imidlertid ikke noe historisk belegg for dette. Kirke og stat ble ikke forent før keiser Konstantin ble omvendt i år 312 da han skal ha sett et brennende kors på himmelen og forente kirken med staten. Dette har vært den virkelige starten på den katolske kirken. Den katolske kirken ble splittet i 1054 til den romersk-katolske kirken og den gresk-ortodokse kirken.

I **Matteus 16** ovenfor leker Jesus med ordene. På gresk er «Peter» «*petros*», og det betyr en liten stein, mens «klippen» er «petra», som betyr en stor masse steiner, solide og ubevegelige. Selv om Jesus snakket på arameisk her, så har den gudsinspirerte oversettelsen til gresk fått med forskjellen mellom disse to ordene. Den massive steinformasjonen som Jesus skulle bygge kirken sin på, var Peters bekjennelse av Jesus som skaper og Sønn av den levende Gud (**16:16**), og alle som ville komme med den samme bekjennelsen, ville bli en levende stein i kirken som ble bygget på grunnlaget av en slik bekjennelse (**1. Peter 2:5, Efeserne 2:19-22**).

Dette er det første skriftstedet hvor vi finner ordet kirke («*ekklesia*») på gresk, eller «utkalt forsamling». Denne kirken, som er bygget av Kristus, består av alle som føyer seg etter Peters store bekjennelse. Dette er ikke en stor, usynlig kirke, for den består av virkelige mennesker, heller ikke en universell kirke over hele jorden, men alltid en «liten hjord» (**Lukas 12:32**). Kirken kan ikke samles som en universell kirke før etter bortrykkelsen (**Hebreerne 12:23**). Den blir imidlertid her representert som lokale menigheter «hvor to eller tre er samlet i mitt navn» (**Matteus 18:20**).

17. SEPTEMBER

«Da disiplene ble alene med Jesus, spurte de ham: «Hvorfor kunne ikke vi drive den ut?» «Fordi dere har så lite tro», svarte han. «Sannelig, jeg sier dere: Om dere har tro som et sennepsfrø, kan dere si til dette fjellet: Flytt deg herfra og dit! – og det skal flytte seg, og ingenting skal være umulig for dere. Men dette slaget drives bare ut ved bønn og faste.»»
Matteus 17:19-21

TRO KAN FLYTTE FJELL

Av og til kan det se så enkelt ut når Jesus gjør noe. Han hadde all makt i himmel og på jord. Da disiplene ikke klarte å drive ut onde ånder slik som Jesus gjorde, ble de fortvilet og forvirret. De kom til Jesus med sin fortvilelse når de var kommet alene med Ham. De lurte på hvorfor de ikke kunne gjøre det som Han gjorde hele tiden.

Svaret til Jesus må ha vært vondt å høre. Det var på grunn av deres mangel på tro. Vi ser mange steder i Bibelen at tro er nødvendig for at Guds vilje skal kunne skje. Det er da at Jesus sa noe som har blitt lagt merke til av troende jorden rundt. *«Om dere har tro som et sennepsfrø, kan dere si til dette fjellet: Flytt deg herfra og dit! – og det skal flytte seg, og ingenting skal være umulig for dere.»* Et sennepsfrø er et veldig lite frø som gir noen svære planter. Selv med så lite tro sier Jesus at de kunne flytte *«dette fjellet»*, det vil si fjellet hvor Jesus ble herliggjort i begynnelsen av kapittelet – antakeligvis Hermon-fjellet, ettersom Tabor-fjellet på den tiden var bebodd med et fort og en by. Hermon-fjellet kunne sees fra mesteparten av Palestina.

Du har gjerne hørt det før – at tro kan flytte fjell. Men å flytte fjell er ikke bare bare. Jeg kommer fra Bergen, byen med de syv fjell. Det ville ikke være lett å flytte noen av disse fjellene, og dersom en gjorde det, så ville det ikke være mange steder du kunne sette dem fra deg. Spøk til side – dette handler selvsagt ikke om fjell, men om tro. Tror du at du kan flytte fjell? Sannsynligvis ikke! Fjell er store og tunge. De virker like uslåelige som kjempen Goliat virket for den israelske hæren. Men David stolte på Herren. Han felte kjempen med slyngen sin og Guds hjelp. Hvilke fjell eller kjemper har du i livet ditt? Har du store utfordringer som synes uoverkommelige for deg? Det er da du trenger troen. Når du ber for noen – tror du at Gud kan frelse dem? Dersom du ikke tror at Gud kan gjøre det du ber om, så vil det ikke skje. Vi trenger tro – om den enn er så liten som et sennepsfrø. Det viktige er at vi bruker den lille troen vi har, så kan vi oppnå store ting i Herrens navn.

18. SEPTEMBER

«Nettopp da kom disiplene og spurte Jesus: «Hvem er den største i himmelriket?» Da kalte han til seg et lite barn, stilte det midt iblant dem og sa: «Sannelig, jeg sier dere: Uten at dere vender om og blir som barn, kommer dere ikke inn i himmelriket. Den som gjør seg selv liten som dette barnet, han er den største i himmelriket.»
Matteus 18:1-4

TRO SOM ET BARN

I sin mangel på forståelse for Jesu tidslinje trodde disiplene at Jesus allerede var kommet for å etablere sitt kongerike på jorden. Han hadde jo tross alt sendt dem ut for å forkynne at Guds rike var nær. I den forbindelsen hadde noen av disiplene begynt å diskutere, og muligens krangle, om hvem av dem som skulle være den høyeste herskeren og styre flest folk. Derfor kom de og spurte hvem som skulle være den største i det opphøyde riket. Ordene som er oversatt som «himmelriket», kan også bety et opphøyd rike. Ordet for «himmel» (eller «opphøyd») kan være forbundet med ordet som ble brukt for å beskrive Hermon-fjellet og dets høyde i det foregående kapittelet.

Svaret til Jesus må ha overrasket dem. Han påkalte et barn for å eksemplifisere og prompte det Han hadde å lære dem. Den som vil inn i Guds rike, må omvende seg og bli som et barn. Dette betyr ikke at vi må være barnslige men tro som et barn. Jo mer voksne vi blir, dess hardere blir vi sementert i vår måte å oppføre oss på, og dess vanskeligere blir vi å overtale når vi allerede har en bestemt oppfatning. Når vi får noe nytt presentert for oss, begynner vi ofte å krangle og diskutere fordi vi mener at vi vet best. Et barn, derimot, godtar som oftest det han blir fortalt. Dersom foreldrene oppdrar et barn på en bestemt måte, så er det vanskelig å forandre dette barnet.

Vi burde være som et barn. Vi burde alle ta imot evangeliet med tro. Vi burde ikke krangle når Bibelen påstår at Gud skapte hele universet på seks dager. Vi burde ikke krangle når legen Lukas og tolleren Matteus forteller om jomfrufødselen. Når vi leser noe i Bibelen, burde vi godta det og ikke forsøke å bortforklare det. Og har du hørt at «like barn leker best»? Dette stemmer ikke med det jeg har erfart i de årene jeg har jobbet i barnehage. Barn bryr seg ikke om hvilken hudfarge du har med mindre foreldrene har oppdratt dem til å se ned på mennesker med en annerledes hudfarge enn dem selv. Vi har alle mye å lære av barna våre.

19. SEPTEMBER

«Da tok Peter til orde og sa: «Hva med oss? Vi har forlatt alt og fulgt deg. Hva skal vi få?» Jesus sa til dem: «Sannelig, jeg sier dere: Når alt blir født på ny og Menneskesønnen sitter på tronen i sin herlighet, da skal også dere som har fulgt meg, sitte på tolv troner som dommere over Israels tolv stammer.»
Matteus 19:27-28

DISIPLENES TRONER

Nok en gang ser vi at disiplene var opptatte av hvem som skulle være den største i Guds rike. Peter spør her: «Se, vi har blitt sendt ut og har lagt alt bak oss og fulgt deg på din vei. Hvor mye skal vi få på grunn av dette?» Jeg tror ikke at disiplene dro ut som misjonærer i verden fordi de ville legge seg opp en stor fortjeneste, men de var på denne tiden ikke ferdig utlærte. De ønsket å tilbringe tid sammen med Frelseren, men på dette tidspunktet syntes de det bare var rett og rimelig at de fikk noe igjen for det.

Jesus kan ikke ha tatt spørsmålet ille opp, for ellers hadde Han sikkert irettesatt dem, slik som Han hadde gjort tidligere da Han beskyldte dem for å ha liten tro. *«Når alt blir født på ny»*, eller «gjenfødelsen», peker her mot når Messias skal opprette sitt rike på jorden. Disiplene trodde at det skulle skje i løpet av Jesu første komme, men Jesus pekte fremover mot tusenårsriket, som fremdeles er fremtid for oss. Før tusenårsriket kommer skal menigheten rykkes bort, og det skal være en forferdelig tid på jorden hvor store katastrofer skal skje i løpet av en periode på syv år – vi kaller dette «trengselsperioden». Når Menneskesønnen, Jesus Kristus, sitter på tronen sin i Jerusalem i tusenårsriket, så skal de 12 disiplene herske sammen med Ham på 12 troner. Dette gjelder bare i tusenårsriket når de skal dømme de 12 stammene i Israel, men de har ingen del i dommen på den store, hvite tronen. Den tilhører Gud alene hvor Han skal avgjøre hvor alle mennesker skal tilbringe evigheten.

Til slutt sier Jesus at de som har lagt alt bak seg for Jesu skyld, skal få hundrefold igjen og arve evig liv. Det er viktig å innse at belønningen vår som kristne, vil bli gitt senere, etter at våre liv her på jorden er ferdig. Den største gevinsten vi har fått, er imidlertid evig liv. Sett i forhold til dette er enhver belønning helt uviktig.

20. SEPTEMBER

«Men Jesus kalte dem til seg og sa: «Dere vet at
folkenes fyrster undertrykker dem, og stormennene
deres styrer med hard hånd. Men slik skal det ikke være
blant dere. Den som vil bli stor blant dere, skal være
tjeneren deres, og den som vil være først blant dere, skal
være slaven deres. Slik er heller ikke Menneskesønnen
kommet for å la seg tjene, men for selv å tjene og gi
sitt liv som løsepenge for mange.»»
Matteus 20:25-28

TJENER ELLER SLAVE?

Nok en gang har disiplene vært i disputt om hvem som skal være størst i Guds rike. Dette forårsaket knurring disiplene imellom. Denne gangen var det mor til Sebedeus-sønnene (Jakob og Johannes) som startet det hele. I Markus' evangelium står det at det var Jakob og Johannes som spurte. Antakelig har de fått sin mor til å spørre på deres vegne. Det kan virke som om disiplene var treige til å forstå det som Jesus sa. Denne gangen kommer Han med motspørsmål, og svarene som disiplene gir, viser klart at de ikke helt forstod hva Jesus var kommet til jorden for å gjøre. I dagens tekst sammenlikner Jesus verdens herskere med de som skal herske i Hans rike. I denne verden blir folk undertrykket og styrt med en hard hånd. Dette er ikke slik Jesus ønsker at jorden skal styres men med kjærlighet.

Så sier Jesus at den som ønsker å være størst iblant dem, må være alles *«diakonos»*, tjener. Det greske ordet *«diako»* betyr å løpe ærender. Det kan brukes om mange fra en kelner som serverer mat på en restaurant til en som har en ledende stilling i en menighet. Men når Jesus gjentar denne setningen, bytter Han ut *«diakonos»* med *«doulos»*. Dette ordet betyr «slave». Det var det samme ordet som Paulus brukte i **Romerne 1:1** da han sa at han var Kristi tjener, egentlig «Kristi slave». Paulus ga hele livet sitt til Kristus og holdt ingenting tilbake. Men han gjorde dette frivillig og i glede. Til og med Jesus kom for å tjene menneskene her på jorden. Ja, Han var til og med villig til å lide og dø for oss.

Vi burde tenke alvorlig over disse ordene i dagens tekst. Er vi villige til å være en slave for Kristus? Er vi villige til å gi hele livet vårt til Ham? Er det Ham vi ønsker å tjene og ikke sette oss selv øverst i våre liv?

21. SEPTEMBER

«Dette skjedde for at det ordet skulle oppfylles som er
talt gjennom profeten: Si til datter Sion: Se, din konge kommer
til deg, ydmyk er han og rir på et esel og på trekkdyrets fole.
Disiplene gikk av sted og gjorde som Jesus hadde sagt, og hentet
eselet og folen. Så la de kappene sine på dem, og han satte seg opp.»
Matteus 21:4-7

ESELET OG FOLEN

Mange steder i Matteus' evangelium ser vi det står at det skjedde for at de gamle profetiene skulle oppfylles. Dette var hovedsakelig av to grunner: 1) For å vise sannheten i de gamle profetiene som er nedskrevet i Det gamle testamente. 2) For å vise at Jesus var den lovede Messias. Akkurat denne profetien var nedskrevet i **Sakarja 9:9**. Profetien som Sakarja skrev ned, ble i sannhet oppfylt like foran øynene på disiplene og beboerne i Jerusalem på palmesøndag. Jesus valgte å komme ridende inn til Jerusalem på kanskje det mest ydmyke dyret som fantes. Profetien hadde tre viktige deler. For det første måtte dyret være lånt. For det andre red Jesus uten sadel og på lånte klær. For det tredje var dette et esel som ikke hadde blitt ridd før. «Folen» var et ungt esel som enda ikke hadde blitt ridd. **Markus 11:7** og **Johannes 12:14** sier at det var på dette unge eselet Han faktisk red.

Disiplene gjorde som de fikk beskjed om. De hentet eselet og folen som Jesus hadde spurt om. De hadde sikkert mange spørsmål, men de fulgte det som Jesus sa. Av og til kan det virke som om Gud ber oss gjøre noe rart, men dersom Herren har sagt det, så er det bare å godta det. Det er tross alt Han som vet alt.

Denne dagen red Jesus inn i Jerusalem, hyllet som en konge. De var klar over profetien og visste hva det betydde. De trodde imidlertid at Jesus skulle bli en jordisk konge og lede Israel ut fra romernes åk. Det tok ikke lang tid før jubelen stilnet og man ønsket å ta livet av Ham.

22. SEPTEMBER

*«Men da kongen kom inn for å hilse på gjestene, fikk han øye
på en som ikke hadde på seg bryllupsklær. Han spurte ham:
Min venn, hvordan er du kommet hit inn uten bryllupsklær?
Men han tidde. Da sa kongen til tjenerne: Bind ham på hender
og føtter og kast ham ut i mørket utenfor, der de gråter og
skjærer tenner. For mange er kalt, men få er utvalgt.»*
Matteus 22:11-14

BRYLLUPSKLÆR PÅ

Dagens tekst er hentet fra liknelsen om kongesønnens bryllup. I **vers 2** leser vi: *«Himmelriket kan sammenlignes med en konge som skulle holde bryllup for sønnen sin.»* Liknelsen var derfor viktig for å fortelle hvem som kan komme til himmelen. Kongen sendte tjenerne sine for å hente inn gjestene (jødene, Guds utvalgte folk), men de ville ikke komme. De var opptatt med sitt eget. Kongen ville ikke at all maten skulle gå til spille, så han sendte så tjenerne ut for å invitere alle de kunne finne, noe som er et bilde på at ordet om frelse gikk ut til hedningene etter at jødene hadde forkastet evangeliet, *«og bryllupssalen ble full av gjester»* (**vers 10**). Jesus Kristus, som jødene forkastet, har blitt tatt imot av mennesker fra alle mulige nasjoner under himmelen, og alle disse skal ifølge Kristi liknelse komme til himmelen.

Så var der en som hadde kommet inn uten bryllupsklær på. Det kan virke hardt at denne personen skulle bindes og kastes ut i mørket utenfor, men bryllupsklærne er et viktig bilde på omvendelsen. Når vi blir frelst, blir vi ikledd Jesus slik at når Faderen ser på oss, ser Han ikke syndene våre men Jesus. Dersom vi ikke har blitt ikledd Jesus gjennom omvendelse og frelse, så har vi ingenting å gjøre i himmelen. Selv jødene kan bare komme til himmelen dersom de har tatt imot Jesus. Løftene deres er sentrert på jorden, ikke i himmelen.

Det at *«mange er kalt, men få er utvalgt»* (**vers 14**), har en enkel betydning: Jesus døde for alle mennesker på hele jorden og har med det kalt alle inn til bryllupet – det vil si himmelen – men ikke alle har sagt «ja» til invitasjonen. Vil du være med til himmelen? Da må du ta imot Jesus Kristus som din personlige Frelser og følge Ham, så vil Han vise vei for deg til himmelen.

23. SEPTEMBER

««Vis meg mynten som skatten betales med!» De rakte ham en denar, og han spurte: «Hvem har bildet og navnet sitt her?» «Keiseren», svarte de. Da sa han til dem: «Så gi keiseren det som tilhører keiseren, og Gud det som tilhører Gud.»»
Matteus 22:19-21

KEISERENS ELLER GUDS?

Fariseerne ønsket å narre Jesus til å si noe de kunne bruke mot Ham (**vers 15**). Når de kom foran Ham, roste de Ham med vennlige ord og sa: *«Mester, vi vet at du alltid holder deg til sannheten og lærer sant om Guds vei. Du bryr deg ikke om hva andre synes, for du ser ikke på person eller rang.»* (**Vers 16.**) Så kom de med spørsmålet som var ment å lure Ham: *«Er det tillatt å betale skatt til keiseren eller ikke?»* (**Vers 17.**) Jesus, som er den allvitende Gud i menneskeform, så intensjonene deres. Det var derfor Han sa: *«Dere hyklere, hvorfor setter dere meg på prøve?»* (**Vers 18.**)

Svaret til Jesus var genialt. *«Hvem har bildet og navnet sitt her?»* Det er en enkel sannhet at noe tilhører Gud og noe ikke. Du kan ikke tjene Gud og Mammon (**Matteus 6:24, Lukas 16:13**). Penger i seg selv er ikke roten til alt ondt, men kjærlighet til penger er (**1. Timoteus 6:10**). Vi kan ikke ha to herrer over livene våre, bare en. Vi må *«gi keiseren det som tilhører keiseren, og Gud det som tilhører Gud».*

Vi som er kristne, er dyrebart kjøpt. Gud har kjøpt oss, kropp og sjel, med Jesu blod. Når vi blir kristne, blir vi frikjøpt fra synden, og Gud eier oss, ikke djevelen. Det er en bibelsk sannhet at den som ikke tilhører Gud, tilhører denne verdens gud, som er djevelen. Når Gud kjøper oss frie fra synden, setter han sitt merke på oss, Den Hellige Ånd, og vi skal i all evighet tilhøre Ham. Dersom du ikke har tatt imot Kristus som din Frelser, så er du ikke frikjøpt. Da har du ikke Guds bilde på deg men *«keiserens bilde»*, og du tilhører denne verden istedenfor å være en kommende innbygger i Guds rike, i himmelen.

24. SEPTEMBER

«Da han satt på Oljeberget og disiplene var alene med ham, kom de og spurte: «Si oss: Når skal dette skje, og hva er tegnet på ditt komme og verdens ende?»»
Matteus 24:3

JESU ANDRE BERGPREKEN

Matteus 5:1-7:28 kaller vi «Jesu bergpreken» eller bare «Bergprekenen». Dette er fordi Jesus satt på et fjell og lærte folket en av de mest fremtredende talene i hele Bibelen. Antakelig var dette på Hattins horn, et fjell omtrent syv engelske mil sør for Kapernaum. I **Matteus 24-25** så sitter Jesus igjen på et fjell, men denne gangen på Oljeberget i Jerusalem. Viktigheten av disse to kapitlene har gjort at mange har kalt dette for «Jesu andre bergpreken».

Det er viktig for å få forståelse for disse kapitlene ved å ha det rette profetiske perspektivet på hva Kristus sier her. For det første så er det viktig å innse at disiplene her stiller tre forskjellige spørsmål:

1. *«Når skal dette skje?»* «Dette» peker tilbake på Jesu uttalelse om at tempelet skulle rives ned, noe som skjedde 40 år senere.
2. *«Hva er tegnet på ditt komme?»* Dette vil si, Jesu andre komme når Han kommer for å rykke bort menigheten.
3. *«Hva er tegnet på verdens ende?»* Dette er ikke en korrekt oversettelse av det greske ordet «aion», som betyr «tidsalder». Spørsmålet blir derfor: «Hva er tegnet på enden av denne tidsalderen?»

Jesus svarer disiplene i disse to kapitlene, men det er viktig å huske på at menigheten har andre løfter enn nasjonen Israel har, og disse to har forskjellige fremtider beskrevet i endetiden. Det er også en del diskusjon om spørsmål 3 gjelder «tidsalder» eller «tidshusholdning», som kan defineres forskjellig. Det er imidlertid viktig å innse at Jesu komme og tidsalderens ende ikke er på samme tid.

25. SEPTEMBER

«Da kan himmelriket sammenlignes med ti brudepiker
som tok oljelampene sine og gikk ut for å møte brudgommen.
Fem av dem var uforstandige, og fem var kloke. De uforstandige
tok med seg lampene sine, men ikke olje. Men de kloke tok
med seg kanner med olje sammen med lampene.»
Matteus 25:1-4

DE TI JOMFRUENE

Når det gjelder profetier og liknelser som omhandler endetiden, finnes det ofte flere teorier. Det kan ofte være vanskelig å få rett perspektiv når det gjelder *hvem, hva, hvor* og *når*. Vi må vite hvem profetien gjelder, hva som skal skje, hvor det skal skje og når det skal skje. Så hvem er de ti jomfruene med lampene? Vi legger merke til at dette bryllupet er et bilde på himmelriket, noe som ville tilsi at jomfruene er kristne som venter på sin brudgom, Jesus Kristus. Det at de er jomfruer, vitner om at de fremstår som rene og ikke tilskitnet av denne verdens synd. Alle hadde lamper, og olje er i flere sammenhenger sammenliknet med Den Hellige Ånd. De ventet alle på at brudgommen skulle komme og hente sin brud. I jødiske bryllup kom brudgommen på kvelden eller natten for å hente bruden og føre henne til brudgommens hus hvor bryllupsfesten var. Så langt, så bra.

Men så går lampene til fem av jomfruene tomme for olje. De må løpe og kjøpe mer olje slik at de kan tenne opp lampene sine igjen, men i mellomtiden kom brudgommen og hentet de fem vise jomfruene, som fremdeles hadde olje i lampene sine, og tok dem med til bryllupet. Ikke bare det, men når de fem uforstandige jomfruene kom og baket på døren til bryllupsfesten, ble de sendt vekk med ordene: *«Jeg kjenner dere ikke!»* (**Vers 12.**) Betyr dette at de kristne kan risikere å ikke komme inn til himmelen til tross for at de hadde olje (Den Hellige Ånd)?

Ikke tenk så komplisert! Menigheten er bruden til Kristus, ikke brudepikene Hans. Jødene, derimot, er ikke del av menigheten. Og tenk om olje i denne liknelsen bare enkelt og greit betyr olje. **Matteus 25:13** sier jo at Jesus enkelt og greit ville at folk skulle være klare for Hans komme. Noen vil være klar til å dra til himmelen av jødene, de som er gjenfødte i Kristi navn, og de andre må vente på Guds løfter til dem om et rike på jorden.

26. SEPTEMBER

«Han gikk fram et lite stykke, kastet seg ned med ansiktet mot jorden og ba: «Min Far! Er det mulig, så la dette begeret gå meg forbi. Men ikke som jeg vil, bare som du vil.»»
Matteus 26:39

«IKKE SOM JEG VIL, MEN SOM DU VIL»

Jesus, Menneskesønnen til Gud Faderen, ble født i en stall selv om Han var kongenes Konge. Han kom til jorden med et bestemt oppdrag. Han visste at Han måtte dø på korset for at Han ved sitt blod kunne kjøpe fri alle sjeler fra syndens lenker, som vi alle har vært slaver for. Jesus var ikke bare 100% Gud, Han var også 100% menneske. Da dødens time nærmet seg, var Jesus redd. Han ba til Faderen om å slippe lidelsen, smerten og latterliggjørelsen som lå foran Ham.

Men Jesus avsluttet bønnen sin med disse velvalgte ordene: *«Men ikke som jeg vil, bare som du vil.»* Begeret Han nevnte var ofte brukt i Skriftene som å være fult med sorg, lidelse, skrekk og død, men alt dette var Jesus villig til å lide på grunn av sin kjærlighet til oss. Eksempelet Hans viser den perfekte tro når Herren Jesus var villig til å lide alt dette til tross for at Han som menneske gjerne ville slippe det. Dette er vårt skinnende eksempel som vi må forsøke å følge etter.

Ofte kan det være vanskelig å leve som en kristen i denne verden, som er så gjennomsyret av synd at vi føler oss helt omringet. Jesus ydmyket seg selv og var lydig helt til døden (**Filipperne 2:8**), og den som elsker noen så høyt, gir det ultimate offer for dem. Spørsmålet for oss er hvor høyt vi elsker Gud. Er vi villige til å drikke det begeret som blir gitt oss? Er vi villige til å lide i dette livet slik at vi kan samle oss skatter i det neste livet? Paulus sa det slik: *«Jeg mener at det vi må lide her i tiden, ikke er for noe å regne mot den herlighet som en gang skal åpenbares og bli vår.»* (**Romerne 8:18.**)

27. SEPTEMBER

«Over hodet hans hadde de satt opp en innskrift med
anklagen mot ham: «Dette er Jesus, jødenes konge.»»
Matteus 27:37

I.N.R.I.

Hva stod det på korset til Jesus? Alle evangelistene har nevnt skiltet som Pontius Pilatus satte på korset over hodet på Jesus. Noen sier at det stod I.N.R.I., men dette er bare forkortelser. Antakelig stod det følgende på korset: «Iesvs Nazarenvs Rex Ivdaeorvm», som kan oversettes: «Jesus nasareeren, kongen av jødene.» De forskjellige versjonene i de fire evangeliene er bare litt forskjellig fokus på skriften. Noen fokuserte på forskjellige deler av skriften. Matteus, for eksempel, hadde ikke med «nasareeren» eller «fra Nasaret» i Matteus **27:37**.

Alle visste at Jesus var fra Nasaret. Det som var anklagen mot Jesus, var at Han ble kalt for *«jødenes konge»*. Som Gud var Jesus ikke bare jødenes konge, men kongenes Konge, konge over hele verden. Han var den lovede Messias, og bare en uke før, på palmesøndag, hadde Jesus blitt hyllet som konge da han red inn til Jerusalem på en eselfole. Jødene ønsket at Messias skulle komme, men de forventet seg en konge og en leder som ville fri dem fra det romerske tyranniet. Jesus syntes ikke å være denne lovede kongen. Han snakket om nestekjærlighet og oppofrelse, et budskap som jødene ikke ville høre på denne tiden.

Det er imidlertid viktig å poengtere at Jesus vil komme tilbake til jorden som seierherre og styre hele jorden fra Jerusalem i en periode på 1000 år. Da vil Han være den Kongen som jødene ønsket Han skulle være. Jødene ville ha Ham korsfestet siden Han påstod at Han var den Messias som skulle komme. De sa: «La blodet hans komme over oss og våre barn», og derfor har mange beskyldt jødene for å forkaste Jesus. Dette var imidlertid nødvendig for at frelsen skulle komme hedningene til del.

28. SEPTEMBER

«Da revnet forhenget i tempelet i to, fra øverst til nederst.
Jorden skalv, og klippene slo sprekker. Gravene åpnet seg,
og kroppene til mange hellige som var sovnet inn, ble reist opp.»
Matteus 27:51-52

FORHENGET SOM REVNET I TO

Det var flere ting som skjedde da Jesus døde på korset. Jorden skalv i et jordskjelv så voldsomt at offiseren og folkene hans som passet på, ble overbevist om at Jesus var Guds Sønn (**Matteus 27:54**). Dette var noe som alle merket. Klippene slo sprekker, og gravene åpnet seg. Det greske ordet *«egeiro»* betyr «å våkne opp». Det betyr at de døde ikke bare ble «reist opp» på grunn av jordskjelvet som beveget klippene og gravene, men ved et Guds mirakel ble de levende igjen. Flere av disse gikk ut i byen Jerusalem og ble sett av mange vitner. Dette var et viktig bilde for oss at de døde kan bli levende igjen når Jesus kommer tilbake for å hente oss.

Det er ikke sikkert om forhenget i tempelet revnet før jordskjelvet (det er nevnt før jordskjelvet i **27:51**) eller om det var et resultat av jordskjelvet. Begge deler er mulig, og det spiller ikke noen rolle. Forhenget i tempelet hang foran det aller helligste hvor bare øverstepresten kunne komme inn og ofre syndoffer på vegne av alle jødene. Da Jesus døde, kom Han inn for Faderen som vår perfekte øversteprest. Skillet som hindret vanlige folk å komme til Gud, ble nå fjernet, og vi trenger ikke lenger å gå via en prest for å komme til Gud. Vi kan be til Faderen i Sønnens navn. Før Jesus døde på korset, kunne bare prestene komme frem for Gud i det aller helligste i tempelet. Jesus har tatt vekk synden som skiller oss fra Gud. Vi kan komme til Ham og få evig liv på grunn av korset og oppstandelsen.

29. SEPTEMBER

«Mens kvinnene var underveis, kom noen av vaktmannskapet
inn til byen og fortalte overprestene alt som hadde hendt.
Overprestene og de eldste kom da sammen og ble enige om
hva de skulle gjøre. De ga soldatene en stor sum penger og sa:
«Si at disiplene hans kom om natten og stjal ham mens dere sov.
Skulle landshøvdingen få høre det, skal vi snakke med ham,
så dere kan være trygge.» De tok imot pengene og gjorde som
de fikk beskjed om. Og dette ryktet spredte seg blant jødene
og har holdt seg til denne dag.»
Matteus 28:11-15

VAKTENE VED GRAVEN

I **Matteus 27:62-66** leser vi: *«Neste dag, dagen etter forberedelsesdagen, gikk overprestene og fariseerne sammen til Pilatus og sa: «Herre, vi er kommet til å tenke på hva denne bedrageren sa da han ennå levde: Etter tre dager blir jeg reist opp. Gi derfor ordre om at graven blir godt sikret til den tredje dagen, så ikke disiplene hans skal komme og stjele ham og si til folket at han er stått opp fra de døde. Da ville vi få et nytt bedrag, verre enn det første.» Pilatus svarte: «Her har dere vaktmannskap. Gå så og sørg for vakthold slik dere finner det best.» Da gikk de av sted og sikret graven, både med segl som de satte på steinen, og med vaktmannskap.»*

Når vi leser dette, skulle en tro at graven var sikret. Englene som kom, skremte imidlertid vekk disse stolte, sterke romerske soldatene, og de måtte finne en løsning. Det kan virke som en enkel forklaring, men de måtte bestikkes med penger for å gjøre det. Dersom en romersk soldat sovnet på vakt, ble han dømt til døden. Derfor var det nødvendig at disse soldatene måtte *«føle seg trygge».* Dessuten, hvordan kunne de bevitne det som hadde skjedd mens de sov? Forklaringen deres hadde flere huller, men likevel har denne løgnen blitt stående som forklaring på hvordan Jesus forsvant fra graven.

30. SEPTEMBER

*«Da trådte Jesus fram og talte til dem: «Jeg har fått all makt
i himmelen og på jorden. Gå derfor og gjør alle folkeslag
til disipler: Døp dem til Faderens og Sønnens og Den Hellige
Ånds navn og lær dem å holde alt det jeg har befalt dere.
Og se, jeg er med dere alle dager inntil verdens ende.»»*
Matteus 28:18-20

MISJONSBEFALINGEN

De siste ordene i Matteus' evangelium er velkjente for kristne verden over. Vi kaller dem «misjonsbefalingen», og den finnes også i **Markus 16:15** og **Apostlenes gjerninger 1:8**. Dette var det siste Jesus sa til disiplene sine før Han dro opp til himmelen. Som i mange tilfeller, var det viktige ord som måtte meddeles før Han måtte dra, akkurat som foreldre gir sine siste instruksjoner til barna sine like før de skal dra og forlate barna hjemme.

Jesus sier at Han har fått all makt i himmel og på jord. Det er ikke noe som er for vanskelig for Ham. Han er i stand til å gi oss det vi trenger for å gå ut i Jesu navn og vitne for Ham. Vi har fått i oppgave å gå ut til hele verden og gjøre folk til disipler, *«matheteuo»*, som betyr å bli elever som studerer Jesu lære. Etter at de har blitt disipler (blitt frelst), så skal de døpes i den treenige Guds navn. Dette er ikke det som frelser dem, men det er et offentlig vitnesbyrd på Jesu død og oppstandelse og at de har begynt et nytt liv, et liv sammen med Jesus Kristus.

Etter dåpen følger en opplæring i troen av de nye disiplene. Mange ber Jesus komme inn i hjertene sine og frelse dem, og så blir de stående der og undres: «Hva nå?». En grundig opplæring i troen er helt nødvendig ettersom djevelen er ute etter å hviske løgner i ørene deres slik at de ikke kan vokse åndelig eller gjøre Guds vilje. Til slutt lover Jesus at Han skal være med både nye og gamle disipler «til slutten av denne tidsalderen», eller hva mange kaller jordens ende. Dette gjeler åpenbart til Jesu andre komme da Han skal komme og «rykke opp» de som tror på Ham.

OKTOBER
–
JOHANNES' EVANGELIUM

1. OKTOBER

«I begynnelsen var Ordet. Ordet var hos Gud,
og Ordet var Gud. Han var i begynnelsen hos Gud.
Alt er blitt til ved ham, uten ham er ikke noe blitt til.»
Johannes 1:1-3

I BEGYNNELSEN

Johannes' åpenbaring åpner akkurat som 1. Mosebok – *«i begynnelsen».* Ofte peker Det nye testamente tilbake til Det gamle testamente og ofte helt til skapelsen. *«I begynnelsen var Ordet»,* sier Johannes. Dette Ordet, *«logos»,* er identisk med Jesus Kristus, Guds Sønn. **Johannes 1:14** sier: *«Ordet ble kjød og tok bolig iblant oss.»* *«Han kom til sitt eget, og Hans egne tok ikke imot Ham.»* (**1:11.**) Jødenes konge, som ble født i en stall, ble forkastet av sine egne – jødene.

Men det er noe viktig her i åpningen av Johannes' evangelium som ikke kan understrekes nok. *«Alt er blitt til ved ham, uten ham er ikke noe blitt til.»* Jesus var ikke bare tilstede under skapelsen, men Han var Skaperen. Hele den treenige Gud var til stede, og Den Hellige Ånd *«svevde over vannene»* (**1. Mosebok 1:2**). Mange har fått det for seg at Jesus ble født til jul og døde til påske – et veldig kort liv, særlig i barns øyne. Gud har imidlertid ofte kommet ned til menneskene og gått iblant dem. Da Gud vandret med Adam i Edens hage, var dette Jesus. Gud *«ble kjød»* og vandret sammen med menneskene. Han sloss mot Jakob og kom til Abrahams telt. Disse er alle «pre-Betlehem åpenbaringer av Kristus», når Gud har blitt kjød for å gå blant noen av de største troende. Hvem tror du gikk runt i ilden sammen med Sjadrak, Mesjak og Abed-Nego? Ifølge **Daniel 3:25** så den fjerde ut som en *«gudesønn».* Det kan ha vært nok et tilfelle av Jesu besøk på jorden før Han ble født i stallen.

2. OKTOBER

««Kan det komme noe godt fra Nasaret?» sa Natanael.
Filip svarte: «Kom og se!»»
Johannes 1:46

KOM OG SE!

Allerede i **kapittel 1** av Johannes' evangelium gikk Jesus rundt og samlet inn de tolv disiplene sine. Johannes, evangelisten, og Andreas var de første to. De hadde vært to av dem som hadde fulgt etter døperen Johannes. De hadde hørt Johannes tale om Messias som skulle komme, og Johannes hadde identifisert Jesus med: *«Se, Guds lam, som bærer bort verdens synd! Om ham var det jeg sa: Etter meg kommer det en mann som er kommet før meg, for han var til før meg.»* (**Matteus 1:29-30.**) Jesus var vårt offerlam som døde i vårt sted slik at vi slipper å dø den annen død.

Så fant Andreas broren sin, Simon Peter, og sier opprømt at de har funnet Messias, Han som de gamle profetene hadde profetert om. Andreas førte Peter til Jesus. Dagen etter fant Jesus Filip og ba ham følge etter Ham. Da Filip fant Natanael og fortalte ham at de funnet Jesus, så lurte Natanael på om det kunne komme noe bra fra Nasaret. Han indikerer kanskje at Messias skulle fødes i Betlehem, ikke i Nasaret.

Svaret til Filip er genialt. *«Kom og se!»* Dersom du lurer på om Gud har noe å tilby deg, så kom og se! Dersom du lurer på hva Ånden kan utføre, så kom og se! Mange av de store evangelistene gjennom tidene har blitt frelst fordi noen som ikke har vært berømte, har kommet og invitert dem til å komme og se hva Gud kan gjøre for dem. Vi trenger ikke være verdensberømt for at Gud skal kunne bruke oss. Kanskje vi ikke leder mange til Herren, men uten å vite det kan vi kanskje lede en ny Spurgeon til Herren. Ingen er uviktige i Guds flokk, men vi er alle forskjellige personer med forskjellige evner. Kanskje det er noen *du* kan si *«kom og se»* til.

3. OKTOBER

*«På tempelplassen fant han dem som solgte okser, sauer og duer,
og pengevekslerne som satt der. Da laget han seg en svepe av
tau og drev dem alle ut av helligdommen, og sauene og oksene
deres med dem. Han strødde pengevekslernes mynter utover
og veltet bordene deres, og til dem som solgte duer, sa han:
«Få dette bort! Gjør ikke min Fars hus til en markedsplass!»»*
Johannes 2:14-16

JESUS SINNA

D a Jesus fant tempelplassen full av dem som solgte okser, sauer og duer,
og noen som vekslet penger, så ble Jesus sinna. Han laget seg en pisk
og jaget ut alle som solgte, og Han veltet bordene deres over ende. Dette
bringer oss til et viktig teologisk spørsmål: Er det lov å bli sinna?

Mange mener at det er en synd å være sinna. På den ene siden sier Jesus i
Bergprekenen (**Matteus 5:22**): *«Men jeg sier dere: Den som blir sint på sin
bror, skal være skyldig for domstolen, og den som sier til sin bror: Din
idiot! skal være skyldig for Det høye råd, og den som sier: Din ugudelige
narr! skal være skyldig til helvetes ild.»* Likevel er det helt på det rene at
både Gud Faderen og Jesus selv til tilder har vært sinna.

Vi blir da også gitt et meget godt råd i **Efeserne 4:26**: *«Blir dere sinte,
så synd ikke, og la ikke solen gå ned over deres vrede.»* Det er altså mulig å
bli sinna uten å synde. Dersom vi blir sinna på hverandre, burde vi gjøre opp
samme dag før vi legger oss til å sove. Ellers vill sinnet vokse inni oss og
forårsake store problemer senere. La oss ikke bli sinna på hverandre men bli
sinna på synd, på umoral og urett. La oss holde kirkene våre rene og bare
vise «hellig vrede», slik som Gud gjør. Sjekk hva som gjør Gud sinna! Det
samme burde gjøre oss sinna.

4. OKTOBER

«For så høyt har Gud elsket verden at han ga sin Sønn,
den enbårne, for at hver den som tror på ham,
ikke skal gå fortapt, men ha evig liv.»
Johannes 3:16

GUDS KJÆRLIGHET

Dette er kanskje det mest kjente skriftstedet i hele Bibelen. Av og til, ved store idrettsarrangementer, er det noen som holder opp et stort banner. På banneret står det bare «Johannes 3:16», for så godt som alle vet hva det verset sier. I dette verset blir vi fortalt om Guds store kjærlighet til ALLE mennesker, ikke bare noen få utvalgte. Gud elsker hele verden med sin selvofrende kjærlighet, en kjærlighet som fikk Ham til å gi oss det aller beste Han hadde – sin eneste Sønn.

Mange sier at de ikke kan tro på en Gud som tillater så mye ondskap. Det er viktig å vite at den lidelsen vi ser på jorden i dag, ikke er Guds vilje. Noen sier at de ikke kan tro på en Gud som sender folk til et helvete. Det er ikke Guds vilje at noen skal gå til helvete. Det er derfor Han sendte sin eneste Sønn til jorden – for å dø i vårt sted slik at vi slipper å gå til helvete.

Men det er en hake ved det hele. Menneskene har fått en fri vilje slik at de kan velge om de vil følge Gud eller ikke. Gud tvinger oss ikke til å følge Ham, men Han har gjort alt klart slik at dersom vi ønsker å følge Ham, så er Han der for oss med en gang. Sant nok, Gud kunne ha skapt roboter som gjorde alt Han ville, men Gud ønsket at vi av egen fri vilje skulle velge å tilbe Ham. Du kan tvinge hvem som helst til å si hva som helst ved å rette en revolver mot tinningen hans, men hva er et slikt løfte verdt? Kan du tvinge noen til å følge deg? Det betyr ingenting dersom dette ikke er gjort på frivillig grunnlag.

5. OKTOBER

««Jeg vet at Messias kommer», sier kvinnen –
Messias er det samme som Kristus –
«og når han kommer, skal han fortelle oss alt.»
Jesus sier til henne: «Det er jeg, jeg som snakker med deg.»»
Johannes 4:25-26

DEN SAMARITANSKE KVINNEN

På en av de mange reisene sine dro Jesus en gang gjennom Samaria. De fleste jødene så litt ned på samaritanerne, og det var en uskrevet lov om at slike mennesker snakket man ikke med. Da en samaritansk kvinne kom for å hente vann fra Jakobs brønn, så satt Jesus på brønnen. Han ba kvinnen om litt vann å drikke, sikkert med tanke på å snakke med henne om åndelige ting.

Jesus sa ofte viktige ting i tilsynelatende uviktige situasjoner. Mange ting som vi promoterer i dag, ble sagt av Jesus på tomannshånd. **Johannes 3:16**, for eksempel, ble ikke ropt ut under Bergprekenen men ble sagt til Nikodemus på tomannshånd midt på natten. Den samaritanske kvinnen, som jødene vanligvis ikke ville ha snakket med, fikk høre de magiske ordene at Jesus kunne gi henne levende vann.

Kvinnen forstod ikke først hva Jesus mente. Han hadde ingenting Han kunne dra opp vann med, og Han hadde jo nettopp bedt henne om vann. Hvor skulle dette levende vannet komme fra? Jesus fortalte så, i dagens tekst, at Han var Messias. Da disiplene kom tilbake, ble de forundret over to ting: At Jesus snakket med en kvinne, og at Jesus snakket med en samaritaner. Kvinnen gikk så inn i byen og ga hint om at hun at hun hadde møtt Messias og fikk dem til å komme til Ham. Det kan virke som om denne kvinnen ble en «misjonær» og fikk folkene til å bli nysgjerrige på om hun virkelig hadde truffet Messias. Her er et lite hint til oss: Få folk nysgjerrige på Jesus når vi kan.

6. OKTOBER

«Og Far dømmer ingen, men har overlatt hele dommen til Sønnen,
for at alle skal ære Sønnen slik de ærer Far. Den som ikke
ærer Sønnen, ærer heller ikke Far, han som har sendt ham.
Sannelig, sannelig, jeg sier dere: Den som hører mitt ord og
tror på ham som har sendt meg, har evig liv og kommer
ikke for dommen, men er gått over fra døden til livet.»
Johannes 5:22-24

FAREN OG SØNNEN

D et kan synes overraskende for mange at Sønnen skal dømme. De fleste av oss har et bilde av den endelige dommen ved Faderens hvite trone hvor Jesus skal være vår advokat. Forvirringen skyldes nok en upresis oversettelse av de greske ordene *«krino»* og *«krisis«*. Det første betyr å herske eller styre, mens det andre betyr å bestemme over noen eller noe. I tusenvis av år har Israel latt seg styre av Gud Faderen, og nå må de la Jesus bestemme over dem. Jesus døde for dem, og Han har bestemt at de som tar imot Hans navn, skal bli frelst.

Hele skriftstedet handler om å gi ære til Jesus Kristus. Dersom noen ikke er glad i Sønnen, vil de heller ikke være glad i Faderen. Dersom noen ikke tror på Sønnen, vil de heller ikke tro på Faderen. Dersom noen ikke vil følge etter Sønnen, vil de heller ikke følge etter Faderen, for Faderen og Sønnen er en – begge er del av den treenige Gud.

De som hører på Jesu ord og tror på Gud Faderen som sendte Ham, de *har allerede* evig liv. De som tar imot Jesus Kristus som sin personlige frelser, *har allerede* evig liv. Det er ikke slik at de som tror, skal få evig liv en gang dersom de holder ut, dersom de er snille og gavmilde, dersom de lever et godt liv. Nei, de *har allerede* fått evig liv som gave fra Gud. De er gått over fra døden til livet, fra å være dominert av synd til å være dominert av Gud og Hans fylde.

7. OKTOBER

«Jesus svarte: «Jeg er livets brød. Den som kommer til meg,
skal ikke hungre, og den som tror på meg, skal aldri tørste.»
Johannes 6:35

«JEG ER LIVETS BRØD»

Kapittel **6** av Johannes' evangelium startet med det store miraklet da Jesus mettet de fem tusen, et mirakel så stort og så viktig at det er nevnt i alle de fire evangeliene. Foruten fem tusen menn var det også kvinner og barn tilstede. Det er ikke umulig at der var rundt 20.000 mennesker tilstede, noe som gjør miraklet enda større.

Det var ikke så lenge etter dette at Jesus sa de velkjente ordene: «Jeg er livets brød.» Det er helt på det rene at Jesus her ikke snakket om fysisk brød men om åndelig føde. Selv manna fra himmelen var fysisk føde som mettet alle jødene da de vandret gjennom ødemarken i 40 år. Men vi er ikke bare fysiske skapninger, vi er også åndelige skapninger. Den åndelige delen av oss mennesker må fylles, og bare Gud kan fylle den slik at vi ikke er sultne lenger.

Vi er hva vi spiser. Rent fysisk er vi sunne dersom vi spiser sunn mat, og vi er usunne dersom vi spiser usunn mat. Sjelen vår er personligheten vår. Vi er også hva vi spiser her. Alt vi putter inn i oss av hjernemat, vil forme oss som mennesker. Vi spiser kunnskap som gjør oss til leger, lærere eller sykepleiere. Vi er også hva vi spiser på det åndelige området, men det finnes bare to typer mat for ånden vår – Guds mat eller djevelens mat. Dersom vi spiser mye åndelig mat fra Bibelen, vil dette påvirke den åndelige delen av oss på en positiv måte. Dersom vi tar inn mye syndig mat, vil dette få oss til å leve et liv langt borte fra Gud, og vi vil ikke være i stand til å vokse åndelig.

8. OKTOBER

«Da sa Jesus: «Ennå en liten stund er jeg hos dere, så går jeg
til ham som har sendt meg. Dere skal lete etter meg, men ikke
finne meg. For der jeg er, dit kan dere ikke komme.»»
Johannes 7:33-34

DER JESUS ER

For oss som er kjent med bibelverset som sier at den som leter skal finne, for den som banker på skal det åpnes opp (**Matteus 7:7, Lukas 11:9**), så ser dette verset ved første øyekast ut til å være et paradoks. Skal vi kunne finne ut hvorfor Jesus sa det Han sa, må vi først identifisere hvem Han snakket til.

I **Johannes 7:32** leser vi: *«Fariseerne hørte alt snakket om ham blant folk, og overprestene og fariseerne sendte ut noen av sine menn for å gripe ham.»* Det var derfor ikke disiplene sine eller troende jøder Jesus snakket til, men jøder generelt som sannelig lette etter Messias, men en annen messias enn den Jesus var. Det var derfor de ikke ville finne Ham, fordi de ikke søkte etter Ham med et åpent sinn, men fanget av årevis med tradisjoner og vrangtolkninger av Skriftene.

Jesus skulle snart returnere til himmelen, og der er det ikke plass for dem som ikke har tatt imot Kristus. Det samme gjelder dem av oss som ikke er troende eller har blitt personlig kristne, og derfor ikke har tatt et personlig standpunkt for Kristus og mot synden. De som har tatt imot Ham, vil finne Ham når de søker Ham og kunne samles sammen med Ham og de andre troende i himmelen.

9. OKTOBER

«Da rettet han seg opp og spurte: «Kvinne, hvor er de?
Har ingen fordømt deg?» Hun svarte: «Nei, Herre, ingen.»
Da sa Jesus: «Heller ikke jeg fordømmer deg.
Gå bort, og synd ikke mer fra nå av!»»
Johannes 8:10-11

KVINNEN SOM HADDE DREVET HOR

Dagens tekst er meget populær blant ikke-kristne. Kvinnen som hadde blitt tatt i utroskap, skulle etter jødenes gamle lover ha blitt steinet, og de skriftlærde og fariseerne førte denne kvinnen frem for Jesus for å lure Ham slik at de kunne finne noe å anklage Ham for.

Jesus var klar over at Han ble testet. Jeg vet ikke hva Jesus skrev med fingeren på jorden, men jeg går ut ifra at dersom det Han skrev hadde hatt noen betydning for sammenhengen her, så ville Johannes ha skrevet det ned her. Det kan se ut som om Jesus valgte denne måten for å bevisst ignorere anklagerne. Så kom disse velkjente ordene: *«Den av dere som er uten synd, han skal kaste den første stein på henne!»* (**Vers 7.**) Så ignorerte Han dem igjen og skrev videre på jorden.

Betyr dette skriftstedet at Jesus aksepterer utroskap? Legg merke til den siste setningen i dagens tekst: *«Gå bort, og synd ikke mer fra nå av!»* Verken Faderen eller Sønnen kan i sin helligdom akseptere utroskap, men vi lever nå i nådens tidsalder. Jesus kunne ha fått denne kvinnen steinet, men ingen synd er stor nok til å holde deg ute fra himmelen, unntatt å si «nei» til Jesus Kristus. Visst kan vi med Bibelen i hånd fortelle alle ikke-kristne hvor fæle syndere de er, men vi er alle syndere. Vi skal ikke godta synden på noen som helst slags måte, men vi burde fokusere på hva som er viktigst: Å dele Guds kjærlighet med andre slik at vi kan føre dem til Kristus. Ellers kan det godt være at vi vinner slaget men taper krigen.

10. OKTOBER

«Igjen talte Jesus til folket og sa: «Jeg er verdens lys.
Den som følger meg, skal ikke vandre i mørket, men ha livets lys.»»
Johannes 8:12

«JEG ER VERDENS LYS»

Johannes' evangelium er velkjent for alle «jeg er ...» uttalelsene fra Jesus. Her sier Han at Han er verdens lys. Det greske ordet «*phos*» betyr skinn eller åpenbaring, spesielt som stråler. Ordet «solstråle» hopper av en eller annen grunn inn i hodet mitt. Jesus er verdens solstråle. Poetisk og vakkert!

Allerede i den første skapelseshandlingen skilte Gud lyset fra mørket. Mørket er et symbol på ondskap og fortapelse. Menneskene lever i mørket helt til de møter Jesus. Jesus kaster sine solstråler i vår retning slik at vi kan se vår elendighet og synd. Lyset åpenbarer synden for oss, og Herren forteller oss at vi må komme til lyset. Vi skulle ikke leve i mørke med våre syndefulle gjerninger, men komme til lyset hvor det finnes varme og ekte kjærlighet. Lyset, det vil si de som følger Kristus, vil i endetiden bli tatt vekk fra mørket, det vil si de som ikke følger Kristus, og så vil vi være med Kristus i all evighet.

Lever du et liv i mørke, eller har du kommet til lyset? Jesus er verdens lys, og som Hans representanter her i verden, burde vi reflektere Hans lys til andre. Er du et lys for andre der ute i mørket? Dersom du er en kristen burde du la lyset ditt skinne for andre.

11. OKTOBER

««Du er ennå ikke femti år og har sett Abraham?»
sa jødene. Jesus svarte: «Sannelig, sannelig, jeg
sier dere: Før Abraham var, er jeg.»»
Johannes 8:57-58

DEN EVIGE KRISTUS

U nder en samtale med jødene, sa jødene: *«Du er vel ikke større enn vår far Abraham? Både han og profetene er døde. Hvem gir du deg ut for å være?»* (**Johannes 8:53.**) Da Jesus sa: *«Deres far Abraham jublet over å skulle se min dag. Han fikk se den dagen og frydet seg»* (**8:56**), så raknet det for jødene i denne opphetede diskusjonen. De skjønte ikke hvordan Jesus kunne ha sett Abraham og omvendt.

Sannheten er at Jesus har eksistert før Betlehem. Han var til og med del i skapelsen (se f.eks. **Hebreerne 1:2-3**). Jesus selv sier at Han har eksistert før Abraham levde, og andre skriftsteder bekrefter dette. Jesus er personifiseringen av Gud. Faderen er åndelig skapning, og når Gud skal snakke ansikt til ansikt med menneskene, så blir Gud kjød i form av Jesus Kristus (**Johannes 1:14**) eller en pre-Betlehem åpenbaring av Ham. Samtidig som Jesus kom etter døperen Johannes, så hadde Han også vært før ham (**1:15**).

Jødene hadde problemer med å forstå at Jesus er en inkarnasjon av Gud, som flere ganger har kommet ned til jorden for å snakke med menneskene. Da Gud besøkte Abraham i **1. Mosebok 18,** så var det en pre-Betlehem åpenbaring av Kristus som kom til ham sammen med to engler. Når det der står at «Herren» snakket til Abraham, så er det *«Yahova»*, den selvoppholdte, evige Gud som snakket.

12. OKTOBER

«Da Jesus kom gående, så han en mann som var født blind.
Disiplene spurte da: «Rabbi, hvem er det som har syndet,
han selv eller hans foreldre, siden han ble født blind?»
Jesus svarte: «Verken han eller hans foreldre har syndet.
Men nå kan Guds gjerninger bli åpenbart på ham.»
Johannes 9:1-3

SYKDOM OG SYND

Det er vanskelig å forstå hvordan synden og sykdommen går hånd i hånd. Før Adam syndet fantes det ikke noen sykdom eller død, og på grunn av dette kan vi si at all sykdom, blindhet, døvhet, lammelse og død er et resultat av arvesynden som først kom inn i verden etter at Adam spiste den forbudte frukten fra kunnskapens tre.

Kan sykdom være et resultat av en bestemt synd? Ja, noen synder har konsekvenser. Om ikke Gud straffer en for å ha syndet, så kan enkelte synder, som f.eks. sex utenfor ekteskapet, medføre kjønnssykdommer og ødelegge ekteskap. Før i tiden var det vanlig å tro at dersom noen ble syke, så var dette på grunn av en eller annen synd vedkommende hadde gjort. Noen sykdommer var arvelige og ble sett på som en straff mot et familiemedlem som hadde levd tidligere.

Dagens tekst gjør det helt klart at vi ikke kan trekke slike konklusjoner. Vi vet også fra Jobs bok at enkelte som ikke har gjort noe galt, kan få prøvelser eller tester sendt deres vei. Ettersom vi ikke med sikkerhet vet hvorfor folk er syke, burde vi, som gode kristne, løfte hverandre opp i bønn når vi blir syke, ikke forsøke å finne grunnen til sykdommen.

13. OKTOBER

«Mine sauer hører min stemme; jeg kjenner dem, og de følger meg. Jeg gir dem evig liv. De skal aldri i evighet gå tapt, og ingen skal rive dem ut av min hånd. Det min Far har gitt meg, er større enn alt annet, og ingen kan rive det ut av min Fars hånd.»
Johannes 10:27-29

DEN EVIGE TRYGGHET

Det finnes en doktrine som kalles «de troendes evige trygghet». Det er en annen måte å si «en gang frelst – alltid frelst». Denne doktrinen er omdiskutert, og ikke alle menigheter tror på den. Den bygger blant annet på verset ovenfor. Jesus sier at de som følger Ham *«skal aldri i evighet gå fortapt»*. Dette støttes av apostelen Paulus som skrev: *«For jeg er viss på at verken død eller liv, verken engler eller krefter, verken det som nå er eller det som kommer, eller noen makt, verken det som er i det høye eller i det dype, eller noen annen skapning, skal kunne skille oss fra Guds kjærlighet i Kristus Jesus, vår Herre.»* (**Romerne 8:38-39.**)

Det store spørsmålet er om det går an å miste frelsen. Vi vet at det er umulig å miste frelsen og så få den tilbake igjen, fordi vi da vil korsfeste Kristus på ny (**Hebreerne 6:4-6**). Hadde de som fikk smake litt av den himmelske gaven mistet troen, eller hadde de ikke helt ut tatt skrittet og tatt imot Kristus? Hadde de bare vært sammen med kristne, fått en smak av hva Den Hellige Ånd kan gjøre, men så snudd seg vekk i siste stund? Jeg har selv møtt mennesker som sier at de kan føle Åndens nærvær, men de kan ikke forstå det.

Frelsesverket som Kristus har gjort rede for oss, er ikke basert på hva vi har gjort men på hva Han har gjort. Frelsen er av nåde alene, ikke av gjerninger for at ikke vi skal rose oss selv (se **Romerne 4:2-7**). Dersom vi sier at en kan miste frelsen, så er frelsen avhengig av gjerningene våre. Hvor mye synd skal til for å miste frelsen? Dersom noen har tatt imot Kristus, vil denne ikke ville gi slipp på Ham igjen, for ellers kan de ikke virkelig ha tatt imot Ham.

14. OKTOBER

«Jesus sier til henne: «Jeg er oppstandelsen og livet.
Den som tror på meg, skal leve om han enn dør.
Og hver den som lever og tror på meg,
skal aldri i evighet dø. Tror du dette?»»
Johannes 11:25-26

«JEG ER OPPSTANDELSEN OG LIVET»

For den som lytter til Jesus og hva Han sier, så er det ikke lite Han hevder blant annet i dagens skriftsted. Jesus sa at Han var *«oppstandelsen og livet»*, og dette sa Han før Han hadde blitt korsfestet og stått opp igjen den tredje dagen. Intet vanlig menneske kunne ha uttalt disse ordene uten å ha blitt steinet til døde.

I **1. Korinterbrev 15:20** skriver Paulus: *«Men nå er jo Kristus stått opp fra de døde, som førstegrøden av dem som er sovnet inn.»* Dersom Jesus ikke hadde stått opp fra de døde, ville vi ha hatt en «død gud» i dag. Men Jesus ble bare i dødsriket i tre dager og tre netter. Han ble førstegrøden «av dem som er sovnet inn», som har dødd. Akkurat som Jesus stod opp fra graven, kan vi stå opp fra vår grav når Jesus kommer tilbake for å hente levende og døde som tror på Ham.

Jesus er ikke bare oppstandelsen. Han er også livet. Ikke bare kan Jesus gi ditt liv her mening og formål, og Han kan være hos deg hver eneste dag, om du har en god dag eller en dårlig dag, men Han tilbyr oss alle evig liv. Han har gjort alt arbeidet for oss, vi må bare ta imot Hans kjærlighet og fantastiske gave. Jesus vender seg nå til deg og sier: *«Tror du dette?»*

15. OKTOBER

«Jesus gråt.»
Johannes 11:35

JESUS GRÅT

D ette er uten tvil det korteste verset i hele Bibelen. Menneskesønnen, Guds Sønn, var 100% menneske. Han hadde følelser, akkurat som oss. Han var redd for døden som ventet Ham på korset. Han spiste mat, trengte søvn og tid alene. Når **Johannes 11:35** forteller oss at Jesus gråt, så burde det vise for oss at Han kunne bli lei seg og gråte – akkurat som oss.

Hva var det Jesus gråt for? Han hadde fått beskjed om at Lasarus var alvorlig syk, og Jesus visste at han skulle dø. Det kan faktisk se ut som om Jesus med vilje ankom Maria og Marta etter at Lasarus var død. Jødene tolket Jesu tårer som et tegn på hvor glad Han var i Lasarus. Så hvisket de bak ryggen Hans at Han kunne ha reddet Lasarus fra å dø.

Så gråt Jesus for Lasarus som var død? Kanskje Han gråt for vennene sine som var så lei seg. Eller kanskje Han gråt på grunn av synden og mangelen på tro som de hadde. I **Lukas 19:41** gråt Jesus over byen Jerusalem og de forferdelige tingene som skulle hende med menneskene der. Jesus viser oss at det er OK å gråte. Jesus gråt stille tårer. Han hylte ikke slik som sørgekorene folk kunne leie inn når noen hadde sovnet inn men gråt stille og behersket. Jesus hadde trolig planlagt å vekke Lasarus fra de døde, så det var trolig ikke Lasarus selv Han gråt for men vennene Hans.

16. OKTOBER

«Den som elsker sitt liv, skal miste det. Men den som hater
sitt liv i denne verden, skal berge det og få evig liv. Den som
vil tjene meg, må følge meg, og der jeg er, skal også min
tjener være. Den som tjener meg, skal min Far gi ære.»
Johannes 12:25-26

DETTE ER DITT LIV

Jeg ser sjelden på TV, men jeg husker at da jeg var ung, så jeg et program som het «Dette er ditt liv» med Harald Tusberg som programleder. De lurte en kjent personlighet til å komme til studio uvitende om at de skulle hylle livet til den personen, og ofte hadde de sporet opp tidligere venner og kjente, ofte folk som denne personen ikke hadde sett på en årrekke. Tårene rant, og historiene kom trillende.

Hva gjør du med ditt liv? Jesus sa at den som elsker livet sitt, skal miste det. Det kan virke rart at de som hater livet sitt, skal få evig liv. Her ligger det nok muligheter for mange misforståelser. Men kanskje jeg kan forenkle det litt. Dersom du lever livet ditt for deg selv, tilfredsstiller deg selv, belønner deg selv og alltid tenker på ditt eget beste, så er det trolig at du vil bare gjøre det – glede deg selv. Noen gleder andre også, men ofte er det fordi det på en måte tilfredsstiller oss selv. Det er noe vi kan vinne på det. Men den som lever livet sitt for Jesus – som er villig til å være Jesu tjener, eller slave om du vil – den vil vinne evig liv. Du kan leve livet ditt for deg selv, eller du kan leve det for Gud. Vil det ikke være bra å høre Jesus si: «Godt gjort, du trofaste tjener»? Ofte blir folk frelst, og så vet de ikke hva de skal gjøre. Finn ut hva Gud vil at du skal gjøre og gjør det helhjertet! Hans belønninger er bedre enn hva denne verden kan gi.

17. OKTOBER

«Da han hadde vasket føttene deres og tatt på seg kappen,
tok han plass ved bordet igjen. Så sa han til dem:
«Forstår dere hva jeg har gjort for dere?»»
Johannes 13:12

JESUS VASKER DISIPLENES FØTTER

Dagens tekst er hentet fra den kvelden da Jesus og disiplene Hans instituerte nattverden og hadde sitt siste måltid sammen før Golgatas kors. Mye skjedde denne kvelden da de spiste påskemåltidet, og mye ble sagt. Johannes har skrevet ned det som skjedde denne kvelden i **Johannes 13-17**. Ingen av de andre evangelistene har gitt denne kvelden så mye oppmerksomhet.

Jesus overrasket disiplene ved å slå vann i et fat og begynne å vaske disiplenes føtter. Så tørket Han beina deres med linkledet Han bar rundt livet sitt. Peter protesterte høylydt. Jesus var Guds Sønn, Messias, Frelseren, Skaperen. Dersom noen skulle vaske beina deres, så skulle det være ham, Peter. Jesus svarte: *«Hvis jeg ikke vasker deg, har du ingen del i meg.»* (**13:8.**) Da lot Peter seg overtale.

Jesus viste to viktige ting ved å vaske beina deres. Til og med Jesus kom til jorden for å tjene, og vi burde alle tjene Ham. Det har vi sett i disiplenes småkrangling om hvem som er størst i himmelriket – den største er alles tjener. Dessuten ser vi at Jesus vasker oss rene. Vi er tilskitnet av synden her på jorden, men når vi lar Jesus frelse oss, så vasker Han bort all synden vår.

18. OKTOBER

«Jesus sier: «Jeg er veien, sannheten og livet.
Ingen kommer til Far uten ved meg.»
Johannes 14:6

«JEG ER VEIEN, SANNHETEN OG LIVET»

Jesus sier at Han er veien. Det finnes mange veier vi kan gå i livet, og de fører mange steder. Det er imidlertid bare en vei som fører til Gud, evig liv og en plass i himmelriket. Det er Jesus Kristus. Dersom vi tar imot Kristus, så leder Han oss inn på den smale sti. Motorveiene går alle til helvete, og mange er på vei dit med ekspressfart. Ingen andre veien fører til himmelen. Buddha, Hare Krishna, Mohammed – ingen av disse er mellommann mellom Gud og mennesker, bare Jesus.

Jesus sier at Han er sannheten. Har du noen gang lurt på hva som er den absolutte sannheten? Guds ord er sannhet, og vi kan stole på Ham. Hvordan kan vi vite at ordet fra Gud er sannhet? Fordi Skaperen, som har skapt hele universet, bestemmer reglene og hva som er sannhet.

Jesus sier at Han er livet. Kanskje du synes dette høres rart ut fordi du i høyeste grad er i live. Et liv med Kristus er imidlertid et liv på et helt annet nivå. Det er som å lese «The Neverending Story» og finne ut at DU er midtpunktet. Dessuten kan Jesus tilby deg evig liv, og det er selvsagt bedre enn evig fortapelse. Velg livet framfor døden!

19. OKTOBER

«Dette har jeg sagt dere mens jeg ennå er hos dere.
Men Talsmannen, Den hellige ånd, som Far skal sende i mitt navn,
skal lære dere alt og minne dere om alt det jeg har sagt dere.»
Johannes 14:25-26

TALSMANNEN

Jesus sier i sin tale for disiplene natten før korsfestelsen at Han skal dra vekk, men Han skal sende dem Den Hellige Ånd, som i den norske Bibelen blir kalt for «*Talsmannen*». Det greske ordet «*parakletos*» betyr «forbeder» (en som ber for en), «trøster» (en som trøster en når en er lei seg) og «advokat» (en som forsvarer en). Alle disse ordene kan bli representert i ordet «talsmann». Den engelske Bibelen bruker ordet «Comforter» ettersom disiplene ville trenge trøst etter at Jesus dro tilbake til himmelen.

Vi ser her to av oppgavene til Den Hellige Ånd. Han er den som lærer oss opp i åndelige ting og får oss til å vokse åndelig. Han minner oss også på om hva Kristus har gjort for oss. En studie om Den Hellige Ånd er absolutt å anbefale. Han er den som overbeviser oss om Gud slik at vi vil ta imot Kristus. Han er den som gir oss styrke til å stå fast som kristne. Den Hellige Ånd er også den som reiste Kristus opp fra graven (**Romerne 8:11**) og gjorde Ham levende igjen, akkurat som Han også kan gjøre oss levende til et nytt liv i Kristus. Han er også vår «talsmann» som ber for oss. Til og med når vi ikke helt vet hva vi skal si, så vet Den Hellige Ånd det og ber på våre vegne. Den Hellige Ånd bor inni oss som har tatt imot Kristus og gir oss evig liv. Han hjelper oss også å vite hva vi skal si til andre. Vi må alltid la Ånden ta kontroll over vår liv, for ellers vil vi ikke vokse som kristne og kunne bli brukt av Gud.

20. OKTOBER

«Jeg er det sanne vintre, og min Far er vinbonden.
Hver grein på meg som ikke bærer frukt, tar han bort,
og hver grein som bærer frukt, renser han så den skal bære mer.»
Johannes 15:1-2

«JEG ER DET SANNE VINTRE»

Jesus sier i dagens tekst at Han er den sanne vinranken (gresk «*ampelos*«), en vinranke som svinger seg rundt for å få bedre støtte. Jesus er den sanne, ordentlige vinranken, og Gud Faderen er vingårsmannen eller bonden, Han som tar seg av hele hagen. Bondens jobb er å beskjære greinene i vinranken slik at den kan bære mer druer.

Alle grenene i vinranken er et bilde på alle dem som fulgte eller følger etter Kristus. Grenene kommer ut fra Kristus, som er «stammen». De grenene som ikke bærer frukt, skjærer bonden av. Dette kan bety enten at de som fulgte Kristus, ikke virkelig var kristne men bare kom til kirken. Det kan også bety at kristne som ikke har fruktbare liv for Herren, blir hentet hjem tidligere enn ønsket. Den første teorien ser ut til å være den riktige, for disse visnende grenene blir kastet på ilden.

Dette kan også være et bilde på våre liv. Dersom vi ikke bærer frukter for Herren, bør vi be om at Han må kutte vekk det i livene våre som er ubrukelig. På den måten kan vi gi mer frukter for Herren.

21, OKTOBER

«Ingen har større kjærlighet enn den som gir livet for vennene sine.
Dere er mine venner hvis dere gjør det jeg befaler dere.»
Johannes 15:13-14

JESU VENNER

Jesus sier at dersom vi gjør det Han befaler, så er vi ikke bare disiplene Hans, men vi er vennene Hans. Den som følger etter Kristus og gjør hva Han sier, likner Kristus, og det er hva ordet «kristen» betyr. Jesus inviterer alle til å bli Hans venner. Ja, Han ønsker at vi alle skal bli Guds barn og adopteres av Ham. Som et adoptert barn, får vi mange rettigheter som Hans naturlige barn (jødene) ikke får.

Jesus sier at «ingen har større kjærlighet enn den som gir livet for vennene sine», og ingen beskrivelse kan vel passe bedre for Kristus. Han døde på korset slik at vi kunne få del i det evige liv. Han døde slik at vi slipper å dø den annen død. Ville du ha vært villig til å dø for en av vennene dine? Kanskje du svarer at det kommer an på hvem av dem det gjelder. Dersom vi er helt ærlige må vi innrømme at det er veldig lite trolig at vi ville være villig til å dø for vennene våre. Den nære familie har større sjanse.

Mange sier stolt at de er venn med Jesus Kristus. Gjør de hva Jesus har befalt at de skal gjøre? Hvis ikke, så er de ikke venn med Jesus. I Norge har vi mange som kaller seg selv «kristne» uten at de vet hvordan de har blitt det. Oppfører du deg som Jesus gjorde? Lar du folk gjøre narr av deg for det du tror på? Er du en sann venn av Jesus som gjør alt det Han har befalt? Vi kommer ofte til kort i våre syndige legemer, men alt Jesus ønsker, er at vi gjør hva vi kan.

22. OKTOBER

«Ennå har jeg mye å si dere, men dere kan ikke bære det nå.
Men når sannhetens Ånd kommer, skal han veilede dere
til hele sannheten. For han skal ikke tale ut fra seg selv,
men si det han hører, og gjøre kjent for dere det som
skal komme. Han skal herliggjøre meg, for han skal
ta av det som er mitt, og forkynne det for dere.»
Johannes 16:12-14

SANNHETENS ÅND

Jesus har allerede nevnt at Talsmannen, trøsteren, skal komme. Jesus hadde mye Han ønsket å si til disiplene sine, men Han visste at de ikke ville være i stand til å forstå det til Talsmannen – Den Hellige Ånd, hadde kommet.

I dagens tekst kaller Jesus Den Hellige Ånd for «sannhetens Ånd». Alle de tre personlighetene i den hellige treenigheten har samme natur. De er alle sannhet. Den Hellige Ånd er like mye sannhet som Faderen eller Sønnen. Den Hellige Ånd kom først ved pinse, etter at Jesus hadde dratt tilbake til himmelen. Alle som blir frelst, får Den Hellige Ånd levende inne i seg. Der er en av de viktigste oppgavene Hans å overbevise oss om sannheten. Når vi leser i Bibelen, kan vi ikke forstå om åndelige ting med mindre Den Hellige Ånd bor inne i oss og åpenbarer sannheten for oss.

Har du Den Hellige Ånd boende inne i deg? Først når du har det, kan du forstå hva Bibelen sier, og dype sannheter vil kunne bli åpenbart for deg.

23. OKTOBER

«Når en kvinne skal føde, er hun engstelig, for hennes time
er kommet. Men når barnet er født, har hun glemt smertene
i sin glede over at et menneske er kommet til verden.
Også dere er engstelige nå. Men jeg skal se dere igjen, og hjertet
deres skal glede seg, og ingen skal ta gleden fra dere.»
Johannes 16:21-22

ENGSTELIGHET

Det er ikke lett å føde et nytt menneske inn til denne verden. Mange kvinner blir engstelige fordi de vet at det vil bli mye smerter, ofte i timevis. For noen som har hatt rier i over 24 timer, så er dette en erfaring de ønsker å glemme. Og glemme det gjør de så snart barnet er født. Når de får se det lille nurket, er all engstelse like langt borte som øst er fra vest.

Jesus visste at disiplene var engstelige. Jesus hadde sagt flere ganger at Han skulle dø, men det så ikke ut til at det ville synke inn. Heller ikke når Jesus sa at Han skulle gå til sin Far, forstod de hva Han mente. Men Jesus sa at de ville sørge når Han dro fra dem. Men sorgen ville ikke vare evig. Dette er tydeligvis en pekefinger rettet mot oppstandelsen. Jesus ville ikke forbli død men ville bli levende igjen den tredje dagen. Jesus snakker her ikke om Den Hellige Ånd men om seg selv. Disiplene skulle bli glade når de fikk se Ham, Jesus, igjen. Inne i disse versene kan det også ligge en slags «dobbel bunn» som vi kan ta til oss. I våre liv fulle av sorg og vanskeligheter er det godt å vite at en dag skal vi møte Kristus ansikt til ansikt. Å, for en dag det vil bli!

24. OKTOBER

«Jeg herliggjorde deg på jorden da jeg fullførte den gjerning
du ga meg å gjøre. Far, gi meg nå din herlighet, den
herligheten som jeg hadde hos deg før verden ble til.»
Johannes 17:4-5

HERLIGGJØRELSEN

D ette er et ord vi ikke bruker så mye i vårt norske språk. Å «herliggjøre»
noen betyr å få noen andre til å fremstå skinnende som en stjerne på
nattens himmel. Gud Sønnen herliggjorde Gud Faderen. Sønnen fikk
Faderen til å se bra ut, Han fikk Gud Faderen til å skinne her på jorden ved å
gjøre det som Faderen hadde bedt Ham om å gjøre.

Nå som Jesus ber i Getsemane, vet Han at om kort tid skal Han dø på
korset, en død Han frykter og gjerne skulle slippe. Men det var derfor Jesus
kom her til jorden. Han kom for å dø en forferdelig død på korset , en jobb
som Faderen hadde gitt Ham. Jesus måtte dø i vårt sted slik at vi kunne få
evig liv. Han måtte dø slik at Han kunne stå opp igjen fra graven den tredje
dagen.

Jesus ba Faderen om at Han skulle få tilbake den herligheten som Han
hadde hatt før verden ble til. Dette er en herligheten som Jesus hadde som en
del av den treenige Gud, og Han hadde denne herligheten før Han skapte
jorden sammen med Faderen og Ånden. Dette skriftstedet viser at Jesus
eksisterte før jorden ble skapt, og at Han har en skinnende herlighet rundt
seg som Gud Sønnen. Når Jesus kommer tilbake til jorden, vil Han komme
som kongenes Konge og som allmektig Gud. Da vil vi se Hans sanne
herlighet.

25. OKTOBER

«Den herligheten du har gitt meg, har jeg gitt dem,
for at de skal være ett, slik vi er ett: jeg i dem og du i meg,
så de helt og fullt kan være ett. Da skal verden skjønne at
du har sendt meg, og at du elsker dem slik du har elsket meg.
Far, du har gitt meg dem, og jeg vil at de skal være
der jeg er, så de får se min herlighet, den du har gitt meg
fordi du elsket meg før verdens grunnvoll ble lagt.»
Johannes 17:22-24

FØR VERDENS GRUNNVOLL BLE LAGT

Jesus er her i bønn til Faderen. Hele kapittelet er en eneste lang monolog som Jesus har før Han skal «fanges» og føres til Golgata og korsfestelsen. Jesus har vært trofast mot Faderen i at Han har gitt videre herligheten som Faderen hadde gitt Ham. Dette så vi på i går. Nå ser vi i **Johannes 17:24** at Faderens kjærlighet ligger grunnfestet allerede før verdens grunnvoll har blitt lagt.

Det kan være vanskelig å forestille seg at noe har forekommet så tidlig som før verdens grunnvoll har blitt lagt ned. Uttrykket «før verdens grunnvoll ble lagt» forkommer flere ganger i Bibelen. Det peker mot en tid før **1. Mosebok 1:1** da Herren skapte himmelen og jorden. Det fantes da intet univers, bare Gud. Vi ser at allerede før jorden ble til, så var Gud full av herlighet. Ifølge **Efeserne 1:4** visste Gud allerede før verdens grunnvoll ble lagt hvem som skulle ta imot Kristus eller ikke. Dette betyr igjen at Gud hadde frelsesplanen klar før Han skapte jorden, universet og menneskene. Hvordan er dette mulig? Ingenting er umulig for Gud.

Gud er evig og er uberørt av tiden. Vi tenker på tiden som en rett linje som går fra A til B. Gud er evig. Han har ingen begynnelse og ingen ende. Han er ikke en rett linje, men en sirkel – uten begynnelse og ende. Dette er vanskelig å forstå fordi vi mennesker ikke har forstand nok til å forstå selv de laveste tankene til Gud.

26. OKTOBER

«Jesus svarte: «Min kongsmakt er ikke av denne verden.
Var min kongsmakt av denne verden, hadde mine menn
kjempet for at jeg ikke skulle bli overgitt til jødene.
Men min kongsmakt er ikke herfra.» «Du er altså konge?»
sa Pilatus. «Du sier at jeg er konge», svarte Jesus.
«For å vitne om sannheten er jeg født, og derfor er jeg kommet
til verden. Hver den som er av sannheten, hører min røst.»»
Johannes 18:36-37

JESU RIKE

I 1988-oversettelsen lyder **Johannes 18:36** slik: *«Jesus svarte: Mitt rike er ikke av denne verden. Var mitt rike av denne verden, da hadde mine tjenere kjempet, så jeg ikke skulle bli overgitt til jødene. Men nå er mitt rike ikke av denne verden.»* Denne oversettelsen er nok best. I den nye oversettelsen (øverst) er noe konkret (et kongerike) byttet ut med noe abstrakt (en kongemakt). Jesus snakket om et virkelig, konkret rike, og det var hva jødene også var opptatt av.

I dagens tekst stod Jesus foran Pontius Pilatus. Pilatus var ikke interessert i jødenes religiøse problemer. Jødene anklaget Jesus for blasfemi, noe som Pilatus ikke var så interessert i. Den romerske interessen ble vekket da jødene sa at Jesus gjorde seg til konge. Romerne var ikke interessert i at en jødisk konge skulle ta makten i Israel og Jerusalem. Det var da Jesus sa at Hans rike ikke var av denne verden. Jødene som hadde hyllet Jesus en uke før på palmesøndag, ventet på en Messias som skulle lede dem ut fra romersk dominans og sette dem fri. Da Jesus sa at dette ikke var grunnen til at Han hadde kommet, så forkastet de Ham.

Jesu rike er i dag, som det var på Jesu tid, et åndelig rike. Men Bibelen forteller oss at i endetiden, etter at trengselsperioden er ferdig, så vil Kristus opprette sitt tusenårsrike hvor Han skal styre jorden fra Jerusalem, og dette er et virkelig, konkret rike.

27. OKTOBER

«Da Jesus hadde fått vineddiken, sa han:
«Det er fullbrakt!» Så bøyde han hodet og utåndet.»
Johannes 19:30

«DET ER FULLBRAKT!»

Jeg innrømmer at jeg ikke vet hvordan den nye religionsundervisningen i grunnskolen fungerer, men jeg vil håpe at elevene i alle fall får en viss opplæring i kristendomsfaget. Vi bor (foreløpig) i et kristent land, selv om salmesang og terping på Luthers lille katekisme neppe hører til skoleplanen lenger – slik det var i min tid da jeg gikk på skolen.

De fleste har fått med seg Jesu død på korset selv om de ikke har gått til kirken eller søndagsskolen. Det har vanligvis fulgt med vår kristne kulturarv. Omtrent alle har fått med seg Jesu siste ord på korset: *«Det er fullbrakt!»*

Hva betydde disse ordene? Det greske ordet *teleo* betyr komplett, utført, konkludert, avbetalt, avsluttet, utgått på dato, ferdig, overført eller betalt. Jesus hadde blitt korsfestet, og da Han døde, hadde Han utført det Han kom til jorden for å gjøre. Hans lidelse var over – avsluttet, og syndene våre betalt med Jesu perfekte, syndfrie blod. Hele frelsesverket var gjort ferdig den dagen, men det er viktig å huske at Jesus ikke forble død. På den tredje dagen stod Han opp fra de døde, og litt senere dro Han tilbake til himmelen for å gjøre i stand et sted for oss der, vi som tror på Jesus.

28. OKTOBER

*«Tidlig om morgenen den første dagen i uken, mens det ennå
er mørkt, kommer Maria Magdalena til graven. Da ser hun
at steinen foran graven er tatt bort. Hun løper av sted og
kommer til Simon Peter og den andre disippelen, han som
Jesus hadde kjær, og hun sier: «De har tatt Herren bort
fra graven, og vi vet ikke hvor de har lagt ham.»»*
Johannes 20:1-2

MARIA MAGDALENA

Markus 16:9 sier at Jesus viste seg først for Maria Magdalena etter at Han var stått opp fra graven. Maria Magdalena var blitt helbredet av Jesus. Hun var besatt av sju onde ånder, og disse hadde Jesus drevet ut. I dag ville Maria Magdalena sikkert ha vært på et psykiatrisk sykehus med en diagnose for schizofreni, psykotisk og med alvorlige vrangforestillinger. Til tross for alt dette var det henne Jesus valgte å vise seg til først.

Maria Magdalena vek aldri fra Jesu side. Hun var der ved korset da Jesus hadde sine tyngste og vanskeligste tider. Hun var en viktig person blant Jesu etterfølgere – totalt dedikert til Jesus og Hans evangelium. Den som har blitt tilgitt mye, elsker også mye. Dette ser vi ofte hos nyomvendte kristne. De som har vært lavest nede, blir ofte de som i takknemlighet for frelsen gjør mest for evangeliet. Jeg er personlig overbevist om at Maria Magdalena var den første sanne misjonæren – Hun brakte budskapet om Jesu oppstandelse til disiplene. Dette er en stor oppmuntring til oss om at Gud kan bruke hvem som helst som misjonærer.

29. OKTOBER

«Jesus gjorde også mange andre tegn for øynene på disiplene,
tegn som det ikke er skrevet om i denne boken. Men disse er
skrevet ned for at dere skal tro at Jesus er Messias, Guds Sønn,
og for at dere ved troen skal ha liv i hans navn.»
Johannes 20:30-31

GRUNNEN TIL JOHANNES EVANGELIUM

Hvorfor gjør du alt det du gjør? Jobber du fordi du liker jobben din, eller jobber du kanskje fordi du får penger for det slik at du kan betale regningene dine og kjøpe flere ting? Alt vi gjør har en årsak – en grunn til at vi gjør det. Til og med vår menneskelige kjærlighet gjør vi for å glede oss selv.

Hvorfor skrev Johannes Johannes' evangelium? Han skrev det faktisk ned i **Johannes 20:31**. Johannes skrev sitt evangelium *«for at dere skal tro at Jesus er Messias, Guds Sønn, og for at dere ved troen skal ha liv i hans navn»*. Johannes ønsket at alle som leser boken han har skrevet, skal tro på Gud. Hvorfor det? Fordi han elsker Gud og ønsker å gjøre Hans vilje.

En predikant som går opp på talerstolen, gjør også det for en grunn. Det er ingen grunn å skjule at predikantene ønsker at mennesker skal komme til frelsen – ikke først og fremst for predikantens skyld, men for Guds skyld. Hvorfor skriver jeg denne boken? For å bli berømt? For å bli rik? Nei, for å dele Guds ord med andre. Min bønn er ar denne boken vil bli en velsignelse for noen som leser den.

30. OKTOBER

«Sannelig, sannelig, jeg sier deg: Da du var ung, bandt
du beltet om deg og gikk dit du selv ville. Men når du
blir gammel, skal du strekke ut hendene dine, og en annen
skal binde beltet om deg og føre deg dit du ikke vil.»»
Johannes 21:18

PETERS DØD FORUTSAGT

Like etter at Jesus har spurt Peter tre ganger om han elsker Ham, så kommer det en rar uttalelse fra Jesus. Jesus sa: *«Når du blir gammel, skal du strekke ut hendene dine, og en annen skal binde beltet om deg og føre deg dit du ikke vil.»* Dette er helt åpenbart rettet mot Peters fremtid – når han ble gammel.

De som dro ut på lange reiser, spesielt i Østen og steder der de brukte lange klær, måtte binde fast beltene sine. Når Jesus sier at andre skal binde beltet om ham, er dette et tegn på fangenskap hvor de er lenket fast og ute av stand til å kle på seg selv. Når Peter skulle bli ført der han ikke ville dra, ser mange dette som et bilde på døden i form av en henrettelse. Selv om Peter jublet da han ble pisket for Jesu navns skyld, så er det ikke sikkert at han hadde et stort ønske om å dø. Men han var absolutt villig til å dø for Jesu navn.

En kommentator mente at *«skal du strekke ut hendene dine»* er en hentydning til den romerske tradisjonen at de som skulle korsfestes, ble satt i et åk som strakk ut hendene og festet hendene og førte dem på denne måten inn hvor korsfestelsen skulle finne sted. Den kristne tradisjonen forteller oss at Peter ble korsfestet opp-ned i Roma – og at han ikke så seg verdig til å dø på samme måten som Jesus og derfor ba om å bli korsfestet opp-ned.

31. OKTOBER

» Det er denne disippelen som vitner om alt dette og som
har skrevet dette, og vi vet at hans vitneutsagn er sant.»
Johannes 21:24

DISIPPELEN SOM JESUS ELSKET

De siste to versene av Johannes' evangelium er trodd å ha blitt skrevet og lagt til senere, kanskje av de eldre i menigheten i Efesos, hvor Johannes er tenkt å ha skrevet evangeliet sitt. I **Johannes 19:35** står det: «*Han som så det, har vitnet om det for at også dere skal tro. Hans vitneutsagn er sant, og han vet at han taler sant.*» Det kan her se ut som om Johannes skrev om seg selv i tredje person, så det er ikke helt sikkert at Johannes ikke har skrevet de to siste versene.

Johannes nevnte ikke seg selv med navn, kanskje av respekt, kanskje av ydmykhet, men han inkluderte seg selv i evangeliet som «*disippelen som Jesus hadde kjær*» (**21:20**), en beskrivelse som går igjen flere ganger. En sammenlikning av Johannes' evangelium og de tre andre evangelistene gjør det helt klart at det her er Johannes vi snakker om.

Johannes har sikkert følt et særdeles nært forhold med Jesus. Da de andre disiplene hadde flyktet, stod han igjen ved korset sammen med Maria Magdalena og Maria, mor til Jesus. Det viktigste er imidlertid, som dagens tekst forteller oss, at det som er nedskrevet i Bibelen, er til å stole på – det er sanne ord. Riktignok, som **vers 25** sier, så kan ikke hele verden være stor nok for alle de bøkene som kunne ha blitt skrevet om Jesus Kristus, vår Frelser, men det vi trenger å vite, er blitt skrevet ned, og de ordene kan vi stole fullt og fast på.

NOVEMBER
–
JOHANNES SINE KJÆRLIGHETSBREV

1. NOVEMBER

«Det som var fra begynnelsen, det vi har hørt,
det vi har sett med egne øyne, det vi så og som
hendene våre tok på, det forkynner vi: livets ord.
Og livet ble åpenbart, vi har sett det og
vitner om det og forkynner dere det evige liv,
som var hos Far og ble åpenbart for oss.»
1. Johannes 1:1-2

LIVETS ORD

For det første må det nevnes at Johannes var en av øyenvitne til det som Jesus gjorde her på jorden. Når nesten alle hadde forlatt Jesus etter at Han ble fanget før korsfestelsen, så ble Johannes igjen. Han så med egne øyne det som Jesus gjorde og har rørt ved Frelseren selv med sine egne hender.

Jesus ga dem livets ord. De ord som Jesus talte og de ordene som Bibelens forfattere har skrevet ned, er ikke bare tomme ord. De er inspirerte ord som Ånden har gitt dem. Paulus skriver i **2. Timoteus 3:16-17:** *«Hver bok i Skriften er innblåst av Gud og nyttig til opplæring, tilrettevisning, veiledning og oppdragelse i rettferd, så det mennesket som tilhører Gud, kan være fullt utrustet til all god gjerning.»*

Disse livets ord er viktige for oss. Vi er alle mennesker skapt av kropp, sjel og ånd, og alle disse delene trenger mat for å fungere og vokse. Den åndelige delen av oss trenger Guds levende ord for å vokse. Vi kan ikke forvente at vi skal kunne fungere, leve eller vokse åndelig dersom vi ikke mater vår åndelige del, og den maten kommer fra Gud. Vi må passe på at vi ikke spiser maten djevelen forsøker å friste oss med, hvor delikat den enn måtte se ut.

2. NOVEMBER

«Dette er budskapet vi har hørt av ham og forkynner
for dere: Gud er lys, det finnes ikke mørke i ham.
Sier vi at vi har fellesskap med ham, men vandrer
i mørket, da lyver vi og følger ikke sannheten.»
1. Johannes 1:5-6

GUD ER LYS

Dette er et kjent tema gjennom hele Bibelen. Jesus er verdens lys, og når vi tilhører Ham, er vi også verdens lys. *Gud er lys, det finnes ikke mørke i ham.* Lyset er ikke bare et bilde på alt som er godt, men lys betyr også varme. Lyset er ærlighet. Lyset avslører absolutt alt. Lyset er det motsatte av mørke. Vi snakker ofte om mørkets makter. Vel, Gud er lysets makt. Lyset er bra for oss.

Allerede i **1. Mosebok 1** blir vi fortalt at Gud skilte lyset fra mørket. Mørke er når lyset ikke er til stede. På samme måten må de som tilhører Gud, vandre i Hans lys og holde seg borte fra mørket. De som vandrer i mørket, følger løgn istedenfor sannhet. Mørke og lys kan aldri bli spleiset sammen. De er motsatte poler som skubber den andre vekk.

Guds ord er vårt lys. **Salme 119:105** sier: *«Ditt ord er en lykt for min fot og et lys for min sti.»* Lyset gir oss informasjon og opplyser oss om hvordan ting virkelig er. Lyset er et bilde på renhet, hellighet, godhet og sannhet. Avspeiler livene våre slike egenskaper som Gud har?

3. NOVEMBER

«Sier vi at vi ikke har synd, da bedrar vi oss selv,
og sannheten er ikke i oss. Men dersom vi bekjenner
våre synder, er han trofast og rettferdig, så han
tilgir oss syndene og renser oss for all urett.»
1. Johannes 1:8-9

SYNDEN VÅR

K jenner du Romerveien til frelse? Den begynner med å si at *«alle har syndet og står uten ære for Gud»* (**Romerne 3:23**). Alle mennesker har syndet. Ingen kan holde alle budene, og Bibelen sier at dersom du har brutt ett bud, så har du brutt dem alle (**Jakob 2:10**). Vi er unnfanget i synd og født i synd. Vi synder fordi vi er syndere. Allerede fra fødselen av synder vi. Vi blir riktignok ikke tilregnet synden før vi forstår at vi gjør noe galt, men syndere er vi likevel.

Dagens tekst forteller oss at dersom vi sier at vi ikke har synd, så lyver vi. Gud vet at vi er syndere, så Han blir ikke lurt, men vi lurer oss selv dersom vi tror at vi ikke er syndere. Vi lyver for oss selv. Budet om at vi ikke skal lyve, har absolutt alle brutt. Gud elsker oss alle, men Han hater synden. Det er derfor vi ikke kan stå foran Gud Fader med all vår synd.

Men så står det: *«Dersom vi bekjenner våre synder, er han trofast og rettferdig, så han tilgir oss syndene og renser oss for all urett.»* Når vi kommer til Jesus, lar Han komme inn og frelse oss fra synden, så renser Han oss fra all synd. Bare da kan vi komme framfor Gud Faderen. Da ser Faderen bare Jesus når Han ser på oss, og vi får komme til Ham.

4. NOVEMBER

«Mine barn, dette skriver jeg til dere for at dere
ikke skal synde. Men om noen synder, har vi en
talsmann hos Far, Jesus Kristus, Den rettferdige.»
1. Johannes 2:1

HVEM ER TALSMANNEN?

I dagens tekst leser vi at Jesus Kristus er vår talsmann hos Faderen. Han er ikke bare rettferdig, men Han er vår advokat overfor Gud Faderen. *Parakletos* betyr en som går imellom, en advokat eller en trøster. Men var ikke Den Hellige Ånd trøsteren og advokaten vår? En nærmere studie vil vise at Jesus og Den Hellige Ånd har noen arbeidsoppgaver som er felles. De er forskjellige som person, men de er begge vår talsmann overfor Gud Faderen. Dette er fordi at selv om treenigheten har tre forskjellige personligheter, så har de samme guddommelige natur.

Men hva er det apostelen Johannes skriver til de kristne her for at de ikke skal synde? Dette peker tilbake til slutten av **1. Johannes 1** hvor apostelen sier at vi må vandre i lyset og ikke i mørket. Dersom vi sier vi er kristne men lever et lys i mørke, så gjør vi Gud til en løgner.

Men når vi nå endelig er laget av kjøtt og blod og gjør feil, det vil si faller i synd, så er Jesus er vår advokat og talsmann. Dersom vi virkelig tror på Ham, er Han alltid klar til å tilgi oss våre overtredelser.

5. NOVEMBER

«Han er en soning for våre synder, ja,
ikke bare for våre, men for hele verdens.»
1. Johannes 2:2

HELE VERDENS SYNDER

Har du hørt søndagsskolehistorien om låvedøren? En gutt måtte hamre en spiker inn i låvedøren hver gang foreldrene oppdaget at han hadde syndet. Etter en stund var hele låvedøren full av spiker. Så kom dagen da gutten ba Jesus komme inn i hjertet hans og frelse ham. Da fikk gutten hjelp av faren til å trekke ut alle spikrene fra døren. Selv om alle spikrene var trukket ut, var det fremdeles mange merker der som spikrene hadde vært. Historien skulle illustrere for oss at selv om vi er tilgitt alle syndene våre, så er det ikke alltid vi blir kvitt virkningene av synden vår.

I dagens tekst leser vi at Jesus *er en soning for våre synder ... for hele verden*. Døden Hans på Golgata var nok til å betale for alle syndene du noensinne har gjort eller vil gjøre. Istedenfor at vi skal bli straffet for synden vår, så tok Jesus straffen på seg. Det var Han som ble spikret fast til korset i vårt sted. Jesu død er nok til å sone for alle syndene i hele verden, men da må vi ta imot Jesu gave til oss: evig liv. Vi må tro at Jesus eksisterer og legge livene våre i Hans hender.

343

6. NOVEMBER

«Den som elsker sin bror, blir i lyset og fører ikke
noen til fall. Men den som hater sin bror, er i
mørket og vandrer i mørket. Han vet ikke hvor
han går, for mørket har blindet øynene hans.»
1. Johannes 2:10-11

ELSK DIN BROR

Johannes snakker mye om kjærlighet – det er ett av ordene som blir oftest brukt av ham, særlig i brevene hans. I **1. Johannes 2:10** bruker Johannes ordet «agapeo» når han snakker om kjærlighet. Dette er altså ikke vår jordiske kjærlighet det er snakk om, men agape-kjærlighet – Guds selv-ofrende kjærlighet hvor en setter den en elsker foran seg selv. Dette er en ren, perfekt kjærlighet som ikke går ut på å tilfredsstille oss selv.

Her er det snakk om å elske sin bror, og det er fristende å stille spørsmål om hvilken bror dette gjelder. *Adelphos* betyr en som har blitt født ut av samme livmor, men ordet kan brukes både bokstavelig og billedlig. Dette kan altså i utgangspunktet gjelde hvem som helst. Den som elsker sin bror, er i lyset som Johannes allerede ha beskrevet.

Den som hater, avskyr eller elsker sin bror mindre, han lever i mørke. Han går i mørke og er på villveier. Den som lever i mørke, lever ikke ett liv som følger Jesus, ettersom Jesus er verdens lys (**Johannes 8:12**).

7. NOVEMBER

«Elsk ikke verden, heller ikke det som er i verden!
Den som elsker verden, har ikke kjærligheten til Far i seg.
For alt som er i verden – kroppens begjær, øynenes begjær
og skrytet av alt en eier – det er ikke av Far, men av verden.»
1. Johannes 2:15-16

ELSK IKKE DENNE VERDEN

Verdslige ting står i kontrast til åndelige ting. De som elsker det som verden har å tilby – materielle ting og synd – de har ikke Guds kjærlighet i seg, sier Johannes. En som følger etter Gud, skal være lett å gjenkjenne. De skal lyse av Guds kjærlighet.

De tre punktene som Johannes så nevner, er grunnlaget for alle syndene. For det første har vi kroppens begjær. Det er vår søken etter glede som vi forsøker å fylle livene våre med. For det andre har vi øynenes lyst. Det er vår søken etter materielle ting. For det tredje har vi hovmodig skryt. Dette er vår søken etter stilling.

Dersom du kommer på en synd du har gjort, vil de falle i en av disse kategoriene. Disse tre er summen av syndene som verden har for oss. Dette er de tingene vi ikke skal elske. Den som faller for en av disse tre fallgropene, viser ikke Faderens kjærlighet til verden. Vi skal være som fyrtårn som viser veien til Gud. Da må vi ikke bli styrt av disse lystene.

8. NOVEMBER

«Jeg skriver ikke til dere fordi dere ikke kjenner sannheten,
men fordi dere kjenner den og vet at ingen løgn kommer
fra sannheten. Og hvem er løgneren, om ikke den som
fornekter at Jesus er Kristus? Han er Antikrist,
han som fornekter Faderen og Sønnen.»
1. Johannes 2:21-22

ANTIKRIST

A postelen Johannes var den eneste som nevnte Antikrist med navn. Han nevner ham først i **1. Johannes 2:18**, så i dagens tekst, så igjen i **4:3** og **2. Johannes 7**. Dette blir brukt om dem som fornekter Kristus og går imot Ham. Som Johannes skriver i **1. Johannes 2:23**: *«Hver den som fornekter Sønnen, har heller ikke Faderen.»* Dette er en viktig bibelsk sannhet som gjelder for å teste åndene. Vi skal ikke tro på hva som helst.

Jesus sa at mange skulle komme i Hans navn og til og med kalle seg selv Messias (**Matteus 24:5**). Videre, fremdeles under Jesu andre bergpreken, sier Jesus: *«For falske messiaser og falske profeter skal stå frem og gjøre store tegn og under, for å føre også de utvalgte vill, om det var mulig.»* (**Matteus 24:24.**)

Innen kristen eskatologi (læren om de siste tider) så bruker man navnet Antikrist om ham som skal styre hele verden under trengselsperioden på 7 år. Akkurat som Gud er en treenighet (Faderen, Sønnen og Den Hellige Ånd), så har djevelen sin treenighet i endetiden (Antikrist, dyret og den falske profet). Satan prøver ofte å kopiere Gud men med sin egen onde «twist» på det.

9. NOVEMBER

«Se hvor stor kjærlighet Far har vist oss:
Vi får kalles Guds barn, ja, vi er det!
Verden kjenner oss ikke, fordi den ikke kjenner ham.
Mine kjære! Nå er vi Guds barn, og det er
ennå ikke åpenbart hva vi skal bli. Men vi vet at
når han åpenbarer seg, skal vi bli lik ham,
for vi skal se ham som han er.»
1. Johannes 3:1-2

GUDS BARN

Gud Faderen har gitt sin største kjærlighet til oss, Hans aller kjæreste i hele verden, nemlig Jesus Kristus. På grunn av det som Jesus gjorde for oss da Han døde på korset, så kan vi få lov til å bli en del av Guds familie. Vi er født i synd, og denne verdens Gud, djevelen, er automatisk vår far – åndelig sett. Først når vi tar imot Kristus som vår personlige Frelser, blir vi adoptert av Gud – og vi blir Guds barn. Han ønsker å dele all sin kjærlighet med oss og være med oss i hverdagen.

Når vi har blitt Guds barn, så forstår ikke verden oss. Vi er vidt forskjellige. Denne verdens barn strever for å tilfredsstille seg selv og fylle det tomrommet de har inni seg – den åndelige delen av dem som Gud skulle okkupere. Uansett hva de forsøker å fylle dette tomrommet med, så vil det ikke tilfredsstille dem helt men bare for en liten stund.

Hva skal vi som er Guds barn bli? Han er i stand til å skape noe vakkert med livene våre. Ofte ser vi at barna vokser opp og blir små kopier av foreldrene sine. Jeg håper at alle vi som er Guds barn, vil vokse opp og likne Ham.

10. NOVEMBER

«Den som gjør synd, er av djevelen, for djevelen
har syndet fra begynnelsen av. Og det var for
å gjøre ende på djevelens gjerninger at Guds Sønn
åpenbarte seg. Den som er født av Gud, gjør ikke synd.
For det Gud har sådd, blir i ham. Han kan ikke synde,
for han er født av Gud. Slik viser det seg hvem som er
Guds barn, og hvem som er djevelens barn: Den som ikke
gjør det som er rett, og som ikke elsker sin bror, er ikke av Gud.»
1. Johannes 3:8-10

GUDS BARN ELLER DJEVELENS BARN

I vår moderne tid er vi veldig opptatt av at en ikke skal dømme andre, og det står riktignok det i Bibelen. Men det er ikke feil å videreformidle det som Bibelen sier. I dagens tekst er det konkludert med at de som er djevelens barn, synder, mens den som er Guds barn, synder ikke. Det er et bibelsk prinsipp at en skal kunne gjenkjenne hvem menneskene tilhører i henhold til de gjerningene de gjør. Du får ikke plommer av ett epletre eller fiken av oliventreet.

Men så står det at Guds barn ikke kan synde. Dette betyr neppe at den kristne ikke kan falle i synd av og til, men at de ikke kontinuerlig lever i synd slik de gjorde før. Dersom en kristen ikke forandrer måten han eller hun lever på etter at de har blitt frelst, så kan en med bibel i hånd lure på om de virkelig har omvendt seg.

11. NOVEMBER

«Bli ikke forundret om verden hater dere, søsken.
Vi vet jo at vi er gått over fra døden til livet, for vi
elsker våre søsken. Den som ikke elsker, blir værende i døden.»
1. Johannes 3:13-14

DØDEN ELLER LIVET

D en som tror på Jesus og tar imot Ham, er allerede gått over fra døden til livet. Den som ikke tror på Jesus, lever i døden. Han eller hun lever et liv som er styrt av synd, og den som ikke tar imot Kristus, blir værende i døden. Den som har gått over fra døden til livet ved tro på Jesus Kristus, vil bli hatet av denne verden. Dersom du seiler livets skute uten at det blåser storm rundt deg, så må du sjekke kompasset ditt. De hatet Jesus, og dersom vi er lik Jesus (det er det ordet «kristen» betyr), så vil de hate oss også.

Et kjennetegn på at vi er gått over fra døden til livet, er at vi elsker. Vi elsker våre søsken. Igjen kan dette bety fysiske søsken født av samme mor eller ha en billedlig betydning; våre søsken i troen. **1. Johannes 3:15** fortsetter med å si: «*Den som hater sin bror, er en morder.*» Dette er fordi en kristen skal være så fylt med kjærlighet at det bobler over og drypper på andre mennesker. Jesus elsket oss så mye at Han ga livet sitt for oss. Vi skal igjen elske våre søsken så høyt at vi er villig til å dø for dem. Det er det største offer som det er mulig å gi.

12. NOVEMBER

«Og dette er hans bud: Vi skal tro på hans Sønn
Jesu Kristi navn og elske hverandre, slik som han bød oss.»
1. Johannes 3:23

GUDS BUD

Vi blir alltid fortalt at vi skal holde Guds bud. Samtidig blir vi fortalt at de 10 bud er vår tuktemester som skal til for å vise oss at det er umulig å holde alle budene. Først når vi innser at vi ikke klarer å holde alle budene, innser vi at vi ikke kan komme til himmelen ved egne gjerninger. Vi trenger Guds nåde, og Kristus er den eneste veien til frelse og evig liv.

I dagens vers står det at Guds bud er å tro på Jesus og elske hverandre. Dette kan synes å være et lett bud. Vi forkorter ofte dette verset og sier at Guds bud er å tro på Jesus – ergo alt vi trenger å gjøre er å innse at vi er syndere og ta imot Kristus og Hans frelse. Dette er vel og bra, men vi må ikke glemme hva Bibelen sier om kjærligheten. Kjærligheten er ikke bare beviset på at Kristus lever i oss, men det det er hvordan vi kan vitne om Jesus.

Da jeg knelte ned og ba Jesus om å frelse meg, så hadde jeg sett Guds kjærlighet i aksjon. Jeg innså at de kristne som vitnet til meg, hadde en kjærlighet i livet sitt som jeg ikke hadde og ikke forstod. Jeg sa «ja» til Jesus og Hans kjærlighet til meg – demonstrert i livene til andre mennesker.

13. NOVEMBER

«Mine kjære, tro ikke enhver ånd! Prøv åndene om de er av Gud!
For det er gått mange falske profeter ut i verden.»
1. Johannes 4:1

PRØVING AV ÅNDENE

J eg husker da jeg var liten at vi guttene likte å fortelle spøkelseshistorier til hverandre. Dette med ånder er noe vi ofte ser i sammenheng med spøkelser eller kanskje poltergeist og andre skremmende ting som filmverdenen mater oss med.

Bibelen sier at engler er tjenende ånder (**Hebreerne 1:13-14**). Disse er ikke fysiske skapninger men åndelige, som beveger seg ikke bare i det fysiske rom men på et åndelig plan. Der finnes gode ånder. De er engler som tjener Gud. Det finnes også onde ånder. Dette er falne engler som tjener djevelen.

I dagens tekst står det at vi ikke må tro alle åndene, for noen av dem er onde. Testen de skal igjennom er beskrevet i **1. Johannes 4:2-3.** En ånd som bekjenner Gud eller Kristus, er en god ånd. Johannes var opptatt av de åndene som ikke godtok at Gud var Herre. Disse har antikrists ånd og var allerede tilstede på Johannes' tid.

14. NOVEMBER

» Mine kjære, la oss elske hverandre!
For kjærligheten er fra Gud,
og hver den som elsker, er født av Gud og kjenner Gud.»
1. Johannes 4:7

GUD ER KJÆRLIGHET

Som 1. **Johannes 4:8** sier: Gud er kjærlighet. Apostelen Johannes oppfordrer oss her til å elske hverandre. Han henvender seg til «agapetos», de som er elsket med agape-kjærlighet. Det synes åpenbart at han her henvender seg til de kristne generelt. Johannes' første brev ble trolig sirkulert fra menighet til menighet. Han kaller av og til de originale leserne for «barn» (se **1. Johannes 2:1** og **3:7**).

Den kjærligheten vi skal elske hverandre med, er agape-kjærlighet, det vil si, Guds perfekte kjærlighet. Kjærligheten har vi fått fra Gud, og den som er født av Gud, det vil si har tatt imot Kristus som sin Frelser, han elsker slik som Gud. Kjærligheten er kjennetegnet på at en hører Gud til og at en kjenner Ham. Den som ikke elsker, sier **4:8**, har aldri kjent Gud. En sint person som hater sin bror eller de andre han møter, har ikke Gud levende inni seg.

All sann kjærlighet har sitt opphav fra Gud. Gud elsket oss så høyt at Han ga det kjæreste Han eide. Han er blitt vårt forbilde når det gjelder kjærlighet. Fordi Han elsket oss, kan vi elske andre. Det at vi elsker andre er igjen bevis på sann omvendelse.

15. NOVEMBER

«Ja, dette er kjærligheten,
ikke at vi har elsket Gud,
men at han har elsket oss og sendt
sin Sønn til soning for våre synder.»
1. Johannes 4:10

KJÆRLIGHET ER ...

Jeg husker fra min barndom flere tegninger av en naken gutt og en naken jente som skulle illustrere hva kjærlighet er. En sa: «Kjærlighet er ... å gi mer enn du får.» Så var det en tegning av denne gutten og jenta som holdt på noen innpakkede gaver.

Vi ser ofte kjærlighet som noe fysisk man gir til noen. Sannheten er nok at vi føler oss bra når vi gjør noen glade. Det er imidlertid viktig at sann kjærlighet har ingenting med materielle ting å gjøre. Vi tror at vi elsker Gud når vi gir Ham tienden og synger sanger som priser Ham. Dette er riktignok tegn på kjærlighet, men kjærlighet er så mye mer. Jesus elsket oss nok til å dø på korset for oss. Hvem elsker du så høyt at du ville være villig til å dø for dem? Skal jeg være ærlig, så er listen min ganske kort.

Å gi er et bilde på kjærlighet. Men hva er du villig til å gi – til din familie, til arbeidskolleger, til naboer, til ukjente som lider, til Gud? En viss fariseer mente han gjorde det bra. Han fastet to ganger i uken og ga tiende. Han gjorde ikke alle syndene som alle andre gjorde (**Lukas 18:10-13**). Men han manglet kjærligheten. Kjærligheten er vakkert beskrevet i **1. Korinterbrev 13**.

16. NOVEMBER

«Ingen har noen gang sett Gud.
Men dersom vi elsker hverandre, blir Gud i oss,
og hans kjærlighet er fullendt i oss.»
1. Johannes 4:12

INGEN HAR SETT GUD

Mange sier at de bare tror på det de kan se, observere, måle. Mange sier: «Hvordan kan du tro på en Gud som du ikke kan se?» Det klassiske svaret er at på samme måten som vi ikke kan se vinden, men det som vinden gjør, så kan vi se det som Gud gjør. Mange får livene sine plutselig forandret på grunn av det som Gud gjør i livene deres.

Den ivrige bibelleseren vil kanskje protestere og spørre: «Men så ikke Adam, Jakob, Moses eller Elias Gud?» Det vil ta for lang tid å gå inn på alle disse fortellingene, men der Gud har blitt sett i menneskeform eller sammen med engler, så er dette snakk om en pre-Betlehem åpenbaring av Kristus. Faderen er en åndelig skapning som ingen har sett, men Moses var nær Ham i form av en ildsøyle eller røyksøyle. Elias opplevde Gud som en mild vind.

Når vi er fylt med Guds kjærlighet, kan andre se Gud i oss. Vi blir levende beviser på at Gud finnes. Den som hater sin bror (**1. Johannes 4:20**), har ikke Gud boende inni seg.

17. NOVEMBER

«Å elske Gud er å holde hans bud.
Og hans bud er ikke tunge.»
1. Johannes 5:3

GUDS BUD (2)

I **1. Johannes 3:23** leste vi: «*Og dette er hans bud: Vi skal tro på hans Sønn Jesu Kristi navn og elske hverandre, slik som han bød oss.*» Her ble Guds bud identifisert som å tro på Gud og å elske hverandre. Dagens tekst snur det på hodet og sier at «*å elske Gud er å holde Hans bud*». Nok en gang ser vi at det å holde Guds bud er et bevis på at vi elsker Ham, og Guds bud er igjen kjærlighet til andre.

Det å elske Gud og elske nesten vår er beordret av samme lovgiver, og når vi ikke elsker nesten vår, så bryter vi Guds lov. Mange vil kanskje si at det er umulig å elske nesten vår. Ja, til tider kan det også være vanskelig å elske den nære familien, særlig dersom de har begått urett mot oss. Og det er helt riktig – vi er ute av stand til å elske nesten vår slik som Gud vil. Men når Gud kommer inn i livene våre, blir det umulige mulig, og ved Guds nåde og kraft kan vi bli i stand til å elske slik som Herren ønsker.

Den som har blitt frelst og fått Gud inn i livet, ja, til og med tatt over styringen i livet, den vil si at Guds bud ikke er tunge. Vi er ikke under Moseloven i dag. Frelsen vår hviler ikke på hva vi har gjort men hva Gud har gjort. Og akkurat som gjerninger ikke kan frelse oss, så kan de heller ikke gjøre at vi mister frelsen. Disse to avhenger av hverandre. Alt vi må gjøre, er å bade oss selv i Guds kjærlighet.

18. NOVEMBER

«Han, Jesus Kristus, er den som kom gjennom vann og blod
– ikke bare med vannet, men med vannet og blodet.
Og Ånden selv er vitne, fordi Ånden er sannheten.
For det er tre som vitner: Ånden, vannet og blodet,
og disse tre samstemmer.»
1. Johannes 5:6-8

DE TRE VITNENE

Heldigvis har Bibelen ofte sine egne forklaringer og definisjoner på uttalelser som virker kompliserte. Dagens tekst sier at der er tre vitner: Ånden, vannet og blodet.

Ånden er Den Hellige Ånd som vitner om Kristus og overtaler synderes hjerter om at de trenger frelse. Ånden har produsert mange mirakler her i vår syndige verden.

Vannet er dåpen. Dåpen kan ikke frelse noen men er et utvendig vitnesbyrd om hva som har skjedd på innsiden. Derfor finner man i Bibelen at folk ble frelst før de ble døpt. Da jeg ble døpt som voksen troende, var dette ett vitnesbyrd til familie og venner om forandringen som hadde skjedd inni meg.

Blodet er Kristi blod. Hver gang vi tar del i nattverden, drikker vi juice eller vin til minne om blodet som Jesus ga for oss på Golgata. Dette er også en tid for selvransakelse og burde ikke bli sett på som en trivialitet.

19. NOVEMBER

«Og dette er vitnesbyrdet: Gud har gitt oss evig liv,
og dette liv er i hans Sønn. Den som har Sønnen, har livet,
men den som ikke har Guds Sønn, har ikke livet.»
1. Johannes 5:11-12

EVIG LIV I KRISTUS

Dagens tekst er repetering av tidligere lærte sannheter. Alle mennesker er født som syndere. På grunn av den nedarvede synden, er det en ting som er like sikkert som at vi har blitt født, nemlig at vi skal dø en gang. Det var ikke Guds vilje at menneskene skulle dø. Dette skjer kun på grunn av synden som kom inn i verden på Adam og Evas tid.

Men Gud elsket menneskene så høyt at Han sendte Jesus til verden for å dø for syndene våre. Dette var den eneste måten for at vi kunne få evig liv slik som Gud opprinnelig ville vi skulle ha. Dersom vi tar imot Jesus som vår personlige Frelser, så har vi allerede evig liv.

Den som ikke tar imot Kristus og tror på Ham, har ikke evig liv. Alle som blir født, skal dø en gang, men etterpå vil vi bli tildelt evig liv eller evig fortapelse avhengig av om vi har tatt imot Kristus. Ta imot Kristus i dag – i morgen kan det være for sent.

20. NOVEMBER

«Den eldste hilser den utvalgte frue og hennes barn,
som jeg i sannhet elsker, ja, ikke bare jeg,
men alle som har lært sannheten å kjenne.»
2. Johannes 1

HILSENEN FRA JOHANNES DEN ELDRE

2. Johannes' brev har bare ett kapittel. I det første verset kaller Johannes seg «den eldre» – *prosbyteros* på gresk. Johannes kalte aldri seg selv en apostel, selv om det ikke er noen tvil om at han er berettiget den tittelen. «Den eldre» henviser nok til at Johannes var en av «de eldste» som styrte menigheten. Ellers kan han også ha hentydet til at han var en gammel mann – antakelig rundt 90 år gammel da dette brevet ble skrevet.

Adressaten var den utvalgte, kristne frue med barn. *Kyrie* er trolig hunkjønnsutgaven av *Kurios* (Herren) og bevitner denne kvinnens åndelige status. Noen tror at *Kyrie* var denne kvinnens virkelige navn. Trolig var denne kvinnen en av lederne i en menighet, kanskje hun til og med hadde en menighet som møttes i hjemmet hennes.

Denne kvinnen var høyt elsket av mange mennesker, uten tvil på grunn av det arbeidet hun hadde gjort for menigheten sin. Denne kvinnen var trolig en eksponent av sannhet og kjærlighet slik som Kristus i **2. Johannes 3**.

21. NOVEMBER

«Jeg ble svært glad over å møte noen av dine barn og se
at de lever i sannheten, slik som Far har befalt oss.»
2. Johannes 4

DINE BARN

Har du barn? Kanskje du ikke har barn ennå, men når du har barn, så er det noen stunder at du blir stolt av dem. Når de er små barn, blir vi stolte av dem når de gjør rett – når de viser at de er flinke, samvittighetsfulle eller viser stor kjærlighet overfor andre. Når de vokser opp, blir vi stolte av dem når de oppnår gode resultater. Av og til blir vi stolte av dem når de ikke gir opp til tross for stor motgang i livet. Jeg er stolt av alle mine tre barn men av forskjellige grunner. Vi er alle forskjellige.

Johannes sa til den utvalgte fruen som var mottaker av 2. Johannes brev at han ble glad over å se at barna hennes levde i sannheten, og det er et vitnesbyrd om at barna hennes var kristne. De levde i henhold til Guds befalinger og holdt Hans bud. Å få et slikt vitnesbyrd om barna sine må ha gjort denne kvinnen stolt over barna sine. En ting er når foreldrene skryter over barna sine – det kan man jo forvente seg – men hvor godt er det ikke for foreldrene når andre skryter over barna deres. Dette var nok en stor velsignelse for denne kvinnen, akkurat som det er en stor velsignelse for oss når det er våre barn som omtales. Bibelen sier at barn er en velsignelse. I gamle dager ble de som hadde mange barn, betraktet som å være ekstra velsignet.

22. NOVEMBER

«Og dette er kjærligheten: at vi lever etter hans bud.
Dette budet har dere hørt fra begynnelsen, og det skal dere følge.»
2. Johannes 6

FRA BEGYNNELSEN

Nok en gang skriver apostelen Johannes om kjærligheten. Hvorfor er kjærligheten så viktig? I mine år i England dro jeg rundt og talte i forskjellige menigheter, og ofte var kjærlighet på menyen. Grunnen er at kjærligheten er livsviktig for en kristen. Jeg vil illustrere det slik: Tenk på troen som en bil som kjører deg til himmelen. Kjærligheten er drivstoffet som får bilen til å fungere. Dersom du har en bil, må du også ha drivstoff dersom du vil komme deg noe sted. **1. Korinterbrev 13:2** sier: «*Om jeg har all tro, så jeg kan flytte fjell, men ikke har kjærlighet, da er jeg intet.*» Dette er viktig å forstå for den kristne.

Den utvalgte fruen og barna hennes hadde hørt budet om kjærlighet «*fra begynnelsen*». Dette med kjærlighet er så grunnleggende for den kristne at hele Det nye testamente er gjennomsyret av det. Guds bud er at vi skal leve i kjærlighet. Til og med vi på 2000-tallet vet at kjærlighet er viktig. Hvor mange har ikke hørt den gylne regel, at vi skal elske nesten vår som oss selv? At vi skal gjøre mot andre slik vi ønsker at de skal gjøre mot oss? Alt dette hviler på en aktiv kjærlighet i livene våre. Kjærlighet er egentlig et verb. Kjærlighet skal få oss til å gjøre noe.

23. NOVEMBER

«For det er gått mange forførere ut i verden,
slike som ikke bekjenner at Jesus Kristus er kommet
i kjøtt og blod. Dette er forføreren, Antikrist!»
2. Johannes 7

VERDENS FORFØRERE

Da jeg var liten, husker jeg en serie på NRK med tryllekunstner Tore Torell. Hans mantra var «verden vil bedras». Dette er særlig sant på det religiøse området. Ikke bare finnes det mange som kommer med falske budskap innen kristendommen, men i tillegg har de andre verdensreligionene blitt våre naboer i vårt flerkulturelle samfunn.

Opphavet til det greske ordet *planos* er usikkert, men det betyr muligens omstreifende hjemløse. Disse passer på religiøse forførere som reiser rundt med sine sirkustelt hvor de preker sine budskap. Dette betyr ikke at alle omreisende driver med vranglære, men altfor mange omkringreisende predikanter har misbrukt Ordet og lovet mirakler og helbredelse, og flere ganger har dette vært svindel.

Navnet Antikrist står for dem som ikke bekjenner Kristus og oppfordrer menneskene til å søke åndelig tilfredsstillelse hos andre. Hus hva Jesus sa i **Johannes 14:6**. Han er DEN ENESTE VEIEN til Gud og til himmelen. Dersom noen sier noe annet, er dette vranglære ifølge Bibelen.

24. NOVEMBER

«Om noen kommer til dere og ikke har denne læren,
så ta ikke imot ham i deres hjem, og ønsk ham ikke velkommen.»
2. Johannes 10

DENNE LÆREN

Ordene i dagens tekst synes veldig strenge. I vår moderne tid er vi vant til at kristne er venner med ikke-troende. Ofte bruker vi unnskyldningen at vi ønsker å påvirke venner og familie på en positiv måte og vitne for dem om Kristus. Selv Jesus ble anklaget for å være mye sammen med ikke-troende. De sa Han drakk for mye vin og spiste for mye mat.

Hvilken lære var det Johannes snakket om her? Han hadde snakket mye om kjærligheten og å gjøre Guds vilje. Han hadde sagt at Guds bud er å elske hverandre. Ofte identifiserer vi hele Bibelen som «denne lære», men Johannes tenker nok spesielt på de falske profetene han nettopp har nevnt i dette brevet. Mange peker til dette skriftstedet og nekter Jehovas vitner, mormoner og andre å komme inn i huset sitt.

Ofte er vi ikke flinke nok til å begrense vår omgang med ikke-troende. Selv om våre intensjoner med å være sammen med ikke-troende er gode, så skjer det ofte at de trekker troende vekk fra Gud. Dersom noen har en dårlig påvirkning på livene våre, burde vi være flinkere å holde oss borte fra dem.

25. NOVEMBER

«Den eldste hilser den kjære Gaius,
som jeg i sannhet elsker.»
3. Johannes 1

GAIUS

Tenk om navnet ditt var nevnt i Bibelen! Det ville bli lest av mange mennesker gjennom hundrevis av år. Gaius var en slik mann. I **Apostlenes gjerninger 19:29** leser vi at han var fra Makedonia og at de jobbet sammen med Paulus. I **Romerne 16:23** takker Paulus Gaius fordi han var verten hans. Til slutt nevnte Paulus at Gaius døpte istedenfor ham i **1. Korinterbrev 1:14**. Gaius var tydeligvis en viktig brikke under Paulus' misjonsreiser og var veldig involvert i å bringe evangeliet ut til verden.

Johannes skriver til flere i sitt tredje brev. Den første er Gaius. Johannes identifiserer seg selv nok en gang som «den eldste» og sier at Gaius er en kjær venn. Dette illustrerer at brødre og søstre i Kristus kan være kjærere enn våre fysiske søsken. Det at en har Kristus felles, skaper et utrolig sterkt bånd mellom Guds barn – samme hvilken nasjon man kommer fra eller hvilken hudfarge man har.

Hva tenker folk når de hører navnet ditt? Er du en velsignelse for andre? Bringer du evangeliet ut til de som er ikke-troende? Eller sier de negative ting om deg på grunn av oppførelsen din?

26. NOVEMBER

«Ikke noe gleder meg mer enn å høre at
mine barn lever i sannheten.»
3. Johannes 4

JOHANNES' BARN

Når vi leser **3. Johannes 3-8,** ser vi hvor stor pris Johannes satte på Gaius. Johannes ble fortalt av andre troende om Gaius sin trofasthet mot sannheten (**vers 3**). Gaius gjorde gode gjerninger, ikke bare mot de troende Johannes kjente, men også mot fremmende (**vers 5**). Han hadde et godt rykte som sa at han var en mann med stor kjærlighet for andre, og han hjalp andre videre på sin åndelige reise, sikkert både rent praktisk og når det gjaldt åndelig oppbygging (**vers 6**). Både Paulus, Johannes, Gaius og de han hadde hjulpet, tok del i å forkynne Jesus Kristus til dem som ikke hadde hørt om Ham.

Da Johannes begynte sin hilsen til Gaius, sa han i dagens tekst: «*Ikke noe gleder meg mer enn å høre at mine barn lever i sannheten.*» Vi har allerede sett at Gaius levde i sannhet og jobbet for evangeliet, men det var spesielt at Johannes kalte Gaius sitt barn. Dette har flere mulige forklaringer. Johannes var en gammel mann og kan ha kalt Gaius sitt barn fordi han var yngre. Flere av Bibelens forfattere har adressert bøkene de skrev til sine barn, det vil si sine etterfølgere. Gaius kan ha vært opplært av Johannes og derfor ha blitt kalt hans barn. Johannes kan også muligens ha vært den som ledet Gaius til Kristus. Paulus kaller flere av dem han har ledet til troen, for sine sønner.

27. NOVEMBER

«Jeg har skrevet noen ord til menigheten.
Men Diotrefes, som gjerne vil være den fremste der,
vil ikke ha noe med oss å gjøre.»
3. Johannes 9

DIOTREFES

Ettersom Johannes fortsetter sitt siste brev, nevner han en mann som heter Diotrefes. Han har ikke så mange lovord om ham som han hadde om Gaius. Faktisk har han skarp kritikk av nevnte Diotrefes. Diotrefes ville ikke ha noe med Johannes og Gaius å gjøre og temmelig sikkert Paulus og de andre troende som Johannes har nevnt. Han ønsket klart å ha makt og bestemme over menigheten, men han aksepterte ikke Johannes' autoritet som apostel. Ikke bare det, men han snakket ondt om Johannes og hans medarbeidere og nektet å ta imot de troende Johannes var med. Ja, til og med når noen fra Diotrefes' menighet har tatt imot noen av Johannes følgere, så har han kastet dem ut av menigheten.

Diotrefes virket som rake motsetningen til Gaius. Ikke rart at Johannes sier at han skal minne ham på alt det onde han har gjort og sagt når han kommer dit. Denne mannen, som sikkert elsket lyden av sin egen stemme, hadde ikke et jødisk navn og var sikkert en hedning – det vil si «ikke-jøde». Han ser ut til å være forstander for denne nevnte menigheten, men han har ikke ett vitnesbyrd av kjærlighet slik som Johanne snakket om. Dette får oss nok en gang til å spørre hvilket vitnesbyrd vi har blant andre. Forhåpentligvis er det ikke slik som Diotrefes' rykte.

28. NOVEMBER

«Min kjære, ta ikke det onde til forbilde,
men det gode! Den som gjør det gode, er av Gud.
Den som gjør det onde, har ikke sett Gud.»
3. Johannes 11

DET GODE ELLER DET ONDE?

I dagens tekst henvender Johannes seg til sine kjære – det vil si hans brødre og søstre i Kristus. Han sier at de ikke skal imitere det som er ondsinnet, skadelig eller, bokstavelig talt, verdiløst. Dette er illustrert i personen Diotrefes som sa og gjorde onde ting. Gud har helt fra Det gamle testamente uttalt at vi ikke skal gjøre noe ondsinnet men vaske vekk syndene slik at vi blir rene.

Johannes' og Bibelens logikk er enkel. Gud er den som er god, det onde er alt som går imot Gud, om det skulle være syndige mennesker, onde ånder eller djevelen selv. Gud ønsker å skille det gode fra det onde. De som gjør onde ting, viser at livene deres ikke er styrt av Gud ettersom livene deres er stikk i strid mot evangeliet.

Alle mennesker er født med en fri vilje. Gud har en plan for oss alle – et potensiale til å bli brukt av Gud på en mektig måte. Guds vilje er ren og god. Uheldigvis har vi en fri vilje om vi ønsker å følge Guds plan for våre liv eller ikke. Er vi villige til å følge Kristus?

29. NOVEMBER

«Om Demetrios har alle bare godt å si, ja,
sannheten selv vitner for ham. Det samme
gjør vi, og du vet at vi vitner sant.»
3. Johannes 12

DEMETRIOS

Selv om det kan se ut som hele 3. Johannes er adressert til Gaius, så er det enda et navn som er nevnt i dette korte brevet, nemlig Demetrios. Vi vet lite om denne mannen selv om **3. Johannes 12** er full av informasjon om ham. Demetrios er ett navn fra Demeter, ett navn fra Efesos og et kristent navn. Han var godt likt av alle, akkurat som Gaius, for alle hadde bare godt å si om ham. Han var godt etablert i sannheten, og sannheten var et kjennemerke ved ham. Johannes gikk også god for denne Kristi tjener.

Anerkjennelsen av Demetrios kommer like etter irettesettelsen av Diotrefes og en klargjøring fra Johannes om det gode og det onde. Demetrios var uten tvil en god mann som tjente Gud vel og var godt likt av Johannes.

Tenk om Johannes kjente til oss som lever i dag! Ville han beskrive oss som Diotrefes eller som Demetrios? Begge hadde ikke-jødiske navn og var del av en kristen menighet, men handlingene deres var vidt forskjellige.

30. NOVEMBER

«Jeg har ennå mye å si deg, men vil ikke gjøre det
med penn og blekk. For jeg håper å besøke deg snart,
så vi kan snakke sammen ansikt til ansikt.»
3. Johannes 13-14

JOHANNES' AVSKJED

Til tross for at 3. Johannes var ett kort brev, så hadde Johannes mye usagt. Det er viktig å innse at ikke alt apostlene og de tidlige misjonærene skrev, ble tatt med i Bibelen. Paulus skrev for eksempel minst fire brev til kirken i Korint, men bare to er med i Det nye testamente. Det Johannes hadde å si videre, var kanskje av en så personlig natur at det ikke ville egne seg på trykk i Bibelen. Alt vi trenger å vite er at Bibelen inneholder det vi trenger å vite.

Ingenting er bedre enn å snakke med noen ansikt til ansikt. Enkelte ting kan du ikke gjøre med en e-post, en beskjed på mobilen eller til og med en telefonsamtale. Har du noe veldig viktig å si, så fortjener dette ofte at du tar tiden til å møtes sammen med den det gjelder og snakke fortrolig sammen, med ekte medfølelse i stemmen og en ydmyk holdning. Dette vil bli satt pris på selv om budskapet kan være dårlig. Selv om det er i brevform eller på tomannshånd, så gjør det den du snakker med, oppmerksom på at du bryr deg om dem.

DESEMBER

–

JOHANNES' ÅPENBARING: PROFETIENES FLYPLASS

1. DESEMBER

«Dette er Jesu Kristi åpenbaring,
som Gud ga ham for at han skulle vise sine tjenere
det som snart skal skje.
Han sendte sin engel og gjorde det kjent
for sin tjener Johannes.»
Johannes' åpenbaring 1:1

JESU KRISTI ÅPENBARING

Bibelens siste bok er en profetisk bok som omhandler fremtiden. Det finnes like mange syn og fortolkninger av Johannes' åpenbaring som det finnes bøker om den. Selv om det kan være vanskelig å forstå alt i denne boken, så synes jeg den er lettere enn å forstå Det gamle testamentes profeter. De skrev litt profeti her og litt profeti der, og det er ofte vanskelig å sette dem i system. Johannes' åpenbaring, derimot, er som en flyplass hvor flyene kommer inn fra alle de forskjellige profetiske forfatterne. De samles i denne boken og blir satt i system, selv om det kan være forskjellige syn på tidslinjen til Johannes' åpenbaring.

Det første jeg ønsker at leseren skal legge merke til, er at dette ikke bare var Johannes ord, men det var Jesu Kristi åpenbaring. Den røsten Johannes hørte bak seg i **Johannes' åpenbaring 1:10,** er ingen hvem som helst, men Jesus Kristus selv snakket direkte til ham. Ingen engel oppfyller de kriteriene som følger i de neste versene. Det er viktig å innse at hele denne boken ble gitt til Johannes fra Gud og er ikke oppdiktet.

2. DESEMBER

«Se, han kommer med skyene!
Hvert øye skal se ham,
også de som har gjennomboret ham,
og alle folkeslag på jorden skal bryte ut
i klagerop over ham. Ja, amen!»
Johannes' åpenbaring 1:7

JESUS KOMMER I SKYENE

Da Jesus dro tilbake til himmelen etter oppstandelsen, kom det to engler som sa at Jesus skulle komme tilbake på samme måten som Han forsvant (**Apostlenes gjerninger 1:11**). Jesus fløy opp fra jorden til himmelen, og disiplene Hans mistet snart synet av Ham da Han forsvant bak skyene. Vi, de kristne i verden, venter fremdeles på at Jesus skal dukke opp i skyene. Hvert øye skal være i stand til å se Ham når Han kommer.

Det står at de som har gjennomboret Ham, skal se Ham. Dette kan ikke bety de romerske soldatene som korsfestet Ham, for de er døde for lenge siden. Trolig er dette en henvisning til at jødene skal se Ham når Han kommer tilbake til jorden. Alle folkeslag på jorden er alle hedningene – det vil si, de ikke-jødiske menneskene som ikke tror på Gud. De vil også sørge over Kristus. I trengselstiden vil de alle lide mye.

3. DESEMBER

«Skriv til engelen for menigheten i Efesos:
Dette sier han som holder de sju stjernene
i sin høyre hånd, han som går omkring
blant de sju lysestakene av gull»
Johannes' åpenbaring 2:1

MENIGHETEN I EFESOS

Den første av de syv menighetene som Jesus sier Johannes skal skrive til, er den i Efesos. Denne byen var kjent for å være et senter for av tilbedelsen av gudinnen Artemis (Diana) – noe de var meget stolte av (**Apostlenes gjerninger 19:27, 35**). Tempelet til Artemis var Efesos' mest prominente landemerke. Kristus roser dem for å gjøre rett og for å ha åndelig dømmekraft. De var både trofaste og tålmodige. Dette har de gjort for Jesu skyld, og de har tålt å bli forfulgte og latterliggjort på grunn av sin tro.

Til tross for alt det positive Kristus hadde å si om denne menigheten, så hadde Han en ting imot dem. De hadde forlatt sin første kjærlighet (**Johannes' åpenbaring 2:4**). En gang hadde de hatt stor kjærlighet (**Efeserne 1:15, 3:17-19, 6:23**), men førti år senere, etter at kjærligheten til den første generasjonen av troende hadde kjølt seg ned, så hadde det hele blitt rutine. De hadde beholdt doktrinene, men de hadde ikke lenger den første kjærligheten. Kjærligheten til Gud og Kristus, kjærligheten til hverandre og kjærligheten til de ikke-troende.

373

4. DESEMBER

«Skriv til engelen for menigheten i Smyrna:
Dette sier den første og den siste,
han som var død og er blitt levende»
Johannes' åpenbaring 2:8

MENIGHETEN I SMYRNA

Menighet nummer to var den i Smyrna. Kirken i Smyrna viste oss kraften og renheten som kommer fra å utholde forfølgelse på en vellykket måte. Forfølgelsen hadde renset dem fra synd og bekreftet virkeligheten i medlemmenes tro. Hyklere tåler ikke forfølgelse fordi falske troende ikke er villige til å lide smerte. Prøvelser og forfølgelse styrker og raffinerer ekte frelsestro men avdekker og ødelegger falsk tro. Selv om de led fysisk savn og fattigdom, så klynget de kristne i Smyrna seg til sine åndelige rikdommer. Det er ganske passende at Smyrna er en av de to kirkene som ikke får irettesettelse av Kristus.

Smyrna var en eldgammel by, så gammel at historien om opphavet er gått tapt i antikvitetens store hav. Den kan ha blitt grunnlagt så tidlig som år 3000 f.Kr., men den første greske beboelsen dateres til ca. år 1000 f.Kr. Det greske ordet som er blitt oversatt som «Smyrna», ble brukt i den greske oversettelsen av Det gamle testamente for myrra, en av gavene til Jesusbarnet og brukt som parfyme både for de levende (**Matteus 2:11**) og de døde (**Johannes 19:39**). Forbindelsen med døden passer særlig godt med den lidende menigheten i Smyrna.

5. DESEMBER

«Skriv til engelen for menigheten i Pergamon:
Dette sier han som har det skarpe, tveeggede sverd»
Johannes' åpenbaring 2:12

MENIGHETEN I PERGAMON

Det tredje brevet er til menigheten i Pergamon. Kirken i Pergamon hadde, som dagens moderne kirke, sviktet i å advare folk mot verdslighet. Derfor hadde kirken sklidd inn til kompromisser med verdenen rundt den og var i fare for å bli lik verden. Det ville bli det neste skrittet i en nedadgående spiral fra kirken i Efesos, som hadde mistet sin første kjærlighet til Jesus Kristus. Den som holder det skarpe tveeggede sverdet, er den oppstandne, herliggjorte Kristus, som indikert i **Johannes' åpenbaring 1:16**. Her taler Han gjennom Johannes, den inspirerte apostelen som skrev denne boken.

Til tross for de vanskelige omstendighetene deres, så opprettholdt de troende i Pergamon troen på Jesus Kristus på en modig måte. Han roste dem for at de fortsatte å *holde fast ved Hans navn* – selv om de levde *der Satans trone er, hvor Satan bor.* Mange forslag har blitt lagt fram om identifikasjonen av *Satans trone.* Noen identifiserer det som det storslåtte alteret til Zevs som dominerte Pergamons akropolis. Dette var ikke bare et alter. Det var et av de største verkene av hellenistisk kunst noen sinne.

6. DESEMBER

«Skriv til engelen for menigheten i Tyatira:
Dette sier Guds Sønn, han som har øyne
som flammende ild og føtter som bronse»
Johannes' åpenbaring 2:18

MENIGHETEN I TYATIRA

D et fjerde brevet var til Tyatira. Uttrykket *«Satans dybder»* (**Johannes'
åpenbaring 2:24**) avslører hvor langt kirken i Tyatira hadde falt i
relasjon til dem i Smyrna og Pergamon. Kirken i Smyrna møtte fiendtlighet
fra *«satans synagoge»*, det vil si, fra ikke-troende jøder (**2:9**) Kirken i
Pergamon eksisterte ved *«Satans trone»* (**2:13**), noe som symboliserte
hedensk, falsk religion (spesielt kulten med keisertilbedelse). Men kirken i
Tyatira hadde stupt med hodet først ned i dybdene av satanisk villfarelse.

Til tross for den gode anbefalingen de mottok, så var ikke alt i orden med
kirken i Tyatira. Problemet var ikke utvendig forfølgelse men interne
kompromisser, ikke ondskapsfulle ulver på utsiden av flokken men perverse
mennesker på innsiden (jfr. **Apostlenes gjerninger 20:29-30**). Denne
synden, som antakeligvis involverte majoriteten av medlemmene i kirken,
var todelt. For det første brøt de den bibelske læren om at kvinner ikke
skulle være lærere eller predikanter i kirken (**1. Timoteus 2:12**). Dette
gjorde *at de tolererte kvinnen Jesabel, som kalte seg selv profet*. De
forsterket feilen sin ved å tillate henne å komme med vranglære. Resultatet
ble, sier Jesus, at hun *«lokker mine tjenere til å drive hor og spise
avgudsoffer»*.

7. DESEMBER

«Skriv til engelen for menigheten i Sardes:
Dette sier han som har de sju Guds ånder og de sju stjerner:
Jeg vet om dine gjerninger.
Det heter om deg at du lever, men du er død.»
Johannes' åpenbaring 3:1

MENIGHETEN I SARDES

Den femte menigheten var i Sardes. Ryktet tilsa at det var en levende kirke, men Jesus sa at den var død. Den nedadgående spiralen som avbildes i disse kirkene, først med kirken i Efesos og dens tap av deres første kjærlighet til Kristus, og så Pergamons verdslighet og Tyatiras toleranse for synd, kom nå til et nytt lavmål i Sardes, som godt kunne bli kalt for «den første kirken med ugress». Det var en kirke dominert av synd, utroskap og vranglære. Akkurat som fikentreet i Jesu liknelse, hadde det blader men ingen frukt (**Matteus 21:19**).

Hva er faresignalene til en kirke som er døende? En kirke er i fare når den er tilfreds med å hvile på sine laurbær, når den er mer opptatt med liturgi enn åndelig virkelighet, når den fokuserer på aktuelle sosiale urettferdigheter istedenfor Jesu livgivende evangelium, når den er mer opptatt av materielle enn åndelige ting, når den er mer opptatt av hva mennesker sier enn hva Gud sier, når den er mer begeistret over doktrinære trosbekjennelser og systemer med teologi enn med Guds ord, eller når den mister sin overbevisning om at ethvert ord i Bibelen er Guds eget ord. Samme hvor stor forsamlingen er, samme hvor imponerende bygningene er, samme hvilken status kirken har i nærsamfunnet: Dersom de har fornektet den eneste kilden til åndelig liv, så er den død.

8. DESEMBER

«Skriv til engelen for menigheten i Filadelfia:
Dette sier Den hellige og sannferdige,
han som har Davids nøkkel,
han som åpner så ingen kan stenge,
og stenger så ingen kan åpne»
Johannes' åpenbaring 3:7

MENIGHETEN I FILADELFIA

D et vites lite om kirken i Filadelfia bortsett fra dette skriftstedet. Akkurat som mesteparten av de andre syv kirkene, var den antakelig grunnlagt i løpet av Paulus' misjonsvirksomhet (**Apostlenes gjerninger 19:10**). Noen få år etter at Johannes skrev ned Johannes' åpenbaring, dro den tidlige kirkefaren Ignatius gjennom Filadelfia på sin reise mot martyrdøden i Roma. Han skrev senere et brev med oppmuntring og instruksjoner. Noen kristne fra Filadelfia led martyrdøden sammen med Polycarp i Smyrna. Kirken varte i flere århundrer. De kristne i Filadelfia stod støtt til og med etter at regionen ble invadert av muslimene og opphørte til slutt i midten av det fjerde århundre.

Akkurat som i Smyrna (jfr. **Johannes' åpenbaring 2:9**), så møtte de kristne i Filadelfia fiendtligheten fra ikke-troende jøder. Ignatius debatterte senere noen fiendtlige jøder under sitt besøk til Filadelfia. På grunn av deres forkastelse av Jesus Kristus som Messias, tilhørte de ikke Guds synagoge men Satans synagoge. Selv om de hevdet at de var jøder, var det en løgn. Rasemessig, kulturelt og seremonielt var de jøder, men åndelig var de det ikke.

9. DESEMBER

«Skriv til engelen for menigheten i Laodikea:
Dette sier han som er Amen,
det trofaste og sannferdige vitnet,
opphavet til alt som Gud har skapt»
Johannes' åpenbaring 3:14

MENIGHETEN I LAODIKEA

Det nye testamente sier ikke noe om grunnleggelsen av kirken i Laodikea. Akkurat som med mesteparten av kirkene i Johannes' åpenbaring, var den trolig etablert under Paulus' tjeneste i Efesos (**Apostlenes gjerninger 19:10**). Paulus grunnla den ikke, for da han skrev Kolosserbrevet noen år senere, hadde han fremdeles ikke besøkt Laodikea (**Kolosserne 2:1**). Fordi Paulus' medarbeider Epafras grunnla kirken i Kolosse (**Kolosserne 1:6-7**), så kan han også ha grunnlagt kirken i Laodikea. Noen har foreslått at Arkippus, Filemons sønn (**Filemon 2**), var pastor der (jfr. **Kolosserne 4:17**), siden det fjerde århundrets *Apostolic Constitutions* navngir Arkippus som biskopen i Laodikea (vii, 46).

Å sammenlikne den åndelige statusen med byens stygge, lunkne vann ga Kristus-kirken i Laodikea en kraftig, sjokkerende irettesettelse: *Men du er lunken, ikke varm og ikke kald. Derfor skal jeg spytte deg ut av min munn.* Noen kirker fikk Herren til å gråte, andre gjorde Ham sint. Kirken i Laodikea gjorde Ham kvalm.

10. DESEMBER

«Fordi du har tatt vare på mitt ord om å holde ut,
vil jeg bevare deg gjennom den tiden av prøvelser
som skal komme over hele verden
for å prøve dem som bor på jorden.»
Johannes' åpenbaring 3:10

DE SOM BOR PÅ JORDEN

Johannes' åpenbaring **3:10** er et nøkkel-skriftsted for endetiden. 2011-oversettelsen, som jeg har brukt ovenfor, sier at Gud vil bevare dem som har tatt vare på Hans ord gjennom *«den tiden av prøvelser som skal komme over hele verden»*, det vil si trengselsperioden. 1988-oversettelsen sier at Gud skal *«fri deg ut fra den prøvelsens time»*. Det greske *tereo* betyr å beskytte eller bevare noen. Nøkkelordet er *ek* som betyr «fra» eller «utenfor tid og sted». Dette kan bety at menigheten skal slippe å gå gjennom trengselsperioden. Grunnen til at vi ser etter Kristus i skyene, er at vi skal «rykkes opp i skyer, opp i luften, for å møte Herren» (**1. Tessalonikerbrev 4:17**).

Til kontrast nevner Kristus *«dem som bor på jorden»*. Det betyr dem som bor *permanent* på jorden, det vil si, har sitt hjem på jorden istedenfor i himmelen. Her sees de som er påvirket av verden som en motsetning til dem som er påvirket av himmelske og åndelige ting. Bare dem som tror på Kristus, vil bli rykket opp til himmelen. Det vil si at Israel som nasjon vil gå igjennom trengselen på jorden.

11. DESEMBER

«Se, jeg står for døren og banker.
Om noen hører min røst og åpner døren,
vil jeg gå inn til ham og holde måltid,
jeg med ham og han med meg.»
Johannes' åpenbaring 3:20

JESUS BANKER PÅ

S elv om dette verset har blitt brukt i utallige traktater og evangeliske taler for å skildre Kristus som banker på døren til synderens hjerte, så er det mye mer enn bare dette. Døren som Kristus banker på, er ikke døren til et enkelt menneskes hjerte men til kirken i Laodikea. Kristus var utenfor denne frafalne kirken og ønsket å komme inn – noe som bare kunne skje dersom folkene ville omvende seg.

Invitasjonen er først og fremst en personlig en, siden frelsen er individuell. Men Han banker på døren til en kirke og kaller mange til å motta frelsende tro slik at Han kan komme inn i kirken. Dersom en person (*noen*) ville åpne døren ved omvendelse og tro, så ville Kristus komme inn i den kirken via den ene personen. Bildet av Kristus utenfor kirken i Laodikea mens Han søker sterkt etter en inngang, indikerer at til forskjell fra Sardes var det ingen troende der i det hele tatt.

Kristi tilbud om å *holde måltid* med den angrende kirken betyr fellesskap, nattverd og intimitet. Å dele et måltid sammen i eldgamle tider symboliserte fellesskapet til folk i kjærlig selskap. Troende vil spise sammen med Kristus i Lammets bryllupsmåltid (**Johannes' åpenbaring 19:9**) og i tusenårsriket (**Lukas 22:16, 29-30**).

12. DESEMBER

«Stig opp hit, så vil jeg vise deg
det som heretter skal skje.»
Johannes' åpenbaring 4:1

STIG OPP HIT!

D agens tekst er en sterk markering av et skille mellom brevene til de syv menighetene og det som følger etter. *«Deretter»* peker klart på det som allerede er nedskrevet i boken. *«Den røsten jeg før hadde hørt tale med klang som av en basun»*, peker tilbake til **Johannes' åpenbaring 1:10**. **1:11** forteller oss at denne stemmen tilhører Kristus og ikke en engel. Ingen engel kan kalles *«alfa og omega»*. Så blir Johannes fortalt at han skal stige opp i himmelen og gå igjennom døren som var åpnet i himmelen.

De syv brevene til de syv menighetene har en trefoldig betydning. For det første var disse virkelige, fysiske menigheter som eksisterte på Johannes' tid med virkelige problemer. For det andre var brevene rettet mot alle troende som leser Bibelen. Problemstillingene i disse menighetene har likhetstrekk med det vi strir med i dag. For det tredje synes brevene å beskrive de forskjellige fasene i kirkens historie. I dette scenarioet finner vi en naturlig overgang fra kirkens historie over til hva som venter oss i fremtiden. Johannes var «i ånden» (**4:2**), noe som indikerte at det han skildrer videre, er gitt ham i ett eller flere syner.

13. DESEMBER

«Men en av de eldste sa til meg:
«Gråt ikke! For løven av Judas stamme,
Davids rotskudd, har seiret og kan
åpne boken og de sju seglene.»»
Johannes' åpenbaring 5:5

BOKEN MED DE SYV SEGLENE

Gud satt på tronen med en bokrull i hendene sine. Dette var ikke bøker slik som vi har i dag, men det var et manuskript skrevet på begge sider og rullet sammen. Bøker som dette var oftest laget av skinn eller papyrus. Manuskriptet i **Johannes' åpenbaring 5** var forseglet med syv segl. Brev i gamle dager var ofte forseglet med et segl slik at ingen utenforstående skulle lese budskapet. Denne «boken» var forseglet med syv segl – et bilde på fullkommenhet – og den er uten tvil forseglet av Gud Fader selv.

I **5:4** leser vi at Johannes begynte å gråte fordi ingen ble funnet verdig til å åpne seglene på Guds hellige bok. Dette kan muligens være fordi apostelen brant etter å finne ut hva som skal skje med menigheten i fremtiden – ettersom han elsket menigheten høyere enn sitt eget liv. En av de 24 eldste som nevnes i **Johannes' åpenbaring 4:4,** trøster ham og sier at det finnes kun en som er verdig til å åpne seglene – nemlig Jesus Kristus. Jesus blir kalt «*løven av Judas stamme*», en henvisning til Jesu kongelige avstamning. I **vers 6** blir Han kalt «Lammet», og det er også en passende tittel ettersom Kristus var verdens offerlam.

14. DESEMBER

«Og de sa til fjellene og berghamrene:
«Fall over oss og skjul oss for ansiktet til ham
som sitter på tronen, og for vreden fra Lammet.
For den store vredesdagen er kommet,
og hvem kan da bli stående?»»
Johannes' åpenbaring 6:16-17

DEN STORE VREDESDAGEN

Da Kristus brøt det sjette seglet, kom det et stort jordskjelv, og månen ble som blod. Det at stjernene falt ned til jorden, kan være en poetisk beskrivelse hvor man ser ting utfolde seg fra jorden. Forklaringen om at dette gjelder gudene som er representert som stjerner, er lite trolig. Det er mulig at Gud vil fjerne himmelhvelvingen og fjerne stjernene. Har Han skapt dem, kan Han også fjerne dem. En annen mulighet er at stjernene er engler som har falt til jorden.

Samme hvilken forklaring en foretrekker, så er det på det rene at ting skal bli så forferdelige at menneskene vil gjemme seg i huler. Frykten skal bli så stor at de vil ønske at fjellene skal falle ned over dem og ta livet av dem. Dette er også nevnt i **Hosea 10:8** og **Matteus 23:30**. Det er Lammet, det vil si Kristus, som åpner seglet og sender ut denne vreden. Den skal komme over alle som lever på jorden på denne tiden. Denne perioden blir kalt «den store vredesdagen» og beskriver ikke bare en dag men en periode på syv år som blir kalt «trengselsperioden». Menigheten skal være i himmelen på denne tiden, men Israel og nye frelste vil måtte gå igjennom denne forferdelige tiden.

15. DESEMBER

«En av de eldste tok da ordet og spurte meg:
«Disse som er kledd i hvite kapper,
hvem er de, og hvor kommer de fra?»
«Herre», svarte jeg, «du vet det.»
Da sa han til meg: «Dette er de som kommer
ut av den store trengsel, de har vasket
sine kapper og gjort dem hvite i Lammets blod.»»
Johannes' åpenbaring 7:13-14

SKAREN KLEDD I HVITT

Etter at Johannes hadde sett de 144 000 forseglede jødene, så han en skare som var så stor at ingen kunne telle dem. Den var gjort opp av mennesker fra alle nasjoner på jorden, og de hadde forskjellig språk. De hadde palmegrener i hendene, akkurat som jødene hadde på palmesøndag da Jesus red inn i Jerusalem. Palmegrener ble brukt under jødenes takkefest og var et tegn på takknemlighet. Skaren priste Gud Fader og Sønnen fremfor Guds trone.

Når denne skaren skulle identifiseres, begynte ikke Johannes å filosofere om hvem de var. En av de 24 eldste spurte Johannes hvem de var, men siden Johannes ikke visste svaret, kastet han ballen tilbake til den eldste og sa: *«Du vet det.»* Den eldste sier at denne skaren *«kommer ut av den store trengsel»*, det vil si at de kommer fra trengselsperioden. De har *«vasket sine kapper og gjort dem hvite i Lammets blod»*. Det vil si at de har tatt imot Kristus, og Jesu blod har vasket bort den skitne synden deres og gjort hjertene deres hvite som snø. Dette er et utrolig viktig skriftsted ettersom det viser at folk kan bli frelst i trengselsperioden. Bare tenk hvilken effekt det vil ha på våre bønnebarn når alle de kristne plutselig forsvinner fra jorden. Mange vil bli frelst – en så stor skare at Johannes ikke kunne telle dem.

16. DESEMBER

«De sju englene med de sju basunene
gjorde seg nå klar til å blåse.»
Johannes' åpenbaring 8:6

DE SYV BASUNENE

D et er flere teorier om hvordan tiden vil forløpe under trengselsperioden. Noen mener til og med at vi lever i trengselsperioden nå mens andre tror at vi nå er inne i tusenårsriket. Selv om det synes klart fra Bibelen at bortrykkelsen skjer først, så kommer trengselsperioden, så kommer tusenårsriket, så er det vanskelig å bestemme rekkefølgen av hendelsene i trengselsperioden. En ting er sikkert: Trengselsperioden, som den er beskrevet i Johannes' åpenbaring, er ikke helt kronologisk.

Det kan virke rart at etter alle de forferdelige hendelsene som blir skildret når Lammet åpner seglene på bokrullen, så står det: «*Men da Lammet brøt det sjuende seglet, ble det stille i himmelen.*» (**Johannes' åpenbaring 8:1.**) Det blir riktignok nevnt jordskjelv, lyn og torden (**8:5**), men sammenliknet med de foregående seglene, er det ikke så mye som skjer her. En teori er at det syvende seglet inneholder de syv basunene. Den første basunen nevner store hagl (se også **Esekiel 38:22**), noe som i moderne tolkninger av Bibelen har blitt sammenliknet med bomber. Den engelske Bibelen har oversatt det greske *salpigx* til trompet. Ordet kommer fra «vibrasjon» og brukes til å beskrive høy lyd. Det kan muligens også ha vært et horn. Trompeten eller basunen ble brukt til å blåse en hær til angrep.

17. DESEMBER

«Den femte engelen blåste i basunen.
Og jeg så en stjerne som var falt fra himmelen ned på jorden.
Den fikk nøkkelen til avgrunnsbrønnen.»
Johannes' åpenbaring 9:1

AVGRUNNSBRØNNEN

Da den femte engelen blåste i basunen, falt enda en stjerne ned fra himmelen. Den femte engelen var en av Guds engler som utførte Guds vilje. Det står at stjernen som falt fra himmelen, fikk nøkkelen til avgrunns-brønnen. Dette støtter teorien om at stjernene er engler. Ville Gud ha gitt nøklene til *«avgrunnsbrønnen»* til en fallen engel eller en av Hans egne engler? Ut av denne «brønnen» kom det gresshopper store som hester, og de var utrustet til krig. Disse gresshoppene blir skildret i **Johannes' åpen-baring 9**. De skulle plage dem som ikke hadde Guds segl i pannen.

Hva er så denne *«avgrunnbrønnen»*? Johannes beskrev en bunnløs gruve, en avgrunn, et dypt hull i bakken, som ble brukt til fengsel. I **20:1-3** skriver Johannes: *«Og jeg så en engel stige ned fra himmelen med nøkkelen til avgrunnen og en stor lenke i hånden. Han grep dragen, den gamle slangen, som er djevelen og Satan, og bandt ham for tusen år. Så kastet engelen ham i avgrunnen, låste igjen og satte segl over den, så han ikke lenger skulle forføre folkene, ikke før de tusen år var gått.»* Det kan her se ut som om denne *«avgrunnen»* eller *«avgrunnbrønnen»* er helvete, men det nevnes ikke noen ildsjø eller dødsrike som mange tror det er. Mest trolig var *«avgrunnsbrønnen»* et midlertidig oppholdssted for onde ånder, falne engler og overnaturlige skapelser.

18. DESEMBER

«Etter at de sju tordener hadde talt, ville jeg til å skrive.
Men da hørte jeg en røst fra himmelen som sa:
«Sett segl for det som ble sagt av de sju tordener,
skriv det ikke ned!»»
Johannes' åpenbaring 10:4

DET SOM IKKE ER SKREVET

Mellom den sjette og den syvende basunen (eller trompeten) så lød det syv tordener. Ordet for torden er det samme som brukes for brøl, som for eksempel løvebrøl. Igjen er tallet syv et bilde på det fullkomne: syv dager i en uke, Guds syv ånder, de syv menighetene o.s.v. Disse løvebrølene, eller tordenene om du vil, fortalte hemmeligheter som skulle bli gjort kjent ved et senere tidspunkt (**Johannes' åpenbaring 10:7**). Johannes fikk beskjed om at han ikke skulle skrive dette ned men forsegle det.

Det kan virke rart at Johannes fikk innsyn til noe som vi ikke vet hva er. Faktum er at da Johannes avsluttet sitt evangelium, skrev han: «*Men også mye annet har Jesus gjort. Skulle det skrives ned, hver enkelt ting, tror jeg ikke hele verden ville romme alle de bøker som da måtte skrives.*» (**Johannes 21:25.**) Vi må innse at alt som kan sies om Herren, ikke er nedskrevet for oss. Noe er skult for oss, og andre ting er rett og slett ikke kommet med i Bibelen av forskjellige årsaker. Legen Lukas skrev i **Lukas 12:2-3**: «*Ingenting er tildekket som ikke skal bli avdekket, og ingenting skjult som ikke skal bli kjent. Derfor skal alt dere har sagt i mørket, bli hørt i lyset, og det dere har hvisket i enrom, skal bli ropt ut fra takene.*» Gud vil avsløre det vi trenger å vite når vi trenger å vite det.

19. DESEMBER

«Men jeg vil sette mine to vitner, kledd i sekkestrie,
til å profetere i 1260 dager.
Dette er de to oliventrærne og de to lysestakene
som står foran jordens herre.»
Johannes' åpenbaring 11:3-4

DE TO VITNENE

I dagens tekst leser vi om at Gud vil sende to vitner for å vitne for Ham. Disse skal vitne i 42 måneder – tre og et halvt år – som er halvparten av trengselstidens syv år. Dette skjer mens tempelet i Jerusalem er overgitt til hedningene. De er kledd i sekkestrie, som er et tegn på sorg. Det er mye å sørge over i trengselperioden. Disse vitnene har spesielle krefter som er gitt dem av Gud, og de vil ikke bli drept før de har utført jobben sin. Når de er døde, skal de bli liggende der som Jesus ble korsfestet, og alle skal kunne se dem.

Disse to vitnene blir identifisert som de to oliventrærne nevnt i **Sakarja 4:3, 11, 14**. Moseloven krevde at det skulle være to vitner. Det at de profeterte, betyr bare at de ga ut Guds ord, hva enn Han ville gi dem å tale. Det er flere teorier om hvem disse to vitnene skulle være. Bibelen identifiserer dem ikke ved navn. Noen mener at det er Elias og Moses siden det var dem som ble åpenbart sammen med Jesus da Han ble herliggjort i **Matteus 17**. **Malakias 4:5-6** ser ut til å indikere at Elias virkelig er en av disse vitnene, men den andre er gjenstand for mye spekulasjon. Noen mener at det kan være Elias og Enok som er vitnene, fordi dette er de to menneskene som ikke døde her på jorden men ble tatt levende bort til himmelen fra jorden.

20. DESEMBER

«Halen rev ned en tredjedel av stjernene
på himmelen og kastet dem ned på jorden.
Dragen stilte seg foran kvinnen som skulle føde,
for å sluke barnet så snart det var født.»
Johannes' åpenbaring 12:4

DRAGEN I HIMMELEN

Det er ikke alltid så lett å forstå alt som står i Johannes' åpenbaring. Det er mye billedbruk, og man spør seg ofte hva det er bilder på. Hvem er kvinnen og dragen som er beskrevet i **Johannes' åpenbaring 12**? Det er åpenbart at det her starter en ny tidslinje i Åpenbaringsboken. Det synes å være stor enighet om at kvinnen representerer kirken, ikledd Kristus (solen) med Det gamle testamente som månen under sine føtter. De tolv stjernene er i denne sammenhengen de tolv apostlene.

Det synes klart at barnet som ble født, er Kristus (**12:5**). Den store dragen blir i **12:9** identifisert som djevelen eller Satan. Det var en satanistisk manifestasjon. De syv hodene blir forklart å være syv fjell (**17:9**), og de ti hornene er ti kongeriker som ikke eksisterte på Johannes' tid. Denne dragen blir av mange antatt å bli representert av Roma eller den katolske kirken. Det at djevelen tok 1/3 av englene med seg, blir ofte satt i sammenheng med Satans opprør i himmelen før syndefallet i **1. Mosebok 3**. Det nevnes en krig i himmelen senere når Satan skal kjempe mot Mikael og englene hans, antakelig på slutten av trengselsperioden. Det står at dragen forsøkte å sluke Kristus, men Kristus, som stod opp fra graven, dro tilbake til Faderen. Det finnes flere variasjoner med forskjellige fortolkninger av dette kapittelet.

21. DESEMBER

«Og alle som bor på jorden, skal tilbe dyret,
hver den som fra verdens grunnvoll ble lagt,
ikke har fått sitt navn skrevet i livets bok
hos Lammet som ble slaktet.»
Johannes' åpenbaring 13:8

TILBEDELSEN AV DYRET

I **Johannes' åpenbaring 13** dukker det opp et dyr fra havet. Dyret er ikke det samme som den tidligere nevnte dragen. **13:2** sier at dragen ga det sin makt. Dyret kom fra havet, som ofte er et bilde på en stor folkemengde. Dyret hadde syv hoder og ti horn, akkurat som dragen, og er åpenbart av samme opphav. I tillegg har dyret ti kroner, som er et bilde på kongelig avstamning. Dyret var sammensatt av deler vi kjenner igjen fra **Daniel 7:1.6**. Disse er alle sterke og forferdelige dyr for menneskene.

Det står: *«Og alle som bor på jorden, skal tilbe dyret.»* *«Alle som bor på jorden»* betyr, som tidligere nevnt, dem som har sitt tilholdssted og hjem på jorden istedenfor i himmelen. Alle disse har ikke fått sitt navn skrevet opp i Livets bok hvor alle dem som tror på Gud, er oppskrevet. Gud visste hvem dette var allerede før Han skapte verden, da *«verdens grunnvoll ble lagt».* Alle de som ikke har tatt imot Kristus, *«skal tilbe dyret».* Senere leser vi at *«det tvinger alle – små og store, rike og fattige, frie og slaver – til å ha et merke på sin høyre hånd eller på pannen»* (**13:16**). Ingen kan kjøpe eller selge uten dyrets merke eller dets tall, 666. Dyrets nummer er et emne som kan fylle en hel bok alene, så jeg bare nevner det kort her. Det er mange forskjellige syn på hva Johannes faktisk skrev og hva det betyr.

22. DESEMBER

«En tredje engel fulgte etter dem og ropte med høy røst:
«Om noen tilber dyret og bildet av det
og tar imot merket på pannen eller hånden,
skal han få drikke av Guds vredes vin
som er skjenket opp ublandet i hans harmes beger,
og han skal pines med ild og svovel
for øynene på de hellige engler og Lammet.»
Johannes' åpenbaring 14:9-10

GUDS VREDES VIN

Ofte forklarer Bibelen seg selv. Når den tredje engelen roper: «*Om noen tilber dyret*», så vet vi allerede svaret. **Johannes' åpenbaring 13:8** sa jo at alle som bor på jorden, skal tilbe dyret. Vi vet videre at ingen kan kjøpe eller selge uten å ta imot dyrets merke, som skal bli plassert i pannen eller på hånden. De som blir frelst i trengselsperioden, må derfor produsere sin egen mat. Straffen for å ta imot dyrets merke og tilbe ham er veldig alvorlig. De som gjør dette, har ikke bestått Guds siste prøvelse.

Hva betyr så uttrykket «*Guds vredes vin*»? De hadde før drukket Babylons søte vin, men nå må de drikke Guds sviende vin. Selv om vinen og begeret som nevnes her åpenbart er billedlige uttrykk, så er en berusende og ødeleggende vin en god forklaring på hva som venter dem som tilber dyret og Antikrist. I **Salme 75** nevner salmisten Guds beger med vin. Her er vinen rød, og det er trolig et bilde på spilt blod. **Jesaja 51** sier også at Guds beger er et «tumlebeger». Det kan være et bilde på jordskjelv eller å bli kastet rundt omkring. Alt dette kan være et bilde på Guds dom. Når engelen sier at «han skal pines med ild og svovel«, så er det mange som også tar dette billedlig. Dette er imidlertid ofte brukt som en beskrivelse på helvete, også kalt «*ildsjøen*», hvor alle de som ikke har tatt imot Kristus, skal tilbringe evigheten.

23. DESEMBER

«Og jeg så et annet tegn i himmelen, stort og underfullt:
sju engler med de sju siste plagene,
for med dem er Guds vrede fullbyrdet ...
En av de fire skapningene ga de sju englene
sju gullskåler fylt av den levende Guds vrede,
han som lever i all evighet.»
Johannes' åpenbaring 15:1, 7

DE SISTE PLAGENE

Disse syv siste plagene er i skåler som de syv englene heller ut over jorden (se **Johannes' åpenbaring 16:1**). Dette skal være de siste plagene som Gud skal dømme jorden med. Igjen finner vi tallet syv, som er fullkommenhetens tall. Dette er slutten av plagene i trengselsperioden selv om Johannes' åpenbaring ikke slutter med dette. Dette er nok en indikasjon på at denne boken bare delvis er kronologisk men inneholder forskjellige deler med profetier som er delt opp i hovedgrupper.

Som i en parentes, nevnes de frelste som har vunnet over dyret, dyrets bilde og dyrets tall, 666. Disse har overvunnet kampen mot den onde treenigheten og stått fast på hva de tror på. De synger Moses' sang foran Guds trone. Den hadde Moses skrevet da Israel hadde krysset Rødehavet i 2. Mosebok. Hem er så denne skapningen som ga englene de syv plagene? Dette må være en henvisning til livsskapningene i **Johannes' åpenbaring 4:6, 9,** som var fulle av øyne både foran og bak. Disse skapningene kunne derfor se alt og hadde en viktig rolle i lovprisningen av Faderen. Siden Gud bruker denne skapningen for å gi englene skålene med vrede istedenfor å gi dem direkte til englene selv, så viser Gud at disse skapningene er Guds tjenere som utfører Hans vilje.

24. DESEMBER

«Og åndene samlet kongene på stedet
som på hebraisk heter Harmageddon.»
Johannes' åpenbaring 16:16

HARMAGEDDON

Harmageddon, eller det hebraiske Armageddon, er et virkelig sted hvor det er profetert om en virkelig krig. Ordet betyr «Megiddo-høyden». Dette er en plass hvor mange kriger har blitt utkjempet gjennom tidene. Til og med kong David har slåss her. Her drepte den egyptiske farao Neko kong Josia i **2. Kongebok 23:29**. Når alle er samlet ved Harmageddon, skal den syvende engelen tømme den syvende og siste skålen over jorden.

Noen tror at dette gjelder Israel som nasjon. Alle folkeslag skal vende seg mot Israel (**Sakarja 12:3**) *«i Hadadrimmon i Meggidos dal»*. Sakarja nevner altså det området vi kaller Harmageddon i **Sakarja 12:11**. Andre tror at det er menigheten som skal slåss mot alle som bor på jorden. Når Jesus kommer tilbake til jorden på sin hvite hest i Johannes' åpenbaring 19:1, kommer Han for å gjøre slutt på trengselsperioden og opprette sitt tusenårsrike hvor Han skal styre jorden fra Jerusalem. Han har med seg «himmelens hærskarer, kledd i hvitt og rent lin, følger ham på hvite hester» (**Johannes' åpenbaring 19:14**). De fleste jeg kjenner til, tror at Jesus leder sine hellige (kristne som har kledd seg i hvitt) ned til jorden for å komme til Harmageddon og slå de som ikke er troende i et forferdelig slag hvor Han skal *«slå hedningefolkene»* (**19:15**, 1988-oversettelsen).

25. DESEMBER

«På pannen hennes sto skrevet et navn
med hemmelig mening: «Babylon den store,
mor til horene og til alt som er motbydelig
på jorden.» Og jeg så at kvinnen var beruset
av blodet fra de hellige og fra Jesu vitner.»
Johannes' åpenbaring 17:5-6

BABYLON DEN STORE

En av englene førte Johannes ut i ødemarken hvor han fikk se en kvinne sitte på et skarlagenrødt dyr (**Johannes' åpenbaring 17:3**). Dyret hadde de velkjente syv hodene og ti hornene. Disse hodene er syv fjell (**17:9**), noe som gjør at de fleste har identifisert Roma som dyret. Kvinnen, som var kledd i rødt, hadde et navn skrevet i pannen, og det hadde en hemmelig betydning. Det sa: *«Babylon den store, mor til horene og til alt som er motbydelig på jorden.»* Dette «Babylon» er ansvarlig for å ha tatt livet av utallige kristne.

Selv om det har blitt skrevet en del om at Babylon igjen skal bli bebodd i våre dager, så er den tradisjonelle forståelsen av denne profetien at ordet «Babylon» er et navn som er brukt billedlig. Babylon var den mest kjente byen i det gamle Mesopotamia 94 km. sørvest for Bagdad. Babylon er også identisk med «Babel». Det er det greske ordet for det akkadiske ordet som betyr «porten til gudene». Babylon har således alltid vært et bilde på avgudsdyrkelse og falsk religion. Hvem er så det «Babylon» vi leser om her i **17:5-6**? Mange tror at det er et bilde på den romersk-katolske kirken, siden den ser ut til å være plassert i Roma. Ingen har utryddet flere kristne opp igjennom tidene enn dem. De tilba «de hellige» og Maria, og dersom folk ønsket å gjøre Bibelen tilgjengelig for alle, ble de ofte brent på bålet. De har også tatt inn statuer fra andre religioner og gitt dem ny mening. Tilbedelsen av Artemis-statuer ble omgjort til tilbedelse av Maria-statuer og så videre.

26. DESEMBER

«Med mektig røst ropte han:
«Falt, falt er Babylon den store!
Hun er blitt et tilholdssted for onde ånder,
et skjulested for alle urene ånder,
et skjulested for alle urene fugler,
et skjulested for alle urene og avskyelige dyr.»
Johannes' åpenbaring 18:2

BABYLONS FALL

En mektig engel som lyste opp hele jorden, kom og fortalte at Babylon var falt. Mange hadde blitt rike på grunn av denne religiøse avguds-dyrkende skapningen. Syndene hennes hadde tårnet seg opp mot himmelen, akkurat som Babels tårn. Hele jorden skal bryte ut i gråt og klageskrik når de ser røyken stige opp fra hennes ødeleggelse. Det er helt klart fra **Johannes' åpenbaring 18** at det såkalte «Babylon» skal utslettes fullstendig slik at det ikke finnes noe igjen av den.

Babylon var virkelig en storslagen by i sin tid som brakte rikdom til mange mennesker. Det er interessant å se at Jesaja i **Jesaja 21:9** også bringer budskapet om Babylons fall. I tillegg står det at «*alle gudebildene i byen har han knust og kastet til jorden*». Dette kan også stemme med teorien om at den romersk-katolske kirken har av mange blitt identifisert som «Babylon». De er kjent for sine statuer og relikvier. Det at andre nasjoner har drukket hennes vin, er et bilde på at de har deltatt i hennes synd. Det er også mange som tror at Antikrist kan være en av pavene. Andre igjen tror at en av pavene kan være den falske profet. Antikrist skal ikke åpenbares før den kristne skaren – menigheten – er bortrykket til himmelen like før trengselsperioden begynner.

27. DESEMBER

«La oss glede oss og juble og gi ham æren!
For tiden for Lammets bryllup er kommet.
Hans brud har gjort seg i stand,
og hun har fått en drakt av skinnende rent lin.
Linet er de helliges rettferdige gjerninger.»
Johannes' åpenbaring 19:7

LAMMETS BRYLLUP

Når vi kommer **til Johannes' åpenbaring 19,** ser vi jubel i himmelen. En stor skare priste Gud, og de 24 eldste og de fire skapningene bøyde seg for Herren. Tiden for Lammets bryllup er kommet, og de som er innbudt til denne hendelsen, er «salige», det vil si velsignet og lykkelige (**19:9**). Her er de kristne – menigheten – igjen sammenliknet med en brud som er pyntet og klar for bryllup. Jesus er brudgommen som på denne tiden har tatt sin brud til seg oppe i himmelen.

Igjen er det vanskelig å fastsette tidspunktet for denne hendelsen. Mange mener at Lammets bryllup finner sted så snart menigheten er bortrykket. Andre mener den finner sted like før Kristus kommer tilbake til jorden på sin hvite hest (**19:11**). Det er imidlertid viktig at vi her snakker om to forskjellige hendelser som skjer før dette. Først må Lammets bryllup finne sted. Etter dette har vi Lammets bryllupsmåltid. Selve bryllupet finner sted før måltidet når en feirer det som allerede har funnet sted. Flere tror at lidelsene på jorden er skildret i sin helhet før en skildrer det som skjer med dem som er født på ny. Vi finner også igjen sammenlikningen med menigheten som en brud i **Johannes' åpenbaring 21:2.**

28. DESEMBER

*«»Han grep dragen, den gamle slangen,
som er djevelen og Satan, og bandt ham for tusen år.*
Johannes' åpenbaring 20: 2

TUSENÅRSRIKET

Dagens tekst forteller oss at Satan skal bindes i en periode på 1000 år. Dette skjer etter at trengselsperioden er over, og det er en periode vi kaller for tusenårsriket. Ved begynnelsen av disse 1000 årene skal de døde – i Kristus – stå opp fra de døde. Dette er de som har omkommet i trengselsperioden på grunn av sin tro. De skal styre sammen med Kristus fra Jerusalem i 1000 år. Etter at disse 1000 årene er omme, skal Satan slippes løs i en kort stund. Mange spør: «Hvorfor skal Gud tillate at djevelen slippes ut igjen?» Det kan være fristende å spørre: «Hvorfor slapp Gud djevelen fri i det hele tatt?» Vi mennesker er ikke i stand til å forstå Guds tanker fordi de er så mye høyere enn våre tanker. Vi må bare godta Guds vilje og tro på Hans ord.

Etter Satans siste opprør skal han kastes i ildsjøen. Alle som er døde uten å tro på Kristus, skal stå opp fra gravene, og vi finner dommen ved den hvite trone hvor alle skal dømmes i henhold til sine gjerninger. De som ikke var skrevet opp i Livets bok, ble kastet i ildsjøen. I Livets bok står de oppskrevet som har tatt imot Kristus. Noen tror at det finnes forskjellig straff i forhold til hvor mye en har syndet. Det er imidlertid ikke rett at en på dommens dag får veid sine gode gjerninger mot sine gode. Frelsen er ikke vår på grunn av noe vi har gjort men på grunn av hva Jesus har gjort. Dersom vi dømmes etter våre gjerninger, er vi dødsdømt.

29. DESEMBER

«Og jeg så en ny himmel og en ny jord.
For den første himmel og den første jord var borte,
og havet fantes ikke mer.»
Johannes' åpenbaring 21:1

EN NY HIMMEL OG EN NY JORD

Først har vi bortrykkelsen. Mens menigheten deltar i Lammets bryllup og bryllupsmåltidet, så er det trengselstid på jorden. Etter trengselen oppretter Kristus sitt styre i Jerusalem i 1000 år. Så kommer dommen ved den hvite trone. Når Gud har delt «klinten fra hveten», «geitene fra fårene», så oppretter Herren en ny himmel og en ny jord, som tidligere nevnt i **Jesaja 65:17**. Noen tror at den gamle jorden blir brent opp før Gud skaper en helt ny jord. Andre tror at Gud skal rense jorden vi nå har slik at den blir som ny. I tillegg lager Gud et nytt, himmelsk Jerusalem hvor Gud skal bo i all evighet.

For å forstå hvordan den nye jorden og himmelen skal være, kan vi se på Edens hage. Der skal det ikke være død eller sykdom. Gud skal tørke bort enhver tåre. Lammet skal spise gress sammen med løven. Der skal ikke være synd der. Her vil Gud la oss drikke av kilden med livets vann. Vi skal leve i all evighet sammen med Gud. Når en av englene sier at han skal vise Johannes Lammets brud, så taes han med til det nye Jerusalem. Her er både Israels tolv stammer og Jesu tolv apostler skrevet ned. Noe som virker rart er at solen ikke skal lyse lenger, men Gud skal være vårt lys. Dette er det samme som under skapelsesuken før Gud skapte solen, månen og stjernene.

30. DESEMBER

«Se, jeg kommer snart, og lønnen jeg vil gi, har jeg med meg.
Jeg skal gjengjelde hver og en etter hans gjerning.»
Johannes' åpenbaring 22:12

JESUS KOMMER SNART

Da Johannes bøyde seg ned for engelen i **Johannes' åpenbaring 22:8**, ble han irettesatt. Selv om engler står høyere på rangstigen enn menneskene, så er det bare Gud selv vi skal tilbe. Selv om det ser ut som om det er engelen som fortsetter å snakke, så er ikke en engel «*Alfa og Omega, den første og den siste, begynnelsen og enden*» (**22:13**). Ettersom det i **22:16** står: «*Jeg, Jesus, har sendt min engel for å vitne om dette for dere i menighetene. Jeg er Davids rotskudd og ætt, den klare morgenstjernen*», så er det åpenbart at det har foregått et skifte her fra engelen til Kristus uten at dette er kommet klart med i Bibelen.

Hele den kristne eskatologiske forståelsen bygger på det faktum at Jesu tilbakekomst er nært forestående. De fleste jeg kjenner til venter, som meg, på at Jesus skal komme og rykke opp sin menighet til himmelen (**1. Tessalonikerbrev 4:16-17**). Andre venter på at Jesus vil komme for å etablere sitt tusenårsrike på jorden. En grunn til dette er at Guds handlinger overfor menigheten er ikke det samme som Hans handlinger overfor nasjonen Israel. Sammensatt med enkelte vanskelige profetier, kan det være vanskelig å få den rette kronologiske rekkefølgen på det som skal skje.

31. DESEMBER

«Jeg vitner for enhver som hører ordene i denne
profetiske boken: Om noen legger noe til, skal
Gud legge på ham de plagene som det er skrevet
om i denne boken. Og om noen trekker noe fra
ordene i denne profetiske boken, skal Gud ta fra
ham hans del i livets tre og i den hellige byen,
som det er skrevet om i denne boken.»
Johannes' åpenbaring 22:18-19

IKKE LEGG TIL ELLER TREKK FRA

Bibelen er en uhyre viktig bok. Den er beviset på at Bibelens Gud er den eneste, sanne Gud. Ingen andre religiøse bøker er så fulle av beviser. Vi kaller disse de 10 overnaturlige bevisene på at Bibelen er Guds ord. Det finnes også mange forskjellige teorier om hvordan Bibelen er blitt inspirert av Gud. Dersom en mener at Bibelen bare er delvis inspirert, så blir det vanskelig å bestemme hvilke deler som er inspirerte og hvilke deler som ikke er inspirerte. Den eneste inspirasjonsteorien som fungerer, er at Gud har inspirert (innblåst) HELE Bibelen (**2. Timoteus 3:16**). Vi bruker ofte uttrykket «tøddelinspirert». Det betyr at hver eneste lille flekk i Bibelen er inspirert.

Det er i denne forbindelsen at Jesus selv sier at en ikke skal legge til eller trekke fra Ordet. Selv om Jesus fremhever *«ordene i denne profetiske boken»*, så blir det vanligvis brukt om hele Bibelen. Det står liknende advarsler i **5. Mosebok 4:2, 12:32** og **Salomos ordspråk 30:6**. Advarselen i dagens tekst er alvorlig og vil få alvorlige konsekvenser. Til tross for at noe til tider kan gå tapt i oversettelsen og man kan krangle om hvilken utgave som er best, så må vi ta til oss hele Bibelen. Dersom en er en ærlig og ivrig bibelstudent, så anbefaler jeg at en blir kjent med hebraiske og greske tekster slik at man kan komme så nær originaltekstene som mulig.

Om forfatteren

Lars Haukeland ble født i 1964 og født på nytt i 1979. Han ble ferdig utdannet vernepleier i Bergen i 1993.

Fra 1997 til 2001 gikk han på Independent Baptist Bible College i Nuneaton, England. I to år var han så assistent pastor i Bible Baptist Church i Nuneaton før han ble ordinert i 2003.

Den 23. september 2003 så Kingsmead Independent Baptist Church lysets dag hvor Haukeland var pastor i 1 1/2 år.

Tilbake i Norge har han jobbet med søndagsskole, men nå har han gitt sin fulle oppmerksomhet til det skrevne ord.

Han jobber for tiden på Sandviken Sykehus.

Himmelbok er et forlag som både utgir egne bøker, og som gjør det mulig for uavhengige norske forfattere å få utgitt bøkene sine på norsk. Himmelboks bøker er til salgs på www.himmelbok.no. Hvis du også er interessert i å utgi bok, kan du lese om hvordan det gjøres på vår hjemmeside.

www.himmelbok.no

9 781969 137228